现代商务合同
文书范本精选手册

杨光瑶——编著

中国铁道出版社有限公司
CHINA RAILWAY PUBLISHING HOUSE CO., LTD.

内容简介

本书主要是介绍商务活动过程中常用的合同文书，书中精选和收录了大量公司日常经营活动、财务活动以及物流仓储等活动中会涉及的各类合同文书。

全书共包括14章，主要包括3部分的内容：第一部分介绍了什么是合同以及如何订立、变更和解除合同。第二部分介绍了各种合同文书以及范本，包括买卖合同、租赁合同和技术合同等。第三部分介绍了其他常见的几种合同，包括居间合同、行纪合同和合伙合同等。

在讲解过程中，本书采用合同文书主要知识点＋陷阱防范＋范本精讲相结合的方式，让读者充分了解各合同文书涉及的相关法律法规以及实际操作中的注意事项。

本书适合于各类公司管理者、职业经理人、法律顾问、办公文秘、人事行政人员以及各行业需求者阅读使用。

图书在版编目（CIP）数据

现代商务合同文书范本精选手册/杨光瑶编著.—北京：中国铁道出版社，2018.8（2022.1重印）

ISBN 978-7-113-24582-5

Ⅰ.①现… Ⅱ.①杨… Ⅲ.①商务-经济合同-范文-中国-手册 Ⅳ.①D923.6-62

中国版本图书馆CIP数据核字（2018）第122311号

书　　名：现代商务合同文书范本精选手册

作　　者：杨光瑶

责任编辑：张亚慧　　**编辑部电话：**(010) 51873035　　**邮箱：**lampard@vip.163.com

封面设计：MXK DESIGN STUDIO

责任印制：赵星辰

出版发行：中国铁道出版社有限公司（100054，北京市西城区右安门西街8号）

印　　刷：佳兴达印刷（天津）有限公司

版　　次：2018年8月第1版　2022年1月第2次印刷

开　　本：700 mm×1 000 mm　1/16　**印张：**22.25　**字数：**372千

书　　号：ISBN 978-7-113-24582-5

定　　价：59.00元

前言

PREFACE

合同是公司在生产经营活动中不可缺少的法律文书，为避免公司在进行商务活动的过程中出现纠纷或合作方违约等情况，都需要通过订立合同来明确双方的权利与义务。

合同是平等主体的自然人、法人和其他组织之间设立、变更和终止民事权利义务关系的协议。运用合同来保护自身合法权益也是每个公民必须要具备的法律意识。

合同依法成立后，对当事人具有法律约束力。当事人要按照约定履行自己的义务，不得擅自变更或者解除合同。正是因为合同具备法律约束力，才使得合同成为重要的法律工具。

合同在公司商务活动中使用频繁，具有重要作用，本书精选了各类商务合同文书，并分别进行了详细分析，介绍了如何进行制作和使用，并对所有范本的电子文件进行了收集与整理，方便读者直接调用。

本书内容

本书包括 14 章内容，具体章节的内容如下表所示。

章节介绍	主要内容	作　用
第 1 章	该部分介绍了什么是合同、与合同息息相关的《合同法》以及合同订立、变更和解除的相关事项	这部分作为本书的开篇，为读者全面了解各种商务合同做了铺垫，以帮助读者更轻松地阅读后面章节的内容
第 2~13 章	该部分介绍了公司经营活动、财务活动、物流仓储活动以及生产管理活动中会涉及的各种合同，如买卖合同、租赁合同、仓储合同、建设工程合同和委托合同等	这部分内容全面介绍了常用的合同文书以及范本，并摘录了相关法律法规，以帮助读者充分了解各类合同的内容，并正确使用文书范本
第 14 章	该部分主要介绍了 3 种常见的合同，包括居间合同、行纪合同和合伙合同	这部分内容是对前面章节内容的补充，以实现合同文书范本的丰富

本书特点

◎ 15 种合同类型，大量范本精讲随查随用

本书内容丰富、广泛，几乎囊括了商务活动中会涉及的各类合同文书，如买卖合同、借款合同、合伙合同、技术合同、承揽合同、融资租赁合同、运输合同以及保管合同等。同时还展示了合同文书范本，使读者能够随时查看，随取随用。

◎ 全视角讲解，主体知识与陷阱内容面面俱到

本书的实用性很强，不仅讲解了各类合同的主要知识点，还列举了合同订立过程中常见的陷阱和争议，以帮助读者防范合同风险，识破合同陷阱，明确合同签订的注意事项。

◎ 法律条款贯穿全书，提高防范法律风险意识

本书讲解过程中摘录了各种合同文书中可能会涉及的相关法律法规，以帮助读者增强法律意识，防范合同中可能出现的法律风险，并利用法律手段来维护自身的合法权益。

本书导读

为了让读者更好地学习本书的内容，下面针对本书的部分结构进行简要说明。

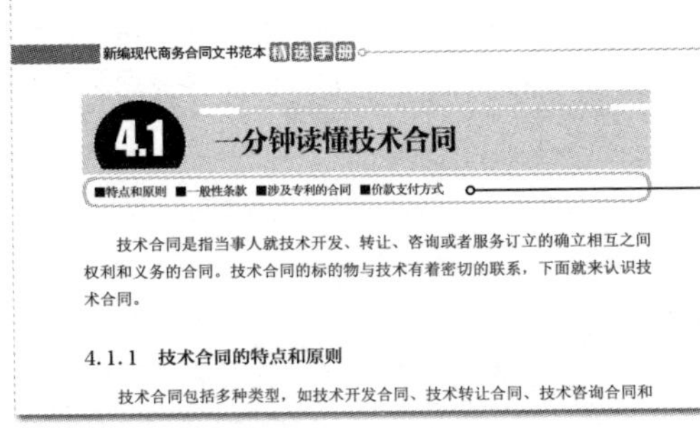

新编现代商务合同文书范本精选手册

4.1 一分钟读懂技术合同

■特点和原则 ■一般性条款 ■涉及专利的合同 ■价款支付方式

技术合同是指当事人就技术开发、转让、咨询或者服务订立的确立相互之间权利和义务的合同。技术合同的标的物与技术有着密切的联系，下面就来认识技术合同。

4.1.1 技术合同的特点和原则

技术合同包括多种类型，如技术开发合同、技术转让合同、技术咨询合同和

在标题下方依次列举了本小节将要介绍的内容的关键词，让读者快速了解本小节的主要内容。

非职务技术成果的完成是个人的知识成果的结晶，因此非职务技术成果的使用权、转让权属于完成技术成果的个人，个人可以就该项非职务技术成果订立技术合同。如果法人或其他组织在未经个人许可的条件下，使用或转让属于个人的非职务技术成果，那么就属于侵犯个人合法权益的行为。另外，完成技术成果的个人有在有关技术成果文件上写明自己是技术成果完成者的权利和取得荣誉证书、奖励的权利，该权利是指技术成果的人身权。

知识补充 完成技术成果的个人

完成技术成果的个人并不是指某一个人，而是指对技术成果单独作出或者共同作出创造性贡献的人，包括提供设备、资金和试验条件的人员，进行组织管理的人员，以及协助绘制图纸、整理资料和翻译文献等辅助服务的人员。

在讲解过程中穿插了“知识补充”栏目，拓展知识点的深度和广度，让读者了解更多合同的有关内容。

4.3.3 技术咨询合同

技术咨询合同包括的类型也比较丰富，有特定技术项目提供可行性论证、技术预测、专题技术调查和分析评价报告等合同，下面我们就来看看技术咨询合同的范本内容。

范本内容展示

资源下载\Chapter04\技术咨询合同.doc

技术咨询合同

委托方（甲方）：

住所地：

法定代表人：

项目联系人：

通讯地址：

电话： 传真：

电子信箱：

受托方（乙方）：

住所地：

法定代表人：

项目联系人：

通讯地址：

电话： 传真：

电子信箱：

本合同甲方委托乙方就______项目进行技术咨询，并支付咨询报酬。双方经过平等协商，在真实、充分地表达各自意愿的基础上，根据《中华人民共和国合同法》的规定，达成如下协议，并由双方共同恪守。

第一条：乙方进行技术咨询的内容、要求和方式。

1. 咨询内容：______。

2. 咨询要求：______。

3. 咨询方式：______。

第二条：乙方应当按照下列进度要求进行本合同项目的技术咨询工作：______。

第三条：为保证乙方有效进行技术咨询工作，甲方应当向乙方提供下列协作事项：

1. 提供技术资料：

（1）______。

（2）______。

（3）______。

（4）______。

2. 提供工作条件：

（1）______。

（2）______。

（3）______。

（4）______。

3. 其他：______。

108

每个范本均包括两部分，即“范本内容展示”和“范本内容精讲”。

“范本内容展示”主要展示范本的全部或部分内容，让读者对合同文书的内容有一个整体把握和认识。

每个范本均提供对应的Word电子版本，读者可以稍加修改即可使用。

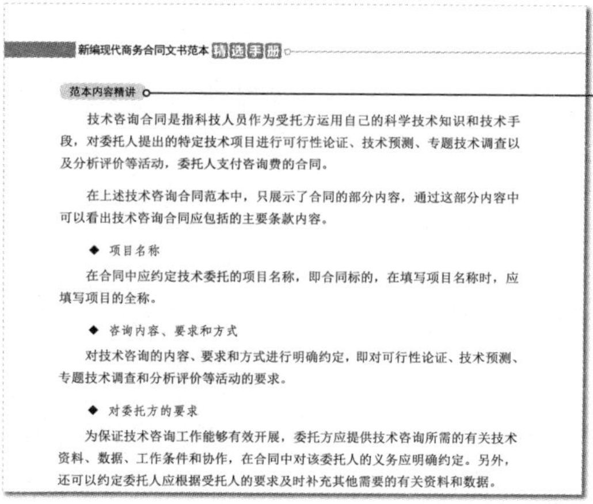

新编现代商务合同文书范本 精选手册

范本内容精讲

技术咨询合同是指科技人员作为受托方运用自己的科学技术知识和技术手段，对委托人提出的特定技术项目进行可行性论证、技术预测、专题技术调查以及分析评价等活动，委托人支付咨询费的合同。

在上述技术咨询合同范本中，只展示了合同的部分内容，通过这部分内容中可以看出技术咨询合同应包括的主要条款内容。

◆ 项目名称

在合同中应约定技术委托的项目名称，即合同标的，在填写项目名称时，应填写项目的全称。

◆ 咨询内容、要求和方式

对技术咨询的内容、要求和方式进行明确约定，即对可行性论证、技术预测、专题技术调查和分析评价等活动的要求。

◆ 对委托方的要求

为保证技术咨询工作能够有效开展，委托方应提供技术咨询所需的有关技术资料、数据、工作条件和协作，在合同中对该委托人的义务应明确约定。另外，还可以约定委托人应根据受托人的要求及时补充其他需要的有关资料和数据。

“范本内容精讲”主要对范本中的重要条款内容进行详细介绍，让读者可以更好地掌握这类合同的制作要点及注意事项。

本书读者

本书适合于各类公司管理者、职业经理人、法律顾问、办公文秘、人事行政人员以及各行业需求者阅读使用。

最后，希望所有读者都能够从本书中获益。由于编者能力有限，对于本书内容不完善的地方，敬请读者批评指正。

编　者

2018 年 3 月

目 录

C O N T E N T S

第三章 转移租赁物使用收益权——租赁合同

第四章 与专业知识密切联系——技术合同

第五章 转移货币所有权——借款合同

第六章 以特定方式实现债权——担保合同

第八章　货物托运的合同——运输合同

第九章　保管寄存人的保管物——保管合同

第十章 保管储存仓储物——仓储合同

第十一章 按要求完成工作——承揽合同

第一章

认识商务活动不可缺少的合同

1.1 聊一聊什么是合同

■合同特征 ■产生与发展 ■与协议的区别 ■6种类型 ■合同形式

企业在从事生产经营的过程中，会进行各类商务活动，为避免企业之间的商务活动出现纠纷或合作方出现违约的情况，需要签订商务合同。合法有效的合同能够保障双方的合法权益，确保双方能够按约履行各自的义务。

1.1.1 合同的不同表述和特征

根据《中华人民共和国合同法》（以下简称《合同法》）第二条，合同的定义为：平等主体的自然人、法人和其他组织之间设立、变更和终止民事权利义务关系的协议。合同有广义和狭义之分，广义的合同是指所有法律部门中确定权利、义务关系的协议，狭义的合同是指一切民事合同。

合同还可表述为契约和协议，合同只要依法成立，都会受到法律的保护，且具有以下法律特征。

- **合同双方地位平等**：合同的当事人包括自然人、法人和其他组织，虽然签订合同的双方可能法律人格并不一致（如企业与职工签订劳务合同，双方所属法律人格不同），但当其作为合同当事人时，双方的法律地位平等。
- **协商一致的产物**：合同是当事人自愿订立的结果，任何单位和个人不得非法干预，只有当合同各方的意思表示一致时，才能使合同的订立合法有效，若一方当事人意思表达不一致则不能称为有效合同。
- **民事法律行为**：合同是一种民事法律行为，签订合同的当事人应当具有相应的民事权利能力和民事行为能力。民事法律行为是指公民或者法人设立、变更和终止民事权利和民事义务的合法行为。
- **必须符合法律要求**：当事人在订立和履行合同时，都需要遵守法律和行政法规。如果当事人的意思表示不符合法律要求，那么该合同不具有法律约束力，同时也不会受到法律的保护。
- **合同的目的**：合同是以设立、变更和终止民事权利义务为目的。通俗地讲，合同是为了实现各自的利益而签订的。

知识补充 民事权利能力和民事行为能力

公民的民事权利能力是指法律赋予公民享受权利和承担义务的资格。民事行为能力是指民事主体能以自己的行为取得民事权利、承担民事义务的资格。民事权利能力和民事行为能力都是指一种资格，而不是指具体的权利或行为。

1.1.2 合同的产生和发展

合同是社会经济关系发展到一定阶段的产物。随着商品交换活动日益频繁，为了商品交换活动的安全和信誉，商品交换活动迫切需要由习惯和仪式转变为一般规则，由此，商品交换活动的法律形式应运而生。

在我国，合同也经历了不同的发展阶段。在我国古代，合同有多种形式，如西周就有了“傅别”“质剂”等形式，“傅别”类似于借贷凭证，而“质剂”则类似于买卖合同。到了秦朝，合同的种类主要有借贷合同、买卖合同和雇佣合同。

到明代，合同形式已经很规范了，随着商业的发展，合伙合同也随之出现。如订立于明代崇祯十五年十一月十七日的合同，载有“立合同约人张凤来、郭正卿，今有原买到郭柱国共地一顷六十五亩八分，二人价银均出一百四十三两八钱，其地逐段公种，第恐日后昧心诬赖，故立合约为用”的内容。从内容中可以看出这是一份两人合伙买地的合同。

随着中华人民共和国的成立，我国的合同发生了重大变化，在经济水平逐渐提高的同时，合同水平也在提高。1999 年 3 月 15 日，《中华人民共和国合同法》（以下简称《合同法》）在中华人民共和国第九届全国人民代表大会第二次会议上予以通过，自 1999 年 10 月 1 日起施行。

其实，早在 1986 年 4 月 12 日，第六届全国人民代表大会第四次会议通过的《中华人民共和国民法通则》（以下简称《民法通则》）就对合同涉及的有关事项进行了规定，第八十四条和第八十五条的内容如下。

第八十四条　债是按照合同的约定或者依照法律的规定，在当事人之间产生的特定的权利和义务关系，享有权利的人是债权人，负有义务的人是债务人。

债权人有权要求债务人按照合同的约定或者依照法律的规定履行义务。

第八十五条　合同是当事人之间设立、变更和终止民事关系的协议。依法成立的合同，受法律保护。

《民法通则》中的许多规定为合同法的订立提供了基本规则。目前，合同已成为日常经济活动中不可缺少的重要组成部分。

1.1.3　协议与合同有区别

根据《合同法》对合同的定义，可以看出合同是一份协议，那么是不是可以说合同就等同于协议呢？

其实，合同和协议是包含的关系，也就是说，所有的合同都可以称为协议，但并非所有的协议都是合同。广义的协议既包括合同，还包括议定书、条约、公约和条据等。狭义的协议是指国家、政党、企业、团体或个人在共同协商、意见一致的条件下，就某一经济或其他关系订立的契约。

由此可见，合同与协议有相似之处，但两者也有区别，协议相比合同更简单，合同具有明确、具体和详细的特点。如果协议的内容比较明确、具体和详细，同时还有违约责任条款等内容，那么该协议也可以称为合同。

合同与协议的不同之处还在于合同有《合同法》作为依据，而协议没有法律法规作为依据。但这并不代表签订了协议没有法律效力，协议的内容只要不违背相关法律的规定，同样具有法律效力；协议的内容对订立协议的当事人来说同样具有约束力，它的作用与合同基本相同。

通过对以上内容的了解，相信大家对合同与协议的联系与区别都有了较为清晰的认识。在实践中，合同可以有多种名称，如合同书、协议书和协议等，区分合同和协议的关键点在于内容。

在现实生活中，还有可能会涉及意向书，意向书与协议和合同有较大的区别。意向书是双方或多方在签订正式协议或合同前，就各自的意愿所达成的意向性文书。在原则上意向书不具有法律效力，这也是意向书与协议和合同最本质的区别。在企业并购交易中，意向书较为常见，通常并购双方会就并购意向达成共识时签订意向书，当完成尽职调查等事项后才会签订正式的并购合同。

由于对意向书的性质和效力没有明确的统一认识，因此，由此产生的纠纷也很多，企业在进行各种商务活动时要注意区分意向书、协议和合同，以避免将意向书认定为合同，给经济活动带来不必要的麻烦。

1.1.4 合同的 6 种类型

合同按照不同的分类方式可以分为不同的类型，具体可分为以下 6 种。

1. 单务合同和双务合同

单务合同又被称为单边合同或片面义务契约，是指合同的一方当事人只享受权利而不尽义务，另一方的当事人只尽义务而不享受权利。常见的单务合同有赠与合同、借款合同和无偿保管合同等。如在无息借款合同中，借款人有如约偿还本息的义务，而出借人则不负合同义务；在赠与合同中，赠与人有交付赠与财产与对方的义务，而被赠方则不负合同义务。

双务合同是指合同当事人互负对待给付义务的合同，典型的双务合同是买卖合同，买卖合同的买方和卖方都要承担一定的权利和义务，卖方需要将标的物的所有权转移给买方，而买方则要支付价款。除买卖合同外，承揽合同、租赁合同等都是双务合同。

2. 有偿合同和无偿合同

有偿合同又被称为有偿契约，是指当事人一方在享有合同规定的权益的同时，必须向对方当事人偿付相应代价的合同。常见的有偿合同有保险合同、买卖合同和租赁合同等。无偿合同又被称为恩惠合同，是指一方只享有合同权利而不偿付任何代价的合同，如赠与合同、无偿借用合同就是常见的无偿合同。

一般来说，双务合同是有偿合同，多数单务合同是无偿合同，但也有单务合同是有偿合同的情况。如租赁合同便是双务有偿合同，在租赁合同中，出租人和承租人都要承担一定的权利和义务，出租人需要将标的物的使用权交付于承租人，而承租人则需要妥善保管标的物并按约定支付租金，由此可见出租人交付标的物的条件并不是无偿的。

3. 有名合同和无名合同

有名合同又被称为典型合同，指法律上或者经济生活习惯上按其类型已确定了一定名称的合同，在《合同法》中规定的合同都是有名合同。无名合同又被称为非典型合同，是指除有名合同外，尚未统一一定名称的合同，无名合同法律确认或形成统一交易习惯后，可转变为有名合同。

4. 主合同和从合同

主合同是指不以他种合同的存在为前提，不受其制约而能独立存在的合同。从合同是指必须以他种合同的存在为前提，其自身不能独立存在的合同。当两个合同或多个合同之间存在主从关系时，就可以分为主合同和从合同。

主合同具有独立性，而从合同不具有独立性，它是一种附属合同，如在提供担保的借款合同中，保证合同、定金合同相对于借款合同就是从合同，只有当借款合同存在并具有效力时，保证合同和定金合同才能成立并具有效力。

5. 实践合同和诺成合同

实践合同又被称为要物合同，是指订立合同时，当事人除了要意思表示一致外，还需要交付合同约定的标的物或完成其他现实交付，合同才能成立。诺成合同与实践合同相反，因此又被称为不要物合同，是指合同以当事人的意思表示一致为要件。实践合同与诺成合同的区别在于合同的成立条件是否需要交付，不以一方的交付为成立要件的即是诺成合同。

6. 要式合同和不要式合同

要式合同是指法律、行政法规规定或当事人约定应当采用书面形式的合同，不要式合同是指当事人法律不要求按特定的形式，可以采取口头方式，也可以采取书面方式订立的合同。要式合同和不要式合同的区别是合同是否需要采取一定的形式作为标准。

1.1.5 两种重要的合同形式

前面我们已经认识了合同的不同类型，在实践中，合同有两种重要的形式。即口头形式和书面形式。书面形式是指合同书、信件和数据电文（包括电报、电传、传真、电子数据交换和电子邮件）等可以有形地表现所载内容的形式。

在订立合同时，法律、行政法规规定采用书面形式的，应当采用书面形式。当事人约定采用书面形式的，应当采用书面形式。那么哪些合同是法律、行政法规规定应当采用书面形式订立的合同呢？如表 1-1 所示。

表 1-1　法律、行政法规规定采用书面形式的合同

合同类型	具体说明
借款合同	借款合同应采用书面形式，但自然人之间借款另有约定的除外
租赁合同	若租赁期限在 6 个月以上，则应当采用书面形式，如果当事人未采用书面形式则视为不定期租赁
融资租赁合同	融资租赁合同应采用书面形式
建设工程合同	建设工程合同应采用书面形式
技术开发合同	技术开发合同应采用书面形式
抵押合同	抵押人和抵押权人应当以书面形式订立抵押合同
质押合同	出质人和质权人应当以书面形式订立质押合同
保证合同	保证人与债权人应当以书面形式订立保证合同
定金合同	定金应当以书面形式约定

口头形式的合同没有书面或其他有形载体来表现其内容，其优点在于简便快捷，但一旦发生合同纠纷，取证就较为困难。另外除书面形式和口头形式这两种重要的合同形式外，合同还有其他形式，如默示形式。

1.2 签订商务合同必懂的合同法

■适用范围　■主要内容　■要约与承诺

在现代，合同是商务活动中不可缺少的工具，只要有交易，常常就伴随着合同。在合同日益重要的今天，为对合同订立的相关程序以及注意事项等有清晰

的认识，避免合同纠纷以及了解合同纠纷发生后有效的解决方法，我们需要认识《合同法》。

1.2.1 《合同法》包括哪些适用范围

并不是所有的合同或协议都适用于《合同法》，以下列举了不适用于《合同法》的合同或协议。

- 婚姻、收养和监护等有关身份关系的协议。其中婚姻关系适用于《婚姻法》，收养关系适用于《收养法》，监护关系适用于《民法通则》。
- 行政合同是为实现行政管理目的，与行政相对人协商一致达成的协议。行政合同不能简单地适用于《合同法》，因为行政合同的主体与订立目的与《合同法》的规定有所区别。
- 执行企业内部生产责任制的协议不能简单地适用于合同法，可以在某些方面参照《合同法》进行处理。

了解了不适用于《合同法》的合同后，下面来看看哪些合同是完全适用于《合同法》的，具体如下所示。

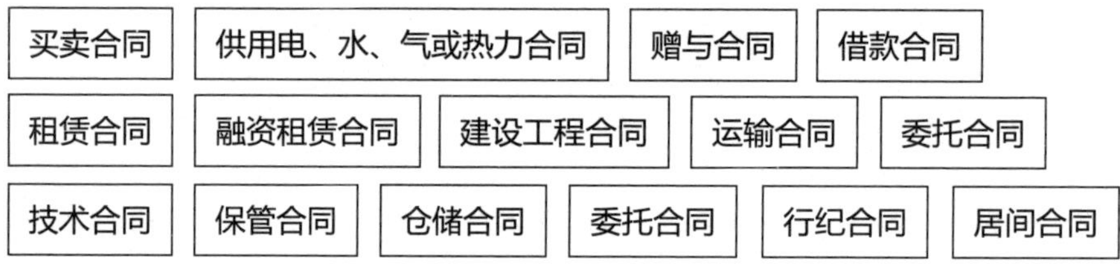

除上述15种有名合同适用于《合同法》外，无名合同同样适用于《合同法》。无名合同在现实生活中是普遍存在的，《合同法》只针对现实生活普遍发生并较为成熟的合同进行规定，对于未来可能出现的新的合同如何用现有的法律进行约束和指导也是很重要的，因此《合同法》规定无名合同也适用于《合同法》。

另外，部分合同优先适用于其他法律，在其他法律没有规定时可以参照适用于《合同法》，具体如下所示。

之所以上述合同优先适用于其他法律，是因为《合同法》第一百二十三条规定：其他法律对合同另有规定的，依照其规定。如海上运输合同首先适用《海商法》的有关规定，若《海商法》没有规定的，可以适用《合同法》总则中运输合同一章的规定。

在实施过程中，依照其规定指的是优先单行法对有关合同的规定，其他法律指的是全国人民代表大会及其常务委员会审议通过的法律，不包括法规。

1.2.2 《合同法》的主要内容

《合同法》是为保护合同当事人的合法权益，维护社会经济秩序，促进社会主义现代化建设而制定的，主要规定了以下内容。

- **合同的订立**：规定了合同订立的形式、内容和方式等内容，为合同的订立提供了法律依据。
- **合同的效力**：明确规定了依法成立的合同，自成立时生效，并对合同无效的情形进行了说明。
- **合同的履行**：规定了合同当事人应按照约定全面履行自己的义务，对可以中止履行的情形进行了说明。
- **合同的变更和转让**：合同订立后还会出现变更合同和转让合同的情形，因此《合同法》对合同的变更和转让作出了规定。
- **合同的权利义务终止**：合同权利义务的终止即指合同的终止，《合同法》规定了合同权利义务终止的情形以及可以解除合同的情形。
- **违约责任**：在合同订立后，可能存在一方违约的情况，因此《合同法》明确规定了当事人一方不履行合同义务或者履行合同义务不符合约定的，应当承担继续履行、采取补救措施或者赔偿损失等违约责任。
- **其他规定**：其他规定对《合同法》的适用法律和合同争议进行了说明。
- **分则**：分则对15种有名合同的主要内容及其权利与义务进行规定。

从上述内容可以看出，《合同法》包含的内容很丰富，包含了合同从订立到履行以及终止的全过程。在订立和解决合同纠纷时，《合同法》都是重要的依据，因此了解并理解《合同法》的相关内容是很有必要的。

1.2.3 如何理解合同的要约与承诺

在订立合同时，企业可以采取要约的方式，也可以采用承诺的方式，而当事人经过要约和承诺两个阶段并意思表示一致是合同成立的要件之一，因此对这两种订立方式，签订合同的当事人需要明确其基本含义。

要约是指希望和他人订立合同，在使用要约方式订立合同时，发出要约的一方为要约人，而接受要约的一方为受要约人。该意思表示应当符合以下规定。

- 内容具体确定。
- 表明经受要约人承诺，要约人即受该意思表示约束。

承诺与要约的不同之处在于，承诺是受要约人同意要约的意思表示，即承诺指受要约人同意订立合同。要约是由要约人向希望与之订立合同的一方发出的，即要约人向受要约人发出，而承诺需由受要约人作出，通俗地讲，即受要约人须向要约人作出承诺同意要约。当要约到达受要约人时生效，而承诺生效时合同成立，从这可以看出，要约会比承诺先达到，如果仅仅是要约生效，而受要约人并未作出承诺，那么合同不会生效。

承诺应当在要约确定的期限内到达要约人，如果在承诺期限届满时，受要约人未作出承诺，那么即被视为要约失效，如果要约没有确定承诺期限，承诺应当依照下列规定到达。

- 要约以对话方式作出的，应当即时作出承诺，但当事人另有约定的除外。
- 要约以非对话方式作出的，承诺应当在合理期限内到达。

当承诺的通知到达要约人时，承诺生效，若承诺不需要通知的，根据交易习惯或者要约的要求作出承诺的行为时生效。通过对以上内容的解读，可以看出合同中要约与承诺的关系，如下所示。

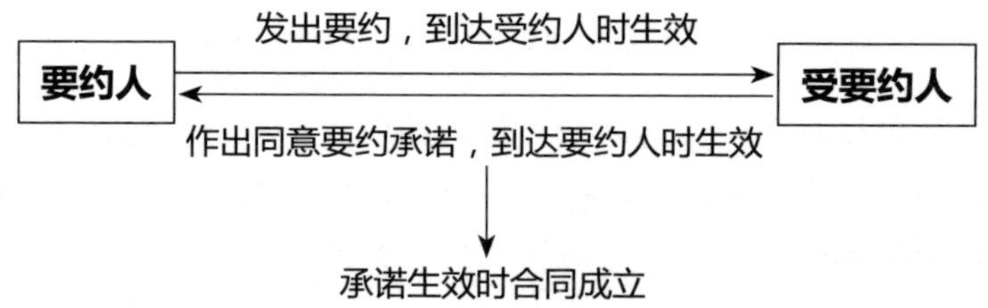

要约人发出的要约并不会都有效，有以下情形之一的，视为要约失效。

1．拒绝要约的通知到达要约人。

2．要约人依法撤销要约。

3．承诺期限届满，受要约人未作出承诺。

4．受要约人对要约的内容作出实质性变更。

1.3 如何撰写一份商务合同

■合同结构 ■合同要素 ■书写风格 ■合同措辞 ■书写工具

要想合同合法有效，在撰写合同时还需要遵守相关的规定，同时作为重要的协议，合同的撰写不能马虎，对于其中的内容以及词汇的使用都要做到准确无误和表述清楚，否则可能会带来不必要的麻烦。

1.3.1 完整合同的具体结构

一份完整的合同一般由前言、正文和结尾三大部分构成，在前言部分主要写明合同当事人姓名、地址等，如下所示。

甲方:

联系人:

电话:

乙方:

联系人:

电话:

正文是合同的主体，该部分由相关的法律条款构成，正文会明确约定当事人的权利、义务和责任等，如下所示。从中可以看到甲方的义务为按约定支付相关费用。

1. 甲方须在本合同签订之日起按照约定向乙方缴付相关费用，并且将款项汇入指定的银行账号。

2. 甲方向乙方支付合同额 50% 的网站预付费用，作为制作定金，余款在甲方验收合格正式发布时结清。

3. 付款方式请向 ×× 公司的业务专员索取或登录我们的网站查询。

合同正文包含的内容很丰富，这部分内容对合同双方当事人都很重要，在书写这部分内容时，不同的合同有不同的条款。

结尾即指合同的最后条款，该部分内容主要会写明合同的生效条件、补充条文、附件和签章等，如下所示。

第八条、本合同一式两份，甲乙方各执一份，具有同等法律效力，本合同有效期限从 2017 年 2 月 17 日到 2017 年 3 月 17 日，自签订之日起正式生效。

甲方：（签章）　　　　乙方：（签章）

日期:　　　　日期:

1.3.2　商务合同要注明哪些要素

合同的内容是由签订合同的当事人约定的。合同内容会规定合同当事人的权利义务，除法律规定的以外，双方当事人的权利和义务主要由合同的条款来确定。一般来说，一份完整的商务合同一般包括但不限于以下内容。

1. 当事人的名称或姓名和住所

当事人的名称或姓名和住所是合同中必备的内容，如果在合同中没有该条款内容，那么就无法清楚合同的主体，也无法确定各方的权利与义务，即使发生了合同纠纷也难以得到很好地解决，特别是当合同涉及的当事人为多方时更是如此。因此，在撰写合同时一定要准确写明当事人的名称或姓名和住所。

2. 标的

标的是合同权利义务指向的对象，标的同样是合同的必备内容。标的具有多样性，可以是有形财产，也可以是无形财产，还可以是劳务和工作成果。如果合同内容没有标的，那么将无法建立合同关系，合同也不能成立。在合同内容中，对于标的的撰写要准确无误，对于标的物的规格、品种和名称等都要约定得清楚明白，且要仔细核查以防出错。

3. 数量

数量是合同的重要条款，对大部分合同而言，该内容是必备内容，许多合同在没有写明数量的情况下是不能成立的。有形财产的数量主要指长度、容积、重量、体积和面积等，而无形财产的数量主要指个数、件数和字数等。不同的标的对于数量精确度的要求会有所不同，有些标的允许一定数量范围的误差。

4. 质量

对质量有要求的标的通常会在合同中写明质量条款内容，有形财产的质量是物理、化学、机械和生物等性质，对无形财产、劳务等，质量的评定有其特定的检验方法。国家对某些标的的质量有强制性标准规定，必须按照国家规定的标准执行。

5. 价款或者报酬

价款或者报酬一般指支付的货币，如租赁合同中的租金、借款合同中的本息等，都是指价款，而运输合同中的运费、仓储合同中的仓管费则指报酬。对于合同中涉及价款或者报酬的，一定要确保准确无误，否则可能造成不可估量的经济损失。

6. 履行期限、地点和方式

履行期限是指合同中约定的当事人履行自己义务的期限，如交付标的物、价款，履行期限的计量单位可以是天、月或季等。不同合同对于履行期限的约定是不同的，在部分合同中，对于履行期限并没有精确的时间规定。

履行地点是指履行合同义务和对方当事人接受履行的地点，合同的不同，履行地点也有各自的特点，如买卖合同中，若是买方自己提货，那么履行地点则在提货地履行。如果是卖方送货，履行地点在买方收货地履行。

履行方式是指当事人履行合同义务的具体做法，不同类型的合同有不同的履行方式，即使是同一类型的合同也可能有多种履行方式，如运输合同的履行方式有铁路、公路、航空和水路等。另外，履行方式还可以是价款的支付或结算方式。

7. 违约责任

违约责任是指当事人一方或者双方不履行合同或者不适当履行合同，依照法律的规定或者按照当事人的约定应当承担的法律责任。之所以在合同中需要有违约责任条款，是因为违约责任可以促使当事人按合同约定履行自己的义务，避免因对方违约而给自身带来损失，即使一方违约也可以使损失减少，总的来说，违约责任是一种法律措施。

8. 解决争议的方法

解决争议的方法即指合同出现争议时的解决途径，在合同履行过程中，合同各方可能会对权利行使、义务履行等产生争议，为了使当合同发生争议时有具体的解决方法，需要在合同中写明解决争议的方法。

1.3.3 合同书写风格有要求

合同是重要的法律文件，其书写风格要求严谨，且文本格式要求规范，通常有如下要求。

- **字体使用**：合同的字体要求并没有统一规定，但作为具有法律效力的文件，不能使用艺术字体或广告字体。正文内容可以使用宋体、楷体或仿宋，这 3 种字体是比较常用的字体。合同标题可以使用黑体、二号，显示方式应为居中显示，标题与正文之间应有一行空行。
- **语言使用**：合同中使用的语言应是标准、简明的法律、技术或金融用语，不能使用模糊不清的语句，如“今还欠款”，这里的还既可读作 huán，也可读作 hái，不同读音表示的意思不一致，在合同中要避免类似的模糊用语。
- **页面设置**：合同的文本内容不能与页边距靠得太近，也不能离得太远，一般来说，页边距可以为上下 2.5cm，左右 3cm。
- **页码设置**：合同的页码应从合同正文的开始部分进行编号，页码的起始数字为阿拉伯数字的1，不要使用其他编号，如①、Ⅱ等，页码的格式为页面底端居中显示。

- **合同封面**：合同的封面是合同的“外表”，并不是必须要有的，合同封面的主要内容有合同名称、编号、签约时间以及合同当事人。
- **合同附件**：如果合同结尾有附件或附录内容，那么附件或附录需要另起页，不可与正文内容在同一页，附录同样需要编件号，其编号应为附件/附录+阿拉伯数字，即附录1、附录2、附件1、附件2。
- **条款分层**：合同中的条款内容应按照一定的顺序进行分层，如第一章、第一条、（一），或第一条、（一）、1，各层级不能胡乱使用，要按顺序排列。

合同书写最重要的就是做到格式整齐规范、语言表述正确，这样才能保证合同的严肃性和完整性，使合同真正发挥效用。

1.3.4 合同措辞不要犯这些错误

在签订合同时一定要注意合同的措辞，避免模棱两可的用语，若使用模糊的措辞很容易造成合同争议。具体订立合同时，要特别避免以下措辞。

1. 一词多义

一词多义是指一个词有两个或两个以上的含义，在订立合同时要避免使用一词多义的词汇。如前面提到过的“今还借款”这个词汇，可以理解为归还，也可以理解为尚欠，若合同中有“今还借款5万元”的内容，那么这里的今还借款5万元是指现在尚欠5万元，还是指已归还5万元，是无法说清楚的。

另外，在签订涉外合同时也要注意外文中的一词多义，不仅要准确表述外文的基本含义，还要考虑其在法律上的意义。

2. 一字之差

在合同中，一字之差可能就会导致含义出现天壤之别，在现实生活中，因合同一字之差导致造成巨大损失的案例有很多，如定金和订金，定金是指合同在履行之前支付的一定数额的金钱或替代物作为担保的担保方式，而订金的订是订立和预订的含义，没有担保性质。

定金和订金在法律关系以及功能上都有区别，目前，还没有相关法律对订金作出解释，但对于定金却有明确的法律规定。订金不具有担保功能，它只是一种预付款，而定金既是一种支付，又是一方履约的保证，同时还具有赔偿的性质。如在购房合同中，购房者交纳了定金，若开发商违约那么开发商要承担双倍返还定金的违约责任，而如果是订金的话，那么只需退还订金即可。

3. 不宜太笼统

合同的条款内容不宜太笼统。如某买卖合同中有内容为“某门窗采用玻璃材料”，其中“玻璃材料”太过笼统，玻璃可分为平板玻璃、钢化玻璃等。若买方理解的是钢化玻璃，而卖方理解为平板玻璃，那么最后产生纠纷也只能买方认栽，因为合同并未写明是何种玻璃材料。

4. 关键词的使用

在合同中，某些关键词的使用也要慎重，如“合同届满之日起 6 个月”和“合同届满前 6 个月”，两者具有不同的含义。在合同的使用用语中，除法律或技术规范等有明确解释的关键词外，有很多关键词的定义都是不明确的，对于不明确的关键词可以在合同中加入定义解释，如下所示为某保险合同中关于合同关键词的定义解释内容。

❽ 特定疾病释义

这部分讲的是我们提供保障的 35 种特定疾病的定义，其中包含一些免责条款，请您特别留意。

	第 1 类：	与心脏或脑血管相关的疾病
1	严重肺源性心脏病	指因慢性肺部疾病导致慢性心功能损害造成**永久不可逆**[17]性的心功能衰竭。心功能衰竭程度至少达到美国纽约心脏病学会**心功能状态分级**[18]Ⅳ级永久不可逆性的体力活动能力受限，不能从事任何体力活动。
2	艾森门格综合征	指因心脏病导致的严重肺动脉高血压及右向左分流。诊断必须由专科医生经超声心动图和心导管检查证实及需符合以下所有标准： （1）平均肺动脉压高于 40mmHg； （2）肺血管阻力高于 3mm/L/min（Wood 单位）； （3）正常肺微血管楔压低于 15mmHg。

1.3.5 便捷的合同书写工具

目前，书写合同最常用的工具是 Word，全称为 Microsoft Office Word，是微软公司的一个文字处理器应用程序。用 Word 制作一份合同是很简单的，只需要在 Word 页面输入相应的文本内容即可，但在书写时要注意格式的调整，合同内容书写完成后还可以进行预览，以便进行合同内容的检查，以 Word 2013 为例，只需在“视图”选项卡中单击“阅读视图”按钮即可，如下所示。

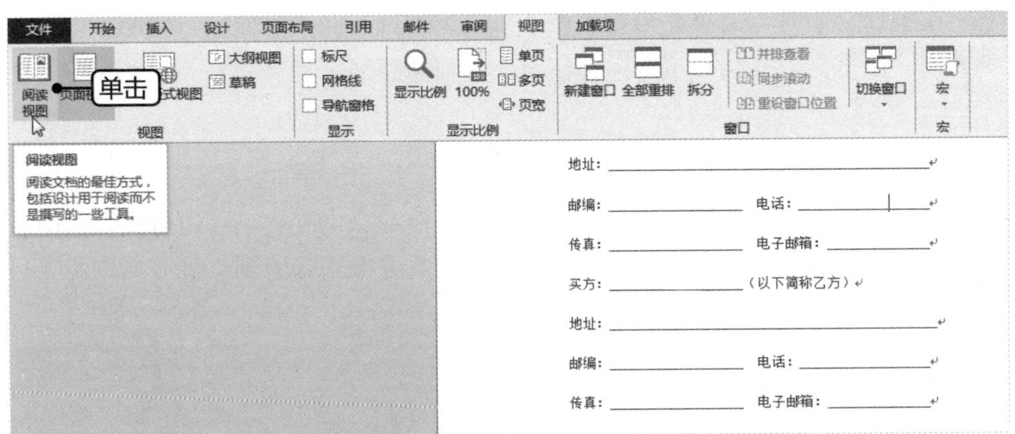

书面合同在 Word 中书写完成并确定内容无误后会将其打印，如果要将书写好的合同进行发送，那么一般会将其转化为 PDF 格式以后再进行发送。之所以要将 Word 格式的合同文档转换为 PDF 格式，是为了避免合同内容被修改。除了可以使用 Word 来书写合同外，也可以用 WPS 来书写合同，WPS 是金山办公软件出品的 Office 软件，具有文字、表格和演示等多种功能。

商务活动常用的合同除了纸质的合同外还有电子合同，电子合同又称为电子商务合同，其利用信息网络以电子形式表达，与传统合同相比，只是在形式上发生了变化。电子合同具有传输便捷、节约成本的特点，作为合同中的一种特殊形式，电子合同的成立条件与传统合同一致。

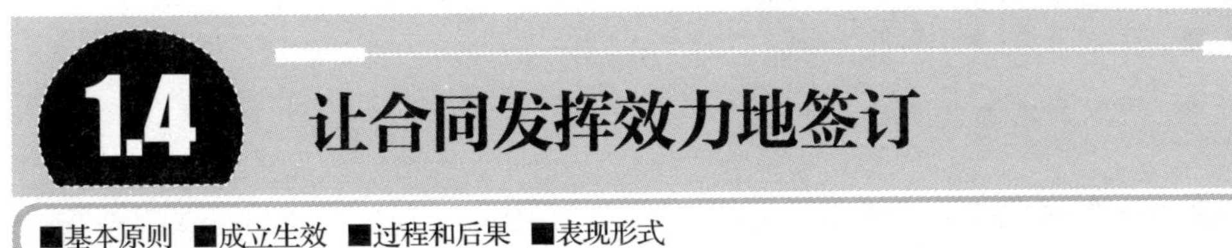

1.4 让合同发挥效力地签订

■基本原则 ■成立生效 ■过程和后果 ■表现形式

合同的生效是指合同产生了法律约束力。一般情况下，大多数合同是在合同当事人签字以后即产生效力，双方当事人的签字可以看作是双方就某一意思达成了一致，但也有特殊的情形，下面就来看一下。

1.4.1 合同签订要遵循的基本原则

在签订合同时，当事人需要遵循 5 个基本原则，即平等原则、自愿原则、公平原则、诚实信用原则和不得损害社会公共利益原则。

1. 平等原则

《合同法》第三条规定：合同当事人的法律地位平等，一方不得将自己的意志强加给另一方。这一内容表明了合同的订立要遵循平等原则，平等原则主要包括以下内容。

- 合同当事人的法律地位一律平等。
- 合同中的权利义务对等。
- 合同当事人必须就合同条款充分协商，取得一致，合同才能成立。

2. 自愿原则

《合同法》第四条规定：当事人依法享有自愿订立合同的权利，任何单位和个人不得非法干预。这一内容表明了合同的订立要遵循自愿的原则。自愿原则是合同签订的重要基本原则，贯穿合同活动的全过程，主要包括以下内容。

- 订不订立合同自愿，当事人依照自己意愿自主决定是否签订合同。
- 与谁签订合同自愿，在签订合同时，有权选择对方当事人。
- 合同内容由当事人在不违法的情况下自愿约定。
- 在合同履行过程中，当事人可以协议补充、协议变更有关内容。
- 双方可以协议解除合同。
- 可以约定违约责任。

3. 公平原则

《合同法》第五条规定：当事人应当遵循公平原则确定各方的权利和义务。这一内容表明了合同的订立要遵循公平的原则，公平原则主要包括以下内容。

◆ 在订立合同时，要根据公平原则确定双方的权利和义务，不得滥用权力，不得欺诈，不得假借订立合同恶意进行磋商。

◆ 根据公平原则确定风险的合理分配。

◆ 根据公平原则确定违约责任。

4. 诚实信用原则

《合同法》第六条规定：当事人行使权利、履行义务应当遵循诚实信用原则。诚实信用原则要求当事人在订立、履行合同，以及合同终止后的全过程中，都要诚实，讲信用，相互协作。其中，在合同订立中要求不得有欺诈或其他违背诚实信用的行为。

5. 不得损害社会公共利益原则

由于合同可能会涉及社会公共利益和社会公德等问题，因此合同法还要求当事人在订立合同时遵守不得损害社会公共利益原则。

《合同法》第七条规定：当事人订立、履行合同，应当遵守法律、行政法规，尊重社会公德，不得扰乱社会经济秩序，损害社会公共利益。是对不得损害社会公共利益原则的规定。

1.4.2 合同为什么没有生效

在现实生活中，可能会遇到合同已经签订却被认定合同未生效的情形。当合同当事人就合同条款达成合意后，合同即成立，但合同成立，并不代表合同就生效，合同生效要符合生效要件。

一般来说，合同的生效，原则上与合同的成立一致，即合同成立就产生效力，这一点在《合同法》第四十四条有明确规定，但这只是针对法律、行政法规没有规定应当办理批准、登记等手续生效的以及没有附生效条件的合同。

对于法律、行政法规规定应当办理批准、登记等手续生效的，则为自批准、登记时生效。如我国的《中外合资经营法》《中外合作经营法》规定，中外合资经营合同、中外合作经营合同必须经过有关部门的审批后，才具有法律效力。

也就是说，即使中方公司和外国公司已经签订了中外合资经营合同或中外合作经营合同，但有关部门没有通过审批，那么该合同也没有法律约束力，只能表明该合同成立，不能表示该合同生效。

所附条件是指合同当事人自己约定的、未来有可能发生的以及用来限定合同效力的某种合法事实。某些合同在订立时，当事人双方会约定附条件，对于有附生效条件的合同，需条件成立时生效。

在附条件合同中，所附条件对合同效力有一定的影响，如房屋租赁合同可以约定甲方将房屋提供给乙方使用之日，或乙方支付租金之日为合同的生效之日，而不一定是签订合同的日期。合同中的所附条件需要符合以下要求。

- 所附条件是由双方当事人约定的，并且作为合同的一个条款列入合同中。由于法定条件是法律规定好了的，因此法定条件不能作为所附条件。
- 条件是将来可能发生的事实，对于过去已经发生了的或未来必定会发生的事实不能作为所附条件，另外未来不可能发生的事实也不能作为所附条件，如果将未来不可能发生的事实作为了所附条件，那么该合同无效。
- 附生效条件只是合同的附属条件，它的作用在于限制合同法律效力，附条件的内容不能与合同的主要内容相矛盾。
- 所附条件的内容必须是合法的事实，若将违法的事实作为所附条件，那么该合同会被认定为无效。

合同中的所附条件可以分为生效条件和解除条件。生效条件即指合同的效力发生或者不发生的条件。解除条件又被称为消灭条件，对于具有效力的合同，若合同约定的解除条件出现，那么有效的合同也会变为无效合同。

在签订合同时要注意，虽然附生效条件合同需要在所附条件满足时才能生效，但并不代表在生效日到来前合同内容可以随意修改，合同对当事人仍具有法律约束力，且当事人不能擅自变更和解除合同。

1.4.3 合同订立的过程和后果

合同的订立是当事人双方或多方建立合同关系的行为，为实现合同关系，需要经历以下订立过程。

第一步：双方或多方当事人参与。若合同订立时，只有一方的当事人参与，那么合同无法订立

↓

第二步：当事人各方进行意思传达。在订立合同的过程中，各方当事人会就合同具体条款进行协商，会反复经历要约、再要约的过程，直到被要约人作出承诺

↓

第三步：意思表达一致。当合同当事人意思表示一致时，当事人之间完成缔约，具体做法是在合同上签字盖章

在合同的订立过程中，可能会出现两种后果，一种是双方当事人达成合意，即合同成立，另一种是双方当事人不能达成合意，即合同不成立。合同成立是当事人愿意看到的结果，但很多时候，合同的订立结果并不如意。

在商务活动中，企业要想实现合同订立的成功，还需要掌握一定的谈判技巧，在谈判前就要对合同中可能会涉及的内容进行查询和了解，这样才能在谈判过程中做到胸有成竹，如果在谈判中遇到了矛盾，要保持冷静和耐心，积极解决，最终通过反复的努力来促成合同的订立。

在订立合同的过程中要注意，当事人在订立合同过程中若有下列情形之一，给对方造成损失的，需要承担损害赔偿责任。

- 假借订立合同，恶意进行磋商。
- 故意隐瞒与订立合同有关的重要事实或者提供虚假情况。
- 有其他违背诚实信用原则的行为。

上述内容中的“假借”是指当事人没有与对方订立合同的意愿，只是以合同订立为借口，损害对方或第三人的利益，这种行为属于恶意进行合同谈判行为。在合同的谈判过程中，不能为了促成合同的订立而故意隐瞒重要的事实或提供虚假情况，如房屋买卖合同订立过程中，常出现卖方故意隐瞒不能提供完整购房手续的事实。

前面我们已经知道了合同的订立需要遵守诚实信用的原则，因此在订立合同的过程中若违背诚实信用的原则，损害了对方的利益，那么就要承担缔约过失的责任，赔偿损失。

1.4.4　合同约束力的表现形式

合同一旦成立，对签订合同的当事人就具有了一定的约束力，合同的法律约束力主要有以下表现形式。

1. 按照约定履行自己的义务

合同是当事人双方在自愿的原则下订立的，合同订立并依法成立生效后，合同内容就对当事人有了法律约束力。法律约束力最直接的表现就是当事人要按照约定履行自己的义务，如果当事人不履行合同义务或者履行合同义务不符合约定，需要承担赔偿责任。

2. 不得擅自变更或者解除合同

合同当事人不得擅自变更或者解除合同，若一方的当事人在没有取得对方同意的情况下，就擅自变更或者解除合同，那么变更或者解除合同的当事人会被要求强制履行合同义务并承担违约责任。

3. 按诚实信用原则履行一定的合同外义务

合同的义务不仅仅包括合同条款内容中包括的义务，还包括一些合同外的义务。在《合同法》中关于诚实信用原则的内容不仅包括在订立合同时，不得有欺诈或其他违背诚实信用的行为，还包括以下两方面内容。

- ◆ 在履行合同义务时，当事人应当遵循诚实信用的原则，根据合同的性质、目的和交易习惯履行及时通知、协助、提供必要的条件、防止损失扩大和保密等义务。
- ◆ 合同终止后，当事人也应当遵循诚实信用的原则，根据交易习惯履行通知、协助和保密等义务，称为后契约义务。

诚实信用原则对当事人订立、履行合同的行为作出了指导，对合同没有约定或约定不明确而法律又没有规定的内容都可以根据诚实信用原则进行解释，这既能让当事人更好地履行各自的义务，同时也能保护当事人的合法权益。

1.5 合同的变更、解除和终止

■合同变更 ■合同撤销 ■合同转让 ■合同解除 ■合同解释

在合同成立生效以后，难免会遇到需要变更或者解除合同的情况。那么，遇到合同变更或者解除时应该如何处理呢？下面就一起来看看。

1.5.1 合同变更需要经历哪些程序

合同变更是指成立生效的合同在尚未终止前，对原合同的内容进行修改或补充。前面我们已经知道了合同一旦成立生效，不得擅自变更，那么哪种情况下可以进行合同变更呢？

根据《合同法》第七十七条规定：当事人协商一致，可以变更合同。在实践中，合同变更一般会经历以下流程。

第一步：希望变更合同的一方向对方当事人提出合同变更要约，要约内容中需说明合同变更的具体内容

↓

第二步：对方收到要约后，对合同变更内容进行审查，对同意变更和不同意变更的内容作出回复，若有修改意见的，可提出修改意见

↓

第三步：双方进行反复协商，若双方就变更事项达成了一致，则以变更内容替代原合同内容

对于合同变更，双方当事人最好采用书面形式订立，如果采用口头形式变更，一旦发生纠纷，在不能提供有效证据证明合同变更的情况下，将视为合同未变更。另外，对于法律、行政法规规定变更合同应当办理批准、登记等手续的，需依照相关规定。比如原合同在订立过程中是经过公证处公证的，那么在合同变更时也要在原公证处进行公证。

合同的变更可能是标的的变更，也可能是履行方式的变更。要注意的是，合

同变更仅指合同的内容发生变化，而不是合同的主体发生变化，若变更的是合同主体，那么不能称为合同变更，而应是合同转让。合同变更应在原合同的基础上进行变更，对于无效合同或已被撤销的合同，由于不存在合同关系，因此也没有合同变更一说。

1.5.2 如何撤销已签署的合同

对于已经签署的合同，一方当事人还可以申请变更或撤销，但并不是所有的合同当事人一方都可以申请撤销，只有出现以下内容，当事人一方才有权请求人民法院或者仲裁机构变更或者撤销。

- 因重大误解订立的。
- 在订立合同时显失公平的。
- 一方以欺诈、胁迫的手段或者乘人之危，使对方在违背真实意思的情况下订立的合同，受损害方有权请求人民法院或者仲裁机构变更或者撤销。

从上述内容可以看出，撤销合同是有条件限制的。也就是说，并不是所有的合同都是可撤销合同，可撤销合同需符合上述规定，另外撤销权人不仅可以申请撤销还可以申请变更合同，但当事人请求变更的，人民法院或者仲裁机构不得撤销。

另外，当事人一方的撤销权并不是一直有效的，撤销权是有有效期的，有以下情形的，撤销权会消灭。

- 具有撤销权的当事人自知道或者应当知道撤销事由之日起一年内没有行使撤销权。
- 具有撤销权的当事人知道撤销事由后明确表示或者以自己的行为放弃撤销权。

撤销权是一种权利，如果当事人没有在规定的期间内行使自己的撤销权，那么该撤销权会消灭。对于未在有效期限内行使撤销权的当事人，表示该当事人自愿接受此种合同的后果，法律就会让此种合同继续有效。

如果撤销权人长期不行使自己的撤销权，会使合同长期处于不稳定状态，不利于社会经济秩序稳定，因此各国立法往往都明确规定撤销权必须在规定的期限内行使，我国立法也不例外。

那么。被撤销合同的效力何时无效呢？《合同法》第五十六条规定：无效的合同或者被撤销的合同自始没有法律约束力。也就是说确认被撤销后，将导致该合同自始无效。自始无效是指从合同成立时起合同就无效，《民法通则》第五十八条规定：无效的民事行为，从行为开始时就没有法律约束力。这也说明了确认被撤销的合同不是从确认无效时无效，而是在订立时就无效。

1.5.3 合同签订后可以转让吗

企业在签订合同以后，可能会因为各种原因需要将原合同中的权利与义务转移给其他企业或第三人，那么企业是否可以自行进行合同转让呢？答案是肯定的。

合同转让实际上是合同主体的变更，转让后新的债权人将代替原债权人，新的债务人会代替原债务人，债权人在将合同的权利全部或者部分转让给第三人时，要注意有下列情形之一的不可进行权利转让。

1. 根据合同性质不得转让。

2. 按照当事人约定不得转让。

3. 依照法律规定不得转让。

部分合同是基于特定当事人的身份关系订立的，如果进行合同转让会使得合同订立的目的落空，导致合同的内容也发生变化。如赠与合同、委托合同等。合同是在当事人在彼此信任的基础上订立的，如果将受赠的权利或受托人的义务转移给第三方，会使得赠与人和委托人的合法权益受到损害，因此，此类型的合同不得转让。

在订立合同的过程中，有时当事人会约定不得进行权利的转让，对于此类已约定禁止债权人将权利转让给第三人的合同，也不能进行转让。我国部分法律对某些权利的转让作出了禁止性规定，当事人在进行合同转让时还要注意是否违反了法律的禁止转让权利规定，如《担保法》第六十一条规定：最高额抵押的主合同债权不得转让。

债权人若要进行权利转让，还必须通知债务人，让其知晓，如果没有告知债务人，那么转让的行为对债务人没有效力，债务人在接到债权人转让权利的通知后，合同的权利转让即生效。合同权利转让以后，原债权人由受让人代替，此时原债权人将不能再对转让的权利进行处置。

在合同转让中，还有债务人将其义务转让给第三人的情形，如果债务人要将其合同义务转移给第三人，那么需要经债权人同意以后，才能进行转让。从这可以看出，债务人转让义务有比债权人转让权利更高的要求，之所以债务人转让合同义务需要取得债权人的同意，就是为了保障债权人的合法权益。

合同义务的转让可以部分转让，也可以全部转让，若是全部转让，则新债务人代替原债务人，若是部分转让，则原债务人和新债务人要共同向债权人履行合同义务。

1.5.4 什么条件下可以解除合同

合同的解除是指合同成立生效后，在满足解除条件的情况下，合同关系归于消灭的行为，合同解除具有以下特征。

- **合同解除的前提**：能够解除的合同必须是合法成立并生效的合同，无效合同或可撤销的合同不能发生合同解除。
- **合同解除条件**：必须具备法律规定条件的合同才能解除，这一条件主要包括约定解除和法定解除。
- **合同解除的行为**：合同的解除必须有解除的行为，即合同不能自动解除，具体行为表现在解除合同的一方需向对方提出解除合同的意思表示。
- **合同的关系**：合同解除后，合同关系自始消灭或向将来消灭，即合同解除后存在两种情形，当事人双方自始未发生合同关系，或原合同权利义务不再履行。

通过对合同解除特征的了解可以知晓合同的解除有两大条件，包括法定解除和约定解除，法定解除是指在出现法律规定的解除条件的情形下，拥有解除权的一方因行使解除权而使合同关系消灭，法定解除合同的情形如下所示。

- 因不可抗力致使不能实现合同目的。
- 在履行期限届满之前，当事人一方明确表示或者以自己的行为表明不履行主要债务。
- 当事人一方迟延履行主要债务，经催告后在合理期限内仍未履行。

◆ 当事人一方迟延履行债务或者有其他违约行为致使不能实现合同目的。

◆ 法律规定的其他情形。

约定解除合同是指一方因行使约定解除权或双方约定而进行合同解除，而使合同关系消灭。约定解除合同有两种情形，包括协商解除和约定解除权。协商解除是指合同成立生效后，在合同权利义务未完全履行前，当事人协商一致后，解除合同。约定解除权是指当事人在合同中约定，在合同履行过程中出现某种情况时，当事人一方或者双方有解除合同的权利。

不管是约定解除权还是协商解除，都需要在双方合意的情形下进行，两者的不同之处在于，约定解除权是约定将来的某一条件或情形，而协商解除是根据已经发生的事实进行合同解除。

1.5.5 合同条款解释遵循的原则

在现实生活中，常常有当事人双方对合同某一条款的内容理解不一致，导致产生合同纠纷的情形。若出现当事人对合同解释理解有争议的情况，又应当如何确定合同条款的真实含义呢？

《合同法》第一百二十五条规定：当事人对合同条款的理解有争议的，应当按照合同所使用的词句、合同的有关条款、合同的目的、交易习惯以及诚实信用原则，确定该条款的真实意思。由此可见，在进行合同条款解释时，应当按照以下原则来确定条款真实含义。

◆ **文义解释原则：**文义解释原则是指在解释合同条款含义时，首先由词句的含义入手进行解释。由于合同条款是由词句构成的，因此进行合同条款解释需要首先了解词句的文义含义，某些词句在不同的场景下会有多种不同的含义，在这种情况下，要考虑订立合同时当事人所要表达的真实意思。

◆ **整体解释原则：**由于合同条款内容并不是孤立存在的，因此在进行合同条款解释时还要结合合同整体来看，与其他条款结合起来进行分析，才能更为准确地表达条款的真实含义。

◆ **合同目的原则：**合同是当事人双方为实现某一合同目的而订立的，因此在进行合同解释时要根据符合合同目的的原则进行解释。

◆ **习惯解释的原则：**习惯解释原则是指按照交易习惯进行合同条款解释，

交易习惯是人们在长期实践的基础上形成的，对于某一地区或某一行业已经形成的规则，需要遵守其普遍的做法。

◆ **诚实信用原则**：在签订合同时，当事人双方要依据诚实信用的原则来订立，因此在解释合同条款时也要遵循诚实信用原则。在使用诚实信用原则时，还要考虑合同目的、合同整体和交易习惯等其他因素。

另外，合同文本采用两种以上文字订立并约定具有同等效力的，对各文本使用的词句推定具有相同含义。各文本使用的词句不一致的，应当根据合同的目的予以解释。在具体进行合同条款解释时，各原则还要结合起来使用，以此来确定争议条款的含义，这样才能更准确地确定合同条款的真实含义。

1.6 合同纠纷的解决之道

■合同纠纷 ■解决纠纷 ■违约处理

发生合同纠纷是合同当事人双方都不愿意看到的，但在实践中，合同纠纷又是普遍存在的。面对合同纠纷，最重要的是清楚如何妥善地进行纠纷解决，下面就来看看现实生活中常见的合同纠纷有哪些，以及如何进行纠纷的解决。

1.6.1 6种常见的合同纠纷

合同纠纷可能发生在合同签订、履行以及终止的各个阶段中，既有当事人主观的原因，又有客观因素。常见的合同纠纷主要有以下几种。

1. 合同生效纠纷

合同是否具有效力是现实生活中常见的合同纠纷之一，在合同的订立过程中，合同可能存在4种状态，包括有效、无效、可撤销和效力待定，由于当事人双方对合同的效力状态存在争议，由此就会产生合同生效纠纷。其中，效力待定的合同是指合同已经成立，但其效力是否发生，还不能确定，效力待定的合同处于不稳定的状态，最终的结果是成为有效合同或无效合同。

2. 合同履行纠纷

合同常见的另一个纠纷是合同履行过程中产生的纠纷，当事人可能会就合同是否已按约履行产生争议。合同履行是指一方当事人按照合同约定的义务进行执行的行为过程。

导致合同履行过程中发生纠纷的原因有很多，尽可能地完善合同条款，是避免在合同履行过程中发生纠纷的有效方法。因此，在订立合同时，当事人双方都要就条款内容进行详细、具体地约定。

3. 合同条款理解纠纷

我们已经知道了当事人双方可能会就合同某一条款产生理解上的差异，这就导致了合同条款理解纠纷。当出现因对合同理解不同导致的争议时，对条款真实含义的解释可以按照前面提到的五大原则处理。

4. 合同违约责任纠纷

在实践中，合同违约屡见不鲜，而合同违约也是导致合同纠纷的重要原因之一。在不少合同条款中，都有违约责任条款内容，但发生违约争议后，谁是违约方？如何判定一方是否违约？有可能就是纠纷所在。另外，部分违约责任条款对于违约方应该承担多少违约责任的规定并不明确，这也是导致产生违约责任纠纷的原因。对于没有在合同中写明违约责任条款的合同，发生违约责任纠纷的情况会更多。

5. 合同解除纠纷

在部分合同中，可以看到合同约定解除条款的内容，但合同中有约定解除条款并不代表合同解除纠纷就不存在，若约定的解除条款不明确，常常也会产生纠纷。在实际中，当事人还可能就合同是否可以单方解除产生纠纷。

6. 口头合同纠纷

前面我们已经知道了合同的订立方式有口头形式、书面形式和其他形式，其中最容易产生纠纷的订立形式就是口头形式，在企业的商务活动中，买卖合同中的口头纠纷比较常见，许多企业都是通过口头达成买卖协议建立合作关系的。由于口头合同没有书面合同作为依据，因此发生纠纷常常难以解决，但发生口头纠纷的合同常常都是时效性很强的合同。

除了上述几种常见的合同纠纷外，合同纠纷的类型还有很多种，如标准和非标准合同纠纷、有无名合同纠纷等。总的来说，合同纠纷的类型具有多样性。

1.6.2 解决纠纷主要有 4 种方式

合同产生纠纷既有当事人主观的原因，又有客观因素，合同纠纷有大有小，面对或大或小的合同纠纷，找到合理的解决方式才是最为重要的。合同纠纷的解决方法主要有 4 种，包括和解、调解、仲裁和诉讼。

1. 和解

和解即当事人双方通过自行协商的方式来解决纠纷，这种纠纷解决方式是在当事人双方自愿的原则下进行的，和解是最为便捷的解决纠纷的方法，只要双方能够协商一致，纠纷常常能很快得到解决。

另外，利用和解的方式来解决纠纷还能节省仲裁、诉讼费用，也有利于今后企业之间的二次合作，如果采取仲裁或诉讼的方式解决纠纷，企业之间再进行二次合作的可能性会很低。

2. 调解

调解是在第三人的主持下协调当事人双方的权益，在调解的过程中，第三人要努力说服双方当事人达成一致，才有可能使纠纷调解成功。调解是在双方当事人自愿的原则下在进行的，第三人作为中间人，在调解过程中应本着公平公正的态度进行调解，不可强迫当事人接受自己的意志。

和解和调解有可能在诉讼外进行，也可能在诉讼的某一个阶段中进行，为了更省时省力地解决合同纠纷，建议在进行合同纠纷解决时优先采用和解或调解的方法。

3. 仲裁

如果当事人不愿采取和解、调解的方式或和解、调解不成功导致纠纷无法解决，此时就可以采用仲裁的方式解决纠纷。申请仲裁需要当事人到依法设立的仲裁机构进行。在申请仲裁时，合同双方当事人需要订立仲裁协议，如果没有订立仲裁协议，一方当事人不能申请仲裁。仲裁机构作出的仲裁裁决具有法律约束力，当事人应当按照仲裁结果来履行。由于仲裁机构并不是司法机关，因此通过仲裁解决合同纠纷会比诉讼更为快捷。

4. 诉讼

如果上述 3 种方式都不能解决合同纠纷，那么当事人可以采取诉讼的方式进行解决，诉讼需要在人民法院进行，由一方当事人向人民法院起诉，诉讼的程序比较复杂、严格，审判可能会经历一审、二审等。

人民法院最终判决的调解书、判决或裁定是具有法律约束力的法律文书，如果另一方当事人拒不履行，那么对方当事人可以申请人民法院强制执行。

1.6.3 合同违约的处理方法

合同在成立生效后，按照合同约定全面履行合同条款是当事人的义务，但在实际中，存在当事人一方不履行合同义务或者履行合同义务不符合约定的情况。若当事人一方确实存在不履行合同义务或者履行合同义务不符合约定的行为，那么根据《合同法》第一百零七条的规定：当事人应当承担继续履行、采取补救措施或者赔偿损失等违约责任。

按照当事人违约行为的发生时间，可以分为预期违约和届期违约，若违约行为发生在合同履行期届至之前，则为预期违约，若当事人在合同履行期到来之前无正当理由明确表示将不履行合同，或者以自己的行为表明将不履行合同，即构成预期违约。

对于不同的违约行为，《合同法》也对其进行了规定，若当事人一方未支付价款或者报酬的，那么可以要求对方支付价款或者报酬；若一方不履行非金钱债务或者履行非金钱债务不符合约定的，可以要求履行，但要注意的是有下列情形之一的除外。

◆ 法律上或者事实上不能履行。

◆ 债务的标的不适于强制履行或者履行费用过高。

◆ 债权人在合理期限内未要求履行。

对企业来说，常见的违约行为可能是对方企业提供的商品不符合质量约定，面对质量不符合约定的违约行为，另一方当事人应当按照当事人的约定承担违约责任；对违约责任没有约定或者约定不明确的，依照《合同法》第六十一条的规定仍不能确定的，受损害方根据标的的性质以及损失的大小，可以合理选择要求对方承担修理、更换、重作、退货、减少价款或报酬等违约责任。

合同违约的处理方法除了可以要求对方继续履行、采取补救措施或赔偿损失外，根据《合同法》第一百一十五条规定：当事人可以依照《中华人民共和国担保法》约定，一方向对方给付定金作为债权的担保。债务人履行债务后，定金应当抵作价款或者收回。给付定金的一方不履行约定的债务的，无权要求返还定金；收受定金的一方不履行约定的债务的，应当双倍返还定金。

另外，若当事人既约定违约金，又约定定金的，一方违约时，可以选择适用违约金或者定金条款。即受损害的一方享有选择权，可以选择违约金条款，也可以选择定金条款。

第二章

转移标的物的所有权——买卖合同

2.1 认识买卖合同

■法律特征 ■3个要素 ■特点分类 ■包含条款 ■所有权转移时间

根据《合同法》对买卖合同的定义，买卖合同是出卖人转移标的物的所有权给买受人，买受人支付价款的合同。在买卖合同中，合同的主体由出卖人和买受人构成。

2.1.1 买卖合同的法律特征

买卖合同使出卖人和买受人之间形成买卖关系，出卖人转移买卖标的物的条件是受领买卖标的的受买人要支付一定的价金给出卖人，因此买卖合同是典型的有偿合同。买卖合同有其独特的法律特征，如表 2-1 所示。

表 2-1 买卖合同的法律特征

特征	具体说明
买卖合同是有名合同	《合同法》分则规定了 15 类有名合同，买卖合同是其中有明确规定的合同之一，因此，买卖合同属于有名合同
买卖合同是双务合同	双务合同是当事人双方互负对待给付义务的合同，即买方和卖方互为给付，双方拥有一定的权利和义务，买方的义务是支付对价，而卖方的义务是转移标的物所有权，双方的义务便是对方拥有的权利，因此买卖合同是双务合同
买卖合同是卖方转移财产所有权，买方支付价款的合同	买卖合同中的出卖人需要将买卖标的物转移给买方，这就使得买卖标的物的所有权发生了转移，而买卖合同的这一特征使得其与租赁合同、保管合同区分开来，租赁合同和保管合同不会转移所有权，只会转移使用权。另外，买卖合同中的受买人若想要取得标的物的所有权，则需要支付相应的对价给卖方，这一特征使得买卖合同与互易合同和赠与合同区分开来
买卖合同是要式或者不要式合同	区分要式合同和不要式合同的关键点在于，法律是否约定要按书面形式订立合同，而买卖合同中既有法律明确规定需要采用书面形式订立的合同，也有对合同形式没有特殊要求的合同。如法律规定房屋买卖需采取书面形式订立合同，而在实际生活中，即时的买卖交易行为常常不会采用书面形式订立合同，因此买卖合同可以是要式合同，也可以是不要式合同

续表

特征	具体说明
买卖合同多是诺成合同	买卖合同具有诺成合同的特征，这是因为在买卖关系中，买卖双方常常只需要达成合意，买卖合同即成立，而一般不需要以买方交付对价或卖方转移标的物所有权为要件。在实践中，买卖的双方也可以就买卖合同的成立要件进行约定，如约定卖方转移标的物所有权时，买卖合同始为成立，若买卖合同需要交付合同约定的标的物才能成立，此时买卖合同就是实践合同。现实生活中，买卖合同多是诺成合同
买卖合同是有偿合同	受买人若想享有标的物的所有权，其付出的代价是支付一定的价款，反之，出卖人获得价款的代价是转移标的物所有权。这使得买卖合同具有了有偿合同的特征，任何一方要取得一定的权益，都要偿付相应的代价

2.1.2 买卖合同的构成要有3个要素

买卖关系的构成需要有3个重要的因素，包括人、标的和行为，这也是买卖合同的构成要素。

1. 人

在买卖合同中，人是指出卖人和受买人。受买人又可称为买方，而出卖人可称为卖方。交付标的物是出卖人重要的义务，同时也是买卖合同最重要的合同目的，除此之外，出卖人还要履行转移标的物所有权的义务。在买卖合同履行的过程中，若标的物存在质量问题或瑕疵将导致合同目的无法实现，因此出卖人常常还有瑕疵担保义务，以保证出卖人交付的标的物没有质量问题或瑕疵。

受买人的主要义务是支付价款，其次还有受领标的物，对标的物检查通知的义务，受买人对标的物进行检查时，若发现标的物存在瑕疵，应妥善保管标的物并及时告知出卖人。

2. 标的

买卖合同中的标的有两个，包括标的物和价金。对于标的物，要求必须是法律允许买卖的，法律限制流通的军用武器、弹药，禁止流通的矿藏、水源等，不能成为标的物。标的物不一定是现在已经存在的，可以是将来才会存在的。买卖合同中的价金指受买人支付的金钱。

3. 行为

行为包括转移标的物的行为和支付价金的行为。受买人支付的价金必须是金钱，若是金钱之外的其他物，则不构成买卖合同，而应为互易合同；若以劳务为对价，那么则应为雇佣、承揽等合同。

2.1.3 买卖合同的不同特点分类

不同的买卖合同有其各自的特点，按照买卖合同的不同特点，买卖合同还可以分为以下几类。

◆ 一般买卖和特种买卖

特种买卖是指特殊形态的买卖或具有特殊要件的买卖，如拍卖、凭样品买卖、试验买卖、分期付款买卖和买回买卖等有特殊买卖方式的买卖。没有特殊买卖方式的买卖为一般买卖。

◆ 特定物买卖与种类物买卖

特定物买卖是指买卖的标的物是特定物的买卖，而种类物买卖的买卖标的物则是种类物。由此可以看出，区分特定物买卖与种类物买卖主要在于其买卖的标的物。特定物是自身具有独立特征，或者被权利人指定而特定化，不能以其他物代替的物品。种类物是具有共同特征，没有被权利人指定而特定化的物品。

◆ 即时买卖和非即时买卖

即时买卖是指在买卖合同成立时，买卖双方便履行了各自的全部义务的买卖，即合同成立时便转移了标的物和价金，买卖双方即时结清。反之，非即时买卖是指买卖合同成立时非即时结清，而等到日后才履行各自义务的买卖。

根据当事人中何方日后履行，非即时买卖又可分为先付买卖、信用买卖和定期买卖。常见的预约买卖、期货买卖、赊欠买卖和分期付款买卖等都属于非即时买卖。如赊欠买卖在买卖成立时由出卖人先交付买卖标的物，受买人日后再支付价金。

◆ 批发买卖与零售买卖

批发买卖和零售买卖是按照买卖的数量来区分的，批发即指批量销售，零售即指零散销售。在现实生活中，批发和零售是两种常见的销售方式，许多地区都有大型的批发市场，在批发市场中所进行的买卖多为批发买卖。

◆ 自由买卖和竞价买卖

按照是否采用竞争的方法进行买卖，可分为自由买卖和竞价买卖。生活中常见的拍卖便是典型的竞价买卖，在拍卖会场上，有许多买家，各买家出价争购，直到没有人再出更高的价时，买卖即成交。

◆ 一时买卖与连续交易买卖

一时买卖和连续交易买卖是以是否一次完结为标准来区分的。一时买卖是指买卖双方仅进行一次交易就结束了双方的买卖关系，即使有多次交易，每次交易都是单独进行的，且没有连续性。而连续交易买卖是指双方在一定的期限内定期或者不定期进行交易的买卖，且每次交易都有关联性。

2.1.4 买卖合同可以包含哪些其他条款

前面我们已经知道了一份合同一般要包含的常见条款内容，在订立买卖合同时，当事人还可以根据买卖的具体要求增加其他条款内容，下面就来看看买卖合同中还可以包含哪些条款，如表 2-2 所示。

表 2-2 买卖合同的补充条款

条款	具体内容
包装方式	不少买卖的标的物都需要合适的包装物进行包装后才能交付，因此，对于一些有包装要求的标的物，在合同条款中约定包装方式是很有必要的。标的物的包装包括两层含义，一种是指包装用品或者包装物，另一种是指包装标的物的操作方式。所以，在包装方式条款中可以注明包装物的材料以及包装的操作方式两大内容。另外包装又可分为运输包装和销售包装，也要在合同中说明其类型
标的物的检验	对标的物进行检验，是为了确定标的物的质量状况，对一些有特殊质量要求的标的物，对其进行检验尤为重要。在买卖合同中对于检验的条款内容可以包括检验标准和检验方式，如在合同中约定具体的检验时间和地点以及检验机构等

续表

条款	具体内容
结算方式	买卖合同会涉及价金的支付，而价金的结算方式有多种，当事人可以在合同中约定结算方式。结算方式主要分为现金结算和转账结算两种，根据国家现金管理的规定，法人之间款项往来的结算必须通过银行转账结算，个人与个人、法人与个体工商户之间的现金结算，需要符合国家现金管理的有关规定的限额规定
使用的文字及其效力条款	在涉外合同中涉及的语言包括外文和中文，由于两种表述方式可能出现理解上的争议，因此在合同中最好写明合同使用的文字及其效力条款内容。根据合同履行地点的不同，可以以不同的文本为标准，若合同在我国履行，则可以写明“两种文本在解释上有争议时，以中文文本为准”；若在国外履行，可以以外文文本为准

2.1.5 重要的所有权转移时间规定

按约交付标的物是出卖人的义务，但是对于标的物的交付期限，部分合同可能并没有明确的规定，这就容易出现出卖人长时间不交付标的物的情况，特别是对于一些急需标的物进行生产或销售的企业来说，标的物迟迟不交付很可能会给企业带来经济损失，因此在买卖合同中写明标的物的交付期限也是很有必要的。

买卖合同的交付期间可以分为两种情况，包括在某确定时间交付或约定一个交付的期间。在某确定时间交付是指确定未来的某一时间交付标的物，除了对交付的时间有精确要求的合同外，一般落实到日即是合理的。对于约定了确定时间交付的合同来说，若出卖人晚于约定的时间还未交付，那么视为迟延交付，若出卖人提前交付，为提前履行。严格来说提前履行也是一种违约，但若提前履行并没有损害买受人的利益，那么则不能视为违约。

在现实生活中，更多的是在买卖合同中约定一个交付的期间交付标的物，这一交付期间可能是一天，也可能是一月或一年等。约定交付期间后，出卖人只需在交付期间内的任何时间交付即可。

在签订买卖合同时，出于诚信合作的需要，买卖双方常常不会特意约定交付期间，那么是不是此类合同的出卖人就可以在随意的时间交付标的物呢？《合同法》第一百三十九条规定：当事人没有约定标的物的交付期限或者约定不明确的，适用本法第六十一条、第六十二条第四项的规定。

而《合同法》第六十一条规定：合同生效后，当事人就质量、价款或者报酬、履行地点等内容没有约定或者约定不明确的，可以协议补充；不能达成补充协议的，按照合同有关条款或者交易习惯确定。第六十二条第四项规定：履行期限不明确的，债务人可以随时履行，债权人也可以随时要求履行，但应当给对方必要的准备时间。

由此可见，合同生效后，若标的物的交付期限没有约定或约定不明确，同样也是有解决办法的。当事人首先可以协商补充协议，其次可以随时要求出卖人履行，但要注意的是，需要留够合理的时间让出卖人准备标的物。另外，出卖人在交付标的物前，也应提前通知买受人，让其做好接收标的物的准备。

在企业买卖活动中，因标的物质量、交货时间等所引起的买卖合同纠纷是比较常见的，那么面对买卖合同中出现的争议又该怎样处理呢？下面就来看看如何处理买卖合同争议，以及如何防范买卖合同中可能出现的陷阱。

2.2.1 买卖合同中产生质量纠纷怎么办

买卖合同的双方如果因标的物质量的问题而出现纠纷，首先需要对标的物的质量进行确定，判定标的物质量是否符合合同标准，在确定时，标的物质量标准应按照以下的顺序分别进行确定。

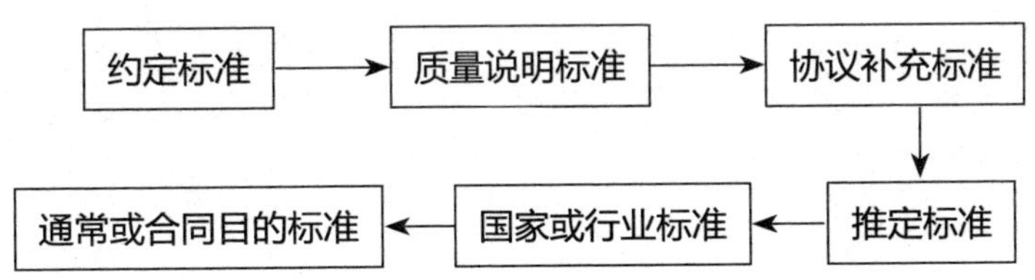

质量要求是许多买卖合同中的重要条款，若合同中有明确的质量要求约定，那么在检验标的物质量时就按照约定的标准来执行。如果买卖双方没有对标的物质量要求作出约定，但出卖人提供了质量说明，那么质量说明严格来说也是一种质量要求约定，如出卖人出售的服装的吊牌上有“99% 纯棉”的说明，但实际上该服装的含棉成分只有 50%，那么也属于质量不符合要求。

如果买卖合同中对标的物的质量要求没有约定或者约定不明确，那么可以协议补充，此时对标的物的质量就可以按照协议补充的标准进行确定；如果没有补充协议或不能达成补充协议，那么就按照合同有关条款或者交易习惯确定标的物的质量。

在上述方法都确定不了的情形下，就按照国家标准、行业标准履行，由于并不是所有的标的物都有国家标准或行业标准，对于没有国家标准、行业标准的标的物，则按照通常标准或者符合合同目的的特定标准履行。那么在确定标的物确实存在质量问题的情况下，应该如何解决纠纷呢？

《合同法》第一百四十八条规定：因标的物质量不符合质量要求，致使不能实现合同目的的，买受人可以拒绝接受标的物或者解除合同；买受人拒绝接受标的物或者解除合同的，标的物毁损、灭失的风险由出卖人承担。由此可见，在出卖人交付标的物时，若买受人发现质量不符合要求，可以当场拒绝接受标的物或解除合同。

另外，出卖人交付的标的物不符合质量要求的，买受人还可以按照合同约定的违约责任条款要求出卖人承担违约责任。但要注意的是，如果买受人认为出卖人交付的标的物存在质量问题，那么要在一定期限内向出卖人提出，否则视为交付的标的物质量合格。

在现实生活中还存在分批交付标的物的情况，适用《合同法》第一百六十六条的规定，具体如下所示：

- 出卖人分批交付标的物的，出卖人对其中一批标的物不交付或者交付不符合约定，致使该批标的物不能实现合同目的的，买受人可以就该批标的物解除。
- 出卖人不交付其中一批标的物或者交付不符合约定，致使今后其他各批标的物的交付不能实现合同目的的，买受人可以就该批以及今后其他各批标的物解除。

◆ 买受人如果就其中一批标的物解除，该批标的物与其他各批标的物相互依存的，可以就已经交付和未交付的各批标的物解除。

对于有检验标准要求的标的物，要在约定的检验期间内检验，没有约定检验期间的应及时检验，检验后要将质量不符合约定的情形通知出卖人，否则也视为质量符合约定。如果当事人双方对质量瑕疵问题的认定存在争议，那么买受人可以提出质量鉴定申请，由专业的鉴定团队来判别。

2.2.2 二重买卖的合同效力如何确定

二重买卖是指卖方在与买方签订买卖合同后，在标的物转移前，又就该标的物与第三人（后买受人）签订了买卖合同，致使一物多卖。不管卖方是出于何种目的而导致了一物多卖，这种行为已经严重违背了诚实信用原则。

买卖合同为诺成性合同，只要双方意思表示一致，那么合同即成立生效，因此，二重买卖合同只要不具有《合同法》规定的无效情形，那么该合同视为依法成立生效的合同，同样具有效力。

在处理二重买卖合同纠纷时，可以根据 2012 年 3 月 31 日由最高人民法院审判委员会第 1545 次会议通过的《最高人民法院关于审理买卖合同纠纷案件适用法律问题的解释》（简称买卖合同司法解释) 来处理。

买卖合同司法解释第一条对没有书面合同的买卖合同的成立及效力作出了解释，该解释内容如下所示。

◆ 当事人之间没有书面合同，一方以送货单、收货单、结算单和发票等主张存在买卖合同关系的，人民法院应当结合当事人之间的交易方式、交易习惯以及其他相关证据，对买卖合同是否成立作出认定。

◆ 对账确认函、债权确认书等函件、凭证没有记载债权人名称，买卖合同当事人一方以此证明存在买卖合同关系的，人民法院应予支持，但有相反证据足以推翻的除外。

由此可见，对于口头形式的买卖合同，只要能提供相关证据，那么该合同也是合法成立的合同。

买卖合同法司法解释特别对多重买卖合同作出了解释，在买卖合同均有效的情况下，买受人均要求实际履行合同的，应当按照以下情形分别处理。

- 先行受领交付的买受人请求确认所有权已经转移的，人民法院应予支持。
- 均未受领交付，先行支付价款的买受人请求出卖人履行交付标的物等合同义务的，人民法院应予支持。
- 均未受领交付，也未支付价款，依法成立在先合同的买受人请求出卖人履行交付标的物等合同义务的，人民法院应予支持。

对于出卖人就同一船舶、航空器和机动车等特殊动产订立多重买卖合同，在买卖合同均有效的情况下，买受人均要求实际履行合同的，应当按照以下情形分别处理。

- 先行受领交付的买受人请求出卖人履行办理所有权转移登记手续等合同义务的，人民法院应予支持。
- 均未受领交付，先行办理所有权转移登记手续的买受人请求出卖人履行交付标的物等合同义务的，人民法院应予支持。
- 均未受领交付，也未办理所有权转移登记手续，依法成立在先合同的买受人请求出卖人履行交付标的物和办理所有权转移登记手续等合同义务的，人民法院应予支持。
- 出卖人将标的物交付给买受人之一，又为其他买受人办理所有权转移登记，已受领交付的买受人请求将标的物所有权登记在自己名下的，人民法院应予支持。

2.2.3 买卖合同履行的核心问题

买卖合同的履行即出卖人交付标的物，买受人支付价金的行为。对于标的物的交付，存在两种情形，包括现实的交付和拟制的交付。现实的交付即出卖人直接将标的物的所有权转移给买受人，比如卖方直接将货物交给买方。

拟制的交付是指出卖人将对标的物占有的权利转移给买受人，以替代现实的交付，从该含义可以看出，拟制的交付实际上交付的是标的物占有的权利，而不是标的物本身。

不管是哪种交付方式，根据《合同法》第一百三十五条规定：出卖人应当履行向买受人交付标的物或者交付提取标的物的单证，并转移标的物所有权的义务。因此在买卖合同中如果企业作为出卖人，那么会存在两种交付，要么交付标的物本身，要么交付提取标的物的单证。

当标的物由第三人占有时，拟制交付就会存在，最常见的方式是将仓单、提单交给买受人，买受人再凭此单证，向第三人请求提取标的物。

对于动产和不动产所有权的转移又有不同，在法律或当事人双方没有特殊约定的情况下，动产所有权依交付而转移；不动产和法律有特别规定的动产，其所有权的转移须办理所有权人的变更登记，这一点需要买卖合同的当事人注意。

在国际贸易中，买卖合同的标的物除了货物本身外，还包括一些单证和资料，如产品合格证、商业发票、使用说明书、质量保证书、产地证明、产品检疫书、保修单和装箱单等。对于这些单证和资料，如果买卖合同中明确约定了需要交付，那么出卖人需要履行交付义务。对于合同没有明确约定的，按照交易的习惯，出卖人应当交付的，那么出卖人也需要在履行交付标的物的义务以外，向买受人交付这些单证和资料。

支付价款是买受人的基本义务，买受人应当按照约定的数额支付价款。在实践中，存在买受人分期付款的情形。《合同法》第一百六十七条规定：分期付款的买受人未支付到期价款的金额达到全部价款的五分之一的，出卖人可以要求买受人支付全部价款或者解除合同；出卖人解除合同的，可以向买受人要求支付该标的物的使用费。

该条款可以说是出卖人躲避风险的一种措施，因为分期付款使出卖人存在不能完全收回价金的风险，在分期付款买卖中，出卖人为规避风险，有时会提出过于苛刻的分期付款条款。为避免这一情形，法律对分期付款买卖的内容规定了一定的限制，以保证当事人双方利益的平衡。

2.2.4 标的物数量模糊不清的陷阱

前面我们已经说过了，对于标的物的数量应当在合同中详尽地说明，但现实是，不少企业对于这一条款的内容并不会引起足够的重视，而这往往成为买卖合同中的一颗“炸弹”，在订立买卖合同时，企业要注意以下陷阱。

1. 数量笼统

在订立买卖合同时，约定笼统的数量，如一车、一箱、一批或一套等，这种笼统的规定不能出现在买卖合同中，因为很容易由于计量方式或计量单位等不同导致纠纷。

如果企业作为买受人，在签订买卖合同时，发现合同中有类似的笼统描述，一定要要求出卖人重新书写该条款内容，对一车或一批所装的具体数量作出明确约定。对于有标准计量方式的标的物，可以按照行业或国家标准来作出数量约定。

2. 故意约定本企业计量方式

对于没有统一计量方式的标的物，双方可以协商约定计量方式，要注意合同数量条款中是否有“按甲方（指出卖人）的标准来计量”等类似内容。若出现该内容，买受人应拒绝签订该买卖合同。

3. 正负误差不合理

部分标的由于运输或计量方式的原因会存在一定的误差，这种误差在合理范围内是允许的，对于有合理误差的标的物，对于误差的数量也要清楚写明。避免出现“可有误差”等类似内容。另外，还要注意出卖人故意多写损耗的情况，对于正负尾差以及磅差等，应该根据标的物的具体情况约定在合理的范围内。

2.2.5 防范合同中标的物的陷阱

在买卖合同中，有一种特殊的标的物——知识产权，知识产权是权利人对其智力劳动所创作的成果享有的财产权利。

在普通标的物买卖中，出卖人交付标的物后，买受人即拥有了该标的物的所有权，而当具有知识产权的标的作为标的物时则有所不同，不少企业也因此陷入误区。

《合同法》第一百三十七条规定：出卖具有知识产权的计算机软件等标的物的，除法律另有规定或者当事人另有约定的以外，该标的物的知识产权不属于买受人。

这里要注意的是，区分知识产权买卖和知识产权载体的买卖的不同。知识产权是一种无形资产，它包括专利权、著作权和商标权等。知识产权买卖是一种权利的买卖，在有关法律中，权利主体转变的合同法律关系一般被称为权利的转让，因此，因知识产权买卖而订立的合同通常被称为“知识产权转让合同”。

如专利权的转让是比较常见的知识产权转让，《专利法》第十条规定：转让专利申请权或者专利权的，当事人应当订立书面合同，并向国务院专利行政部门登记，由国务院专利行政部门予以公告，专利申请权或者专利权的转让自登记之日起生效。因此在转让专利权时，企业需要以书面形式订立合同。这里的专利权转让指的是专利持有权和所有权的转让。

另外，专利权的转让还可以转让使用权，《专利法》第十二条规定：任何单位或者个人实施他人专利的，应当与专利权人订立实施许可合同，向专利权人支付专利使用费。被许可人无权允许合同规定以外的任何单位或者个人实施该专利。

专利许可使用合同与专利权转让合同的不同之处在于，两者转让的标的物不同，专利许可使用合同转让的是专利技术使用权，而专利权转让合同转让的是专利的所有权，前者因标的物的转让而丧失专利所有权。

知识产权载体的买卖，如计算机软件的买卖，与专利权的转让是不同的，在权利买卖中，当事人追求的合同目的是该权利所具有的利益。

而一般货物的买卖中，当事人追求的合同目的是货物的实用性，因此除非法律另有规定或者当事人另有约定，买卖具有知识产权的标的物时，其标的物的所有权一般不会转移给受买人。

对于具有知识产权的标的物在买卖上的区别，企业在签订合同时要格外注意，不要主观认为当对方将具有知识产权的标的物交付时，企业就拥有了该标的物所具有的知识产权所有权。此类标的物所具有的知识产权并不属于买受人，而仍属于出卖人。

如果企业需要拥有该标的物所具有的知识产权，那么需要在合同中格外约定，或单独签订知识产权转让合同。

2.3 买卖合同范本详讲

■货物买卖合同 ■房屋买卖合同 ■工业品买卖合同 ■农副产品买卖合同 ■国际货物买卖合同

买卖合同的标的物有多种类型，包括常见的货物、房屋和农副产品等，针对不同的标的物，买卖合同中具体条款的内容会有所不同，下面就来看看不同标的物的买卖合同范本。

2.3.1 货物买卖合同

货物买卖是企业常常会涉及的经济活动，货物包括的范围很广泛，如原材料、商品等其他产品，下面就来看看一般货物买卖合同具有哪些内容。

范本内容展示

资源下载 \Chapter02\ 货物买卖合同 .doc

货物买卖合同书范本

卖方：__________（以下简称甲方）

地址：__________

邮编：__________ 电话：__________

传真：__________ 电子邮箱：__________

买方：__________（以下简称乙方）

地址：__________

邮编：__________ 电话：__________

传真：__________ 电子邮箱：__________

甲乙双方经过协商，本着自愿及平等互利的原则，就甲方向乙方出卖本合同约定的货物事宜，达成如下一致。

第一条：名称、品种、规格和质量

1、名称：__________。

2、品种：__________。

3、规格：__________。

4、质量，按下列第（ ）项执行：

（1）按照__________标准执行。

（2）按样本，样本作为合同的附件（应注明样本封存及保管方式）。

（3）按双方商定要求执行，具体为：__________。

第二条：数量和计量单位、计量方法

1、数量：__________。

2、计量单位和方法：__________。

3、交货数量的正负尾差、合理磅差和在途自然增减量规定及计算方法__________。

第三条：包装方式和包装品的处理

__________。

第四条：交货方式

1、交货时间：__________，如甲方在约定时间不能按期交货，乙方允许甲方顺延交货日期__天。

2、交货地点：__________。

3、运输方式：__________。

4、保险：__________。

5、与买卖相关的单证的转移：__________。

第五条：验收

1、验收时间：__________。

2、验收方式：__________。

3、验收如发生争议，由____检验机构按____检验标准和方法，对产品进行检验。

第六条：损失风险

货物在送达交货地点前的损失风险由甲方承担，其后的损失风险由乙方承担。

第七条：价格与货款支付

1、单价：________________。

2、总价：________________。

3、货款支付：

（1）货款的支付时间：____________________________。

（2）货款的支付方式：____________________________。

（3）运杂费和其它费用的支付时间及方式：_____________。

第八条：提出异议的时间和方法

1、乙方在验收中如发现货物的品种、型号、规格、花色和质量不合规定或约定，应在妥善保管货物的同时，自收到货物后____日内向甲方提出书面的异议；乙方未及时提出异议的，视为货物合乎规定。

2、乙方因使用、保管、保养不善等自身原因造成产品质量下降的，不得提出异议。

第九条：甲方违约责任

1、甲方不能交货的，则乙方有权解除合同，并有权要求甲方返还已支付的款项，乙方自愿放弃主张定金责任。

2、甲方所交货物的品种、型号、规格、花色、质量不符合约定的，乙方如同意利用货物，应按质论价；如乙方不能利用的，应依据具体情况，由甲方负责调换、修理、所产生的费用由甲方支付。

第十条：乙方违约责任

1、乙方若自提货物未按甲方通知的日期或合同约定的日期提货的，应以实际逾期提货天数，每日按货物总额的____%向甲方支付违约金。

2、乙方逾期付款的，应按逾期付款金额每日____%计算，向甲方支付违约金或一次性支付违约金______________。

3、甲方为维权而支出的所有费用，包含但不限于律师费、诉讼费用、交通费等均由乙方承担。

第十一条：争议的处理

本合同在履行过程中发生争议，由双方当事人协商解决，协商不成的由甲方所在地人民法院处理。

第十二条：本合同未尽事宜，依照有关法律、法规执行，甲乙双方也可达成补充协议。补充协议具有同等的法律效力。

第十三条：本合同自双方或双方法定代表人或授权代表人签字并加盖公章之日起生效。

甲方（盖章）：______________　　乙方（盖章）：______________

代表（签字）：______________　　代表（签字）：______________

________年______月______日　　________年______月______日

签订地：________________　　签订地：________________

范本内容精讲

通过上述货物买卖合同范本可以看出，货物买卖合同的基本条款包括货物名称、品种、数量、交付方式、验收和付款方式等。在基本条款内容中，需要注意以下条款内容。

1. 质量条款

在范本中可以看出，质量条款内容有 3 项内容，由于不同货物对质量的要求有所不同，因此在具体书写该条款的内容时，企业要根据货物的情况来确定。如果货物质量由某一标准来认定，那么须注明是国际、国家、行业还是企业标准，其中行业标准由于是国务院行业主管部门颁布的，又被称为部颁标准。

有明确质量标准的标的物，都有对应的标准名称、标准编号和标准类别，因此在说明标的物的质量标准时要写明这 3 个重要的要素，并且要保证标准名称与标准编号能够准确对应，如表 2-3 所示为常见建筑材料的标准。

表 2-3　常见建筑材料标准

标准名称	标准编号	标准类别
加工玻璃安全生产规程	JC/T 2278—2014	行业标准
聚苯乙烯防护排水板	JC/T 2289—2014	行业标准
天然大理石建筑板材	GB/T 19766—2005	国家标准
热轧型钢	GB/T 706—2008	国家标准

样本是从一批生产完成的标的物中随机抽取出来的，它是能够反映标的物质量的实物。样本的提供人可以是卖方也可以是买方。对于有样本的标的物，可以凭样本来确定标的物的质量。样本通常以合同附件的形式存在，作为重要的验收工具，在附件中要写明样本的质量，以及样本封存和保管的方式，并明确说明卖方交付的标的物应与样品及合同附件说明的质量相同。

除了可以用具体的标准或样本来表示标的物的质量外，还可以由买卖双方共同协商来约定标的物的质量，此时，就要在合同中对标的物质量要求作出详尽的约定，如物理性能、化学成分、耐用性和安全性等。

2. 包装方式和包装品的处理条款

有包装要求的标的物，在合同中要写明包装方式和包装品处理条款，内容上应尽可能注明所采用的包装标准是否是国家或主管部门的标准，自行约定的包装标准应是具体可行的标准。这里要说明的是，对于国家有强制标准的，买卖双方约定的包装标准不能低于国家规定的标准。

前面我们已经对包装方式有了简单的认识，知道包装有运输包装和销售包装两类。运输包装是指以运输储运为主要目的的包装，可分为单件运输包装和集合运输包装，单件运输包装指货物在运输过程中作为一个计件单位的包装，集合运输包装指将若干个单件包装组合成一件大包装或装在一个大的包装容器内。在合同中需要对与运输包装有关的包装类型、费用、包装标志及包装提供者的义务进行说明。销售包装又被称为内包装或小包装，销售包装的要求一般包括利于增加销售、便于携带和使用、便于识别商品以及便于陈列展销。在合同中主要需要说明销售包装的材料、规格、标志以及费用负担等。

包装的标志主要有 3 种，包括运输标志、指示性标志和警告性标志。如玻璃制品一般要求在包装上醒目标明“小心轻放”“此端向上”等指示性标志，而运输标志主要用于运输过程中便于识别标的物。运输标志的主要内容有收货人代号、发货人代号、目的港（地）名称、件数和批号等。有时运输标志并不会在合同中做具体规定，但如果买方指定了运输标志，就要在合同中作出规定。

2.3.2 房屋买卖合同

房屋是指住人或存放东西的建筑物，在买卖合同中，房屋买卖合同是比较特殊的合同，它既是诺成合同，也是双务、有偿合同。由于房屋是不动产，因此其所有权的转移必须办理登记手续。

范本内容展示

资源下载 \Chapter02\ 房屋买卖合同 .doc

房屋买卖合同

卖方（以下简称甲方）：________________

（本人/法定代表人）姓名：__________

（身份证/护照/营业执照号码）：__________

地址：________邮政编码：________联系电话：________

委托代理人：__________电话：__________

地址：__________邮政编码：__________

买方（以下简称乙方）：________________

（本人/法定代表人）姓名：__________

（身份证/护照/营业执照号码）：__________

地址：________邮政编码：________联系电话：________

委托代理人：__________电话：__________

地址：__________邮政编码：__________

第一条 房屋的基本情况

甲方房屋（以下简称该房屋）坐落于________________；位于第_____层，共____（套/间），房屋结构为_________，建筑面积_____平方米（其中实际建筑面积_____平方米，公共部位与公用房屋分摊建筑面积___平方米），房屋用途为__________；该房屋平面图见本合同附件一，该房屋内部附着设施见附件二；房地产权证号为__________。

第二条 房屋面积的特殊约定

本合同第一条所约定的面积为（甲方暂测/原产权证上标明/房地产产权登记机关实际测定）面积。如暂测面积或原产权证上标明的面积（以下简称暂测面积）与房地产产权登记机关实际测定的面积有差异的，以房地产产权登记机关实际测定面积（以下简称实际面积）为准。

1

该房屋交付时，房屋实际面积与暂测面积的差别不超过暂测面积的±__%（不包括±___%）时，房价款保持不变。实际面积与暂测面积差别超过暂测面积的±_____%（包括____%）时，甲乙双方同意按下述第___种方式处理：

1. 乙方有权提出退房，甲方须在乙方提出退房要求之日起_____天内将乙方已付款退还给乙方，并按_____利率付给利息。

2. 每平方米价格保持不变，房价款总金额按实际面积调整。

第三条 土地使用权性质

该房屋相应的土地使用权取得方式为_____；土地使用权年限自___年___月___日至___年___月___日止。以划拨方式取得土地使用权的房地产转让批准文件号为_____；该房屋买卖后，按照有关规定，乙方（必须/无须）补办土地使用权出让手续。

第四条 价格

按（总建筑面积/实际建筑面积）计算，该房屋售价为______每平方米______元，总金额为_____亿___千___百___拾___万__千___百___拾___元整。

第五条 付款方式

乙方应于本合同生效之日向甲方支付定金___亿___千___百___拾___万___千___百___拾___元整，并应于本合同生效之日起_____日内将该房屋全部价款付给甲方。具体付款方式可由双方另行约定。

第六条 交付期限

甲方应于本合同生效之日起___日内，将该房屋的产权证书交给乙方，并应收到该房屋全部价款之日起_____日内，将该房屋付给乙方。

第七条 乙方逾期付款的违约责任

乙方如未按本合同第四条规定的时间付款，甲方对乙方的逾期应付款有权追究违约利息。自本合同规定的应付款限期之第二天起至实际付款之日止，月利息按_____计算。逾期超过____天后，即视为乙方不履行本合同。届时，甲方有权按下述第____种约定，追究乙方的违约责任。

1. 终止合同，乙方按累计应付款的_________%向甲方支付违约金。甲方实际经济损失超过乙方支付的违约金时，实际经济损失与违约金的差额部分由乙方据实赔偿。

2. 乙方按累计应付款的_____%向甲方支付违约金，合同继续履行。

2

第八条 甲方逾期交付房屋的违约责任

除人力不可抗拒的自然灾害等特殊情况外，甲方如未按本合同第五条规定的期限将该房屋交给乙方使用，乙方有权按已交付的房价款向甲方追究违约利息。按本合同第十一条规定的最后交付期限的第二天起至实际交付之日止，月利息在_____个月内按_____利率计算；自第_____个月起，月利息则按____利率计算。逾期超过_____个月，则视为甲方不履行本合同，乙方有权按下列第_____种约定，追究甲方的违约责任。

1. 终止合同，甲方按乙方累计已付款的_____%向乙方支付违约金。乙方实际经济损失超过甲方支付的违约金时，实际经济损失与违约金的差额部分由甲方据实赔偿。

2. 甲方按乙方累计已付款的_____%向乙方支付违约金，合同继续履行。

第九条 关于产权登记的约定

在乙方实际接收该房屋之日起，甲方协助乙方在房地产产权登记机关规定的期限内向房地产产权登记机关办理权属登记手续。如因甲方的过失造成乙方不能在双方实际交接之日起_____天内取得房地产权属证书，乙方有权提出退房，甲方须在乙方提出退房要求之日起_____天内将乙方已付款退还给乙方，并按已付款的_____%赔偿乙方损失。

第十条 甲方保证在交易时该房屋没有产权纠纷，有关按揭、抵押债务、税项及租金等，甲方均在交易前办妥。交易后如有上述未清事项，由甲方承担全部责任。

第十一条 因本房屋所有权转移所发生的土地增值税由甲方向国家交纳，契税由乙方向国家交纳；其他房屋交易所发生的税费除另有约定的外，均按政府的规定由甲乙双方分别交纳。

第十二条 本合同未尽事项，由甲、乙双方另行议定，并签订补充协议。

第十三条 本合同之附件均为本合同不可分割之一部分。本合同及其附件内，空格部分填写的文字与印刷文字具有同等效力。

本合同及其附件和补充协议中未规定的事项，均遵照中华人民共和国有关法律、法规和政策执行。

第十四条 甲、乙一方或双方为境外组织或个人的，本合同应经该房屋所在地公证机关公证。

第十五条 本合同在履行中发生争议，由甲、乙双方协商解决。协商不成时，甲、乙双方同意由_____仲裁委员会仲裁（甲、乙双方不在本合同中约定仲裁机构，事后又没有达成书面仲裁协议的，可向人民法院起诉）。

3

第十六条 本合同（经甲、乙双方签字/经_____公证）之日起生效。

第十七条 本合同连同附表共_____页，一式_____份，甲、乙双方各执一份，_____各执一份，均具有同等效力。

甲方（签章）：____________________ 乙方（签章）：____________________

甲方代理人（签章）：______________ 乙方代理人（签章）：______________

________年________月______日 ________年________月______日

签于________________________ 签于________________________

附件一：房屋平面图（略）

附件二：室内附着设施（略）

4

范本内容精讲

通过上述房屋买卖合同范本可以看出，房屋买卖合同的内容与货物买卖合同的内容存在很大的区别，房屋买卖合同一般包括以下内容。

1. 合同当事人

在合同当事人中，房屋买卖合同很多时候有委托代理人。委托代理人是指基于当事人的委托代为行使房屋买卖行为的人。在房屋买卖中，若存在委托代理人，那么就要在合同中写明委托代理人的姓名、地址、电话和邮政编码，没有则不包括委托代理人。

2. 房屋基本情况

房屋买卖合同中的标的就是房屋，在合同中主要是对房屋基本情况的介绍，那么具体会介绍房屋的哪些基本情况呢？在范本中关于“房屋基本情况”有如下内容。

第一条 房屋的基本情况

甲方房屋（以下简称该房屋）坐落于________________________；位于第_____层，共____（套/间），房屋结构为_________，建筑面积_____平方米（其中实际建筑面积_____平方米，公共部位与公用房屋分摊建筑面积___平方米），房屋用途为____________________；该房屋平面图见本合同附件一，该房屋内部附着设施见附件二；房地产权证号为____________________。

从上图可以看出，房屋的基本情况有房屋的坐落位置、房屋的买卖面积、房屋的用途以及房屋的产权证号。其中，房屋的坐落位置和房屋的买卖面积是房屋买卖合同的必备条款。

房屋的买卖面积要分别注明建筑面积和所分摊的公用建筑面积，房屋的楼号、单元号、房号、位置示意图以及房屋结构图可以在合同正文中写明，也可以将其作为附件在合同中载明。

3. 房屋价款和付款方式

房屋价款的内容主要包括房屋价款的确定方式和总价款，对新建或预售的商品房来说，价款一般以房屋的建筑面积乘以房屋单价来确定，而二手房常常直接约定房屋的总价。如在二手房买卖合同中，关于房屋价格条款可以按以下内容来书写。

经买卖双方协商一致，该房屋成交价格为：人民币__________________元（小写），__________圆整（大写）。

由于房屋的总价款一般不是一笔小数目，因此付款常常会分期进行，在合同中要对付款作出进度安排，说明不同阶段付款的金额以及付款的步骤或约定首付款、尾款的支付比例、金额和时间，在房屋买卖合同中，付款方式一般有以下几种。

- **一次性付款：** 一次性付款并不代表一次就将房屋总价款支付给卖方，通常的做法是购房人在签订房屋买卖合同的当天或之后的某一天，支付一定数额的定金给卖方，之后在约定的时间段内支付剩余全部房款。
- **银行贷款：** 指买方先支付一笔定金给卖方，随后再支付房屋首付款，剩余房屋价款通过银行贷款支付。
- **分期付款：** 房屋买卖的双方可以约定将房款分为若干次付清，如先付三成，随后付四成，最后付剩余的房款。

◆ **其他付款方式**：其他付款方式包括债务抵消、易货交易等。

在合同中明确约定付款方式和时间有利于维护卖方的利益，以避免买方拖欠房款。

4. 交付期限

交付期限即指房屋的交房期限，买方应与卖方约定在某日期之前，卖方需将房屋交付给买方。由于房屋属于不动产，因此交付应以办理权属登记为依据。在本房屋买卖合同范本中，我们也可以看到对产权登记进行了约定。

房屋产权登记并不是买方的一个人的义务，卖方也有义务协助买方办理登记，所以会在合同中写明“在乙方实际接收该房屋之日起，甲方协助乙方在房地产产权登记机关规定的期限内向房地产产权登记机关办理权属登记手续”。

5. 违约责任

房屋买卖合同中的违约责任会对买卖双方进行约束，买方的违约责任主要在于不按期支付购房款而应承担的违约责任，而卖方的违约责任则在于不按期交付房屋而应承担的违约责任。

另外，在范本中还可以看到如下内容。

第十六条 本合同（经甲、乙双方签字/经_____公证）之日起生效。

第十七条 本合同连同附表共_____页，一式_____份，甲、乙双方各执一份，_____各执一份，均具有同等效力。

在上述内容中，第十六条条款内容为本合同（经甲、乙双方签字/经____公证）之日起生效。这里需要说明的是，房屋买卖合同是一种民事法律行为，只要双方意思表达一致，未违反相关法律规定，那么合同即视为有效合同。

公证是由公证机构进行的，某些法律行为需要公证后才能发生效力，而不需要公证就能产生效力的法律行为，在公证后具有更强有力的效力，房屋买卖合同就是其中之一。

房屋买卖合同的效力本身不受是否公证的影响，即使不公证，在双方意思表达一致，未违反相关法律规定时也能生效，但公证后，房屋买卖合同会更具有效力，法院一般会直接采用。

对需要进行公证的房屋而言，公证时需要提供的资料包括申请人身份证件及复印件、有委托代理人的还需要提供委托代理人的身份证件及委托书、房屋所有权证书、房屋买卖合同文本以及公证机关要求提供的其他证明文件等。

2.3.3 工业品买卖合同

工业品是指购买后以社会再生产为目的的产品，包括商品和服务，工业品买卖合同即指以工业品为买卖标的物的合同。工业品与农副产品和日用生活品有所不同，多是生产资料或耐用消费品。

范本内容展示

资源下载 \Chapter02\ 工业品买卖合同 .doc

工业品买卖合同

合同编号：__________

出卖人：__________ 签订地点：__________

买受人：__________ 签订时间：__________

根据《中华人民共和国合同法》及相关法律法规，本着平等自愿，等价有偿、诚实信用的原则，经双方协商一致，订立本合同。

第一条 标的物：

标的物名称	商标	规格型号	生产厂家	计量单位	数量	价款	
						单价	总价
合计人民币金额（大写）：				¥：			

第二条 质量要求：

产品按双方合同附件（技术协议书）执行。

第三条：出卖人对质量负责的条件及期限：

1、产品自使用之日起___年内免费保修。

2、出卖方对标的物的质量负责，产品均附质量报告单或质量保证书。如果乙方知道或者应当知道所卖产品存在质量缺陷，所承担的质量保证期限不受前款质量负责期限的约束，应依法承担相应责任。

第四条 包装标准、包装物的提供与回收：

1

按国家标准包装或产品所需包装由乙方合理包装，适合水运和长途内陆运输，防潮，防湿，防震，防锈。

第五条 随附必备品、配件、工具的数量及提供办法：

每套设备随机附中英文产品使用说明书__份、产品检验合格证__份。

第六条 合理损耗标准及计算方法：

（无）__________________________________。

第七条 标的物所有权及转移的风险：

标的物所有权自（交付 / ________）时起转移，但买受人未履行（支付价款 / ________）义务的，标的物仍属于出卖人所有；标的物毁损、灭失的风险自交付时起由买受人承担。

迟延交付的，由造成迟延交付的一方承担迟延期间标的物的风险责任。

第八条 交付标的物或提取标的物单证的方式、时间、地点：

出卖人将全部标的物安全运输并卸至买受人指定地点交货并安装，交货时一并提供产品质量证明资料、试验检测资料及其它相关资料。

第九条 运输方式及到达站（港）和费用负担：

汽运，到站由买受人指定，运输费用由出卖人负担。

第十条 验收标准、方法、地点及期限：

按本合同第二条所列质量标准在交货地点进行检验，有效期限一个月。

第十一条 出卖人对标的物质量负责的条件及期限：

1、产品自使用之日起一年内免费保修。

2、出卖方对标的物的质量负责，产品均附质量报告单和/或质量保证书。如果乙方知 道或者应当知道所卖产品存在质量缺陷，所承担的质量保证期限不受前款质量负责期限的约束，应依法承担相应责任。

第十二条 结算方式、时间及地点：

在合同签订后预付___货款，货到买受人指定地点并验收、调试合格后，办理结算手续，出卖人提供___%增值税发票，货到___个月内付清货款。

第十三条 担保方式（也可另立担保合同）：

2

（无）____。

第十四条 本合同变更和解除的条件：

经双方协商一致同意后，可变更或解除本合同。

第十五条 违约责任：

按《合同法》第七章有关规定执行。

1、出卖人不能及时供货，每逾期交货一天，应向买受人支付合同金额___‰的违约金并赔偿买受人因此造成的损失。

2、买受人每逾期付款一天，应向出卖人支付合同金额___‰的违约金。

3、产品质量不合格，出卖人应向买受人支付合同金额___‰的违约金并赔偿买受人因此造成的损失（包括向第三方承担的赔偿责任），买受人可终止本合同。

4、发生其他违约情形，违约方应赔偿由此给对方造成的损失。如属双方过错，应各自承担相应责任。

第十六条 合同争议的解决方式：

本合同项下发生的争议，由双方当事人协商解决或申请调解解决；协商或调解不成的，按下列第_____种方式解决。

1、提交仲裁委员会仲裁。

2、依法向人民法院起诉。

第十七条 合同生效条件：

1、本合同自双方法定代表人或授权代表签字并加盖合同专用章之日起生效。

2、本合同执行的附件及补充协议是本合同组成部分，与本合同具有同等法律效力。附件及补充协议与本合同内容不一致，以本合同为准。

3、本合同未尽事宜，双方协商签订补充协议。

4、本合同一式___份，甲乙双方各执___份。

第十八条 其他约定事项：

1、若因产品质量不合格，致使买受人遭受损失或承担责任的，出卖人应承担由此而造成的买受人全部损失，并视出卖人违约。

2、出卖人及其运输工具和雇用人员进入买受人作业场所应遵守买受人的管理规定，自行采取有效的安全措施，并承担其安全责任。

3

3、质保期内出卖人对其出售的产品无条件的承担免费维修义务，其中，____________质保期为_____年，__________质保期为_____年。

出卖人（章）：__________	买受人（章）：__________
单位地址：__________	单位地址：__________
法定代表人：__________	法定代表人：__________
委托代理人：__________	委托代理人：__________
电话：__________	电话：__________
邮编：__________	邮编：__________
开户银行：__________	开户银行：__________
帐号：__________	帐号：__________

签订日期：_________年_________月_______日

附件一：技术协议书（略）

4

范本内容精讲

通过上述工业品买卖合同范本可以看出，工业品买卖合同的标的物是由表格来填写的，如下表所示。

第一条 标的物：

标的物名称	商标	规格型号	生产厂家	计量单位	数量	价款	
						单价	总价
合计人民币金额（大写）：			¥：				

表格中会写明标的物的名称、商标、规格和生产厂家等内容，之所以工业品

买卖合同中的标的物会使用表格来填写，是因为在签订工业品买卖合同时，所买卖的标的物通常不止一种。

在实际签订工业品买卖合同时，表格中的内容要根据标的物的具体要求来填写，如表示标的物的内容还可以按照以下的表格形式来填写。

标的名称	规则型号	计量单位	数量	单价（元）	金额（元）
合计					
合计人民币金额	××元整				
其中增值税	以上价格含××增值税，含运费				

在填写表格时要注意单价、金额和数量等都要填写清楚，填写标的物名称时不要填写个人习惯使用的名称，应填写标的物的统称或全称。

在工业品买卖合同中，如果涉及担保，那么可以另签订担保合同。担保的形式有多种，包括保证、抵押、质押、留置和定金，当事人在为合法的债权提供担保时，只能提供这5种担保形式。不同的担保形式在法律上产生的效果也是不同的，因此在使用担保时也要注意不同担保形式所具有的法律效力。

工业品买卖中的标的物交付点，是标的物风险转移的分界点，为明确标的物风险责任，要在合同中注明不同情况下的标的物风险由谁承担。如在范本中注明，明确表明了迟延交付的，由造成迟延交付的一方承担迟延期间标的物的风险责任。

2.3.4 农副产品买卖合同

农副产品是指由农业生产所带来的副产品，包括农、林、牧、副、渔五业产品。农副产品具有典型的季节性特征，因此企业在签订和履行农副产品买卖合同时要注意这一点。

范本内容展示

资源下载 \Chapter02\ 农副产品买卖合同 .doc

农副产品买卖合同

甲方（买受人）：________ 地址：________

邮政编码：________ 电话：________

法定代表人：________ 职务：________

乙方（出卖人）：________ 地址：________

邮政编码：________ 电话：________

法定代表人：________ 职务：________

根据《中国人民共和国合同法》及国家的相关法律、法规，经甲乙双方友好协商，就甲方购买乙方农副产品事宜签订本合同。

第一条 交付日期、数量及价格

1. 出卖人必须在______年______月以前（或______月______日内），向买受人交付__________（农副产品）______斤（担）（有些农副产品在签订合同时，应根据有关部门的规定或实际情况，确定超欠幅度、合理损耗和正负尾差）。

2. 买受人应按照物价主管部门规定的价格（国家允许议价的，价格由买卖双方协商议定），向出卖人计付货款。

3. 买卖双方的任何一方如需提前或延期交货与提货，均应事先通知对方，达成协议后按协议执行。

第二条 品种、等级、质量及包装

1. __________（农副产品）的品种、等级和质量，按下列第（ ）项执行：

（1）有国家标准的，按国家标准执行。

（2）无国家标准而有部颁标准的，按部颁标准执行。

（3）无国家标准和部颁标准的，按地区标准执行。

（4）无上述标准的，由双方协商确定。

（对某些干鲜、活产品，应根据国家的有关规定，商定合理的、切实可行的检验、检疫办法；国家没有规定的，由买卖双方协商确定。农副产品确定标准后需要封存样品的，应由买卖双方共同封存，妥善保管，作为验收的依据。）

2. ______（农副产品）的包装，按下列第（ ）项办理：

（1）按国家或部规定的办法执行。

（2）没有国家或部的包装规定的，由买卖双方协商包装办法。

包装物由出卖人（买受人）供应，包装物回收办法另订附件（略）。

第三条 交（提）货方式、验收和货款结算办法

1. 交（提）货方式按下列第（ ）项办理：

（1）实行送货的，出卖人应按合同规定的时间送往__________（接收地点），交货日期以发运时运输部门的戳记为准。

（2）实行提货的，出卖人应按合同规定的时间通知买受人提货，以发出通知之日作为通知提货时间。

（3）实行代运的，出卖人应按买受人的要求，选择合理的运输路线和运输工具，向运输部门提报运输计划，办理托运手续，并派人押运（如果需要）。交货日期以发运时运输部门的戳记为准。

（4）实行义运的，对超过国家规定的义运里程的运输费用负担，按国家有关规定执行；国家没有规定的，由双方协商。

2. 农副产品的验收地点，实行出卖人送货或出卖人委托运输部门代运的，以接收地点为验收地点；实行买受人提货的，以提货地点为验收地点；实行义运的，以__________为验收地点。

验收办法：________________________。

（合同应明确规定：（1）验收期限；（2）验收手段；（3）验收标准；（4）由谁负责验收；（5）在验收中对产品质量发生争议，应按《中华人民共和国标准化法》的规定，交质量监督检验机构裁决。）

如不按期付款，则按延期付款处理。对被拒收的易腐烂变质的产品及鲜活产品，出卖人应允许买受人在取得有关部门同意后，及时就地处理。

第六条 不可抗力

买卖双方的任何一方由于不可抗力的原因不能履行或不能完全履行合同时，应尽快向对方通报理由，经有关主管机关证明后，可允许延期履行、部分履行或不履行，并可根据情况部分或全部免予承担违约责任，出卖人如果由于不可抗力造成产品质量不符合同规定的，不以违约论。对这些产品的处理办法，可由买卖双方协商决定。__________（农副产品）因受气候影响早熟或晚熟的，交货日期经双方协商，可适当提前或推迟。

第七条 合同的变更与解除

1. 双方的任何一方如遇有要求变更或解除合同时，应及时通知对方，并采用书面形式由双方达成协议。未达成协议以前，原合同仍然有效。当事人一方接到另一方要求变更或解除合同的建议后应在收到通知之日起_____天内做出答复，当事人双方另有约定的，按约定期限答复，逾期不做答复的，即视为默认。

2. 合同的变更或解除日期，以双方达成协议之日为准；需要报经上级业务主管部门批准的，以上级业务主管部门批准变更或解除合同日期为准。

第八条 其他

违约金或赔偿金，应在买卖双方商定的日期内或由有关部门确定责任后__天内偿付，否则，按逾期付款处理。

第九条 合同争议的解决方式

本合同在履行过程中发生的争议，由双方当事人协商解决；也可由当地工商行政管理部门调解；协商或调解不成的，按下列第__种方式解决：

（一）提交__________仲裁委员会仲裁。

（二）依法向人民法院起诉。

本合同正本一式二份，买卖双方各执一份；合同副本一式______份，交____、

（此页无正文）

买受人：（公章）________ 出卖人：（公章）________

代表人：________ 代表人：________

职务：________ 职务：________

开户银行：________ 开户银行：________

账号：________ 账号：________

________年______月______日

如不按期付款，则按延期付款处理。对被拒收的易腐烂变质的产品及鲜活产品，出卖人应允许买受人在取得有关部门同意后，及时就地处理。

第六条 不可抗力

买卖双方的任何一方由于不可抗力的原因不能履行或不能完全履行合同时，应尽快向对方通报理由，经有关主管机关证明后，可允许延期履行、部分履行或不履行，并可根据情况部分或全部免予承担违约责任，出卖人如果由于不可抗力造成产品质量不符合同规定的，不以违约论。对这些产品的处理办法，可由买卖双方协商决定。__________（农副产品）因受气候影响早熟或晚熟的，交货日期经双方协商，可适当提前或推迟。

第七条 合同的变更与解除

1. 双方的任何一方如遇有要求变更或解除合同时，应及时通知对方，并采用书面形式由双方达成协议。未达成协议以前，原合同仍然有效。当事人一方接到另一方要求变更或解除合同的建议后应在收到通知之日起____天内做出答复，当事人双方另有约定的，按约定期限答复，逾期不做答复的，即视为默认。

2. 合同的变更或解除日期，以双方达成协议之日为准；需要报经上级业务主管部门批准的，以上级业务主管部门批准变更或解除合同日期为准。

第八条 其他

违约金或赔偿金，应在买卖双方商定的日期内或由有关部门确定责任后__天内偿付，否则，按逾期付款处理。

第九条 合同争议的解决方式

本合同在履行过程中发生的争议，由双方当事人协商解决；也可由当地工商行政管理部门调解；协商或调解不成的，按下列第__种方式解决：

（一）提交__________仲裁委员会仲裁。

（二）依法向人民法院起诉。

本合同正本一式二份，买卖双方各执一份；合同副本一式_____份，交____、____、_____、_____各留存一份。

（此页无正文）

买受人：（公章）__________ 出卖人：（公章）__________

代表人：__________ 代表人：__________

职务：__________ 职务：__________

开户银行：__________ 开户银行：__________

账号：__________ 账号：__________

_______年_____月_____日

范本内容精讲

农副产品包括粮食、蔬菜、烟叶、园艺植物、原木、各种水产品以及畜牧产品等，在签订农副产品买卖合同时，与签订工业品买卖合同一样，标的物的名称不要填写俗名或地方称呼，而应使用通用的称呼或正确的称呼，若要使用地方用语的，双方应取得一致意见。

农副产品具有时令性强、鲜活易腐的特点，因此农副产品买卖合同的交付期限需要有明确具体的规定，一般是约定交付的起止日期或约定某一交付截止日期，如根据范本可以写作“出卖人需在2017年5月5日以前向买受人交付桂圆干500斤”。

范本的第二条条款内容主要是对农副产品的品种、等级、质量和包装进行约定，在其中需要注意括号内的补充内容，即某些干鲜、活产品，应根据国家的有关规定，商定合理的、切实可行的检验、检疫办法；国家没有规定的，由买卖双方协商确定。农副产品确定标准后需要封存样品的，应由买卖双方共同封存，妥善保管，作为验收的依据。

对农副产品进行检验或检疫是为了保证买方收到的产品没有受到污染或感染疫病，如果没有进行检验或检疫，那么很可能导致农副产品进入市场后给消费者的身体健康带来危害。验收是农副产品买卖过程中的重要环节，因此在合同中对产品质量的验收方式也要进行约定，该条款内容可以有效保证产品质量符合要求。验收应包括验收期限、验收手段、验收标准、由谁负责验收以及在验收中对产品质量问题产生争议的处理办法。

农副产品可能会因为气候、自然灾害等导致歉收或提早收获，这种不可抗力会导致农副产品的生产存在很大的波动性，农副产品的不可抗力风险是买方无法人为控制的，因此在本范本中约定了出卖人如果由于不可抗力造成产品质量不符合合同规定的，不以违约论。因受气候影响早熟或晚熟的，交货日期经双方协商，可适当提前或推迟。

另外，农副产品的价格还可能因政策或市场等原因发生波动，对于价格可能会出现波动的农副产品，可在不可抗力条款中约定：执行议定价格时，如遇国家政策进行重大调整，其调价幅度高于或者低于议定价格的 15%，甲、乙双方中的任何一方可以要求变更合同，也可以单方面宣布、解除合同。

在农副产品的买卖中，还可能存在买卖的农副产品不止一个品种的情况。在这种情况下，约定标的物名称、数量和价款内容时可以参考工业品买卖合同中关于“标的物”条款的书写方式，即用表格来表示，具体如下表所示。

农副产品名称	单位	数量	单价（元）	金额（元）
合计				
合计人民币金额(大写)				

在买卖多种农副产品时，不同的农副产品一般会有不同的交货时间要求，在合同中可以按照以下内容来进行约定。

乙方应该保证按下表所列时间及数量向甲方按时、足量交付本合同项的下列农副产品。

农副产品名称	数量	交货日期

在范本最后一页的左上角可以看到“（此页无正文）”的内容，在其他合同中，如果最后一页无正文，也要在页面顶端标注“（此页无正文）”。

2.3.5 国际货物买卖合同

国际贸易是指跨越国境的货品和服务交易，可分为进口贸易和出口贸易。企业在进行国际贸易时也会签订相关的合同，由于进行国际贸易的双方处于不同的国家，因此国际货物买卖合同和国内货物买卖合同有所不同。

范本内容展示

资源下载 \Chapter02\ 国际货物买卖合同 .doc

国际货物买卖合同
SALES CONTRACT

合同号 C/No.：_____

日期 Date：_____

买方：__________________

The Seller：__________________

地址：__________________

Address：__________________

电话 Tel：__________________

联系人 PIC：__________________

卖方：__________________

The Buyer：__________________

地址：__________________

Address：__________________

电话 Tel：__________________

联系人 PIC：__________________

买卖双方签订本合同并同意按下列条款进行交易：

This contract is made by and between the Sellers and the Buyers; Whereby the Sellers agree to sell and the Buyers agree to buy the under mentioned goods according to the terms and conditions stipulated below and overleaf:

All risks insured should be included within this contract. If the Buyer asks to increase the insurance premium or scope of risks, he should get the permission of the Seller before time of loading, and all the charges thus incurred should be borne by the Buyer.

（12）单据 Documents：

卖方应向议付银行提供已装船清洁提单、发票、中国商品检验局或工厂出具的品质证明、中国商品检验局出具的数量/重量签订书；如果本合同按 CIF 条件，应再提供可转让的保险单或保险凭证。

The Sellers shall present to the negotiating bank, Clean On Board Bill of Lading, Invoice, Quality Certificate issued by the China Commodity Inspection Bureau or the Manufacturers, Survey Report on Quantity/Weight issued by the China Commodity Inspection Bureau, and Transferable Insurance policy or Insurance Certificate when this contract is made on CIF basis.

（13）品质和数量的异议与索赔 Quality and Quantity Discrepancy and Claim：

货到目的口岸后，买方如发现货物品质或数量与合同规定不符，除属于保险公司或船公司的责任外，买方可以凭双方同意的检验机构出具的检验证明向卖方提出异议。品质异议须于货到目的口岸之日起 30 天内提出，数量/重量异议须于货到目的口岸之日起 15 天内提出。

In case of quality discrepancy, claim should be filed by the Buyer within 30 days after the arrival of the goods at port of destination; while for quantity discrepancy, claim should be filed by the Buyer within 15 days after the arrival of the goods at port of destination. It is understood that the Seller shall not be liable for any discrepancy of the goods shipped due to causes for which the Insurance Company, Shipping Company, other transportation organizations are liable.

（14）不可抗力 Force majeure：

由于人力不可抗拒事故，而卖方交货迟延或不能交货时，责任不在卖方。但卖方应立即将事故通知买方；并于事故发生后 15 天内书面提交有关证明。如果事故持续超过 10 个星期，买方有权撤销本合同。

（1）品名及规格 Names of commodity (ies) and specification(s)：

（2）数量 Quantity：

（3）单价及价格条款 Unit Price and Terms of Delivery：

（除非另有规定，"FOB"、"CFR"和"CIF"均应依照国际商会制定的《2000年国际贸易术语解释通则》(INCOTERMS 2000)办理。）

(The terms FOB, CFR, or CIF shall be subject to the International Rules for the Interpretation of Trade Terms (INCOTERMS 2000) provided by International Chamber of Commerce (ICC) unless otherwise stipulated herein.)

（4）金额 Amount：______

合计 Total：______

装运数量允许有___%的增减 More or less allowed____%

（5）包装 Packing：

（6）装运口岸 Port of Loading：______

（7）目的口岸 Port of Destination：______

（8）装船标记 Shipping Marks：______

（9）装运期限 Time of Shipment：

货物将在收到信用证____天内装出。

Within ______ days after receipt of L/C.

（ ）允许转船，（ ）允许分批装运，最多可以分（ ）批。

Transhipment ( ) allowed, Partial shipment ( ) allowed and cargo can be shipped out no more than ( ) lots.

（10）付款条件 （Terms of Payment）：

买方须于__________前将保兑的、不可撤销的、可转让的、可分割的即期付款信用证开到卖方，该信用证的有效期延至装运期后_____天在中国到期，并必须注明允许分批装运和转船。

By Confirmed, Irrevocable, Transferable and Divisible L/C to be available by sight draft to reach the Seller before_____, and to remain valid for negotiation in China until_____after the Time of Shipment. The L/C must specify that transshipment and partial shipments are allowed or not.

买方未在规定的时间内开出信用证，卖方有权发出通知取消本合同，或接受买方对本合同未执行的全部或部份，或对因此遭受的损失提出索赔。

The Buyer shall establish a Letter of Credit before the above-stipulated time, failing which, the Seller shall have the right to rescind this Contract upon the arrival of the notice at Buyer or to accept whole or part of this Contract non fulfilled by the Buyer, or to lodge a claim for the direct losses sustained, if any.

（11）保险 （Insurance）：

按发票金额的110%投保_______险，由_______负责投保。

Covering _____ Risks for 110% of Invoice Value to be effected by the __________.

投保险别以本售货合同中所开列的为限，买方如要求增加保额或保险范围，应于装船前经卖方同意，因此而增加的保险费由买方负责。

The Sellers shall not be held responsible for any delay in delivery or non-delivery of the goods due to FORCE MAJEURE. However, the Sellers shall advise Buyers immediately of such occurrence and within 15 days thereafter, shall provide with written evidence to the Buyers issued by the competent authorities of the place where the accident occurs as evidence thereof. In case the accident lasts for more than 10 weeks, the Buyers shall have the right to cancel this Contract.

（15）仲裁 Arbitration：

凡因执行本合同或与本合同有关事项所发生的一切争执，应由双方通过友好方式协商解决。如果不能取得协议时，则在中国国际经济贸易仲裁委员会上海分会根据该仲裁机构的仲裁程序规则进行仲裁。仲裁决定是终局的，对双方具有同等约束力。仲裁费用除非仲裁机构另有决定外，均由败诉一方负担。

All disputes in connection with this contract or the execution thereof shall be settled friendly through negotiations. In case no settlement can be reached, the case may then be submitted for arbitration to China International Economic and Trade Arbitration Commission in accordance with the provisional Rules of Procedures promulgated by the said Arbitration Commission. The arbitration shall take place in Shanghai and the decision of the Arbitration Commission shall be final and binding upon both par

ties; neither party shall seek recourse to a law court nor other authorities to appeal for revision of the decision. Arbitration fee shall be borne by the losing party.

（16）通知 Notices：

所有通知用______________文写成，并按照如下地址用传真/电子邮件/快件送达给各方。如果地址有变更，一方应在变更后_____日内书面通知另一方。

All notice shall be written in _____ and served to both parties by fax/e-mail/courier according to the following addresses. If any changes of the addresses occur, one party shall inform the other party of the change of address within ____ days after the change.

（17）本合同为中英文两种文本，两种文本具有同等效力。本合同一式_____份。自双方签字（盖章）之日起生效。

This Contract is executed in two counterparts each in Chinese and English, each of which shall be deemed equally authentic. This Contract is in _____ copies effective since being signed/sealed by both parties.

（18）其它条款 Other Conditions：

原合同签字后应邮寄给双方。

The original contract shall be mailed to both parties after signature.

买方：______　　卖方：______

The Seller：______　　The Buyer：______

日期：______

Date：______

范本内容精讲

国际货物买卖合同具有国际性的特点，在履行合同时，卖方交付的标的物需运送到他国境内，并在他国境内完成交付。

通过上述国际贸易买卖合同范本可以看出，由于合同当事人双方使用的语言不同，因此在合同中有两种语言；合同条款内容主要包括品质条款、数量条款、价格条款、装运条款、付款条款、保险条款、索赔条款、不可抗力条款和争议解决条款，这些条款内容也是国际货物买卖合同的通用条款，在签订国际货物买卖合同时要注意以下事项。

1. 当事人身份

从事国际货物买卖的当事人需是依法办理工商登记或者其他执业手续，依照《对外贸易法》和其他有关法律、行政法规的规定从事对外贸易经营活动的法人、其他组织或者个人。因此在签订国际贸易买卖合同时，当事人必须保证自己具有从事对外贸易的资格，否则签订的合同为无效合同。

2. 质量和数量条款

在范本中可以看出质量条款主要指品名及规格，在该条款中确定品质规格的方法主要有两种，一种是凭样品，另一种是凭文字与图样。凭样品确定商品品质规格的方法适用于能够在外观上判别商品品质的商品。如果采用凭文字与图样的方法来确定商品品质，那么就要在合同中明确说明商品的品种、型号、等级和原产地等，如果要在合同中附上图样或说明书，那么要注明图样或说明书的效力。

前面我们提到过，模糊的用语容易引起合同纠纷，因此在国际贸易买卖合同中说明数量条款时，数量的约定要科学合理，不能有类似按国际惯例、按销量交货等模糊的内容。如按重量计量的，要明确是按净重还是毛重来确定数量，另外，双方也要约定计算重量的方法和计量单位，国际贸易中重量的计量单位有公斤、长吨、短吨、吨、克和盎司等。

日用消费品、机械产品等多按数量计量，常用计量单位有件、双、打、令、箩、袋和箱等；按长度计算的商品，常用的计量单位有英尺、码等。不管使用何种计量方式，都要求主要条款内容便于合同履行。

3. 对通用解释的约定

在国际贸易中，买卖双方会涉及许多贸易术语。贸易术语又被称为价格术语，是指用一个简短的概念或 3 个英文字母来表示商品的价格构成，因此在范本的价格条款中可以看到以下约定。

（除非另有规定，"FOB"、"CFR"和"CIF"均应依照国际商会制定的《2000 年国际贸易术语解释通则》（INCOTERMS 2000）办理。）

(The terms FOB, CFR, or CIF shall be subject to the International Rules for the Interpretation of Trade Terms (INCOTERMS 2000) provided by International Chamber of Commerce (ICC) unless otherwise stipulated herein.)

每一个贸易术语都有其特定的含义，目前对贸易术语影响较大的惯例除了范例中的《国际贸易术语解释通则》外，还有国际法协会制订的《1932 年华沙 - 牛津规则》和《美国对外贸易定义 1941 年修订本》。

《联合国国际货物买卖合同公约》是目前国际货物买卖中最为重要的公约，公约对国际贸易买卖合同作出了一定的规定。因此在订立国际货物买卖合同时，也会参照该公约的内容，对于公约没有规定的内容，买卖的双方要约定具体按照哪个国家的法律来处理。

4. 保险条款

由于国际货物买卖通常需要通过海运或空运的方式运送到目的地，为避免货物在运输过程中受损而造成损失，一般会给货物投保，在进行保险条款约定时要写明投保人、保险金额、投保的险别以及涉及的保险等。

需要注意的是，国际贸易中投保人的确定是根据选择的贸易术语来决定的。若是按 CIF/CIP（到岸价）价格成交的合同，则由卖方担任投保方，卖方在装船前，需要到保险公司办理投保；若是按 FOB/FCA 或 CFR/CPT 成交的合同，保险由买方到保险公司办理。

第三章

转移租赁物使用收益权——租赁合同

3.1 快速了解租赁合同

■合同内容 ■租赁期限 ■双方义务 ■与买卖合同的区别

租赁合同是指出租人将租赁物交付承租人使用、收益，承租人支付租金的合同。出租人是提供租赁物使用或收益权的一方，承租人是取得租赁物使用权或收益权并支付租金的一方。

3.1.1 租赁合同中包括的内容

通过租赁，公司可以获得生产经营所需要的各种设备，节省投入成本，因此租赁在商务活动中是很常见的，租赁合同是双务有偿合同，合同中一般要包括以下基本条款。

◆ 与租赁物有关的条款

租赁合同中的租赁物必须是有形的财产，而不能是消耗品，因此水果、洗涤剂等只能使用一次或消耗很快的物品不能成为租赁物，租赁物只能是厂房、汽车等能够长时间使用的有形物品。与租赁物有关的条款包括租赁物名称、租赁物数量和租赁物的用途。

租赁物的名称在租赁合同中应用明确的语言进行确定，国家禁止流通的物品也不能成为租赁物。租赁物的名称是租赁合同的必要条款。租赁物的数量是出租人履行义务的依据，同时，也是承租人到租赁期满后返还租赁物的依据。因此，租赁合同中应包括租赁物数量的条款内容。

出租人在转移租赁物后，承租人就会使用租赁物。不少承租人可能会认为出租人将租赁物转移后，怎样使用租赁物是自己的事，而出租人无权干涉。实际上，租赁物根据自身性质的不同，其用途也会不同，而租赁物的用途关系到承租人如何使用租赁物。如果不在合同中约定租赁物的用途，一旦因承租人使用不当而导致租赁物损坏，出租人就难以行使其请求权，因此在关于租赁物的条款中，要写明租赁物的用途。

◆ 租赁期限

租赁期限即指承租人使用租赁物的时间段，租赁期限不同，承租人使用租赁物的时间长短也会不同，同时，承租人交还租赁物的时间也不同。租赁期限是由出租人和承租人双方自行约定的。如果当事人双方没有对租赁期限进行约定，那么可以按照《合同法》中关于租赁期限的规定来确定。

◆ 租金条款

出租人并不会无偿地将租赁物的使用权转移给承租人，承租人获得租赁物使用权的条件是支付一定的租金给出租人。在租赁合同中，租金条款的内容应包括租金金额的多少和租金的支付方式。租金条款是对承租人义务和出租人权利的约定，在合同中要明确约定。

◆ 租赁物维修条款

在租赁物的使用过程中，租赁物必定会损耗，如果租赁物在使用中出现破损或故障，那么由谁负责对租赁物进行维修呢？如果在合同中没有对租赁物的维修责任进行约定，那么就无法明确租赁物的维修义务，因此在合同中要对租赁物的维修问题进行约定。

除以上必备条款外，合同通用的违约责任、解决争议的方式以及合同的成立生效条款等也是租赁合同需要具备的条款。

3.1.2 租赁合同最长期限的限制

租赁期限作为租赁合同的重要条款之一，其具体期限可以由当事人双方进行协商约定，但这并不意味着租赁期限可以很长。根据《合同法》的规定，租赁期限不得超过二十年，超过二十年的，超过部分无效。

《合同法》中关于租赁期限规定的内容并不难理解，也就是说，在签订租赁合同时，租赁合同中约定的租赁期限最多只能是二十年。承租人租赁租赁物是为了满足日常生活或生产经营的需要，并不是想长期占有该租赁物，如果租赁期限太长，是不利于当事人实现权利的。因此，我国《合同法》对租赁物的租赁最长期限作出了规定。

在现实生活中，租赁物都是有使用寿命的，一般来说，只有不动产的租赁期限会较长，如住房、厂房等。《合同法》规定了租赁期限不得超过二十年，并不表示承租人只能租赁该物品二十年，承租人可以采用以下两种方法来继续享有租赁物的使用权。

- **不终止原合同**：双方当事人可以不终止原租赁合同，承租人可以继续使用租赁物，而出租人也不对此提出异议，在这种情况下，法律视原租赁合同继续有效，当事人双方形成不定期租赁关系。如果当事人一方想要解除合同，那么随时可以解除，这种情况被称为合同的“法定更新”。
- **续订租赁合同**：当租赁期满二十年后，当事人双方可以根据原租赁合同的内容来续订合同，此时，双方可以再次续订一个不超过二十年的租赁合同，这种情况被称为“约定更新”。

3.1.3 明确租赁双方的义务

《合同法》中对出租人的义务进行了明确的规定，规定出租人应当按照约定将租赁物交付承租人，并在租赁期间保持租赁物符合约定的用途。由此可以看出，租赁合同附有出租人的两个义务。

1. 交付义务

交付义务是指出租人按照合同的约定将租赁物交付给承租人，交付的租赁物必须与合同约定的名称、数量一致，且交付的时间、地点以及方式也要按照合同的约定来进行。

部分租赁物还分为主物和从物，对于此类租赁物，在交付时应当将主物和从物一并交予承租人，如交付住房时，需要将住房的钥匙一并交给承租人。

2. 出租人对租赁物的瑕疵担保责任

租赁物是有形的一种物，承租人租赁该物是为了获得租赁物的使用权，因此出租人需要保证租赁物应有的使用价值。在租赁合同中，出租人承担的是租赁物效用的瑕疵担保责任，该担保责任对出租人有以下两点要求。

- 出租人在交付租赁物时，应保证租赁物的使用价值，使承租人能够正常使用租赁物。
- 在租赁期间，出租人应保证租赁物符合约定的用途，以保证承租人在租赁期间能够正常使用租赁物。

对承租人来说，其主要义务是按照约定的方法使用租赁物。虽然租赁物在使用中都会产生自然损耗，最终使其丧失使用价值，但不同的使用方式会使租赁物的损耗程度有所不同。因此，承租人有义务按照约定的方法来使用租赁物。如果承租人没有按照约定的方法使用租赁物，而导致租赁物受损，那么承租人应负有相应的赔偿责任。承租人履行该义务是有条件的，具体有以下 3 点。

- ◆ 出租人已经按照约定将租赁物转给承租人，承租人已经拥有了该租赁物的使用权。
- ◆ 出租人交付的租赁物的数量、质量以及使用用途等没有瑕疵。
- ◆ 租赁物的使用方法能够确定，如果租赁物的使用方法难以确定，那么要承租人履行该义务是有困难的。

3.1.4 租赁合同与买卖合同有区别

前面我们已经对买卖合同有了较清晰的认识，那么，租赁合同和买卖合同之间有哪些区别呢？具体如表 3-1 所示。

表 3-1 租赁合同买卖合同的区别

区别	租赁合同	买卖合同
权属关系	租赁合同转移的是标的物的使用权，转移前后，标的物的所有权和处分权都属于出租人	买卖合同转移的是标的物的所有权和处分权，在标的物转移前，所有权和处分权由出卖人拥有，在标的物转移后，所有权和处分权由买受人拥有
标的物	租赁合同中的标的物必须是有形的物，且消耗品不能成为标的物	消耗品常常是买卖合同的标的物
临时性	租赁合同中，承租人并不能永久地使用租赁物，由此看来，租赁合同具有临时性	买卖合同中，在出卖人交付标的物后，买受人可永久地使用标的物
权利和义务	在租赁合同中出租人的义务是将租赁物交付承租人，并在租赁期间保持租赁物符合约定的用途	买卖合同中出卖人的义务是向买受人交付标的物或交付提取标的物的单证，并转移标的物所有权的义务

续表

区别	租赁合同	买卖合同
内容不同	租赁合同的内容有租赁物的名称、数量、用途、租赁期限、租金及其支付期限和方式以及租赁物维修等条款	买卖合同的内容有标的、数量、质量、包装方式、检验标准和方法以及结算方式等条款

通过对租赁合同和买卖合同进行比较，可以看出两者的不同之处，在现实生活中这两种经济形式都是很重要也很常见的。

另外，在现实生活中还有一种租赁方式为当事人双方以一个公司为标的进行租赁，租赁的物包括公司的人力资源、资金和技术等。这种租赁方式承租人获得的是公司的经营权，由此订立的合同被称为公司的租赁经营合同，此类合同与本章中介绍的租赁合同不同，本章所涉及的租赁合同的内容也不适用于公司的租赁经营活动。

3.2 租赁合同争议处理和陷阱防范

■承租人赔偿 ■合同解除 ■两个租赁合同 ■合同争议

租赁使得公司不用拥有该物的所有权也能获得利润，对大多数中小企业来说，租赁为其开辟了新的获得设备的渠道。公司进行租赁活动需要签订租赁合同，因此要对租赁合同中常见的争议处理以及陷阱防范内容有所了解。

3.2.1 为什么承租人不承担赔偿

在现实生活中，常常会遇到租赁物在使用过程中损坏，承租人和出租人双方都不愿意承担维修义务的情况。一般来说，如果承租人未按约定的使用方法使用租赁物，导致租赁物损坏的，承租人要承担维修和赔偿责任。

但《合同法》第二百一十八条规定：承租人按照约定的方法或者租赁物的性质使用租赁物，致使租赁物受到损耗的，不承担损害赔偿责任。

由此可见，只要承租人按照约定的方法或者租赁物的性质使用租赁物，那么租赁物的损耗就属于合理范围，这种正常损耗所导致的租赁物价值减少，承租人不用承担维修或赔偿责任。

因此，出租人在出租租赁物时就应该明白，租赁物存在自然损耗，不能以租赁物的正常损耗为由要求承租人承担赔偿责任。

对承租人来说，若不想承担租赁物维修或赔偿的责任，那么就要按照约定的方法或租赁物的性质来使用租赁物，因为《合同法》第二百一十九条规定：承租人未按照约定的方法或者租赁物的性质使用租赁物，致使租赁物受到损失的，出租人可以解除合同并要求赔偿损失。

如果出租人单方面解除合同，对承租人来说是不利的。当公司作为承租人时，如果租赁物是生产设备，很可能导致生产延误，进而带来经济损失。当公司作为出租人时，该条款赋予了出租人自主决定的权利，即出租人可以行使解除权，也可以不行使，若出租人同意使租赁合同继续存续，那么可以要求承租人改正以前不合理的使用方法或要求承租人维修租赁物等。

3.2.2 租赁期满后，承租人不退房

在房屋租赁中，出租人可能会遇到租赁期满，但承租人拒不退房的情况。之所以会产生这种纠纷，可能是因为出租人在即将收回房屋之前，未提前通知承租人，导致承租人无住所居住。

房屋租赁合同期满后，出租人和承租人的租赁关系自然解除。如果出租人要收回房屋，应在即将收回前提前告知承租人，让承租人有足够的时间寻找房屋；如果承租人长时间找不到房屋，那么出租人也可以给予一定的宽限时间，同时给予一定的帮助，如提供房源信息等，以便自己能够及时收回房屋；如果承租人在找到房屋后仍不退房，那么出租人可以诉请人民法院强令承租人搬离。

在现实生活中，还可能遇到租赁期未满，但出租人要收回房屋将其出卖的情形。这种情况下，应根据《合同法》第二百三十条的规定进行处理，即出租人出卖租赁房屋的，应当在出卖之前的合理期限内通知承租人，承租人享有以同等条件优先购买的权利。

优先购买权是指承租人享有优先于他人购买房屋的权利，承租人要实现优先购买权需具备以下几个条件。

- 在租赁合同的存续期间。
- 在同等的条件下购买。在非同等条件下，承租人不能享有优先购买权。同等条件是指承租人与其他购买人在买卖条件上等同，包括买卖的价格、付款的期限和方式等。
- 必须在一定期限内行使。如果出租人通知承租人将要出卖租赁的房屋，并提出了一定的期限，而承租人在合理期限内没有购买的意思表示，则丧失优先购买权。

根据《最高人民法院关于审理城镇房屋租赁合同纠纷案件具体应用法律若干问题的解释》，有下列情形之一的，承租人主张优先购买房屋的，人民法院不予支持。

- 房屋共有人行使优先购买权的。
- 出租人将房屋出卖给近亲属，包括配偶、父母、子女、兄弟姐妹、祖父母、外祖父母、孙子女以及外孙子女的。
- 出租人履行通知义务后，承租人在十五日内未明确表示购买的。
- 第三人善意购买租赁房屋并已经办理登记手续的。

由此可见，承租人的优先购买权是受到限制的，同时也可能消灭。在实践中，出租人和承租人都要对这一点有足够的认识。

3.2.3 租赁物无法使用，可否请求解除合同

保证租赁物在租赁期间能够符合约定的用途是承租人的义务，那么，如果租赁物在租赁期间不能实现其用途，承租人是否可以解除合同呢？在这种情况下，还要看导致租赁物不能正常使用的原因是否是承租人的过错。《合同法》第二百三十一条规定：不可归责于承租人的事由，致使租赁物部分或者全部毁损、灭失的，承租人可以要求减少租金或者不支付租金；因租赁物部分或者全部毁损、灭失，致使不能实现合同目的的，承租人可以解除合同。

从《合同法》的规定可以看出，如果租赁物的毁损或灭失是由于其他原因造成的，而不是承租人导致的，那么承租人可以要求减少租金或不支付租金；若导

致不能实现合同目的，那么可以解除合同。不可归责于承租人的事由如下所示。

- **不可抗力：**如果租赁物损毁或灭失是因为不可抗力造成的，那么这种损坏是承租人无法预见和避免的，因此属于免责事由。
- **意外事件：**意外事件是指行为在客观上虽然造成了损害结果，但不是出于行为人的故意或者过失，而是由于不能预见的原因所引起的，因意外事件造成租赁物毁损灭失的也属于免责事由。
- **出租人不履行义务：**如果是因为出租人不履行义务导致租赁物毁损灭失的，那么承租人也不承担责任，如出租人出租的厂房漏水，出租人应对其进行维修，但出租人没有进行维修，导致厂房倒塌，那么承租人是不承担责任的。

上述情形都可能使租赁物不能正常使用或影响使用效能。此时，承租人可以行使要求减少租金或者不支付租金或解除合同的权利，但解除合同的条件需是不能实现合同目的。

承租人所具有的解除权属于法定解除，只要承租人将解除合同的意思通知给出租人，那么合同即解除。如果出租人对合同解除有异议而提请诉讼或仲裁，那么仲裁机构或人民法院都只是对承租人行使解除权的效力进行确认。

3.2.4 存在两个租赁合同怎么办

在房屋租赁中，可能存在出租人将房屋出租给一方承租人，一方承租人因为个人原因又将该房屋转租给另一方承租人的情况，使得存在两个租赁合同，即出租人与一方承租人签订的原房屋租赁合同，以及一方承租人作为出租人与另一方承租人签订的次房屋租赁合同。

这种情况下，首先需要看一方承租人是否有转租的权利。转租是指承租人将租赁物转让给第三方使用收益，由此，承租人与第三方形成租赁关系。承租人的转租存在两种情形，一种是承租人的转租已取得出租人同意，另一种是承租人的转租未取得出租人同意。我国《合同法》规定：承租人经出租人同意，可以将租赁物转租给第三人。

也就是说，如果承租人的转租未取得出租人同意，那么承租人不具有转租的权利。此时，承租人若进行了转租，那么出租人可以解除合同。此时承租人与第三方签订的租赁合同不能实现，转租的合同也无效。

但如果承租人是在取得出租人同意的情况下进行转租的，那么此时两个租赁合同都有效。对于存在两个租赁合同的情形，出租人、承租人和次承租人（即第三方）具有以下关系。

1. 出租人和承租人之间的租赁关系不因转租而受到影响，原租赁合同仍有效，承租人仍按合同约定定期支付租金给出租人。如果因次承租人的行为导致租赁物毁损，承租人需要承担维修或赔偿责任。

2. 虽然次承租人与出租人之间并没有租赁关系，但是次承租人也可以直接向出租人支付租金。

3. 在原租赁合同终止或解除时，次租赁合同也被终止或解除，这是因为次租赁合同是在原租赁合同的基础上订立的。

前面我们已经知道了承租人未经出租人同意转租的，出租人可以解除合同，但《最高人民法院关于审理城镇房屋租赁合同纠纷案件具体应用法律若干问题的解释》第十六条规定：出租人知道或者应当知道承租人转租，但在六个月内未提出异议，其以承租人未经同意为由请求解除合同或者认定转租合同无效的，人民法院不予支持。

由此可见，并不是在任何时候出租人都可以行使解除权。如果出租人在知晓或应当知晓承租人转租的情形下，六个月内都没有提出异议，那么出租人也不能行使解除权。此时，视为出租人同意承租人转租。

通过对前面出租人、承租人和次承租人关系的认识，我们已知晓在存在两个租赁合同时，承租人仍需按约定支付租金。在现实生活中，存在出租人因承租人拖欠租金，而要求解除合同的情形。此时若次承租人请求代承租人支付欠付的租金和违约金以抗辩出租人合同解除权的，人民法院应予支持，但要注意的是，转租合同无效的除外。

如果次承租人代为支付的租金和违约金超出其应付的租金数额，可以折抵租金或者向承租人追偿。

3.2.5 如何避免租赁合同中的争议

在现实生活中，作为租赁标的物的都是日常生活中常用或必备的物品，因此租赁合同纠纷也时常发生，通过以下方法可以有效避免租赁合同纠纷。

1. 确定租赁合同的形式

租赁有长租也有短租，对于短期的租赁，出租人可以与承租人采取口头形式订立租赁合同。这是因为在短期租赁的情形下，租赁物使用前后发生的变化不会太大，出租人和承租人之间的租赁关系也会在短时间内解除，即使发生纠纷，也容易解决。

对于租赁期限超过六个月以上的租赁，出租人与承租人之间应当订立书面合同。在长期租赁中，租赁物的损耗会较多，双方的租赁关系也更持久。为了更好地约定双方的权利与义务，使纠纷易于解决，双方应签订书面合同。

如果租赁期限在六个月以上，但双方没有订立书面合同，而导致产生租赁纠纷的，在双方已经履行合同主要义务的情况下，合同是有效的。如果在没有履行合同主要义务的情况下，对租赁期限产生异议，那么根据《合同法》规定，视为不定期租赁，此时租赁合同有效，但合同双方当事人随时可以解除合同。

因此在签订租赁合同时，双方当事人应当确定合同形式。六个月以下的租赁，可以采取口头形式；六个月以上的租赁就要采取书面形式，以便发生纠纷时能够很好地解决。

2. 租前调查

出租人在出租租赁物给承租人时，应对承租人的经济能力有一定的了解，不能因为害怕租赁物闲置就随便将租赁物出租给没有租金支付能力的承租人，这样反而会给自己带来一系列不必要的麻烦。

在签订租赁合同时，出租人也应该审慎，对承租公司或个人进行必要的了解。另外，还要对当前的租赁市场进行调查，了解租赁物在市场上的租金情况，以避免让承租人因租金过高而望而却步，或因租金过低而导致租金损失。

对承租人来说，在租赁前需要对租赁物有一定的了解，了解租赁物的权属情况，以及是否能够正常使用。对于需要维修或更换的部分要告知出租人，以避免因为租赁物的瑕疵问题影响对租赁物的使用，同时也避免在租赁物使用期间给自身带来风险。

3. 条款内容清晰

在租赁合同中，应对租赁物的数量、质量、期限、租金以及付款方式等应约定明确，同时，对于双方的违约责任也应该约定明确。对于主要条款尤其不能马虎，合同中使用的语句要仔细斟酌，避免模棱两可或有歧义的语句。为防范合同欺诈，还可以在租赁合同中写明担保条款或附条件条款等内容，以维护自身的权益。

4. 对常见问题有一定了解

对租赁合同中常见的问题，出租人和承租人都应该有一定的了解，如租赁合同是否必须采取书面形式、什么是不定期租赁、租赁期限最长是多少年以及当事人双方各自的权利和义务是什么等。认识租赁合同中常见的问题可以帮助双方更好地签订和履行租赁合同。

3.3 租赁合同范本详讲

■房屋租赁合同 ■土地使用权租赁合同 ■设备租赁合同 ■商铺租赁合同

对于期限较长的租赁，以书面形式订立租赁合同是很有必要的。在合同中，可以就租赁的各条款内容进行详细的约定，使双方都能明确各自的权利与义务，下面就来看看常见的租赁合同范本。

3.3.1 房屋租赁合同

房屋租赁合同是租赁合同中最常见的一种合同。房屋属于财产，因此房屋租赁合同属于财产租赁合同；而房屋又属于不动产，因此房屋租赁合同也是不动产租赁合同。

范本内容展示

资源下载\Chapter03\房屋租赁合同.doc

房屋租赁合同

出租方（甲方）：______________________

承租方（乙方）：______________________

依据《中华人民共和国合同法》及有关法律、法规的规定，甲乙双方在平等、自愿的基础上，就房屋租赁的有关事宜达成协议如下：

第一条 房屋基本情况

该房屋坐落于____。

该房屋具体情况为：____________结构，总建筑面积______________平方米综合用房，装修状况________________（现状），乙方对该租赁标的物的现状已充分了解，并自愿按现状租赁。

第二条 房屋用途

该房屋租赁用途为：____。乙方保证，在租赁期内未征得甲方书面同意以及按规定经有关部门审核批准前，不擅自改变该房屋用途。如需增减或变更经营种类，需提前____天书面通知甲方，经甲方同意并出具确认书后，作为本合同附件，乙方方可进行经营，否则视为违约，甲方有权单方终止合同，乙方按本合同承担违约责任。

第三条 房屋改善

租赁期内，乙方对该房屋及附属设施进行装修、装饰或添置新物需提前____日向甲方提交装修方案，经过甲方书面同意后，方可进行实施。乙方不得擅自拆改房屋主体结构和房屋外观，不得擅自在承租范围内建设其他建筑物。

第四条 租赁期限

（一）房屋租赁期自____年____月___日起至___年___月____日止，共计____年。

（二）租赁期满，甲方有权收回该房屋。本合同期满乙方自愿放弃优先承租权，乙方有意继续承租的，应提前___日向甲方提出书面续租要求，征得同意后甲乙双方重新签订房屋租赁合同。

（三）租赁期限届满前，双方应提前___个月就事后事宜进行协商。

第五条 租金及保证金

（一）租金标准：租赁期间，年租金（币种为人民币）为：___万元（大写：______________整）。

（二）租金支付时间：乙方应于本合同签订之日起____日内，支付____年____月____至____年____月___日租金_______元，按先支付租金后使用的原则，上半年年租金_______万元分别于上一年___月___日前支付，下半年租金___万元分别于当年___月___日前支付。

（三）租金支付方式：乙方通过银行将租金汇入甲方指定账户（开户行：__________，账户名：________________，账号：________________）。

（四）租赁保证金：

1、甲、乙双方商定本房屋租赁保证金为____万元（大写：________万元整），在本合同签订之日乙方向甲方一次性交纳。

2、对乙方拖欠的租金及其他应交纳款项，甲方有权从保证金中扣除。在保证金扣除后____日内乙方应补足保证金。

3、甲、乙双方商定在租赁期满或本合同正常终止后____日内，若乙方无拖欠房租及其他应交纳费用时，并且对房屋主体结构无损坏，甲方将租赁保证金计息全额退还给乙方（保证金按照央行同期存款利率计算）。

第六条 其他费用

房屋交付后，与该房屋有关各项费用的承担方式为：

（一）乙方承担其自身消耗的包括但不限于水、电、气、热、空调、通信、电视等各项费用。

（二）乙方承担政府有关部门按规定收取的其他各项费用及物业管理相关费用。

（三）乙方应保存并按甲方要求出示相关缴费凭据。

（四）甲方依法承担房屋租赁相关税费。

第七条 房屋的交付及返还

（一）交付：

合同生效后，租金自____年____月____起计算。乙方于____年____月____日自行按房屋现状接收使用。

（二）返还：

1、乙方应在租赁期满或合同解除后____日内返还该房屋及其附属设施。甲乙双方验收认可后在《房屋附属设施、设备清单》上签字盖章，视为房屋实际返还时间。乙方拒不按约交房的，乙方除按合同约定承担违约责任外，甲方还有权采取停电、停水等措施，乙方将承担因此而造成的一切后果和损失。

2、返还房屋时，乙方应清偿其所欠甲方及其他各项应缴费用。

3、对乙方添置的新物，在保证不损伤甲方原有设施基础上，乙方可拆除搬迁属于乙方的财产、设备等物件，而对于乙方装饰、装修的与建筑不可分离的部分，具体处理方法为乙方放弃收回。

4、返还后对于该房屋内乙方未经甲方同意遗留的物品，甲方有权自行处置并从保证金中扣除发生的处置费。

第八条 房屋及附属设施的维护

（一）租赁期内，甲方承担该房屋主体结构的维护、维修责任。该房屋结构经有关部门鉴定有损坏或故障时，乙方应负责及时修复，因维修房屋结构影响乙方使用的，应相应减少租金或延长租赁期限。

（二）乙方承担所承租范围内全部房屋附属设施的维护、维修责任和费用（包括给排水、热力、电力、空调、电梯、消防、弱电、电信、电视等管线及设施设备）。

（三）对于乙方的装修、改善和增设的他物甲方不承担维修的义务。

（四）乙方应合理使用并爱护该房屋及其附属设施。因乙方保管不当或不合理使用，致使该房屋及其附属设施发生损坏或故障的，乙方应负责维修或承担赔偿责任。如乙方拒不维修或拒不承担赔偿责任的，甲方可代为维修或购置新物，费用由乙方承担。

（五）对于该房屋结构因自然属性或合理使用而导致的损耗，乙方不承担责任。

第九条 转租

乙方未征得甲方书面同意，不得将该房屋整体转租、转借他人。

第十条 水电气

（一）乙方自行或委托甲方安装单独计量租赁房屋的水、电、气表，安装费用由乙方承担。

（二）租赁房屋的水、电、气使用费用由乙方自行承担，并按期自行缴纳使用费用。收费标准根据国家水、电、气供应部门制定的价格执行。

（三）根据水、电、气供应部门规定，在使用前需办理申请或开户手续等的，由乙方自行办理，甲方协助。

（四）如乙方未按时缴纳水、电、气费，导致停水、停电、停气给自身造成损失的，由乙方自行承担责任。

第十一条 物业管理

（一）乙方应认同该房屋所在的物业管理，自觉遵守物业管理的各项规章制度，并遵守物业所在社区居委会或管委会的各项要求。

（二）乙方经营项目须符合国家相关要求，________________________排放等应符合国家标准。

（三）乙方自行负责其经营场地内的物业管理，以及场地内的供电线路、消防设施、通讯线路、宽带网络、自用空调系统等的维修与更换。

（四）乙方空调外机的安装应统一有序，原则上不能破坏和妨碍建筑立面的整体观瞻，具体安装方案以甲乙双方议定并书面签字确认后的《装修方案》为准。

第十二条 双方的权利和义务

（一）甲方的权利和义务：

1、在租赁期内，如该房屋产权变更时，及时以书面形式通知乙方，本租赁合同继续有效。

2、甲方应尽可能向乙方提供便利，以配合乙方的营业。甲方有义务向乙方提供该房屋的相关证照，配合乙方在办理营业执照及消防、环保、用电等方面的许可，费用由乙方自理。

3、甲方按合同约定收取租金，对电费、水费等其他应付费用的交纳以及租赁场所的环境卫生、安全等影响到甲方的各类情况有权进行监督。

4、甲方不得擅自干涉乙方在自己承租的房屋内进行合法的正常经营活动。若乙方有违法经营行为并损坏甲方名誉，甲方有权追究其赔偿责任；若乙方发生重大安全责任事故，责任由乙方自负，且不得影响甲方商业信誉，否则，甲方有权要求乙方赔偿。

5、甲方有权对乙方的经营活动是否合法、是否遵守双方协议进行监督。

（二）乙方的权利和义务：

1、乙方在租赁期内应按照其营业执照所规定的经营范围内从事经营活动。在经营过程中，乙方应严格遵守国家各项法律法规，否则乙方须承担由此引起的一切法律责任。

2、乙方应按时交纳租金、电费、水费。所涉及到的卫生、排污、垃圾清运及物业管理等各类规费由乙方负责交纳。

3、乙方自行负责租赁范围内的物业管理工作，包括保安、保洁、设备设施的维修维护及日常管理，由此产生的相关费用由乙方承担。

4、乙方按《改造方案》要求并经消防部门验收合格后使用，由乙方承担该房屋的消防风险责任。乙方应购买火灾保险及租赁标的内所有的有关设施设备财产险、公众责任险及其他必要的保险，并承担费用。由于乙方未购买火灾保险或保险赔偿不足的，而导致甲方损失的由乙方承担全部赔偿责任。

5、乙方应爱护所使用的租赁房屋，在租赁期间，因乙方原因造成的房屋损害应由乙方负责赔偿或修缮。

6、乙方在租赁期间，应对该房屋区域内的治安、消防、卫生、环保负责，并制定、落实各项安全制度和措施，确保租赁场所的安全。对在租赁场所内或因租赁场所及承租人引起的种类事故承担责任。

7、乙方使用所租赁房屋或在经营过程中不得影响居民生活。因乙方原因影响居民生活的，由乙方负责解决并消除影响，并承担相应的责任。

8、乙方同意甲方因房屋保养、水电维修以及防盗、防火检查等情况而进入乙方场所。

9、乙方对房屋进行必要的装修，但不得破坏房屋结构，装修方案需事先取得甲方书面认可，装修期间与附近居民造成矛盾由乙方自行解决。乙方在装修或设施改造时，应根据规定取得政府有关部门批准手续并符合安全要求。擅自装修、改造所造成的后果及损失由乙方自行承担。

10、乙方在约定的使用范围内开展活动，不得占用未经甲方认可的任何场所。

11、租赁期满，乙方应立即清理现场，所移交的房屋、场所以及水电等设施应保证处于良好使用状态。各类广告、宣传、标识、标牌及临时搭建物自动拆除，并保证场所的清洁卫生。

12、甲方已告知该房屋的目前租赁状态，乙方须承担对上一轮承租户的清退腾空工作。清退腾空过程中，如发生现承租人或其转租的第三人所主张的任何赔偿、补偿或迟延交付房屋等一切后果，均应由乙方自行承担，乙方不得因此向甲方主张任何赔偿或补偿。

第十三条　合同的解除

（一）经甲乙双方协商一致，可以解除本合同。

（二）有下列情形之一的，本合同终止，甲乙双方互不承担违约责任：

1、该房屋因城市建设需要被依法列入房屋拆迁范围的。

2、因地震、火灾（非乙方或第三方责任）以及其他自然灾害、突发公共事件等不可抗力致使房屋毁损、灭失或造成其他损失的。

（三）甲方交付的房屋经有关部门鉴定为危及乙方安全而致使乙方无法使用的，乙方有权单方解除合同。

（四）乙方有下列情形之一的，甲方有权单方解除合同，收回该房屋：

1、乙方不按照约定支付租金或未按期补足保证金达_____日以上的。

2、因乙方欠缴各项费用达_____日以上的或金额累计达_____万元以上的。

3、擅自改变该房屋用途的。

4、擅自拆改变动或损坏房屋主体结构及附属设施或未经甲方书面同意擅自装修改造的。

5、擅自将该房屋整体转租、转借给第三人的。

6、利用该房屋从事违法活动的。

7、本合同规定的其他情形。

第十四条　违约责任

（一）在租赁期内，如果甲、乙双方任何一方擅自终止履行合同，视为违约，违约方应按剩余租期的租赁费总额的___%支付违约金，且已支付款项不予退还。

（二）甲方有本合同第十三条第（三）款约定情形的，应按___个月的租金标准向乙方支付违约金。

（三）乙方有本合同第十三条第（四）款约定的情形之一的，甲方有权收回房屋，单方解除本合同，乙方应缴清欠付房租及其他欠款，并按_____个月的租

范本内容精讲

通过上述房屋租赁合同范本可以看出，房屋租赁合同主要包括的内容有房屋租赁当事人双方的名称、房屋的基本情况、房屋用途、租赁期限、租金及其他费用、房屋维修责任和双方权利与义务等，下面就范本中部分条款内容进行详细讲解。

1. 房屋基本情况

房屋都有固定的地址，部分房屋中还有相应的附属设备等。为了保证租赁合同到期后，承租人返还的房屋符合使用后应有的状态，在房屋租赁合同中要对房屋的基本情况进行说明。

在描述房屋基本情况时，具体内容可以包括房屋的坐落位置、面积、结构、附属设施，家具和家电等室内设施状况。房屋结构可以分为6种类别，包括钢结构、钢筋混凝土结构、钢和钢筋混凝土结构、混合结构、砖木结构和其他结构。房屋的附属设施是与房屋不可分割的一部分，包括电梯、空调、安防设备、照明设备、

监控设备、综合布线和弱电系统等。对于室内设施，一般需要写明客厅、卧室和厨卫等具体有哪些家居用品。若室内物品及设施涉及的内容较多，可以将其作为附件，附件（资源下载 \Chapter03\ 房屋租赁合同附件 .doc）范本内容如下所示。

屋内物品及设施清单

本《屋内物品及设施清单》为__________（甲方）同__________（乙方）所签订的房屋租赁合同的附件。

（一）大卧室：________________________________。

（二）小卧室：________________________________。

（三）客厅：________________________________。

（四）厨房：________________________________。

（五）洗漱间及厕所：________________________________。

甲方：__________________　　乙方：__________________

签约时间：____年____月___日　　签约时间：____年____月___日

签订地点：__________________　　签订地点：__________________

房屋基本情况条款内容中，室内物品以附件形式存在的，要写明该房屋现有装修及屋内物品详见合同附件，该附件作为甲方按照本合同约定交付乙方使用和乙方在本合同租赁期满交还该房屋时的验收依据。

2. 房屋用途

在房屋租赁中，房屋的用途主要可分为住宅用房和生产经营用房。在房屋用途条款内容中要写明该房屋是用于住宅、办公还是工商业等；另外还要约定房屋的使用要求，如范本中第三条约定了承租人在使用过程中可能涉及的装修事项，即承租人若要对房屋及附属设施进行装修、装饰或添置新物，需取得出租人的书面同意。

3. 房屋维修责任

租赁房屋的维修责任由谁承担是房屋租赁中容易出现纠纷的地方，虽然《合同法》规定：出租人应当履行租赁物的维修义务，但当事人另有约定的除外。但现实生活中，租赁物维修责任纠纷要复杂得多，因此有必要在房屋租赁合同中对当事人双方各自的房屋维修责任进行明确规定。

范本中对当事人双方的维修责任约定得比较明确，在实践中，双方还可以协商添加其他需要约定的事项。

4. 物业服务、水、电和燃气等相关费用的缴纳

房屋租赁过程中会存在物业服务、水、电和燃气等相关费用的缴纳问题。出租人为维护自身的权益，应约定在租赁期间产生的物业服务、水、电和燃气等相关费用由承租人负责缴纳，因承租人未及时缴纳等原因造成的停水、停电以及滞纳金等损失都应由承租人承担。这一点可以参考范本第十条和第十一条，范本中约定的内容是很详细的。

3.3.2 土地使用权租赁合同

土地使用权租赁是指土地所有者或使用者将土地的使用权、经营权租给承租人使用，并收取租金的行为。土地使用权租赁也属于不动产租赁。

范本内容展示

资源下载 \Chapter03\ 土地使用权租赁合同 .doc

土地使用权租赁合同

合同编号：______

甲方(出租方)：________________________
法定代表人或者委托人：________________________
地址：________________________

乙方（承租方)：________________________
法定代表人或者委托人：________________________
地址：________________________

丙方（担保方)：________________________
法定代表人或者委托人：________________________
地址：________________________

根据《中华人民共和国土地管理法》、《中华人民共和国合同法》等法律规定，甲乙双方就甲方承租乙方土地使用权事宜，在平等自愿、协商一致的基础上，达成如下协议，以资共同遵守。

第一条　租赁土地

1、甲方承诺对依据本合同出租的土地（下文称租赁土地）享有完整的使用权或者所有权，且可以出租。保证租赁土地上没有抵押权、地役权等用益物权。甲方确保租赁土地的用途符合所在地的土地利用总体规划，并满足乙方的用途。

2、甲方在签订本合同时，向乙方出具土地所有权证书或者土地使用权证书，甲方保留上述证件的复印件。

3、甲方出租给乙方的地块位于__________________，土地总面积为______平方米，其位置与四至范围如本合同附图所示。(见附件一)附图已经甲、乙双方签字确认。

4、甲方交付租赁土地前，应当清除地上建筑物、构筑物等阻碍物，保证租赁土地或租赁土地周围一定范围内没有文物古迹、矿藏。

5、甲方应在本合同生效之日起____日内办理出租土地登记等一切手续，并自行承担费用。

第二条　租赁期限

1、本合同项下的土地使用权租赁期限为____年，即自____年____月____日起至____年____月____日止，租期届满后，本合同自动延续_____年。

2、租赁期限内，除不可抗力，并足额补偿乙方损失（包括直接损失和可得利益损失）外，甲方不得基于任何理由，解除租赁合同。

第三条　租赁土地用途

1、本合同项下的租赁土地，批准的用途为______________________用地。

2、乙方承租土地用于_______________。租赁期间内，在符合所在地的土地利用总体规划的前提下，乙方可以进行其他项目建设。

第四条　租金及支付方式

1、租赁土地的土地使用权租金以土地总面积计算，单位租金为每平方米每年____元(大写：_______整)人民币，年租金总额为_______元(大写：_________整）人民币，租金中含有土地使用税、补偿费、附着物和青苗补偿费等税和费。

2、承租期间内租金不变。

3、租金按年支付，第一次租金支付日期以项目进场后____个月内支付，后续每年租金在每年__________________之前支付，乙方以转账或电汇的方式支付本年的租金。

4、支付金额以项目实际使用面积支付对应等额租金，甲方应在租金支付前向乙方提供土地使用权租赁费发票。

第五条　转租和优先购买权

1、租赁期间内，在符合所在地的土地利用总体规划前提下，乙方可以转租。

2、在租赁期间内，甲方出让土地使用权的，应当提前____个月通知乙方，

乙方享有同等条件下的优先购买权。

第六条　租期届满和续租

1、本合同约定的租赁年限届满后，合同条款不变，自动延续____年。

2、续租期届满后，乙方如需继续承租该土地使用权，至迟须在期满之日前____个月向甲方提交续期申请书，如非城市规划拆迁等特殊原因，甲方应同意乙方的续期要求，并与乙方协商确定新的土地使用权租赁年限、租金标准及其他条件后，与乙方签订续租合同，乙方应按规定重新办理土地使用权登记手续。

第七条 担保

丙方对甲方在本合同中的义务为乙方提供保证，若甲方在履行合同过程中有本合同第七条规定的任何一种违约行为的，丙方将承担连带责任。

第八条　违约责任

1、甲方违背诚实信用原则，没有如实告知乙方租赁土地规划不符合乙方用途或对租赁土地没有出租权或租赁土地上有文化古迹、矿藏，致使乙方不能承租土地的，甲方应赔偿乙方由此造成的一切损失。

2、租赁土地使用权已为第三人设定抵押权、地役权等用益物权的，乙方可以解除租赁合同并要求承担损失（包括直接损失和经营利润损失），若乙方继续履行合同的，甲方向乙方支付全部租金总额____%的违约金。

3、甲方未按照约定交付租赁土地的，每迟延一天按照年租金的____‰，向乙方支付延迟履行违约金，超过____天的，乙方可以解除合同，甲方应当赔偿乙方由此造成的损失。

4、乙方不能在约定的期限内足额支付租金的，每迟延一天，按照中国人民银行公布的同期贷款利率计算滞纳金。

5、乙方使用租赁土地进行国家禁止性行业或限制性行业但又未取得行政许可的项目建设的，甲方可以解除合同。

6、租赁期届满后，乙方不能及时交回土地使用权的，甲方以约定租金标准按日计算租金。

7、租赁期限内，甲方不得以任何理由解除合同，否则应当承担继续履行合同、赔偿乙方损失（包括直接损失和经营性损失）等违约责任。

第九条　其他

1、本合同自双方签字和盖章之日起生效，一式____份，甲乙双方各执____份，登记机关留存____份，各份具有同等法律效力。

2、因本合同或履行本合同发生争议的，双方应当友好协商解决，协商不成的，由租赁物所在地有管辖权的人民法院受理。

3、本合同未尽事宜，双方协商签订补充协议，作为本合同附件。

附件一：（略）

甲方（盖章）：__________　乙方（盖章）：________　丙方（盖章）：____________

授权代表：____________　授权代表：__________　授权代表：______________

____年____月____日　____年____月____日　____年____月____日

范本内容精讲

在签订土地使用权租赁合同时，当事人首先要对国有土地租赁和土地使用权出租的区别进行了解。在我国，土地租赁主要有两种情况，一种是土地所有者（即国家）将土地使用权租赁给承租人，另一种是土地的使用者将土地出租给第三方使用者使用。前者属于国有土地租赁，也可称为土地使用权出让，后者属于土地使用权出租。

国有土地租赁和土地使用权租赁既有区别也有联系，两者的联系在于同属于国有土地有偿使用的方式，两者的区别如表 3-2 所示。

表 3-2　国有土地租赁和土地使用权出租的区别

区别	国有土地租赁	土地使用权出租
出租人不同	土地所有者，即国家	土地使用者
所属市场不同	属于一级市场	属于二级市场或三级市场

续表

区别	国有土地租赁	土地使用权出租
土地使用者的权益不同	通过国有土地租赁，承租人取得承租土地使用权，在按规定支付土地租金并完成开发建设后，经土地行政主管部门同意或根据租赁合同约定，可将承租土地使用权转租、转让或抵押，承租土地使用权转租、转让或抵押，必须依法登记	土地使用权出租更准确来说是土地的承租人将土地使用权转移给第三人，可以理解为土地使用权的转租或分租，原承租人仍具有土地的使用权，由此建立了附加租赁关系

从上表内容可以看出，国有土地租赁和土地使用权出租有着很大的不同，当事人在订立合同时要注意两者的区别，分清楚出租人的身份，不要混淆。在签订土地使用权租赁合同时，除要注意不同土地租赁的区别外，还要注意相关法律法规对于土地使用权租赁的相关规定。

《城镇国有土地使用权出让和转让暂行条例》（以下简称《条例》），第四十四条规定：划拨土地使用权，除本条例第四十五条规定的情况外，不得转让、出租或抵押。其中，划拨土地使用权是指土地使用者通过各种方式依法无偿取得的土地使用权，由此可见划拨土地使用权的出租是有条件的。

《条例》第四十五条规定：符合下列条件的，经市、县人民政府土地管理部门和房产管理部门批准，其划拨土地使用权和地上建筑物，其他附着物所有权可以转让、出租或抵押。具体条件如下所示。

- ◆ 土地使用者为公司、企业及其他经济组织和个人。
- ◆ 领有国有土地使用证。
- ◆ 具有地上建筑物、其他附着物合法的产权证明。
- ◆ 依照本条例第二章的规定签订土地使用权出让合同，向当地市、县人民政府补交土地使用权出让金或者以转让、出租或抵押所获收益抵交土地使用权出让金。转让、出租或抵押前款划拨土地使用权的，分别依照本条例第三章、第四章和第五章的规定办理。

因此，当事人在签订划拨土地使用权的租赁合同时，要注意该土地是否满足可出租的条件，若不满足，该租赁合同是无效的。

范本中的土地使用权租赁合同更适用于土地使用权出租，可以看到合同中包括的内容有出租方与承租方的名称、土地的位置和面积、租赁期限、土地的用途和租金及支付方式等，在上述条款内容中要注意土地用途和租赁期限条款内容。

《条例》规定：未按土地使用权出让合同规定的期限和条件投资开发、利用土地的，土地使用权不得出租。因此，土地用途条款和租赁期限条款内容要符合原土地出让合同中规定的用途和期限。土地使用权出让的期限与其用途有必然联系，土地使用权出让最高年限按下列用途确定。

- 居住用地七十年。
- 工业用地五十年。
- 教育、科技、文化、卫生及体育用地五十年。
- 商业、旅游及娱乐用地四十年。
- 综合或者其他用地五十年。

土地使用权出让合同中规定的土地用途并不是不可以改变的。如果土地使用者要改变土地使用权出让合同中规定的土地用途，应当征得出让方同意并经土地管理部门和城市规划部门批准，依照有关规定重新签订土地使用权出让合同，调整土地使用权出让金，并办理登记。

土地使用权在出租后，出租人仍必须继续履行土地使用权出让合同，在土地使用权和地上建筑物、其他附着物出租后，出租人还需依照规定办理登记。

3.3.3 设备租赁合同

对公司来说，租赁办公设备、生产设备用于日常经营是常有的事，也有公司专门从事设备租赁业务。设备租赁对承租人和出租人都有益，对承租人来说可以减轻资金负担、加快设备更新和降低投资风险；对出租人来说，出租设备可以提高设备的利用率，提高经济效益。下面以机械设备租赁合同为例，看看设备租赁合同有哪些要点。

范本内容展示

资源下载 \Chapter03\ 机械设备租赁合同 .doc

机械设备租赁合同

承租方（以下简称甲方）：____________________

出租方（以下简称乙方）：____________________

按照平等互利的原则，为明确出租方与承租方的权利和义务，甲、乙双方经协商一致，签订本合同。

依照《中华人民共和国合同法》及相关法律、法规，遵循平等、自愿、公平和诚实信用的原则，经双方协商，就租赁____________________机械设备的相关事宜达成协议如下：

第一条 机械设备租赁及租金计算与支付

1. 机械设备清单及租金计算表

设备名称	数量	规格/型号	生产厂家	租赁期限/起止时间	租金标准（元/月台）

2. 租金计算。机械设备租金按照上表计算。不足月的尾数日租金按月租金除以30天乘以实际使用天数计算。租金从机械设备启用日起计算。在租赁期内，若非乙方原因造成机械设备停机或停止使用，甲方应按租金标准照常支付租赁费。

3. 支付方式：____________________。

4. 支付时间：____________________。

第二条 项目名称、使用地点

项目名称：____。

使用地点：____。

第三条 租赁期限

1. 因工程需要延长租期，双方应在租赁期满前______日内，续签合同。

2. 租赁期满，甲方继续使用机械设备，乙方没有提出异议的，原租赁合同继续有效。

3. 本合同签定之日起______日内，机械设备进场安装。机械设备进场安装完毕，经安装单位自检、检验检测机构检验合格并由甲方组织有关单位验收合格之日为启用日；甲方通知乙方机械设备停止使用，并拆卸完毕具备机械设备退场条件之日为停用日。停用日须经双方书面确认。

4. 由于甲方的原因（如现场施工条件不具备、高压线防护措施不到位等），造成机械设备验收合格后停机待用或造成验收不合格，机械设备启用日为验收合格时间或组织验收时间。

5. 机械设备自启用日起至停用日止为双方确定的租赁期限。

第四条 机械设备操作、维护与修理

1. 双方约定机械设备由______方负责操作、由______方负责维护。

2. 因故障造成机械设备无法正常作业的，按合同约定由乙方负责维护时，乙方应当自接到甲方通知时起______小时内到达现场维修。乙方自接到维修通知起______小时/日内未能修复的，自故障发生第______日起免收租金直至机械设备恢复正常作业日止。但机械设备故障系因甲方违章指挥、违章作业造成的，甲方仍应支付停工期间的租金。

3. 双方约定机械设备正常维护保养时间为______小时/月，具体时间安排为：____。

第五条 双方权利义务

一、甲方权利义务

1. 有权要求乙方按照合同约定提供符合要求的机械设备。

2. 有权要求乙方按照合同约定提供机械设备的操作和维修保养服务。若因乙方原因导致机械设备损失或者出现故障无法使用的，甲方有权解除合同或要求乙方更换同等型号、性能的机械设备，并要求乙方赔偿损失。

3. 按照合同约定的时间、方式和金额支付租金和其他费用。

4. 为机械设备提供进出场作业、维护保养作业的便利和安全作业环境，负责机械设备及其附件（如______________等）在使用现场的保护保管工作，保护机械设备的安全。如因甲方原因造成机械设备损失的，应赔偿乙方损失。

5. 负责司机、指挥工的日常安全教育和进场安全技术交底，并签定安全生产责任状。

6. 甲方应在机械设备进场安装完毕之日起______日内，组织租赁、安拆、监理单位对其进行验收，及时办理使用登记；并负责配备相应的机械设备管理人员，督促做好机械设备日常维护、保养和检查工作。

7. 负责按三相五线制配置机械设备专用开关箱，以及工地配电箱至专用开关箱的电缆线；负责配备使用中所需对讲机以及各种配套吊运材料的吊具，负责提供工地宿舍，作为机械设备常用配件仓库及司机休息场所。

8. 按机械设备操作规程和合同约定管理使用机械设备，不得违章或超负荷作业。由甲方指派的操作人员必须持证上岗。

9. 未经乙方书面同意，甲方不得转租机械设备，不得对机械设备进行改造或增设他物。

二、乙方权利义务

1. 有权按照合同约定按月收取租金。

2. 机械设备进场前，应认真地进行维修和保养，保证进场机械设备的完好性。

3. 负责提供的内业技术资料包括机械设备备案证、制造许可证、产品合格证、制造监督检验证明、使用说明书、进场前维修保养记录、定期检查、维护和保养记录等。

4. 按合同约定负责机械设备在租赁期间的每月定期检查、日常维护和保养工作、不定期进行机械设备检修、巡修，并及时将结果书面反馈甲方。

5. 负责机械设备在各种检查中发现的问题和隐患的整改，并承担应由乙方承担的处罚及相关费用。

6. 机械设备安装前，负责提供符合要求的基础预埋件；机械设备附着顶升前，负责提供符合要求的附着预埋件、附墙装置（含撑杆）。

7. 租赁期满后______日内，保证金扣除应付的机械设备损失赔偿金后，乙方应将保证金余额及时返还甲方。

第六条 双方安全责任

一、甲方安全责任

1. 甲方负责制定机械设备生产安全事故应急救援预案。

2. 施工现场有多台机械设备交叉作业时，甲方负责组织制定并实施防止机械设备相互碰撞的安全措施。

3. 甲方负责做好机械设备周边的高压线、障碍物的防护工作。

4. 甲方负责在机械设备活动范围内设置明显的安全警示标志，对集中作业区做好安全防护。

二、乙方安全责任

1. 负责机械设备的安全保护装置的日常检查和维护，对机械设备的安全可靠性负责。

2. 在对机械设备进行检修、检查、维护保养作业过程中，乙方对机械设备及相关作业人员的安全负责。

3. 当机械设备出现故障或者发生异常情况时，机械设备应立即停止使用，乙方应组织人员及时排除故障之后方可重新投入使用。

三、双方共同安全责任

1. 本着“谁违章谁承担责任”的原则，甲、乙双方均应遵守机械设备安全操作规程，严禁违章指挥、违章操作。严禁强令工人违章冒险作业，严禁机械设备带病运转。

2. 机械设备在使用过程中，甲乙双方均应对司机、指挥工进行日常安全教育和技术交底，督促上述人员遵守安全操作规程，规范作业方式，确保不超载，且货物放置、绑扎符合安全要求。

第七条 违约责任

一、甲方违约责任

1. 甲方未按合同约定支付租金的，按每逾期一日______元的标准向乙方支付延期违约金。租金逾期满______日未支付的，乙方有权解除合同并要求甲方支付违约金。

2. 按合同约定的进场时间，若因甲方原因影响机械设备进场安装超过______

日，乙方有权终止合同并向甲方收取违约金______万元。

3. 甲方未按有关法律、法规规定或合同约定的方法使用机械设备，致使机械设备受到严重损坏的，乙方有权解除合同并要求甲方赔偿损失。

4. 其他约定：____。

二、乙方违约责任

1. 乙方无法提供合同约定的机械设备或提供的机械设备型号和规格与合同不符，导致合同无法履行的，甲方有权解除合同并要求乙方支付违约金______万元。

2. 乙方未按合同约定日期提供机械设备的，应按照每逾期一日每台次______万元的标准向甲方支付违约金。累计逾期满______日的，甲方有权解除合同并要求乙方支付违约金______万元。

3. 在合同期间因乙方原因（包括乙方指派的操作、维护人员的行为，但乙方按照合同约定对机械设备进行维修保养的时间除外）导致机械设备停工的，每停工一天，甲方除扣减相应的租金外，可要求乙方支付每台次______元/日的违约金。累计停工超过______日的，甲方有权解除合同并要求乙方赔偿损失。

4. 其他约定：____。

第八条　争议解决

本合同项下发生的争议，由双方协商解决，也可由行业主管部门调解，协商或者调解不成的，按下列第______种方式解决。

1. 向__________________人民法院提起诉讼。

2. 向__________________合同签订地仲裁委员会申请仲裁。

第九条　其他条款

1. 本合同自双方签字并盖章之日起生效。本合同共______页，一式______份，其中甲方______份，乙方______份。

2. 本合同附件以及合同履行过程中形成的各种书面文件，经双方签署确认后为本合同的组成部分，与本合同具有同等法律效力。

3. 本合同未尽事宜，双方可协商签订补充协议，补充协议与本合同具有同等法律效力。

4. 合同签订地：______________________________。

5. 其他约定：____。

承租人：__________	出租人：__________
住所：__________	住所：__________
法定代表人：__________	法定代表人：__________
委托代理人：__________	委托代理人：__________
电话：__________	电话：__________
______年______月______日	______年______月______日

范本内容精讲

在租赁设备时，租用的设备数量通常不止一台，因此在范本中设备的数量和规格等内容用表格的形式表示。由于设备租赁可能存在租赁期限不足一月的情形，因此在范本中，对不足月的租金计算方式进行了约定，如下所示。

> 2. 租金计算。机械设备租金按照上表计算。不足月的尾数日租金按月租金除以 30 天乘以实际使用天数计算。租金从机械设备启用日起计算。在租赁期内，若非乙方原因造成机械设备停机或停止使用，甲方应按租金标准照常支付租赁费。

对于租金的支付方式和支付时间双方要约定明确，在范本中由于租金是按月计算的，因此租金的支付方式可以书写为按月支付，支付时间可约定为每月 × 日前支付上个月的租金。

另外，在部分设备租赁中，租赁费用除租金外，还可能有其他单独的费用，如进场费、安装费和运输费。若在设备租赁中会涉及这些费用，且这部分费用需额外支付，那么在合同中这部分费用也要单独罗列清楚。

许多设备通常需要安装后才能使用，因此在租赁合同中有必要对设备的安装和验收进行说明。在范本中，可以看到“机械设备进场安装完毕，经安装单位自检、检验检测机构检验合格并由甲方组织有关单位验收合格之日为启用日”的条款内容。

在设备的安装过程中，需要安装现场提供一定的支持才能保证设备安装成功。为了避免因承租方的原因导致设备安装不成功的责任由出租人承担，有必要在合同中说明，若因安装现场不具备安装、拆卸以及设备运行条件而导致设备安装不成功或无法正常使用的损失应由承租方承担，在范本中第三条第四点可以看到相关内容。

塔吊、推土机和叉车等大型设备，在使用中比较容易涉及维修问题。设备的维修责任由谁负责是比较重要的，在合同中应约定出租方负责设备的维护和维修。因此可以根据范本第四条内容，应填写为：双方约定机械设备由甲方负责操作、由乙方负责维护。

大型设备若不能及时维修将会影响工程的进度，因此在合同中还应约定出租方在得知设备需要维修的通知后，要在什么时间内进行维修，以及未能及时维修的损失赔偿问题。设备的维修必然会耽误工程的进度，维修时间在合理范围内，承租方不应要求出租方进行损失赔偿，因此在合同中对于设备的合理维修保养时间应进行约定，在该时间内的维修保养属于正常维护，超过时间部分的才应按实际停机天数扣减租金。这一点内容可以参照范本中第四条内容进行书写，如下所示。

2. 因故障造成机械设备无法正常作业的，按合同约定由乙方负责维护时，乙方应当自接到甲方通知时起______小时内到达现场维修。乙方自接到维修通知起______小时/日内未能修复的，自故障发生第______日起免收租金直至机械设备恢复正常作业日止。但机械设备故障系因甲方违章指挥、违章作业造成的，甲方仍应支付停工期间的租金。

3. 双方约定机械设备正常维护保养时间为______小时/月，具体时间安排为：______________________________。

如双方可以约定出租方应当自接到甲方通知时起 3 小时内到达现场维修，以及机械设备正常维护保养时间为 36 小时 / 月等。

大型设备在使用过程中极易造成安全问题，对于双方的安全责任问题，许多设备租赁合同中都没有明确约定，但这一点却是不容忽视的。双方的安全责任在范本第六条内容中有所体现，范本中对出租方、承租方各自的安全责任，以及双方共同的安全责任都进行了约定。

在具体签订设备租赁合同时，双方还可以在“其他约定”中约定其他需要约定的事项，也可以书写为“未约定的事项，按照国家、地方的法律法规执行”。

3.3.4 商铺租赁合同

商铺租赁合同与房屋租赁合同在内容上有相似之处，但在具体条款上，商铺租赁合同又有其特殊之处，下面就来看看商铺租赁合同的范本。

范本内容展示

资源下载 \Chapter03\ 商铺租赁合同 .doc

商铺租赁合同

甲方（出租方）：________________

乙方（承租方）：________________

根据《中华人民共和国合同法》及相关法律法规之规定，甲乙双方就商铺租赁事宜，协商一致，缔结本合同，以资信守。

第一条 租赁物业及用途

1.1 甲方将坐落于________________的商铺(以下简称“该商铺”)出租给乙方。

1.2 该商铺建筑面积合计为__________平方米，以该面积计算租金面积，若该面积与产权登记面积有差异，以产权登记面积为准。

1.3 乙方确认甲方已告知该商铺情况，且在本合同签署时已对该商铺状况进行详细了解，同意按本合同约定条件按现状承租商铺。

1.4 该商铺为商业用途，乙方承租用于经营________________，未经甲方书面同意不得变更经营项目。

第二条 租赁期限

2.1 该商铺租赁期限共_____年，自_____年_____月_____日起至_____年_____月_____日止。

第三条 交付

3.1 双方签署本合同并且乙方按约定支付保证金后，甲方于_______年_______月_______日前将该商铺交付乙方使用。乙方未履行相关义务，甲方有权顺延交付时间，但租赁期限不顺延。

3.2 该商铺交付使用时，双方应依该商铺及相关配套设施的清单（附件 3）进行交接，并对其核对后签字确认。

3.3 乙方应于约定的该商铺交付日到甲方处办理交接手续，逾期前来办理的视为该商铺已交付乙方。

第四条 租金及相关费用

4.1 甲方给予乙方_____个月的装修免租期，免租期自交付日（包括实际交付与视为交付）起算，免租装修期内乙方无需向甲方支付租金，但应交纳管理费及使用该物业而产生的水、电等费用。免租期满次日开始计付租金(下称计租日)。

4.2 租金按照该商铺的建筑面积计算，具体如下：

4.2.1 _____年_____月_____日至_____年_____月_____日，租金单价为_____元/月/平方米，即每月租金合计为人民币（大写）__________元整（￥：_______元)。

4.2.2 _____年_____月_____日至_____年_____月_____日，租金单价为_____元/月/平方米，即每月租金合计为人民币（大写）__________元整（￥：_______元)。

4.3 租金按月份（指公历月）计算，乙方须于每月_____日前以现金或银行转帐方式将当月份租金支付至甲方指定的如下帐户：

甲方开户银行：________________。

户名：________________。

账号：________________。

4.4 甲方收款帐号若有变更，甲方将以书面方式通知乙方，并由甲方授权代表签字并加盖甲方公章。

4.5 以上租金不含税，甲方收到乙方款项后向乙方开具收据。

4.6 乙方于签署本合同时预付首次租金，首次租金为约定计租日起至次月月末的租金即_______年_______月_______日至_______年_______月_______日租金。

4.7 物业管理费及水电费，物业管理费以该物业的建筑面积进行计算，单价为_______元/月/平方米（不含税），合计为（大写）__________元整￥：_______元)，管理费自_______年_______月_______日起开始计收，乙方于每月_______日前向物业管理公司交纳下月管理费。

4.8 乙方使用该商铺所产生的水电费、水、电、网络报装及用电增容，政府税收规费等费用由乙方自行承担，该等费用中需甲方代收代交的，乙方应于每月___日前将上月发生的费用交给物业管理公司，非甲方代收的，按有关收费单位要求时间交付，乙方拒交或逾期交付的按本合同逾期交付租金违约条款处理。

第五条 租赁保证金

5.1 保证金，双方签订本合同当日，乙方须以转账或现金的形式支付_____

个月租金，总额合计人民币（大写）：__________元整（￥：__________）给甲方作为租赁保证金。

5.2 在合同终止时，若乙方未发生违约责任且向甲方交清合同约定各项费用及按合同约定归还该商铺后，保证金在_____日内无息返还乙方。在乙方违约的情况下，甲方有权没收保证金。

第六条 物业管理

6.1 乙方接受该商铺所属之物业管理公司的管理，并按规定或约定交纳费用与履行其他义务。

6.2 该商铺原有设施设备（含与其他物业共用设施设备）的日常管护由乙方负责，乙方应进行日常检查，发现问题及时通知甲方及物业管理公司，然后划分责任进行维修维护与保养。

6.3 乙方装修及自行安装的设施设备的管护与维修责任由乙方自行承担。

6.4 该商铺的安全防火责任由乙方负责。

第七条 装修和改建

7.1 乙方可根据实际需要对该商铺进行装潢装饰、修葺改造、及安装必要设施设备等（以下统称装修），相关费用由乙方承担。

7.2 乙方及乙方聘请之装修人员应服从物业公司管理。

7.3 乙方装修，需向甲方提交装修方案，并经甲方同意，同时取得政府有关部门许可（如有法律要求）后方可进行，费用由乙方承担。

7.4 乙方对装修方案的合法性合理性及后续任何事宜负责，并承担相应责任；甲方同意乙方装修方案，并不代表其同意对该装修方案产生的任何纠纷、损害及损失等负责或承担责任，因乙方装修产生的纠纷或责任由乙方独立承担。

7.5 乙方的装修作业不得影响该商铺整体建筑的框架结构，不得影响其安全性。否则由乙方负责赔偿所引致的一切损失，并由其承担相关的法律责任。

7.6 装修作业应尽量封闭作业，装修过程中不得产生较大的噪声、粉尘、刺激性气味，不得在该商铺外的共用部分堆放装修材料及作业产生的废弃物等。装修期间不能干扰或影响邻近物业的使用。

7.7 乙方装修、改造及设施设备的安装使用等，不得影响其他相关联物业的使用或功能，否则回复原状，并承担相应责任。

7.8 乙方装修作业需进行环保、卫生、消防等验收的，应自行负责该等工作，并取得许可或验收合格后方可投入使用。

第八条 转租、分租或出借

8.1 未经甲方书面同意，乙方不得转租、分租或出借该商铺的全部或部分。

8.2 经甲方书面同意的转租，不影响乙方履行本合同义务（包括但不限于交纳租金），乙方对转租承租人行为负责。

第九条 保险

9.1 自本合同签订之日起_______日内，乙方负责购买以该商铺为保险标的，甲方为第一受益人的财产保险，并保证保险金额不低于人民币（大写）_______元整（￥：________）。

9.2 在租赁期内，乙方可根据实际情况，自行办理对该商铺进行装修或添路的设施设备等财产的保险并承担相应保费。

9.3 保险从本合同生效日开始至本合同终止日止，在本合同有效期内，乙方不得中断保险。

第十条 牌匾标识及广告

10.1 乙方安装于该商铺外部的牌匾与标识及的尺寸与规格等需经甲方及物业管理公司同意，并按甲方及物业管理公司的要求安装至指定位路。

10.2 乙方需在指定的牌匾标识外宜安路广告牌或宣传标志的需自行与物业管理公司申请及协商。安装广告牌如需在政府管理部门报批的，所有手续及费用由乙方承担

第十一条 开业

11.1 乙方应于_____年_____月_____日前开业。每逾期一天，甲方收取（大写）_______元整（￥：________）违约金，逾期超过_____天，甲方有权单方解除合同。

第十二条 双方权利义务

12.1 甲方权利义务

12.1.1 甲方有权按本合同收取乙方的租赁租金及相关费用。

12.1.2 合同期满前___个月甲方可带其他有意承租者进入该商铺视察。

12.1.3 甲方须提供有关部门核准的水、电设施。

12.1.4 甲方保证乙方在承租期间可以正常合理使用该商铺。

12.1.5 若乙方在经营中需要甲方提供该商铺的资料和办事中需甲方支持配合的，甲方可以予以协助。

12.2 乙方权利义务

12.2.1 乙方有权按本合同约定使用该商铺，依法经营；不得在该商铺内存放危险及违禁物品或从事违法活动。

12.2.2 乙方经营应自行取得与之相适应的各种行政许可及批准（包括但不限于：营业执照、税务登记证、消防及环保合格证）。

12.2.3 乙方自行承担经营过程中产生的一切债权、债务、劳动纠纷及其他经济或法律责任。

12.2.4 因乙方使用不当或其他非甲方或第三方原因造成该商铺及其附属设施遭受损坏或造成甲方或第三方遭受其他损失的，乙方应负责赔偿，乙方必须及时予以维修，因延误维修而造成甲方或第三方遭受损失的，亦由乙方负责赔偿。

12.2.5 乙方对甲方正常的房屋安全检查和维修应给予协助，因维修原因须临时搬迁的，要与甲方配合。阻延甲方维修而使甲方或第三方遭受损失的，乙方负责赔偿。

第十三条 合同终止与续期

13.1 本合同终止日，乙方应搬离该商铺可移动的物品，装修及固定添附物（包括但不限于：铺设的管线、固定或镶嵌于墙体地面的设施物件等）归甲方所有。如乙方逾期搬离（包括因甲方行使留路权乙方无法搬离的情形），应每日按月租金_____%标准向甲方支付占用费，逾期超过_____日的，甲方有权自行处理，而不予乙方任何赔偿或补偿。

13.2 若乙方欲于合同期满后续租，应提前_____个月向甲方提出书面申请，同等条件下乙方享有优先承租权。

13.3 本合同终止，乙方应于终止日前结清租金水电费等各种费用，乙方搬离前有拖欠租金、水电费、物业管理费或有未尽其他义务的，甲方有权留路乙方于该商铺内的任何物品。

13.4 一方可以提前_____日通知另一方解除本合同，解除方按本合同违约解除本合同条款，承担提前解除合同的责任。

第十四条 违约责任

14.1 乙方逾期交纳租金、水电气等能源费用及本合同约定的其他费用，每日按逾期总额的___%，向甲方支付滞纳金，逾期超过___日甲方另可停止该商铺的水电供应和控制该商铺的物品，逾期超过___日的，甲方有权解除本合同，没收乙方租赁保证金，追收逾期租金及滞纳金（滞纳金计算至实际给付日）。

14.2 甲方违约解除本合同，或甲方违约乙方解除本合同，甲方双倍返还乙方租赁保证金，乙方的装修损失甲方按使用时间折价补偿。

14.3 乙方违约解除本合同，或乙方违约甲方解除本合同，乙方租赁保证金抵做违约金，甲方不予返还，乙方装修等无偿归甲方所有。

14.4 乙方违约，经甲方要求改正后，未能在甲方要求期限内改正的，甲方有权解除本合同，乙方按本条第 10.3 款承担违约责任

第十五条 送达

15.1 根据本合同需要发出的通知以及甲方与乙方的文件往来及与本合同有关的通知和要求等，应以书面形式进行；送达方式包括但不限于：直接送交、邮寄、传真、电子邮件、公告及登报等，简单的非重要通知可以电话方式进行。送达文件时，送达方要求受送达人签收的，受送达人应签收回执。

15.2 本合同落款处所载地址及联系方式为双方约定的送达地址及联系方式，如有变更，一方应及时通知另一方，否则视为未变更。该商铺所在地址亦为乙方接收甲方送达文件地址。

第十六条 管辖法院

16.1 本合同产生的争议由该商铺所在地的人民法院裁决。

第十七条 其他

17.1 本合同条款划分为方便书写、阅读与理解所设，并非完全独立，条款间相辅相成，作为整体予以适用与解释。

17.2 本合同一式___份，自甲乙双方签字之日生效，双方各执___份，具有同等法律效力。

第十八条 附件

18.1 本合同之附件为本合同有效组成部分，与本合同一并执行。

附件 1：甲方主体资格文件

范本内容精讲

对承租人来说，在签订商铺租赁合同前，首先需要对商铺的产权进行了解，了解该商铺的权利人是否与出租人一致。另外还要确保该房屋的类型属于商业用房性质，以及该商铺的原营业执照是否已注销或变更。若商铺产权不合规或原营业执照未注销都会影响现经营者营业执照的办理，因此要在上述事项调查清楚后再签署商铺租赁合同，在签署时需要注意以下要点。

◆ 免租装修期

在商铺租赁中，每个承租人通常都会根据商铺经营的要求对商铺进行装修，因此在商铺租赁合同中，常常会出现“免租装修期”的内容，如下所示。

第四条 租金及相关费用

4.1 甲方给予乙方_____个月的装修免租期，免租期自交付日（包括实际交付与视为交付）起算，免租装修期内乙方无需向甲方支付租金，但应交纳管理费及使用该物业而产生的水、电等费用。免租期满次日开始计付租金（下称计租日）。

装修免租期是商铺租赁合同中比较特殊的一个条款，之所以会有装修免租期，是因为商铺不同于住房，一般都要装修后才能正常使用，在装修期间，承租人是不能进行营业的。因此，为了出租人和承租人之间合作的需要，通常出租人都会同意在承租人装修期间不收取承租人租金，但装修期间产生的水、电等费用出租人一般不会承担。对于装修免租期的期限，在合同中应该进行约定，因为如果时间过长会对出租人不利，所以要在合同中约定装修免租期的起止时间。

◆ 租赁保证金

通常情况下，出租人为维护自身利益，会要求承租人缴纳一部分租赁保证金，在范本第五条内容中可以看到关于“租赁保证金”的内容。租赁保证金一般用于作为承租人应缴纳但未缴纳的相关费用或作为违反合同约定的违约金。如果承租人没有发生违约责任，租赁保证金应该退还给承租人，在范本中对此也有约定。

◆ 装修和改建条款

通过范本中第七条内容可以看出，关于装修和改建的条款内容比较多，这是因为商铺的装修对承租人来说很重要，且通常都会花费较多的资金，当事人双方为维护自身的利益会对装修条款内容进行详细的约定。对承租人来说，在合同中需要明确的是出租人是否同意承租人的装修和改建以及装修方案是否需要征得出租人同意。在范本中，我们可以看到出租人是允许承租人根据实际需要进行装修的。

另外，承租人还需要考虑因出租人违约给承租人带来的装修损失。在范本中可以看到“甲方违约解除本合同，或甲方违约乙方解除本合同，甲方双倍返还乙方租赁保证金，乙方的装修损失甲方按使用时间折价补偿”的内容。由此可见，出租人违约不仅要承担违约金，还要赔偿承租人的装修损失。

对出租人来说，需要明确的是，承租人的装修不能影响商铺整体的建筑结构，在装修期间产生的纠纷也应由承租人承担。

◆ 其他注意事项

在商铺租赁中，还需要对转租、续租和退租等可能影响租赁期限的内容进行约定，如在范本中对转租有如下所示的规定。

第八条 转租、分租或出借

8.1 未经甲方书面同意，乙方不得转租、分租或出借该商铺的全部或部分。

8.2 经甲方书面同意的转租，不影响乙方履行本合同义务（包括但不限于交纳租金），乙方对转租承租人行为负责。

第四章

与专业知识密切联系
——技术合同

4.1 一分钟读懂技术合同

■特点和原则 ■一般性条款 ■涉及专利的合同 ■价款支付方式

技术合同是指当事人就技术开发、转让、咨询或者服务订立的确立相互之间权利和义务的合同。技术合同的标的物与技术有着密切的联系，下面就来认识技术合同。

4.1.1 技术合同的特点和原则

技术合同包括多种类型，如技术开发合同、技术转让合同、技术咨询合同和技术服务合同，它具有以下特点。

◆ 技术合同的标的物

技术合同的标的物比较特殊，这是因为技术本来就是特殊的商品，技术可以是一项研究方法也可以是有效的科学理论。技术按照生产行业的不同，可以分为农业技术、工业技术和交通运输技术等。根据生产内容的不同，又可分为生物技术、电子信息技术和能源与节能技术等。

◆ 技术的价格

技术要作为商品进行交换，那么其具有的使用价值就要用一定的货币进行表现。技术的价格主要由 3 部分组成，包括技术供应方所消耗的费用，如工资、差旅费、办公费用和技术资料费等，以及技术开发成本和使用技术后所带来的利润。

从技术价格的组成部分可以看出，技术价格的形成不仅包括技术自身所消耗的劳动总量，还包括技术可能带来的经济效益或创造的价值。而技术自身所带来的预期经济效益是技术价格的主要组成部分，这使得技术所带来的经济效益预期越高，技术价格也越高。由此可见，技术价格的高低并不取决于技术自身的成本和费用，而在于技术所能产生的经济效益。

◆ 技术合同的履行

技术合同的履行不仅包含提供标的物，还会涉及与技术有关的其他权利的归属问题，如专利权、发明权等。技术合同的特点还体现在履行原则上，技术合同的履行有两大原则，包括一般原则和特殊原则。

一般原则由亲自履行原则、适当履行原则和实际履行原则组成。特殊原则由履行期限不明确的履行原则、履行地点不明确的履行原则和技术成果验收标准不明确的履行原则构成。

◆ 技术合同订立的原则

技术合同在订立过程中除要遵循自愿、公平、平等、诚实信用和遵守法律的基本原则外，还要遵循有利于科学技术的进步，加速科学技术成果的转化、应用和推广的原则，这一原则在《合同法》第三百二十三条中有明确规定。这一原则与技术合同的合同目的有关，订立技术合同的目的在于创造更大的经济效益和社会效益，因此技术合同的订立应从加速科学技术成果的转化、应用和推广的角度出发。

4.1.2 技术合同中要求哪些条款

技术合同的具体条款内容是由订立合同的当事人双方协商确定的，一般来说，技术合同中会包含的条款如表 4-1 所示。

表 4-1 技术合同的基本条款

条款名称	具体说明
项目名称	技术合同的项目名称是指技术合同标的涉及项目的名称，如太阳能光伏发电项目
标的的内容、范围和要求	不同的技术合同标的，其涉及的技术范围和技术要求都会不同，因此在技术合同中要明确技术合同标的的内容、范围和要求
履行的计划、进度、期限、地点、地域和方式	不同的技术合同有着不同的履行计划、进度、期限、地点、地域和方式的要求，其中履行地点是指合同的履行地，履行地域是指合同履行中可能涉及的区域范围，履行方式是指完成技术合同约定的项目所应采取的手段
技术情报和资料的保密	保密条款对技术合同来说是很重要的，因为技术合同所涉及的内容可能对当事人双方都具有重大的利益，一旦内容泄露可能会造成巨大的经济损失，因此在合同中有必要约定保密条款

续表

条款名称	具体说明
风险责任的承担	技术所带来的经济效益是一种对未来的预期，既有可能实现预期目标，也有可能无法实现预期目标，这就存在风险，因此要在合同中约定技术合同的风险责任由谁承担
技术成果的归属和收益的分成办法	技术合同履行中所完成的成果或收益归谁所有是技术合同中需要明确的，技术合同在履行过程中可能会创造多项技术成果，若没有对技术成果的归属和收益的分成办法进行约定，那么就容易产生技术成果归属纠纷
验收标准和方法	技术合同的履行是否符合合同的约定，需要验收后才能确定，因此要在合同中约定验收的标准和方法
价款、报酬或使用费及其支付方式	技术合同的价款、报酬或使用费包括哪些，以及如何支付价款都是合同中需要明确的内容，这关系到各自的权利和义务
违约金和损失赔偿的计算方法	违约金是指一方当事人因违反合同约定而应向另一方当事人支付的赔偿金，违约金和损失赔偿的计算方式条款能够对当事人双方起到一定的约束作用
解决争议的方法	解决争议的方法是合同中通用的条款，技术合同中的解决争议的方法条款也与其他合同中的内容类似
名词和术语的解释	在技术合同中会涉及许多专业性较强的术语，为了避免当事人双方对这些名词和术语的理解不一致，应对一些关键的名词和术语进行解释

在技术合同中除一般性条款外，当事人双方还可以就履行合同有关的其他内容进行约定，将其作为合同的组成部分。如技术背景资料、可行性论证和技术评价报告、项目任务书和计划书、技术标准、技术规范、原始设计和工艺文件，以及其他技术文档。

4.1.3 涉及专利的技术合同

在技术合同中，如果涉及专利，那么在合同中要注明发明创造的名称、专利申请人和专利权人、申请日期、申请号、专利号以及专利权的有效期限。需要注意的是，不同的专利，有效期限是不同的。根据《中华人民共和国专利法》（简称《专利法》）的规定，发明专利权的期限为二十年，实用新型专利权和外观设计专利权的期限为十年，均自申请日起计算。

因此，在技术合同中填写专利权的有效期限时，要注意该专利是否处于有效期限内。另外，有下列情形之一的，专利权在期限届满前终止。

◆ 没有按照规定缴纳年费的。

◆ 专利权人以书面声明放弃其专利权的。

专利都有专利号，专利号是授予专利时给出的编号，在由国家知识产权局颁发的专利证书上，可以看到专利号由字母 ZL+ 申请号组成。申请号是专利申请人在提出专利申请时，由国家知识产权局给予的。在订立技术合同时，可能会遇到专利权正在申请中的情形，在这种情形下，不能在合同中写上“专利号为：ZL+申请号”，因为此时该专利能否申请成功还不得而知，因此只能写明专利的申请号。

专利的申请日期也有特别规定，以国务院专利行政部门收到专利申请文件之日为申请日，如果申请文件是邮寄的，那么以寄出的邮戳日为申请日。对于部分项目，国家知识产权局不会授予专利权，具体如下所示。

科学发现

智力活动的规则和方法

疾病的诊断和治疗方法

动物和植物品种

用原子核变换方法获得的物质

平面印刷品的图案、色彩或者二者的结合作出的主要起标识作用的设计

4.1.4 技术合同的价款支付方式

技术合同中价款、报酬或使用费的支付方式是由当事人双方共同约定确立的，具体有以下几种支付方式。

◆ **一次总算、一次总付**：是指当事人双方约定将价款、报酬或使用费一次性算清，同时一方当事人向另一方当事人一次支付。

◆ **一次总算、分期支付**：是指当事人双方约定将价款、报酬或使用费在合同中一次算清，但分几次付清款项。

◆ **提成支付**：是指从技术使用所获得的收益中，按照一定的比例提取部分收入作为技术合同的价款、报酬或使用费。

◆ **提成支付附加预付入门费**：是指接受技术的一方当事人在取得技术成果

后先向另一方当事人支付部分价款、报酬或使用费（又称为入门费或初付费），其余部分按照合同约定的比例提成，并按照合同约定的时间支付。

如果双方约定按提成支付的方式支付款项，那么提成可以按照产品价格、实施专利和使用技术秘密后新增的产值、利润或产品销售额的一定比例提成，也可以按照约定的其他方式计算。提成支付的比例可以采用固定比例、逐年递增比例或逐年递减比例。

采用提成支付方式支付款项是比较复杂的，因此在合同中应约定具体的计算方法，以及约定查阅有关会计账目的办法。

在技术合同中还可能存在非技术性款项，如果价款、报酬或使用费中包含非技术性款项，那么应当分项计算。

4.2 技术合同争议处理和陷阱防范

■成果专利归属 ■风险责任 ■无效事由和后果 ■职务技术成果

技术合同在订立和履行中也比较容易发生纠纷，引起纠纷的原因既有客观原因，也有主观原因，如市场行情的变化、科学技术的发展和法制观念不强等，下面就技术合同中可能出现的部分纠纷和陷阱进行讲解。

4.2.1 技术合同中的成果专利归属谁

在技术合同中，有一个合同类型为技术开发合同，在技术开发合同中，开发成果的归属问题是容易产生纠纷的地方。而技术开发合同又分为委托开发合同和合作开发合同，下面就针对委托开发合同和合作开发合同中的开发成果的归属问题进行分别讲解。

1. 委托开发合同

针对履行委托开发合同完成的技术成果的归属问题，《合同法》有如下规定。

第三百三十九条　委托开发完成的发明创造，除当事人另有约定的以外，申请专利的权利属于研究开发人。研究开发人取得专利权的，委托人可以免费实施该专利。研究开发人转让专利申请权的，委托人享有以同等条件优先受让的权利。

由此可见，如果在委托开发合同中，当事人双方没有约定发明创造的权利归属，那么该发明创造的专利申请权将属于研究开发人；但如果研究开发人取得了专利权，委托人可以免费使用该专利；若研究开发人要转让专利申请权，那么委托人可以优先获得该专利的申请权。

2. 合作开发合同

在合作开发合同中，双方当事人都有参与到开发中，因此《合同法》对合作开发完成的发明创造有如下权属规定。

合作开发完成的发明创造，除当事人另有约定的以外，申请专利的权利属于合作开发的当事人共有；当事人一方转让其共有的专利申请权的，其他各方享有以同等条件优先受让的权利；合作开发的当事人一方声明放弃其共有的专利申请权的，可以由另一方单独申请或者由其他各方共同申请；申请人取得专利权的，放弃专利申请权的一方可以免费实施该专利；合作开发的当事人一方不同意申请专利的，另一方或者其他各方不得申请专利。

由此可见，在合作开发合同中，双方当事人可以约定合作开发完成的发明创造的权利归属，如果没有约定，那么发明创造的专利申请权归双方共同所有。

通过上述内容可以看出，合同法对于技术开发合同中涉及的成果归属问题规定得比较明确，在签订合同时，双方就要了解清楚。最好的做法是在合同中对技术成果的归属进行明确约定，以避免没有约定或者约定不明确而导致产生争议。

4.2.2　风险责任的认定和处理

前面在介绍技术合同中的一般性条款内容时，我们知道技术合同中有一条款内容为风险责任的承担条款。在实践中，风险责任问题是比较突出的合同纠纷，要解决这一纠纷首先需要对风险责任进行认定。

在技术开发过程中，可能会因为出现无法克服的技术困难而导致技术开发失败或部分失败。这种风险是由于科学知识、认识水平不足造成的，属于客观原因。对于此种客观原因造成的技术开发的失败或者部分失败，要将其认定为风险需要具备以下条件。

- 课题本身在国际和国内现有技术水平下具有足够的难度。
- 研究开发方尽了主观努力。
- 该领域专家认为研究开发失败属于合理的失败。

如果上述风险出现，会导致技术开发无法完成，给当事人造成损失。由于这种风险并不是主观原因造成的，因此风险责任认定比较困难，为了避免此种风险纠纷，当事人双方最好在合同中明确约定风险责任的承担问题，即发生此种风险时由谁承担责任。

如果在合同中对风险责任的承担没有约定或约定不明确，那么双方可以协议补充风险责任，若补充协议不能达成，那么可以根据合同的有关条款或者交易习惯来确定；若还不能确定，则风险责任由当事人合理分担。

在技术开发过程中，当事人一方若发现了可能导致研究开发失败或者部分失败的情形时，应当及时通知另一方并采取适当措施减少损失；若没有及时通知并采取适当措施，致使损失扩大的，应当就扩大的损失承担责任。当然，如果技术开发的失败是由于委托人违反约定或研究开发人违反约定造成的，那么这种失败不属于风险，此时应由委托人或研究开发人承担违约责任，具体的违约责任内容可以在合同中进行详细约定。

4.2.3 技术合同特定无效事由和后果

技术合同中也可能存在合同无效的情况，结合技术合同的特点，技术合同的无效事由有以下两种。

1. 非法垄断技术、妨碍技术进步

非法垄断是合法垄断外的具有社会危害性的垄断行为，而妨碍技术进步的技术合同违反了技术合同订立的原则，即订立技术合同，应当有利于科学技术的进步，加速科学技术成果的转化、应用和推广。根据《合同法司法解释》第十条规定：下列情形，属于《合同法》第三百二十九条所称的“非法垄断技术、妨碍技术进步”。

- ◆ 限制当事人一方在合同标的技术基础上进行新的研究开发或者限制其使用所改进的技术，或者双方交换改进技术的条件不对等，包括要求一方将其自行改进的技术无偿提供给对方、非互惠性转让给对方以及无偿独占或者共享该改进技术的知识产权。
- ◆ 限制当事人一方从其他来源获得与技术提供方类似技术或者与其竞争的技术。
- ◆ 阻碍当事人一方根据市场需求，按照合理方式充分实施合同标的技术，包括明显不合理地限制技术接受方实施合同标的技术生产产品或者提供服务的数量、品种、价格、销售渠道和出口市场。
- ◆ 要求技术接受方接受并非实施技术必不可少的附带条件，包括购买非必需的技术、原材料、产品、设备和服务以及接收非必需的人员等。
- ◆ 不合理地限制技术接受方购买原材料、零部件、产品以及设备等的渠道或者来源。
- ◆ 禁止技术接受方对合同标的技术知识产权的有效性提出异议或者对提出异议附加条件。

2. 侵害他人技术成果

侵害他人技术成果是指侵害他人的专利权、专利申请权、专利实施权、技术秘密使用权和转让权或者发明权、发现权以及其他科技成果权的行为。

无效的技术合同在订立时就不具有法律约束力，但如果技术合同只是部分内容无效，那么其余部分仍具有法律约束力。技术合同若被确定为无效，会给合同当事人造成损失，因此对合同无效负有责任的一方应该给予另一方当事人赔偿，若当事人双方都对合同的无效负有责任，则双方各自承担相应的责任。针对技术合同无效责任的认定与后果，在《合同法司法解释》中还有以下解释。

技术合同无效或者被撤销后，技术开发合同研究开发人、技术转让合同让与人、技术咨询合同和技术服务合同的受托人已经履行或者部分履行了约定的义务，并且造成合同无效或者被撤销的过错在对方的，对其已履行部分应当收取研究开发经费、技术使用费和提供咨询服务的报酬，人民法院可以认定为因对方原因导致合同无效或者被撤销给其造成损失。

技术合同无效或者被撤销后，因履行合同所完成新的技术成果或者在他人技术成果基础上完成后续改进技术成果的权利归属和利益分享，当事人不能重新协议确定的，人民法院可以判决由完成技术成果的一方享有。

根据《合同法》第三百二十九条的规定，侵害他人技术秘密的技术合同被确认无效后，除法律、行政法规另有规定的以外，善意取得该技术秘密的一方当事人可以在其取得时的范围内继续使用该技术秘密，但应当向权利人支付合理的使用费并承担保密义务。

当事人双方恶意串通或者一方知道或者应当知道另一方侵权仍与其订立或者履行合同的，属于共同侵权，人民法院应当判令侵权人承担连带赔偿责任和保密义务，因此取得技术秘密的当事人不得继续使用该技术秘密。

4.2.4 如何界定职务技术成果

在现实生活中，有部分人的职业就是从事技术开发工作，针对履行岗位职责和利用本单位的资源、条件所完成的技术成果又该如何确定其权益归属呢？要解决这一问题，首先需要区分职务技术成果和非职务技术成果。

职务技术成果是指执行法人或者其他组织的工作任务或者主要是利用法人或者其他组织的物质技术条件所完成的技术成果。根据这一含义，可以看出确定职业技术成果有两条标准。

- 执行法人或者其他组织的工作任务。
- 主要是利用法人或者其他组织的物质技术条件。

认识了职务技术成果，非职务技术成果的含义就很好理解了，是指个人在工作岗位以外，利用自己的物质技术条件而完成的技术成果。

由于职务技术成果的完成是在履行本岗位的职责和利用法人或其他组织提供的资金、设备等技术条件下完成的，因此就职务技术成果的使用权、转让权应当属于法人或其他组织，法人或其他组织可以就该项职务技术成果订立技术合同。而个人若未经法人或者其他组织同意，以生产经营为目的使用或转让职务技术成果，属于侵权行为。

职务技术成果的成功开发，离不开在该职位辛勤工作的劳动者。因此《合同法》规定：法人或者其他组织应当从使用和转让该项职务技术成果所取得的收益中提取一定比例，对完成该项职务技术成果的个人给予奖励或者报酬。法人或者其他组织订立技术合同转让职务技术成果时，职务技术成果的完成人享有以同等条件优先受让的权利。

由此可见，虽然个人无法获得职务技术成果的使用权和转让权，但可以获得该项技术成果所取得的经济收益中的一部分奖励或报酬；另外，在法人或其他组织转让技术成果时，作为技术成果的完成人还可以享有优先受让权，合同法的这一规定是对科技人员尊重的体现。

非职务技术成果的完成是个人的知识成果的结晶，因此非职务技术成果的使用权、转让权属于完成技术成果的个人，个人可以就该项非职务技术成果订立技术合同。如果法人或其他组织在未经个人许可的条件下，使用或转让属于个人的非职务技术成果，那么就属于侵犯个人合法权益的行为。另外，完成技术成果的个人具有在相关技术成果文件上写明自己是技术成果完成者的权利和取得荣誉证书、奖励的权利，该权利是指技术成果的人身权。

知识补充　完成技术成果的个人

完成技术成果的个人并不是指某一个人，而是指对技术成果单独作出或者共同作出创造性贡献的人，包括提供设备、资金和试验条件的人员，进行组织管理的人员，以及协助绘制图纸、整理资料和翻译文献等辅助服务的人员。

4.3 技术合同范本详讲

■技术开发合同 ■技术转让合同 ■技术咨询合同 ■技术服务合同

前面我们已经知道了技术合同总体分为技术开发合同、技术转让合同、技术咨询合同和技术服务合同，下面我们就分别针对这4种技术合同进行范本的讲解，看看这4种技术合同的要点。

4.3.1 技术开发合同

技术开发合同是指当事人之间就新技术、新产品、新工艺或者新材料及其系统的研究开发所订立的合同。新技术、新产品、新工艺或者新材料主要是指当事人在订立技术合同时尚未掌握的产品、工艺、材料及其系统等技术方案。在签订技术开发合同时，当事人应采用书面形式订立，这是因为技术开发合同涉及的内容较多，如技术成果归属、技术开发的各种费用以及技术开发的验收等。

技术合同可分为委托开发合同和合作开发合同，委托开发合同是指当事人一方委托另一方进行研究开发所订立的合同，合作开发合同是指当事人各方就共同进行研究开发所订立的合同。在委托开发合同中，委托人不得非法干涉研究开发人的工作，其技术的开发由研究开发人独立完成。在合作开发合同中，一方当事人会提供资金、设备等物质条件以及其他辅助事项，而另一方当事人则负责研究开发工作。

范本内容展示

资源下载 \Chapter04\ 委托技术开发合同 .doc

委托技术开发合同

委托方（甲方）：______

住所地：______

法定代表人：______

项目联系人：______

联系方式：______

通讯地址：______

电话：______

传真：______

受托方（乙方）：______

住所地：______

法定代表人：______

项目联系人：______

联系方式：______

通讯地址：______

电话：______

传真：______

本合同甲方委托乙方研究开发______项目，并支付研究开发经费和报酬，乙方接受委托并进行此项研究开发工作。双方经过平等协商，在真实、充分地表达各自意愿的基础上，根据《中华人民共和国合同法》的规定，达成如下协议，并由双方共同恪守。

第一条　本合同研究开发项目的要求如下：

1. 技术目标：______。

2. 技术内容：______（可提供附表和双方确定的实际需要文档）。

第二条　乙方应在本合同生效后______日内向甲方提交研究开发计划。研究开发计划应包括以下主要内容：

1. 功能说明______。

2. 实施计划______。

3. 使用说明______。

4. 调试安装______。

第三条　乙方应按下列进度完成研究开发工作：

1. 软件制作周期为______个工作日（以预付款支付日起，如因甲方页面确定时间延误周期自动延续）。

2. 乙方在______日内完成页面设计制作。

3. 经甲方页面确认后______日内完成页面合成、程序开发、功能调试并交付甲方使用。

第四条　甲方应向乙方提供的技术资料及协作事项如下：

1. 技术资料清单：______。

2. 提供时间和方式：______。

3. 其他协作事项：______。

本合同履行完毕后，上述技术资料按以下方式处理：______。

第五条　甲方应按以下方式支付研究开发经费和报酬：

1. 研究开发经费和报酬总额为______。

2. 研究开发经费由甲方______（一次、分期或提成）支付乙方。具体支付方式和时间如下：

合同签订______日内甲方预付____%（______）元，______制作完毕交付甲方运行使用，甲方支付______开发建设费用______%（______）元。

乙方开户银行名称、地址和账号为：

开户银行：______

地址：______

账号：______

第六条　本合同的研究开发经费由乙方以转账的方式使用。本合同的研究开发经费包含______。

本合同的变更必须由双方协商一致，并以书面形式确定。但有下列情形之一的，一方可以向另一方提出变更合同权利与义务的请求，另一方应当在_____日内予以答复；逾期未予答复的，视为同意。

1. ____。
2. ____。
3. ____。
4. ____。

第七条　未经甲方同意，乙方不得将本合同项目部分或全部研究开发工作转让第三人承担。但有下列情况之一的，乙方可以不经甲方同意，将本合同项目部分或全部研究开发工作转让第三人承担：

1. ____。
2. ____。
3. ____。
4. ____。

第八条　在本合同履行中，因出现在现有技术水平和条件下难以克服的技术困难，导致研究开发失败或部分失败，并造成一方或双方损失的，双方按如下约定承担风险损失：

1. ____。
2. ____。
3. ____。
4. ____。

第九条　在本合同履行中，因作为研究开发标的的技术已经由他人公开（包括以专利权方式公开），一方应在_____日内通知另一方解除合同。逾期未通知并致使另一方产生损失的，另一方有权要求予以赔偿。

第十条　双方确定因履行本合同应遵守的保密义务如下：

甲方：

1. 保密内容（包括技术信息和经营信息）：____。
2. 涉密人员范围：____。
3. 保密期限：____。
4. 泄密责任：____。

乙方：

1. 保密内容（包括技术信息和经营信息）____。
2. 涉密人员范围：____。
3. 保密期限：____。
4. 泄密责任：____。

第十一条　双方确定，按以下标准及方法对乙方完成的研究开发成果进行验收____。

第十二条　双方确定，因履行本合同所产生的研究开发成果及其相关知识产权权利归属，按下列第_____种方式处理：

1. _________（甲、乙、双）方享有申请专利的权利。

专利权取得后的使用和有关利益分配方式如下：____。

2. 按技术秘密方式处理。有关使用和转让的权利归属及由此产生的利益按以下约定处理：

（1）技术秘密的使用权：____________________。

（2）技术秘密的转让权：____________________。

双方对本合同有关的知识产权权利归属特别约定如下：____。

第十三条　乙方不得在向甲方交付研究开发成果之前，自行将研究开发成果转让给第三人。

第十四条　乙方完成本合同项目的研究开发人员享有在有关技术成果文件上写明技术成果完成者的权利和取得有关荣誉证书、奖励的权利。

第十五条　乙方利用研究开发经费所购置与研究开发工作有关的设备、器材、资料等财产，归______（甲、乙、双）方所有。

第十六条　双方确定，乙方应在向甲方交付研究开发成果后，根据甲方的请求，为甲方指定的人员提供技术指导和培训，或提供与使用该研究开发成果相关的技术服务。

1. 技术服务和指导内容：____。
2. 地点和方式：____。
3. 费用及支付方式：____。

第十七条　双方确定：任何一方违反本合同约定，造成研究开发工作停滞、延误或失败的，按以下约定承担违约责任：

1. _____方违反本合同第_____条约定，应当________________________（支付违约金或损失赔偿额的计算方法）。
2. _____方违反本合同第_____条约定，应当________________________（支付违约金或损失赔偿额的计算方法）。
3. _____方违反本合同第_____条约定，应当________________________（支付违约金或损失赔偿额的计算方法）。
4. _____方违反本合同第_____条约定，应当________________________（支付违约金或损失赔偿额的计算方法）。
5. _____方违反本合同第_____条约定，应当________________________（支付违约金或损失赔偿额的计算方法）。

第十八条　双方确定，在本合同有效期内，甲方指定____________为甲方项目联系人，乙方指定__________为乙方项目联系人。项目联系人承担以下责任：

1. 负责项目研发双方的沟通协调与配合工作。
2. 负责评审项目研发阶段成果，追踪项目研发进程。
3. 负责后续技术服务与指导以及经营活动的沟通联系。

一方变更项目联系人的，应当及时以书面形式通知另一方。未及时通知并影响本合同履行或造成损失的，应承担相应的责任。

第十九条　双方确定，出现下列情形，致使本合同的履行成为不必要或不可能的，一方可以通知另一方解除本合同：

1. 因发生不可抗力或技术风险。
2. 因一方未按约定履行合同义务支付款项的。
3. 因一方未按期完成合同约定的项目开发任务。

第二十条　双方因履行本合同而发生的争议，应协商、调解解决。协商、调解不成的，确定按以下第_____种方式处理：

1. 提交______________仲裁委员会仲裁。
2. 依法向人民法院起诉。

第二十一条　双方约定本合同其他相关事项为：____________________（见附表和双方确定的实际需要文档）。

第二十二条　本合同一式_____份，双方各执_____份，具有同等法律效力。

第二十三条　本合同经双方签字盖章后生效。

甲方：（盖章）______________

法定代表人/委托代理人（签名）______________

_________年________月________日

乙方：（盖章）______________

法定代表人/委托代理人（签名）______________

_________年________月________日

附表（略）

范本内容精讲

前面我们已经知道了技术开发合同包括委托开发合同和合作开发合同，这里提供的范本是委托技术开发合同。在委托技术开发合同中，当事人包括委托人和受托人，双方具有不同的义务，在合同中要进行明确说明，下面就来看看委托人和受托人的不同义务。

1. 委托人的义务

在范本第四条和第五条中，我们可以看到“甲方应向乙方提供的技术资料及协作事项”以及“甲方应按以下方式支付研究开发经费和报酬”的内容，具体如下所示。

第四条　甲方应向乙方提供的技术资料及协作事项如下：

1. 技术资料清单：________________。

2. 提供时间和方式：________________。

3. 其他协作事项：________________。

本合同履行完毕后，上述技术资料按以下方式处理：________________。

第五条　甲方应按以下方式支付研究开发经费和报酬：

1. 研究开发经费和报酬总额为________________。

2. 研究开发经费由甲方________（一次、分期或提成）支付乙方。具体支付方式和时间如下：

合同签订____日内甲方预付____%（____）元，________制作完毕交付甲方运行使用，甲方支付____开发建设费用____%（____）元。

乙方开户银行名称、地址和账号为：

上述条款内容实际上是对委托人合同义务的说明，由此可见，委托人的合同义务有以下两点。

- 按照合同约定，提供技术资料、原始数据，完成协作事项。
- 按照合同的约定，支付研究开发经费和报酬。

受托人在接受委托人委托的技术开发工作时，需要委托人提供必要的资料和数据，才能使技术开发工作得以进行，因此委托人有提供技术资料、原始数据并提供技术开发协作的义务。这里需要注意的是，委托人提供的资料、协作等，都只是辅助性的事项，委托人不能因为自身提供了必要的辅助支持，就将委托开发合同变为合作开发合同。

支付研究开发经费和报酬是委托人的另一项义务，对于开发的支付方式，当事人双方可以通过协商进行确定，可以在技术开发工作开始前支付，也可以按照进度分期支付。范本中的支付方式为技术开发前预付一部分报酬，完成后支付剩余费用。

除上述两项义务外，委托人还要按期接受研究开发成果，在本范本中没有对委托人的该项义务进行说明。在实际订立合同时，当事人可以在合同中加上“按期接受研究开发成果”条款，内容上主要约定委托人接受研究开发成果的方式、时间或期限等。

2. 受托人的义务

受托人也是研究开发人，关于受托人的义务，在范本第二条和第三条中可以看到相关说明，具体内容如下所示。

第二条　乙方应在本合同生效后______日内向甲方提交研究开发计划。研究开发计划应包括以下主要内容：

1. 功能说明______________________________。
2. 实施计划______________________________。
3. 使用说明______________________________。
4. 调试安装______________________________。

第三条　乙方应按下列进度完成研究开发工作：

1. 软件制作周期为______个工作日（以预付款支付日起，如因甲方页面确定时间延误周期自动延续）。
2. 乙方在______日内完成页面设计制作。
3. 经甲方页面确认后______日内完成页面合成、程序开发、功能调试并交付甲方使用。

通过对以上内容的阅读，我们可以总结出，受托人主要负有两点义务，具体内容如下所示。

- 制订和实施研究开发计划。
- 按期完成研究开发工作，交付研究开发成果。

为了使研究开发的结果符合受托人的要求，且开发工作能够有序地进行，在合同中要求受托人对开发工作作出合理的计划安排是很有必要的。按期完成开发工作并交付是受托人最主要的义务，委托人提供交付结果的方式可以有多种，在条款内容中，当事人应根据技术开发项目的具体情况来确定，常见的交付方式有以下几种。

- 产品设计、工艺规程和材料配方以及其他图纸、论文、报告等技术文件。
- 样品、样机。
- 磁带、磁盘和计算机软件。
- 动物或者植物的新品种、微生物菌种。
- 成套技术设备。

在受托人完成研究开发工作的过程中，会使用委托人支付的研究开发经费。合理使用研究开发经费也是受托人的义务，受托人应确保开发经费能够专款专用，不得挪为他用。对委托人来说，为避免受托人将研究开发经费用作其他用途，可以在合同中约定研究开发经费使用、检查等有关事项。

另外，在交付研究开发成果后，对于有技术要求的开发成果，委托人在不清楚使用方法时，也可能并不能掌握其使用技术。因此受托人有义务在按期完成研究开发工作，交付研究开发成果后，提供有关的技术资料和必要的技术指导，帮助委托人掌握研究开发成果，该义务在范本第十六条中有所体现。

在范本第十七条中，主要是对合同违约责任的说明，但该范本对于违约责任的具体条款内容并未详细说明。在委托技术开发合同中，委托人主要的违约责任有如下所示的几种。

- 委托人违约迟延支付研究开发经费。
- 委托人提供的技术资料、原始数据或协作事项存在重大缺陷或拒不提供这些材料和协作事项。
- 委托人逾期不接受技术开发的成果。

对受托人来说，其违约责任有如下所示的几种。

- 未按技术开发计划和进度实施开发计划。
- 将开发经费挪为他用。

针对双方各自的违约责任，在合同中可以分别对其承担的违约责任进行约定，比如委托人承担的违约责任可以是补交开发经费、受托人有权解除合同以及支付违约金等，而受托人承担的违约责任可以是返还开发经费、支付违约金或赔偿损失等。

4.3.2 技术转让合同

技术转让合同是指当事人之间转让技术的合同，技术转让合同包括专利权转让、专利申请权转让、技术秘密转让和专利实施许可合同，下面我们以专利实施许可合同为例，来看看技术转让合同的内容。

范本内容展示

资源下载 \Chapter04\ 专利实施许可合同 .doc

专利实施许可合同

项目名称：________________

受让方（甲方）：________________

住所地：________________

法定代表人：________________

项目联系人：________________

通讯地址：________________

电话：________ 传真：________

电子邮箱：________________

让与方（乙方）：________________

住所地：________________

法定代表人：________________

项目联系人：________________

通讯地址：________________

电话：________ 传真：________

电子邮箱：________________

本合同乙方以________（独占、排他、普通）方式________许可甲方实施其所拥有的________专利权，甲方受让该项专利的实施许可并支付相应的实施许可使用费。双方经过平等协商，在真实、充分地表达各自意愿的基础上，根据《中华人民共和国合同法》的规定，达成如下协议，并由双方共同恪守。

第一条 本合同许可实施的专利权：

1. 为________（发明、实用新型、外观设计等）专利。

2. 发明人/设计人：________________。

3. 专利权人为：________________。

4. 专利授权日：________________。

5. 专利号：________________。

6. 专利有效期限：________________。

7. 专利年费已交至________________。

第二条 乙方在本合同生效前实施或许可本项专利的基本状况如下：

1. 乙方实施本项专利权的状况（时间、地点、方式和规模）：________________________________。

2. 乙方许可他人使用本项专利权的状况（时间、地点、方式和规模）：________________________________。

第三条 乙方许可甲方以如下范围、方式和期限实施本项专利：

1. 实施方式：________________________________。

2. 实施范围：________________________________。

3. 实施期限：________________。

第四条 为保证甲方有效实施本项专利，乙方应向甲方提交以下技术资料：

1. ________________。

2. ________________。

3. ________________。

4. ________________。

第五条 乙方提交技术资料的时间、地点、方式如下

1. 提交时间：________________。

2. 提交地点：________________。

3. 提交方式：________________。

第六条 为保证甲方有效实施本项专利，乙方向甲方转让与实施本项专利有关的技术秘密：

1. 技术秘密的内容：________________________________。

2. 技术秘密的实施要求：________________________________。

3. 技术秘密的保密范围和期限：________________________________。

第七条 为保证甲方有效实施本项专利，乙方向甲方提供以下技术服务和技术指导：

1. 技术服务和技术指导的内容：________________________________。

2. 技术服务和技术指导的方式：________________________________。

第八条 双方确定，乙方许可甲方实施本项专利及转让技术秘密、提供技术服务和技术指导，按以下标准和方式验收：

1. ________________。

2. ________________。

3. ________________。

第九条 甲方向乙方支付实施该项专利权使用费及支付方式为：

1. 许可实施使用费总额为：________________。

其中：技术秘密的使用费为：________________。

技术服务和指导费为：________________。

2. 许可实施使用费由甲方________（一次、分期或提成）支付乙方。具体支付方式和时间如下：

（1）________________。

（2）________________。

（3）________________。

乙方开户银行名称、地址和账号为：

开户银行：________________。

地址：________________。

账号：________________。

3. 双方确定，甲方以实施专利技术所产生的利益提成支付乙方许可使用费的，乙方有权以________________方式查阅甲方有关的会计帐目。

第十条 乙方应当保证其专利权实施许可不侵犯任何第三人的合法权益，如发生第三人指控甲方侵犯专利权的，乙方应当________________________________。

第十一条 乙方应当在本合同有效期内维持本项专利权的有效性。如由于乙方过错致使本项专利权终止的，乙方应当按本合同第十六条的约定，支付甲方违约金或赔偿损失。

本项专利权被国家专利行政主管机关宣布无效的，乙方应当赔偿甲方损失，但甲方已给付乙方的使用费，不再返还。

第十二条 甲方应当在本合同生效后________日内开始实施本项专利；逾期未实施的，应当及时通知乙方并予以正当解释，征得乙方认可。甲方逾期________日未实施本项专利且未予解释，影响乙方技术转让提成收益的，乙方有权要求甲方支付违约金或赔偿损失。

第十三条 双方确定，在本合同履行中，任何一方不得以下列方式限制另一方的技术竞争和技术发展：

1. ________________。

2. ________________。

3. ________________。

第十四条 双方确定：

1. 甲方有权利用乙方许可实施的专利技术和技术秘密进行后续改进。由此产生的具有实质性或创造性技术进步特征的新的技术成果，归____（甲方、双方）方所有。具体相关利益的分配办法如下：________________________________。

2. 乙方有权在许可甲方实施该项专利权后，对该项专利权涉及的发明创造及技术秘密进行后续改进。由此产生的具有实质性或创造性技术进步特征的新的技术成果，归______（乙、双）方所有。具体相关利益的分配办法如下：________________________________。

第十五条 本合同的变更必须由双方协商一致，并以书面形式确定。但有下列情形之一的，一方可以向另一方提出变更合同权利与义务的请求，另一方应

当在______日内予以答复；逾期未予答复的，视为同意：

1. ______________________________________。

2. ______________________________________。

3. ______________________________________。

4. ______________________________________。

第十六条 双方确定，按以下约定承担各自的违约责任：

1. ______方违反本合同第____条约定，应当____（支付违约金或损失赔偿额的计算方法）。

2. ______方违反本合同第____条约定，应当____（支付违约金或损失赔偿额的计算方法）。

3. ______方违反本合同第____条约定，应当____（支付违约金或损失赔偿额的计算方法）。

第十七条 双方确定，在本合同有效期内，甲方指定__________为甲方项目联系人，乙方指定__________为乙方项目联系人。项目联系人承担以下责任：

1. ______________________________________。

2. ______________________________________。

3. ______________________________________。

一方变更项目联系人的，应当及时以书面形式通知另一方。未及时通知并影响本合同履行或造成损失的，应承担相应的责任。

第十八条 双方确定，出现下列情形，致使本合同的履行成为不必要或不可能，可以解除本合同：

1. 发生不可抗力。

2. ______________________________________。

3. ______________________________________。

第十九条 双方因履行本合同而发生的争议，应协商、调解解决。协商、调解不成的，确定按以下第____种方式处理：

1. 提交______________仲裁委员会仲裁。

2. 依法向人民法院起诉。

第二十条 双方确定，本合同及相关附件中所涉及的有关名词和技术术语，其定义和解释如下：

1. ______________________________________。

2. ______________________________________。

3. ______________________________________。

第二十一条 与履行本合同有关的下列技术文件，经双方以__________方式确认后，为本合同的组成部分：

1. 技术背景资料：______________________________。

2. 可行性论证报告：____________________________。

3. 技术评价报告：______________________________。

4. 技术标准和规范：____________________________。

5. 原始设计和工艺文件：________________________。

6. 其他：______________________________________。

第二十二条 双方约定本合同其他相关事项为：____。

第二十三条 本合同一式______份，具有同等法律效力。

第二十四条 本合同经双方签字盖章后生效。

甲方：__________________________（盖章）

法定代表人/委托代理人：________________（签名）

_____年_____月_____日

乙方：__________________________（盖章）

法定代表人/委托代理人：________________（签名）

_____年_____月_____日

范本内容精讲

专利实施许可合同是指专利权人或者其授权的人作为让与人，许可受让人在约定的范围内实施专利，受让人支付约定使用费所订立的合同。在专利实施许可合同中，合同的标的物是专利的使用权，合同的当事人是受让方（受让人）和让与方（让与人），在范本中可以看到如下所示的内容。

> 本合同乙方以__________（独占、排他、普通）方式__________________许可甲方实施其所拥有的____________________专利权，甲方受让该项专利的实施许可并支付相应的实施许可使用费。双方经过平等协商，在真实、充分地表达各自意愿的基础上，根据《中华人民共和国合同法》的规定，达成如下协议，并由双方共同恪守。

从以上内容中可以看到合同要求填写独占、排他或普通方式许可甲方实施××专利权，其中独占、排他和普通是专利实施许可的类型，其含义如下所示。

- **独占许可：**是指专利的权利人与被许可人约定，在一定范围和期限内只允许被许可人实施该专利，而其他人，包括专利的权利人，都不能实施该专利。

◆ **排他许可**：是指专利权利人与被许可人约定，在一定范围内和期限内，只有权利人和被许可人可以实施该专利，其他人不能实施。

◆ **普通许可**：又被称为一般许可和非独占许可，是指除权利人和被许可人外，还允许第三人实施该专利。

除上述 3 种实施许可类型外，专利实施许可类型还包括分许可和交叉许可，分许可是指权利人和被许可人都可以实施该专利，同时双方都有权允许第三人实施该专利。交叉许可又被称为相互实施许可，是指两个权利人互相许可对方实施该专利，在这种情形下存在两个专利。

在范本的第一条中，对许可实施的专利进行了说明，内容包括专利名称、发明人和专利授权号等。在填写该条款内容时要确保内容准确无误，并且要保证提供该专利使用权的权利人是合法的拥有人，否则无法实现合同目的。

在专利实施许可合同中，让与方不仅要许可受让方实施专利，同时还应交付实施专利有关的技术资料，提供必要的技术指导。因此要在范本第四条和第五条中具体约定技术资料的内容，提交技术资料的时间、地点和方式，以及技术服务和技术指导的内容、方式等。

在订立专利实施许可合同后，需要当事人注意，在专利实施许可合同生效之日起 3 个月内，要在国家知识产权局办理备案手续。我国单位或者个人办理备案相关手续的，可以委托依法设立的专利代理机构办理，申请专利实施许可合同备案时需要提交下列文件。

◆ 许可人或者其委托的专利代理机构签字或者盖章的专利实施许可合同备案申请表。

◆ 专利实施许可合同。

◆ 双方当事人的身份证明。

◆ 委托专利代理机构的，注明委托权限的委托书。

◆ 其他需要提供的材料。

除身份证明外，当事人提交的其他各种文件应当使用中文。身份证明是外文的，当事人应当附送中文译文；未附送的视为未提交。另外，当事人可以通过邮寄、直接送交或者国家知识产权局规定的其他方式办理专利实施许可合同备案相关手续。

知识补充 **其他类型技术转让合同的含义**

专利权转让合同是指专利权人作为让与人将其发明创造专利的所有权或持有权转让给受让人，受让人支付约定价款所订立的合同；专利申请权转让合同是指专利发明人或设计人作为让与人将其发明创造的专利技术的申请权移交给受让人，受让人支付约定价款所订立的合同；技术秘密转让合同是指让与人将其拥有的技术秘密成果的使用权、转让权提供给受让人，受让人支付约定使用费所订立的合同。

4.3.3 技术咨询合同

技术咨询合同包括的类型也比较丰富，有特定技术项目提供可行性论证、技术预测、专题技术调查和分析评价报告等合同，下面我们就来看看技术咨询合同的范本内容。

范本内容展示

资源下载 \Chapter04\ 技术咨询合同 .doc

技术咨询合同

委托方（甲方）：________________

住所地：________________

法定代表人：________________

项目联系人：________________

通讯地址：________________

电话：__________ 传真：__________

电子信箱：________________

受托方（乙方）：________________

住所地：________________

法定代表人：________________

项目联系人：________________

通讯地址：________________

电话：__________ 传真：__________

电子信箱：________________

本合同甲方委托乙方就________________项目进行技术咨询，并支付咨询报酬。双方经过平等协商，在真实、充分地表达各自意愿的基础上，根据《中华人民共和国合同法》的规定，达成如下协议，并由双方共同恪守。

第一条：乙方进行技术咨询的内容、要求和方式：

1．咨询内容：________________________________。

2．咨询要求：________________________________。

3．咨询方式：________________________________。

第二条：乙方应当按照下列进度要求进行本合同项目的技术咨询工作：________________________________。

第三条：为保证乙方有效进行技术咨询工作，甲方应当向乙方提供下列协作事项：

1．提供技术资料：

（1）________________。

（2）________________。

（3）________________。

（4）________________。

2．提供工作条件：

（1）________________。

（2）________________。

（3）________________。

（4）________________。

3．其他：________________________________。

甲方提供上述协作事项的时间及方式：____________________

____。

第四条：甲方向乙方支付技术咨询报酬及支付方式为：

1．技术咨询报酬总额为：____________________________。

2．技术咨询报酬由甲方__________（一次或分期）支付乙方。

具体支付方式和时间如下：

（1）____。

（2）____。

（3）____。

乙方开户银行名称、地址和账号为：

开户银行：______________________________________

地址：____

账号：____

第五条：双方确定因履行本合同应遵守的保密义务如下：

甲方：

1.保密内容（包括技术信息和经营信息）：__________________

____

____。

2．涉密人员范围：______________________________________

____。

3．保密期限：____

____。

4．泄密责任：____

____。

乙方：

1.保密内容（包括技术信息和经营信息）：__________________

____

____。

2．涉密人员范围：______________________________________

____。

3．保密期限：____

____。

4．泄密责任：____

____。

第六条：本合同的变更必须由双方协商一致，并以书面形式确定。但有下列情形之一的，一方可以向另一方提出变更合同权利与义务的请求，另一方应当在________日内予以答复；逾期未予答复的，视为同意：

1．____。

2．____。

3．____。

4．____。

第七条：双方确定，按以下标准和方式对乙方提交的技术咨询工作成果进行验收：

1.乙方提交技术咨询工作成果的形式：____________________

____

____。

2．技术咨询工作成果的验收标准：________________________

____。

3．技术咨询工作成果的验收方法：________________________

____。

4．验收的时间和地点：__________________________________

____。

第八条：双方确定，按以下约定承担各自的违约责任：

1．______方违反本合同第______条约定，应当______________

____________________（支付违约金或损失赔偿额的计算方法）。

2．______方违反本合同第______条约定，应当______________

____________________（支付违约金或损失赔偿额的计算方法）。

3．______方违反本合同第______条约定，应当______________

____________________（支付违约金或损失赔偿额的计算方法）。

4．______方违反本合同第______条约定，应当______________

____________________（支付违约金或损失赔偿额的计算方法）。

第九条：双方确定，甲方按照乙方符合本合同约定标准和方式完成的技术咨询工作成果做出决策并予以实施所造成的损失，按以下第________种方式处理：

1．乙方不承担责任。

2．乙方承担部分责任。具体承担方式为____________________

____。

3．乙方承担全部责任。

第十条：双方确定：

1．在本合同有效期内，甲方利用乙方提交的技术咨询工作成果所完成的新的技术成果，归________（甲、双）方所有。

2．在本合同有效期内，乙方利用甲方提供的技术资料和工作条件所完成的新的技术成果，归________（乙、双）方所有。

第十一条：双方确定，在本合同有效期内，甲方指定__________为甲方项目联系人，乙方指定__________为乙方项目联系人。项目联系人承担以下责任：

1．____。

2．____。

3．____。

一方变更项目联系人的，应当及时以书面形式通知另一方。未及时通知并影响本合同履行或造成损失的，应承担相应的责任。

第十二条：双方确定，出现下列情形，致使本合同的履行成为不必要或不可能的，可以解除本合同：

1．发生不可抗力。

2．____。

3．____。

第十三条：双方因履行本合同而发生的争议，应协商、调解解决。

范本内容精讲

技术咨询合同是指科技人员作为受托方运用自己的科学技术知识和技术手段，对委托人提出的特定技术项目进行可行性论证、技术预测、专题技术调查以及分析评价等活动，委托人支付咨询费的合同。

在上述技术咨询合同范本中，只展示了合同的部分内容，通过这部分内容可以看出技术咨询合同应包括的主要条款内容。

◆ 项目名称

在合同中应约定技术委托的项目名称，即合同标的，在填写项目名称时，应填写项目的全称。

◆ 咨询内容、要求和方式

对技术咨询的内容、要求和方式进行明确约定，即对可行性论证、技术预测、专题技术调查和分析评价等活动的要求。

◆ 对委托方的要求

为保证技术咨询工作能够有效开展，委托方应提供技术咨询所需的有关技术资料、数据、工作条件和协作，在合同中对该委托人的义务应明确约定。另外，还可以约定委托人应根据受托人的要求及时补充其他需要的有关资料和数据。

◆ 委托方的义务

受托方提供的技术咨询并不是免费的，因此委托方应支付相应的报酬给受托方，在合同中对报酬费用和支付方式要明确约定。支付方式不能含糊不清，主要有 3 种支付方式，分为一次总付、分期支付和其他方式。

◆ 保密义务

保密是委托方和受托方双方共同的义务，受托方根据委托方的要求，对委托方提供的技术资料、数据等进行保密，而委托方也要应受托方的要求，对受托方提供的技术资料和数据进行保密。保密条款要明确约定双方各自的保密要求、保密期限等。如果合同中没有约定保密内容，那么委托方可以引用、发表和向第三人提供受托方的技术资料和数据。

◆ 咨询工作的验收

受托方按照要求的期限和方式完成咨询工作后，委托方应接受受托方的工作成果。咨询工作的验收标准和方式是技术咨询合同中比较重要的条款，验收的方式应科学、公正。

◆ 违约责任

对委托方来说，违约责任有未按期支付报酬、提供的数据或资料有严重缺陷、逾期不提供或者不补充有关技术资料和工作条件以及不接受或者逾期不接受工作成果。对受托方来说，违约责任有迟延提交咨询报告和意见、提供的咨询报告和意见不符合咨询要求、不提交咨询报告和意见以及受托人在接到委托人提交的技术资料和数据后，不进行调查论证。

除上述条款内容外，在范本第十条中还可以看到技术咨询成果归属问题的内容。在技术咨询进行的过程中，委托人可能利用受托人提供的咨询报告，开发出新的技术成果，而受托人也可能在履行技术咨询合同过程中产生新的技术成果。对于所产生的技术成果属于谁的问题，双方可以进行约定，以确定技术成果的归属人。

在未约定的情况下，一般处理原则是谁完成谁拥有，即受托人利用委托人提供的技术资料、数据和工作条件完成的新的技术成果，属于受托人。委托人利用受托人提供的咨询报告或意见完成新的技术成果，属于委托人，这一点在技术服务合同中同样适用。

4.3.4 技术服务合同

技术服务合同是指当事人一方以技术知识为另一方解决特定技术问题所订立的合同，需要注意的是，技术服务合同不包括建设工程合同和承揽合同。

技术服务合同中的特定技术问题是指需要运用科学技术知识解决专业技术工作中有关改进产品结构、改良工艺流程、提高产品质量、降低产品成本、节约资源能耗、保护资源环境、实现安全操作以及提高经济效益和社会效益等问题。

范本内容展示

◎资源下载 \Chapter04\ 技术服务合同 .doc

技术服务合同

委托方（甲方）：______

住所地：______

法定代表人：______

项目联系人：______

通讯地址：______

电话：______ 传真：______

电子信箱：______

受托方（乙方）：______

住所地：______

法定代表人：______

项目联系人：______

通讯地址：______

电话：______ 传真：______

电子信箱：______

本合同甲方委托乙方就______项目进行______的专项技术服务，并支付相应的技术服务报酬。双方经过平等协商，在真实、充分地表达各自意愿的基础上，根据《中华人民共和国合同法》的规定，达成如下协议，并由双方共同恪守。

第一条 甲方委托乙方进行技术服务的内容如下：

1．技术服务的目标：______。

2．技术服务的内容：______。

3．技术服务的方式：______。

第二条 乙方应按下列要求完成技术服务工作：

1．技术服务地点：______；

2．技术服务期限：______；

3．技术服务进度：______；

4．技术服务质量要求：______；

5．技术服务质量期限要求：______。

第三条 为保证乙方有效进行技术服务工作，甲方应当向乙方提供下列工作条件和协作事项：

1．提供技术资料：

（1）______；

（2）______；

（3）______；

（4）______。

2．提供工作条件：

（1）______；

（2）______；

（3）______；

（4）______。

3．其他：______。

4．甲方提供上述工作条件和协作事项的时间及方式______。

第四条 甲方向乙方支付技术服务报酬及支付方式为：

1．技术服务费总额为：______；

2．技术服务费由甲方______（一次或分期）支付乙方。

具体支付方式和时间如下：

（1）______；

（2）______；

（3）______。

乙方开户银行名称、地址和账号为：

开户银行：______

地址：______

账号：______

第五条 双方确定因履行本合同应遵守的保密义务如下：

甲方：

1.保密内容（包括技术信息和经营信息）：______。

2．涉密人员范围：______。

3．保密期限：______。

4．泄密责任：______。

乙方：

1.保密内容（包括技术信息和经营信息）：______。

2．涉密人员范围：______。

3．保密期限：______。

4．泄密责任：______。

第六条 本合同的变更必须由双方协商一致，并以书面形式确定。

但有下列情形之一的，一方可以向另一方提出变更合同权利与义务的请求，另一方应当在______日内予以答复；逾期未予答复的，视为同意：

1．______；

2．______；

3

第七条 双方确定以下列标准和方式对乙方的技术服务工作成果进行验收：

1. 乙方完成技术服务工作的形式：________________________________。

2. 技术服务工作成果的验收标准：________________________________。

3. 技术服务工作成果的验收方法：________________________________。

4. 验收的时间和地点：________________________________。

第八条 双方确定：

1. 在本合同有效期内，甲方利用乙方提交的技术服务工作成果所完成的新的技术成果，归________（甲、双）方所有。

2. 在本合同有效期内，乙方利用甲方提供的技术资料和工作条件所完成的新的技术成果，归________（乙、双）方所有。

第九条 双方确定，按以下约定承担各自的违约责任：

1. ______方违反本合同第____条约定，应当________________________________（支付违约金或损失赔偿额的计算方法）。

2. ______方违反本合同第____条约定，应当________________________________（支付违约金或损失赔偿额的计算方法）。

3. ______方违反本合同第____条约定，应当________________________________（支付违约金或损失赔偿额的计算方法）。

4. ______方违反本合同第____条约定，应当________________________________（支付违约金或损失赔偿额的计算方法）。

第十条 双方确定，在本合同有效期内，甲方指定______________为甲方项目联系人，乙方指定__________________为乙方项目联系人。项目联系人承担以下责任：

1. ________________________________；
2. ________________________________；
3. ________________________________。

一方变更项目联系人的，应当及时以书面形式通知另一方。未及时通知并影响本合同履行或造成损失的，应承担相应的责任。

第十一条 双方确定，出现下列情形，致使本合同的履行成为不必要或不可能的，可以解除本合同：

1. 发生不可抗力；
2. ________________________________；
3. ________________________________。

第十二条 双方因履行本合同而发生的争议，应协商、调解解决。协商、调解不成的，确定按以下第______种方式处理：

1. 提交____________________________仲裁委员会仲裁；
2. 依法向人民法院起诉。

第十三条 双方确定：本合同及相关附件中所涉及的有关名词和技术术语，其定义和解释如下：

1. ________________________________；
2. ________________________________；
3. ________________________________；
4. ________________________________；

范本内容精讲

在现实生活中，不少人会将加工承揽合同、建设工程施工合同等合同与技术服务合同弄混淆，技术服务合同有其独特特征，符合下列条件的，才可以认定是技术服务合同。

- **合同标的物**：技术服务合同的标的物是运用专业技术知识、经济和信息解决特定技术问题的项目。
- **履行方式**：技术服务合同的履行方式是完成约定的专业技术工作。
- **履行结果**：技术服务合同的履行结果有具体质量和数量指标。
- **技术成果权属问题**：技术服务合同履行过程中，对于有关专业技术知识的传递不涉及专利和技术秘密成果的权属问题。

在了解了技术服务合同所具备的特征后，下面来看看技术服务合同的条款内容。在范本中，可以看出技术服务合同的基本条款与技术咨询合同的基本条款相似。技术服务合同的基本条款有项目名称、技术服务的内容和方式、技术服务工作条件和技术服务报酬及支付方式、双方保密义务和技术服务成果验收等。在以上基本条款中，当事人需要注意技术服务成果验收条款，具体内容如下所示。

第七条 双方确定以下列标准和方式对乙方的技术服务工作成果进行验收：

1. 乙方完成技术服务工作的形式：____________________。

2. 技术服务工作成果的验收标准：____________________。

3. 技术服务工作成果的验收方法：____________________。

4. 验收的时间和地点：____________________。

从中可以看出，技术服务成果的验收条款需要填写的内容有：技术服务工作的形式、技术服务工作成果的验收标准、验收方法以及验收的时间和地点。

因为技术服务是无形的，因此验收无法像买卖合同、租赁合同一样可以利用一般标准或硬指标来进行验收。一般来说，技术服务合同会按照服务的进度、费用以及质量要求来确定验收标准。合同的双方应本着科学、公正和实事求是的原则进行验收，可以采用专家评估、鉴定会或委托方是否认可作为验收方式。

技术服务成果的验收人员需是委托方授权的验收人员，且应具备相应的技术背景，否则验收结果可能无法体现公平性，也不能作为最终结果。不管采用何种验收方式，受托方都应要求委托方出具书面的验收报告或证明，以避免不必要的纠纷。

在“验收时间和地点”内容的填写上，应约定合理的验收期限和地点，受托方为保证自身的权益，可以约定委托方若没有在约定的验收期限内提出书面异议且又未出具验收报告，那么应视为委托方认可技术服务工作的结果，即验收合格。

第五章

转移货币所有权——借款合同

5.1 借款合同的内容

■六大特征 ■担保方式 ■借款展期

借款合同是指贷款人向借款人提供借款，借款人到期返还借款，并向贷款人支付利息的合同。借款人一般是自然人、法人和其他组织，而贷款人常常是金融机构。

5.1.1 借款合同的六大特征

借款合同根据借款期限的不同，可分为定期借款合同、不定期借款合同、短期借款合同和长期借款合同等，其具有以下六大特征。

◆ 合同关系

借款合同的合同关系主要为金融机构与自然人、法人和其他组织之间，以及自然人之间的合同关系。金融机构与自然人、法人和其他组织之间借款合同是诺成合同，即双方意思表示一致，合同即成立；而自然人之间的借款合同为实践合同，以贷款人提供贷款为成立要件。

◆ 借贷双方要求

借款合同中的金融机构需是国家批准的专门金融机构，借款人可以是自然人、法人或其他组织。

◆ 借款合同的形式

借款合同应当采取书面形式订立，这样可以减少借款纠纷。但自然人之间的借款可以约定采取其他形式，既可以采用书面形式，也可以采用口头形式，可根据具体情况选择合同形式。

◆ 借款利率

金融机构办理贷款的贷款利率应按照中国人民银行规定的贷款利率的上下限确定。自然人之间借款不一定都需要支付利息，若有利息，那么借款的利率不得违反国家有关限制借款利率的规定。

◆ 借款中的保障措施

金融机构与自然人、法人和其他组织之间订立借款合同，常常需要借款人提供担保或抵押，这是金融机构的一种保障措施，而自然人之间的借款合同常常是信用借款。

◆ 借款合同的标的物

借款合同的标的物是货币，包括人民币和外币。外币又称外国货币，是指本国货币以外的其他国家或地区的货币。

5.1.2 借款合同中可采用哪些担保

在签订借款合同时，贷款人可以要求借款人提供担保，借款合同中涉及的担保依照《中华人民共和国担保法》（简称《担保法》）的规定，在借款合同中常用的担保方式主要有以下 3 种。

1. 保证

根据《担保法》的定义，保证是指保证人和债权人约定，当债务人不履行债务时，保证人按照约定履行债务或者承担责任的行为。

只有具有代为清偿债务能力的法人、其他组织或者公民才可以作为保证人，而国家机关、学校、幼儿园和医院等以公益为目的的事业单位、社会团体以及企业法人的分支机构和职能部门不得作为保证人，但经国务院批准为外国政府或者国际经济组织贷款进行转贷的除外。

2. 抵押

抵押是指债务人或者第三人不转移对《担保法》第三十四条所列财产的占有，将该财产作为债权的担保。在《担保法》第三十四条中规定，下列财产可以抵押。

◆ 抵押人所有的房屋和其他地上定着物。

◆ 抵押人所有的机器、交通运输工具和其他财产。

◆ 抵押人依法有权处分的国有的土地使用权、房屋和其他地上定着物。

◆ 抵押人依法有权处分的国有的机器、交通运输工具和其他财产。

- 抵押人依法承包并经发包方同意抵押的荒山、荒沟、荒丘和荒滩等荒地的土地使用权。
- 依法可以抵押的其他财产。

3. 质押

质押分为动产质押和权利质押。动产质押是指债务人或者第三人将其动产移交债权人占有，将该动产作为债权的担保。权利质押是指转让所有权以外的财产权作为质押的担保方式，以下权利可以进行质押。

- 汇票、支票、本票、债券、存款单、仓单和提单。
- 依法可以转让的股份、股票。
- 依法可以转让的商标专用权，专利权和著作权中的财产权。
- 依法可以质押的其他权利。

5.1.3 什么是借款展期

在借款合同中可能会涉及一个名词——借款展期，借款展期是指借款人在合同约定的借款期限内，不能归还贷款人的借款，在征得贷款人同意的情况下，延长原借款期限。

借款展期后，借款人的借款期限得以延长，使得借款人可以继续使用借款。借款展期实际上是原借款期限的变更，借款人如要展期，需要提前向贷款人提出借款展期申请，贷款人则根据借款人的申请作出是否同意展期的决定。根据《贷款通则》的规定，借款人向金融机构申请贷款展期有以下期限限制。

- 短期贷款展期期限累计不得超过原贷款期限。
- 中期贷款展期期限累计不得超过原贷款期限的一半。
- 长期贷款展期期限累计不得超过 3 年。

但国家另有规定者除外，借款人未申请展期或申请展期未得到批准，其贷款从到期日次日起，转入逾期贷款账户。

如果借款合同中涉及了担保，那么贷款人还可以要求保证人继续承担担保责任，但要征得担保人的同意。《担保法》第二十四条规定：债权人与债务人协议变更主合同的，应当取得保证人书面同意，未经保证人书面同意的，保证人不再承担保证责任。保证合同另有约定的，按照约定。

由于借款展期使得保证人的担保期限也相应延长，使得原担保合同的担保期限发生了变更，因此根据《担保法》的规定，只有在保证人书面同意延长担保期限的，在借款合同中保证人承担的担保才继续有效。

5.2 借款合同争议处理和陷阱防范

■利息支付期限 ■合同效力 ■担保效力 ■提前收回借款

因借款合同而发生的经济纠纷在日常生活中是比较常见的，借款纠纷既会发生在自然人之间，也会发生在金融机构与法人、自然人和其他组织之间，下面就来看看借款合同中可能存在的常见纠纷。

5.2.1 约定不明确，如何确定支付期限

向贷款人偿还借款利息是借款人的义务，在履行该义务时，如果合同中有明确约定的利息支付期限，那么贷款人就应该按照合同的约定按期支付利息。但在许多借款合同关系中，存在没有确定借款利息归还期限的情况，这就使得借款人在偿还利息时可能和贷款人之间就偿还利息的期限产生纠纷。

根据《合同法》的规定，对支付利息的期限没有约定或者约定不明确的，首先应依照《合同法》第六十一条的规定来进行确定，即合同生效后，当事人就质量、价款或者报酬、履行地点等内容没有约定或者约定不明确的，可以协议补充；不能达成补充协议的，按照合同有关条款或者交易习惯确定。

由此可见，如果借款人和贷款人之间对于利息偿还期限没有约定或约定不明确，首先可以通过达成补充协议来约定；如果无法达成协议，那么可以根据借款合同中的其他条款内容或借款人和贷款人之间的交易习惯来确定。

如果根据《合同法》第六十一条的规定仍不能确定借款利息的偿还期限，那么借款人可以按照以下期限向贷款人支付利息。

- ◆ 借款期间不满一年的，应当在返还借款时一并支付。
- ◆ 借款期间在一年以上的，应当在每届满一年时支付，剩余期间不满一年的，应当在返还借款时一并支付。

通过上述内容可以看出，如果借款人和贷款人之间约定的借款期限为三年半，那么贷款人要分 4 次偿还借款人的利息，即第一次支付利息的时间为借款期限届满一年，第二次支付利息的时间为借款期限届满两年时，第三次支付利息的时间为借款期限届满三年时，最后由于借款的期限只有半年，那么第四次借款利息的时间为本金偿还的时间，此时借款人需要偿还最后半年的利息和借款本金。

知识补充 金融机构借款利息结息方式

在现实生活中，在金融机构存钱也是一种借贷行为，根据中国人民银行对金融机构存款计、结息的规定。个人活期存款按季结息，按结息日挂牌活期利率计息，每季月末的 20 日为结息日。未到结息日清户时，按清户日挂牌公告的活期利率利息到清户前一日为止。单位活期存款按日计息，按季结息，计息期间遇利率调整分段计息，每季度末月的 20 日为结息日。

5.2.2 借款合同要确保合同的效力

在借贷关系中，民间借贷最容易发生合同效力纠纷，这主要是由民间借贷的双方对相关法律法规认识不清造成的。这里的民间借贷指的是自然人、法人和其他组织之间及其相互之间进行资金融通的行为。

根据《合同法》第二百一十条规定：自然人之间的借款合同，自贷款人提供借款时生效。那么什么样的情形才视为自然人之间借款合同的生效要件呢？在 2015 年 8 月 6 日通过的《最高人民法院关于审理民间借贷案件适用法律若干问题的规定》（简称《规定》）中对自然人之间借款合同的生效要件情形进行了约定，具体情形如下。

- ◆ 以现金支付的，自借款人收到借款时。
- ◆ 以银行转账、网上电子汇款或者通过网络贷款平台等形式支付的，自资金到达借款人账户时。
- ◆ 以票据交付的，自借款人依法取得票据权利时。

◆ 出借人将特定资金账户支配权授权给借款人的，自借款人取得对该账户实际支配权时。

◆ 出借人以与借款人约定的其他方式提供借款并实际履行完成时。

在民间借贷中，如果借贷双方存在以下情形，那么这样的借贷合同是不具备法律效力的，将被视为无效合同。

◆ 套取金融机构信贷资金又高利转贷给借款人，且借款人事先知道或者应当知道的。

◆ 以向其他企业借贷或者向本单位职工集资取得的资金又转贷给借款人牟利，且借款人事先知道或者应当知道的。

◆ 出借人事先知道或者应当知道借款人借款用于违法犯罪活动仍然提供借款的。

◆ 违背社会公序良俗的。

◆ 其他违反法律、行政法规效力性强制性规定的。

由此可见，民间借贷的双方要保证借款合同具有法律约束力，就要确保没有上述情形，除此之外，对于民间借贷的合同效力，《规定》还有如下内容。

第十条 除自然人之间的借款合同外，当事人主张民间借贷合同自合同成立时生效的，人民法院应予支持，但当事人另有约定或者法律、行政法规另有规定的除外。

第十一条 法人之间、其他组织之间以及它们相互之间为生产、经营需要订立的民间借贷合同，除存在合同法第五十二条、本规定第十四条规定的情形外，当事人主张民间借贷合同有效的，人民法院应予支持。

第十三条 借款人或者出借人的借贷行为涉嫌犯罪，或者已经生效的判决认定构成犯罪，当事人提起民事诉讼的，民间借贷合同并不当然无效。人民法院应当根据合同法第五十二条、本规定第十四条之规定，认定民间借贷合同的效力。

上述内容对民间借贷合同的效力纠纷作出了很好地解释，在实践中，有利于民间借贷的良好发展，对于借贷当事人来说，清楚这些内容，有利于自己更好地维护自身权益，同时也避免在借贷关系中作出不规范的行为，使得借贷合同被认定为无效。

5.2.3 如何确认担保是否有效

借款合同担保是贷款人的一种保障措施，但在现实生活中，借款合同担保被视为无效的情形也时常发生。那么在借款合同中，担保无效的情形有哪些呢？具体有以下情形。

◆ 主合同无效

在借款合同中，担保合同是借款合同的从合同，如果主合同无效，那么担保合同也无效。那么是不是担保合同无效，担保人就不必承担责任了呢？在这种情形下，要视担保人是否有过错来确定。

如果主合同无效而导致担保合同无效，担保人无过错的，担保人不承担民事责任；担保人有过错的，担保人承担民事责任的部分，不应超过债务人不能清偿部分的1/3。

知识补充 主合同有效而担保合同无效的责任承担

在主合同有效而担保合同无效的情况下，债权人无过错的，担保人与债务人对主合同债权人的经济损失，承担连带赔偿责任；债权人、担保人有过错的，担保人承担民事责任的部分，不应超过债务人不能清偿部分的1/2。

◆ 担保主体不合格

前面我们已经知道了在保证担保中，部分主体是不能成为保证人的，因此，如果担保主体不合格，那么该担保行为也无效。

◆ 不正确的担保行为

在担保法司法解释中明确规定：董事、经理违反《中华人民共和国公司法》第六十条的规定，以公司资产为本公司的股东或者其他个人债务提供担保的，担保合同无效。

◆ 对外担保合同无效

对外担保是指中国境内机构，不包括境内外资金融机构，以保函、备用信用证、本票和汇票等形式出具对外担保。有下列所示情形之一的，对外担保合同无效。

1. 未经国家有关主管部门批准或者登记对外担保的。

2. 未经国家有关主管部门批准或者登记，为境外机构向境内债权人提供担保的。

3. 为外商投资企业注册资本、外商投资企业中的外方投资部分的对外债务提供担保的。

4. 无权经营外汇担保业务的金融机构、无外汇收入的非金融性质的企业法人提供外汇担保的。

5. 主合同变更或者债权人将对外担保合同项下的权利转让，未经担保人同意和国家有关主管部门批准的，担保人不再承担担保责任。但法律、法规另有规定的除外。

5.2.4 什么情形下，贷款人可以提前收回借款

借款人借款都是有特定的使用目的，在借款合同条款内容中，借款用途是其中的重要条款之一，特别是在与金融机构的借贷关系中，借款用途条款是必不可少的条款。如在《中华人民共和国商业银行法》（简称《商业银行法》）中对贷款规定了以下内容。

第三十五条 商业银行贷款，应当对借款人的借款用途、偿还能力和还款方式等情况进行严格审查。

第三十七条 商业银行贷款，应当与借款人订立书面合同。合同应当约定贷款种类、借款用途、金额、利率、还款期限、还款方式、违约责任和双方认为需要约定的其他事项。

由此可见，借款用途条款的重要性。根据《合同法》第二百零三条规定：借款人未按照约定的借款用途使用借款的，贷款人可以停止发放借款、提前收回借款或者解除合同。

因此，如果借款人没有按照约定的借款用途使用借款，那么贷款人是可以提前收回借款的。合同法之所以会有上述规定是因为借款人是否按照约定的借款用途使用借款，关系到贷款人的利益，如果借款人将借款挪为他用或用于违法行为

中，那么就很可能导致贷款人无法收回借款和利息。

另外，在金融机构的贷款中，部分借款是依据国家的宏观经济政策、信贷政策和产业政策发放的，如果该借款没有按照借款用途来使用，就会使得借款的使用不符合国家宏观经济政策、信贷政策和产业政策。

在民间借贷中，借贷双方也可以约定借款用途，如果借款人没有按照借款用途的约定使用借款，那么贷款人同样可以要求提前收回借款。

5.3 借款合同范本详讲

■流动资金借款合同 ■公司间借款合同 ■固定资产借款合同

借款人与金融机构建立借贷关系是要以书面形式确定的，但在自然人之间的借贷中，口头形式的借贷仍然广泛存在。借贷双方为更好地保障双方的权益，在建立借贷关系时最好签订书面借款合同，下面就来看看常见的借款合同。

5.3.1 流动资金借款合同

流动资金借款是指借款人从商业银行申请到的用于正常生产经营周转或临时性资金需要的本外币贷款，在借款期限上也有长短期之分。

对公司来说，流动资金借款是许多公司生产经营资金的重要来源之一，也是一种有效实用的融资手段。它具有贷款期限短、融资成本较低和手续简单等优势。对于有临时性、季节性资金需求的公司借款人来说，借入流动资金借款是不错的选择。

公司要借入流动资金借款，需要向金融机构申请，下面就来看看流动资金借款合同有哪些内容。

范本内容展示

资源下载 \Chapter05\ 流动资金借款合同 .doc

流动资金借款合同

编号：_______年_______字_______号

借款人（甲方）：________________________________

营业执照号码：________________________________

法定代表人/负责人：________________________________

住所地：________________ 邮编：________________

开户金融机构及账号：________________________________

电话：________________ 传真：________________

贷款人（乙方）：________________________________

法定代表人/负责人：________________________________

住所地：________________ 邮编：________________

电话：________________ 传真：________________

甲方因本合同2.1条的需要，特向乙方申请流动资金借款。乙方同意向甲方贷款。为明确双方的权利、义务，根据《中华人民共和国合同法》等其他有关法律、法规，甲、乙双方经平等协商一致，订立本合同。

第一条 借款种类

1.1 本合同项下的借款为________（中期或短期）流动资金借款。

第二条 借款用途

2.1 本合同项下的借款用途为：________________________________。

2.2 乙方书面同意，甲方不得改变本合同中确定的借款用途，包括但不限于不得将贷款用于固定资产、股权等投资，不得用于国家禁止生产、经营的领域和用途。

第三条 金额和期限

3.1 同项下的借款金额为人民币（大写）________________________万元（小写）________万元（大小写不一致时，以大写为准，下同）。

3.2 同项下的借款期限为_______个月。

自_____年_____月____日起至______年_____月____口止。

3.3 应按本合同3.2条的约定一次性提取借款，如因特殊原因经乙方书面同意可提前或推迟____日提款。实际提款日和还款日以甲、乙双方办理的借据上所记载的日期为准。借据或借款支取凭证是本合同不可分割的组成部分，除日期以外，其他记载事项如与本合同不一致的，以本合同为准。

3.4 提款须满足下列条件：

1、本合同及其附件已生效；

2、甲方已按乙方要求提供担保，担保合同已生效并完成法定的审批、登记或备案手续；

3、甲方已向乙方预留与订立和履行本合同有关的甲方文件、单据、印鉴、人员名单、签字样本，并填妥有关凭证；

4、甲方已按乙方要求开立履行本合同所必需的账户；

5、于提款前_______个银行工作日，向乙方提交书面提款申请及有关借款用途证明文件，办理相关提款手续；

6、甲方已向乙方提交董事会或其他有权部门同意签订和履行本合同的决议书和授权书；

7、法律规定及双方约定的其他提款条件________________________________。

上述提款条件未满足，乙方有权拒绝甲方的提款申请，但乙方同意放款的除外。

第四条 借款利率和计息

4.1 同项下借款自实际提款日起依据实际借款天数按日计息（日利率=年利率/360），按______（月/季）结息，结息日为________（每月的20日/每季末月的20日），结息日为非银行工作日的，则顺延至下一个银行工作日。借款到期，利随本清。

4.2 同项下的借款利率按下列________方式确定：

4.2.1 年利率为________%的固定利率，合同期内不调整。

4.2.2 本合同利率确定为在中国人民银行相应档次基准利率基础上_____（上/下）浮_____%。合同利率实行一期一调整，以______（年/半年/季/月）为一期。第一期的利率确定时间为贷款合同生效日，由乙方按贷款合同生效日的相应档次的中国人民银行基准利率和双方约定的浮动幅度确定第一期利率，即年利率______%，第二期及以后各期的利率确定时间为贷款合同生效日的对应日，由乙方按贷款合同生效日的对应日的相应档次的中国人民银行基准利率和双方约定的浮动幅度确定当期利率。如遇调整当月不存在与贷款合同生效日对应的日期，则以该月最后一日为对应日。

分期提款的，一期内无论分几次提款，都按贷款合同生效日或对应日确定的当期利率执行，并在下一期贷款合同生效日的对应日同时调整。

贷款合同生效日的对应日，是指贷款合同生效日满一期之后的相应日期，如贷款合同生效日为某年5月9日，则以一月为一期的第二期对应日为该年6月9日；以一季为一期的第二期对应日为该年8月9日；以半年为一期的第二期对应日为该年11月9日，以一年为一期的第二期对应日为次年5月9日，以后各期依此类推。

4.2.3 其他方式：____。

乙方于利率变更之日起30日书面通知甲方，但通知送达与否不影响执行。

4.3 如遇中国人民银行调整利率或利率确定办法，则按中国人民银行的有关规定办理。

第五条 借款资金支付

5.1 借款发放账户

甲方在乙方处开立如下账户作为借款发放账户，借款的发放和支付应通过本账户办理。

户名：________________________________

账号：________________________________

5.2 借款资金支付方式

5.2.1 借款资金支付方式应按照法律法规、监管规定及本合同的约定执行，单笔提款的借款资金支付方式应在提款申请书中予以确认，乙方认为提款申请书中选择的借款资金支付方式不符合要求的，有权变更支付方式或停止借款资金的发放和支付。

5.2.2 乙方受托支付，即乙方根据甲方的提款申请和支付委托，将借款资金支付给符合本合同约定用途的甲方交易对手。根据银监会相关规定和乙方内部管理规定，符合下列条件之一的贷款资金支付，应采用乙方受托支付方式：

A.乙方与甲方新建立信贷业务关系，且甲方信用评级未达到乙方内部要求；

B.提款申请时支付对象明确（有明确的账户、户名）且单笔金额超过________万元；

（提款申请时，甲方为乙方重点客户中信用评级达到乙方内部要求且无贷款挪用记录的客户，可不受此条标准约束。）

C.乙方规定或与甲方约定的其他情形：________________________________。

5.2.3 甲方自主支付，即乙方根据甲方的提款申请将借款资金发放至甲方账户后，由甲方自主支付给符合合同约定用途的甲方交易对手。除前款约定应采用乙方受托支付方式的情形外，其他借款资金的支付方式为甲方自主支付。

5.2.4 支付方式变更。提交提款申请书后，如甲方对外款项支付、信用评级等条件发生变化，对自主支付的借款资金，满足本条第2款第（2）项约定条件的，应变更借款资金支付方式。变更支付方式或受托支付方式下对外支付金额、支付对象、借款用途等发生变更的，甲方应向乙方提供书面的变更申请说明，重新提交提款申请书和证明资金用途的相关交易资料。

5.3 借款资金受托支付具体要求

5.3.1 支付委托。符合乙方受托支付条件的，甲方在提款申请书中应有明确的支付委托，即授权和委托乙方在将借款资金划入指定的甲方账户后，直接将借款资金支付给符合本合同约定用途的甲方指定的交易对手账户，并应提供收款的交易对手名称、交易对手账户、支付金额等必要付款信息。

5.3.2 交易资料提供。符合乙方受托支付条件的，甲方应在每次提款时向乙方提供其放款账户、交易对手账户信息及证明本次提款符合借款合同约定用途的证明材料。甲方应保证提供给乙方的所有资料都是真实、完整和有效的。因甲方提供的相关交易资料不真实、不准确、不完整导致乙方的受托支付义务未能及时完成的，乙方不承担任何责任，甲方在本合同项下已经产生的还款义务不受影响。

5.3.3 乙方受托支付义务的履行

（1）采用乙方受托支付的，甲方提交支付委托及相关交易资料等后，乙方审核同意后将借款资金通过甲方账户支付给甲方交易对手。

（2）乙方经审核发现甲方提供的用途证明材料等相关交易材料不符合本合同约定或存在其他瑕疵的，有权要求甲方补充、替换、说明或重新提交相关材料，在甲方提交乙方认为合格的相关交易材料前，乙方有权拒绝相关款项的发放和支付。

（3）若发生交易对手账户开户行退款，导致乙方无法及时按照甲方支付委托将借款资金支付给其交易对手的，乙方不承担任何责任，甲方在本合同项下已经产生的还款义务不受影响。对于交易对手账户开户行退回的款项，甲方在此授权乙方予以冻结。在此情形下，甲方应重新提交支付委托及用途证明材料等相关交易资料。

5.3.4 甲方不得以化整为零的方式规避乙方受托支付。

5.4 借款资金发放后，应根据乙方的要求及时提供借款资金使用记录和资料，应提供的前述材料包括但不限于________________________________。

5.5 发生下列情形之一，乙方有权重新确定借款发放和支付条件或停止借款资金的发放与支付：

（1）甲方违反本合同约定，以化整为零方式规避乙方受托支付；

（2）甲方信用状况下降或主营业务盈利能力不强；

（3）借款资金使用出现异常；

（4）未遵守承诺事项的；

（5）甲方未按乙方要求及时提供借款资金使用记录和资料；

（6）甲方违反本条约定支付借款资金。

第六条 还款资金来源及还款方式

6.1 甲方偿还本合同项下借款本息的资金来源于但不限于：

6.1.1____；

6.1.2____。

6.2 无论甲方作为一方当事人的其他任何合同对甲方的还款资金来源有任何约定，该约定均不能影响甲方在本合同项下还款义务的履行。无论出现何种情况，甲方都不得援用6.1条而拒绝履行其在本合同项下的还款义务。

6.3 甲方指定以下账户作为资金回笼账户，甲方资金回笼应进入该账户。甲方应及时提供该账户资金进出情况。乙方有权要求甲方说明资金回笼账户中大额及异常资金流入流出情况并对该账户进行监管。

户名：________________

账号：________________

甲方应按本合同约定按时足额支付利息，并按下列______项的约定偿还借款本金：

6.3.1　一次还本，甲方应于_____年___月____日前偿还全部借款本金；

6.3.2　分次还本，具体还本金额和日期如下：

还款日期	还款金额

6.3.3　其他还本方式：________________。

6.4　甲方于本合同约定的结息日或还本日前在乙方开立的账户上备足当期应付之利息或本金，并授权乙方于约定的结息日或还本日从甲方账户主动划收。

还款账户户名：________________

账号：________________

6.5　甲方如需变更上述还款计划，须在相应贷款到期_____个银行工作日前向乙方提出书面申请，还款计划的变更须经双方共同书面确认。

6.6　除双方另有约定外，在甲方同时拖欠借款本金及利息的情况下，乙方有权决定偿还本金或偿还利息的顺序；在分期还款情形下，若本合同项下存在多笔到期借款、逾期借款的，乙方有权决定甲方某笔还款的清偿顺序；甲方与乙方之间存在多笔已到期借款合同的，乙方有权决定甲方每笔还款所履行的合同顺序。

6.7　除双方另有约定外，甲方可以提前还款，但应提前_____个银行工作日书面通知乙方。提前还款的金额首先用来偿还最后到期的贷款，按照倒序还款。

乙方有权就提前还款部分按________________的标准计收补偿费。

第七条　担保

7.1　本合同项下借款的担保方式为：________________。

7.2　甲方有义务积极协助乙方并使乙方与担保人________________就本合同之具体担保事项签订编号为：__________的担保合同，本合同为其项下的主合同。

7.3　若甲方或担保人发生乙方认为可能影响其履约能力的事件，或担保合同变为无效、被撤销或解除，或甲方、担保人财务状况恶化或涉入重大诉讼或仲裁案件，或因其他原因而可能影响其履约能力，或担保人在担保合同或与乙方之间的其他合同项下发生违约，或担保物贬值、毁损、灭失、被查封，致使担保价值减弱或丧失时，乙方有权要求，且甲方有义务提供新的担保、更换保证人等以担保本合同项下债务。

第八条　双方的权利和义务

8.1　甲方的权利、义务：

8.1.1　按本合同约定期限和用途提取和使用借款；

8.1.2　甲方提前还款，应经乙方同意，并补偿乙方的预期收益损失及其他费用。

8.1.3　对贷款审查过程中所提供材料的真实性、准确性、完整性负责；

8.1.4　自觉接受乙方对本合同项下借款使用情况的调查、了解及监督；

8.1.5　积极配合乙方对其有关生产、经营和财务情况的调查、了解及监督，并有义务向乙方提供相关各期的损益表、资产负债表等报表资料；

8.1.6　按本合同之约定清偿本合同项下的借款本金及利息；

8.1.7　承担本合同项下有关费用的支出，包括但不限于用于公证、鉴定、评估、登记等事项的费用；

8.1.8　对乙方向其寄出或以其他方式送达的催收函或催收文件，签收后应在3日内将回执寄出；

8.1.9　如进行承包租赁、股份制改造、联营、合并、兼并、合资、分立、减资、股权变动、重大资产转让以及其他足以影响乙方权益实现的行动时，应至少提前30日通知乙方，并经乙方书面同意，否则在清偿全部债务之前不得进行上述行为；

8.1.10　变更住所、通讯地址、营业范围、法定代表人等工商登记事项的，应在有关事项变更后7日内书面通知乙方；

8.1.11　如发生对其正常经营构成危险或对其履行本合同项下还款义务产生重大不利影响的任何其他事件，包括但不限于涉及重大经济纠纷、破产、财务状况的恶化等，应立即书面通知乙方；

8.1.12　发生歇业、解散、停业整顿、被吊销营业执照或被撤销时，应于事件发生后6日内书面通知乙方，并保证立即归还借款本息。

8.2　乙方的权利、义务：

8.2.1　要求甲方提供与本借款相关的全部资料；

8.2.2　依本合同约定或法律规定从甲方账户上划收依本合同约定甲方应偿付的借款本金、利息、复利、罚息及所有其他应付费用；

8.2.3　对甲方逃避乙方监督、拖欠借款本金及利息或其他严重违约行为，有权实行信贷制裁，有权向有关部门或单位予以通报，有权通过新闻媒体实现公告催收；

8.2.4　依本合同约定按期足额向甲方提供借款（因甲方原因造成迟延的除外）；

8.2.6　对甲方提供的有关其债务、财务、生产、经营等方面的资料及情况保密，但本合同另有约定和法律法规另有规定的除外。

第九条　声明和承诺

9.1　甲方声明如下：

9.1.1　甲方依法注册并合法存续，具备签订和履行本合同所需的完全民事权利能力和行为能力；

9.1.2　签署和履行本合同系基于甲方的真实意思表示，已经按照其章程或者其它内部管理文件的要求取得合法、有效的授权，且不会违反对甲方有约束力的任何协议、合同和其他法律文件；甲方已经或将会取得签订和履行本合同所需的一切有关批准、许可、备案或者登记；

9.1.3　甲方在本合同项下向乙方提供的全部文件、财务报表、凭证及其他资料是真实、完整、准确和有效的；

9.1.4　甲方申请向乙方叙作业务的交易背景真实、合法，未用于洗钱等非法目的，借款用途及还款来源明确、合法；

9.1.5　甲方未向乙方隐瞒可能影响其和担保人财务状况和履约能力的事件；

9.1.6　甲方及贷款项目达到国家环保标准，非国家相关部门公布和认定的耗能、污染问题突出且整改不力的企业和项目，不存在耗能、污染风险；

9.1.7　甲方声明的其它事项：________________。

9.2　甲方承诺如下：

9.2.1　按照乙方要求，定期或及时向乙方报送其财务报表（包括但不限于年报、季报和月报表）及其他相关资料；甲方确保其持续满足下述财务指标要求：____________；

9.2.2　按本合同约定提取、支付和使用借款；

9.2.3　如果甲方已经或将与本合同保证人就其保证义务签订反担保协议或类似协议，该协议将不会损害乙方在本合同项下的任何权利；

9.2.4　接受乙方的信贷检查与监督，并给予足够的协助和配合；甲方自主支付的，应按照乙方要求定期汇总报告贷款资金支付、使用情况，具体汇总报告时间为：__________；

9.2.5　如甲方发生进行合并、分立、减资、股权转让、对外投资、实质性增加债务融资、重大资产和债权转让以及其他可能对甲方的偿债能力产生不利影响的事项时，须事先征得乙方的书面同意；

若发生下列情形，甲方应及时通知乙方：

（1）甲方或担保人公司章程、经营范围、注册资本、法定代表人变更；

（2）进行任何形式的联营、与外商合资、合作、承包经营、重组、改制、计划上市等经营方式的变更；

（3）涉入重大诉讼或仲裁案件，或财产或担保物被查封、扣押或监管，或在抵押物上设置新的重大负债；

（4）歇业、解散、清算、停业整顿、被撤销、被吊销营业执照、（被）申请破产等；

（5）股东、董事和现任高级管理人员涉嫌重大案件或经济纠纷；

（6）甲方在其它合同项下发生违约事件；

（7）出现经营困难和财务状况发生恶化等情形。

9.2.6　甲方对乙方债务的清偿顺序优先于甲方股东对其的借款，并且不亚于其他债权人的同类债务，自本合同生效至本合同项下贷款本息及相关费用清偿完毕之前，甲方不得归还甲方股东对其的借款；（此为选择性条款）

9.2.7　自本合同生效至本合同项下贷款本息及相关费用清偿完毕之前，甲方不得以任何形式向股东分配股息、红利；（此为选择性条款）

9.2.8　甲方不以降低其偿债能力的方式处置自有资产。并承诺其对外担保的总额不高于其自身净资产的_____倍，且对外担保的总额及单项担保的数额不超过其公司章程所规定的限额；

9.2.9　除符合本合同约定的用途或经乙方同意外，甲方不得向同名账户和关联方账户划转本合同项下贷款资金。

对于甲方同名账户划转或关联方账户划转，甲方应提供相应的证明资料。

9.2.10　就本合同项下贷款，甲方向乙方提供的担保条件、贷款利率定价、偿债顺序等贷款条件，不低于现在或将来给予任何其它金融机构的条件。（此为选择性条款）

9.2.11　乙方有权根据甲方资金回笼情况提前收回贷款；

9.2.12　甲方承诺的其它事项：________________。

第十条　违约责任

10.1　本合同生效后，甲、乙双方当事人均应履行本合同所约定的义务。任何一方不履行或不完全履行本合同所约定义务的，应当依法承担违约责任。

10.2　甲方未按本合同3.3条约定办理并提取借款的，乙方有权按合同利率按日计收迟延违约金。

10.3　乙方未按本合同 3.3 条约定办理并提供借款的，按合同利率按日支付迟延违约金。

10.4　未经乙方书面同意，甲方提前归还本合同项下借款的，乙方有权依照本合同约定的借款期限和利率计收利息。

10.5　甲方到期不偿还本合同项下借款本金及利息的，乙方有权限期清偿，甲方授权乙方扣收甲方开立在____________**银行**及其所有分支机构的所有账户中的资金以抵偿本合同项下的债务。同时对逾期借款按合同利率加收___（30%～60%）的利率计收罚，并对未支付利息按合同利率加收___（30%～60%）的利率计收复利。

10.6　甲方未按本合同约定用途使用借款的，乙方有权停止发放贷款、有权提前收回部分乃至全部借款或解除合同，并对甲方违约使用的借款根据违约使用天数按合同利率加收___（60%～100%）的利率计收罚息，并对未支付的利息按合同利率加收___（60%～100%）的利率计收复利。

10.7　借款期内甲方不能按期支付的利息按本合同约定的利率计收复利，借款逾期后改

范本内容精讲

通过上述流动资金借款合同范本可以看出，该范本的条款内容比较全面，包含了借款合同所需的主要内容，具体有以下几方面。

- **借款种类**：借款种类主要针对贷款人是金融机构的情形，根据借款人的所有制性质、产业属性、借款的用途以及资金的来源和运用来确定借款的种类，如根据期限长短，借款种类可分为短期和长期借款；根据借款用途又可分为农业贷款、工商业贷款和消费贷款。
- **借款用途**：借款用途是指借款的使用目的。
- **借款币种**：借款的币种是人民币还是外币。
- **借款金额**：借款金额指借款的数量。
- **借款期限**：借款期限是指借款人使用借款的时间，如10年、20年等。
- **借款利率**：是指借款人和贷款人约定的应当收取的利息的数额与所借出资金的比率。
- **还款方式**：是指贷款人和借款人约定以什么结算方式偿还借款给贷款人。

了解借款合同中应包含的主要条款内容后，下面就范本的部分条款内容进行讲解。

1. 借款种类

在范本第一条内容中可以看出，在订立流动资金借款合同时，首先要填写的是流动资金借款的种类。流动资金借款按期限的不同可分为临时借款、短期借款和中期借款。临时借款是期限在3个月（含3个月）以内的流动资金借款；短期借款是期限在3个月至1年（不含3个月，含1年）的流动资金借款；中期借款是期限为1年至3年（不含1年，含3年）的流动资金借款。

2. 借款用途

范本第二条是关于借款用途的内容，在流动资金借款中，其借款用途与借款的期限有关。一般来说，临时借款主要是用于公司一次性进货对资金的需求或弥补其他季节性支付资金不足；短期借款主要用于正常生产经营周转的资金需求；中期借款主要用于正常生产经营中经常性的周转占用和铺底流动资金。在借款金额和期限上，流动资金借款的期限不会太长，最长为3年。

3. 借款利率和计息

范本第四条是关于借款利率和计息的条款，商业银行是重要的金融机构，因此其利率要根据《合同法》第二百零四条的规定来约定，即办理贷款业务的金融机构贷款的利率，应当按照中国人民银行规定的贷款利率的上下限确定。所以在范本中可以看到以下关于利率的约定，如下所示。

> 4.2.2 本合同利率确定为在中国人民银行相应档次基准利率基础上_____（上/下）浮_____%。合同利率实行一期一调整，以______（年/半年/季/月）为一期。第一期的利率确定时间为贷款合同生效日，由乙方按贷款合同生效日的相应档次的中国人民银行基准利率和双方约定的浮动幅度确定第一期利率，即年利率______%，第二期及以后各期的利率确定时间为贷款合同生效日的对应日，由乙方按贷款合同生效日的对应日的相应档次的中国人民银行基准利率和双方约定的浮动幅度确定当期利率。如遇调整当月不存在与贷款合同生效日对应的日期，则以该月最后一日为对应日。

在计息方式上，商业银行的贷款计息方式主要有两种，包括积数计息法和逐笔计息法。范本中采取的是积数计息法，即按照实际借款天数每日计息，其计息计算公式为：利息 = 累积计息积数 × 日利率，累积计息积数 = 每日余额合计数。

逐笔计息法是指预先确定的计息公式逐笔计算利息，计息期为整年（月）的，计息公式为：利息 = 本金 × 年（月）数 × 年（月）利率；计息期为整年（月）又有零头天数的，计息公式为：利息 = 本金 × 年（月）数 × 年（月）利率 + 本金 × 零头天数 × 日利率。在该种计息方式下，银行也可以选择将计息期全部转化为实际天数来计算，即每年为 365 天（闰年为 366 天），每月为公历的实际天数，此时计息公式为：本金 × 实际天数 × 日利率。

4. 借款资金支付

借款人在与商业银行订立流动资金借款合同后，银行就会按照合同的约定向借款人发放借款了，在借款资金支付条款中，需要包括但不限于以下条款。

- 贷款资金的支付方式和贷款人受托支付的金额标准。
- 支付方式变更及触发变更条件。
- 贷款资金支付的限制、禁止行为。
- 借款人应及时提供的贷款资金使用记录和资料。

通过阅读范本中关于借款资金支付的条款内容，可以看出上述内容都包括在内。除此之外，范本中还约定了借款资金受托支付的内容，受托支付是指贷款人根据借款人的提款申请和支付委托，将借款资金直接支付给符合合同约定用途的借款人自行指定的交易对象。与受托支付相对应的还有自主支付，借款人自主支付是指贷款人根据借款人的提款申请将贷款资金发放至借款人账户后，由借款人自主支付给符合合同约定用途的借款人交易对象。受托支付的金额标准是商业银行根据借款人的行业特征、经营规模、管理水平和信用状况等因素以及贷款业务品种来确定的。

公司向金融机构申请流动资金借款并不一定都会成功，在借款人向金融机构提出流动资金借款申请后，金融机构会对借款人的资质进行调查，借款人在申请流动资金借款时应具备以下的条件。

- 借款用途明确、合法。
- 借款人生产经营合法、合规。
- 借款人具有持续经营能力，有合法的还款来源。
- 借款人信用状况良好，无重大不良信用记录。
- 贷款人要求的其他条件。

只有在通过金融机构的调查和审批后，双方才会签订流动资金借款合同、担保合同等法律性文件。

知识补充 向中国工商银行提出流动资金借款申请需提供的资料

营业执照、组织机构代码证、税务登记证明，或营业执照（如五证合一），对需年检的，还应有最新的年检证明；法定代表人身份证明；经财政部门或会计师（审计师）事务所核准的前三个年度及最近一期财务报表和审计报告（成立不足三年的企业，提供自成立以来的年度和最近一期报表）；公司合同或章程；企业董事会（股东会）成员和主要负责人、财务负责人名单和签字样本等；信贷业务由授权委托人办理的，需提供企业法定代表人授权委托书（原件）；若借款人为有限责任公司、股份有限公司、合资合作公司或承包经营企业，要求提供董事会（股东会）或发包人同意申请信贷业务决议、文件或具有同等法律效力的文件或证明；担保人相关材料以及要求提供的其他资料。

5.3.2 公司间借款合同

在过去，公司之间的借款是不被认可的，这是因为在1996年中国人民银行颁布的《贷款通则》中第二十一条规定：贷款人必须经中国人民银行批准经营贷款业务，持有中国人民银行颁发的《金融机构法人许可证》，并经工商行政管理部门核准登记。第六十一条规定：各级行政部门和企事业单位、供销合作社等合作经济组织、农村合作基金会和其他基金会，不得经营存贷款等金融业务。企业之间不得违反国家规定办理借贷或者变相借贷融资业务。

同时，在1996年公布的《最高人民法院关于对企业借贷合同借款方逾期不归还借款的应如何处理问题的批复》中也规定：企业有关借贷合同违反有关金融法规，属无效合同。

但随着《规定》的施行，使得公司间的民间借贷得到有条件的认可，这通过《规定》对民间借贷的定义以及相关条款内容就可以看出。下面就来看看公司间借款合同范本。

范本内容展示

资源下载 \Chapter05\ 公司间借款合同 .doc

公司间借款合同

借款人（以下简称甲方）：________________

法定代表人：________________

委托代理人：________________

公司住所：________________

联系电话：________________

邮编：________________

贷款人（以下简称乙方）：________________

法定代表人：________________

委托代理人：________________

公司住所：________________

联系电话：________________

邮编：________________

甲乙双方本着平等、自愿和诚实信用原则，就借款事宜达成一致。特订立本合同，供双方恪守履行。

第一条 借款金额与期限

合同双方协商一致，由乙方向甲方出借资金共计人民币________元（大写：________________整）。

本合同借款期限为______，自______年______月______日至______年______月______日止。借款期限届满以后，双方协商一致的，可以延长。

第二条 借款用途

甲方将借入的资金用于________________。

第三条 利率与利息

1.本合同借款利率根据合同签订日相应档次的法定贷款利率确定，为________。在此基础上上浮____%。每季结息日当日，按中国人民银行相应档次利率确定下一季借款利率。

2.本合同借款自乙方划出资金之日起计息，按____（月/季）结息，结息日为______（每月的20日/每季度末月20日）。

3.首次付息日为_____年_____月_____日。如付息日非乙方工作日，则顺延至乙方工作日支付利息。借款期限届满时，当次利息与本金一并清偿。

第四条 还款方式

1、经协商一致，甲乙双方选择以下第____种还款方式：

（1）甲方分期偿还借款：

归还期限	还款日期	还款金额
第一期		
第二期		
第三期		
……		

（2）本合同借款期限届满后，甲方一次性偿还借款。

2.乙方指定以下银行账号为收款账号并保证其真实有效。借款期限（或者分期期限）届满以后____个工作日内，甲方将本合同借款（或者分期还款金额）汇入该账号。

开户行：________________________

开户名：________________________

账　号：________________________

3.甲方提前还款的，应当提前____个工作日书面通知乙方，借款利息则按照实际借款期限计算。

第五条 借款展期

甲方不能按期归还本合同项下借款，需要展期时，应在借款期限（或者分期期限）届满前十个工作日内向乙方提出书面申请，经乙方审查同意，签订借款展期协议。

第六条 贷款的担保

甲乙双方选择履行本条第____款。

1.本合同借款无担保；

2.本合同借款的担保方式为________________________，由乙方与担保人就本合同的具体担保事项签订编号为__________的担保合同。

第七条 甲方保证

1.甲方是根据中华人民共和国法律依法成立的中国法人，具有签订和履行本合同所必需的民事权利能力和行为能力，能独立承担民事责任。

2.甲方提供的与本贷款有关的一切文件、报表及陈述均是合法、真实、准确、完整的。

第八条 甲方义务

1.甲方应按合同约定清偿贷款本金和利息。

2.借款期间，甲方经营决策发生任何重大改变（包括但不限于转股、改组、合并、分立、合资、合作、经营范围和注册资本变更等），可能影响乙方权益，甲方应至少提前三十个日历日书面通知乙方，并且落实借款清偿责任，或者提前清偿，或者提供乙方认可的担保。

3.甲方应当接受乙方监督。如乙方要求，甲方应当提供真实反映借款使用情况的报表及其他文件。

4.未经乙方书面同意，甲方不得以任何方式转移或变相转移本合同的债务责任。

5.甲方转让、处分其重大资产或营业收入的全部或大部分，应至少提前三十个日历日书面通知乙方，并且落实借款清偿责任，或者提前清偿贷款，或者提供乙方认可的担保。

6.如发生影响甲方合同履行能力的重大事件，包括但不限于重大经济纠纷、停业、歇业、被宣告破产、解散、被吊销营业执照、被撤销、财务状况恶化等，甲方应立即书面通知乙方。

7.保证人出现停业、歇业、被宣告破产、解散、被吊销营业执照、被撤销以及经营亏损等情形，或者作为本合同借款担保的抵押物、质物、质押权利价值减少时，甲方应提供乙方认可的新担保。

8.借款期间，甲方变更法人名称、法定代表人、项目负责人、住所、电话、传真等，应在变更后七个日历日内书面通知乙方。

第九条 乙方义务

1.乙方应当依照合同约定，按时足额出借资金给甲方。

2.对于磋商、订立、履行本合同的过程中所知悉的甲方商业秘密以及甲方要求予以保密的资料、数据等信息，乙方应当予以保密。

3.乙方应当按照合同约定的利率和期限收取利息。甲方提前还款的，乙方在接到甲方的书面通知后，应当同意。

第十条 违约责任

1.本合同生效后，未按照合同约定履行义务的，应当承担相应的违约责任。

2.乙方未按本合同约定提供借款的，甲方有权要求乙方支付违约金，违约金的计算收取办法为：________________________。

3.出现下列情形的，乙方有权要求甲方立即偿还借款、利息及其他费用，且乙方要求甲方偿还前述款项之日即为本合同借款期限届满之日。

（1）甲方没有按期偿还借款及利息，经乙方书面催告后，仍未偿还的；

（2）甲方停业、歇业、被宣告破产、解散、被吊销营业执照、被撤销、涉及重大经济纠纷、财务状况恶化等；

（3）甲方未能按本合同约定的用途使用贷款的；

（4）甲方发生危及、损害或可能危及、损害乙方权益的重大事件。

4.甲方不能按时支付利息的，乙方有权按照未付利息每日千分之____计算，要求甲方支付违约金；甲方逾期未清偿借款本金的，乙方有权按照借款本金每日千分之____计算，要求甲方支付违约金。

第十一条 公证事宜

任何一方提出公证本合同内容的，另外一方应当同意，公证费用由提出方承担。

第十二条 其他约定事项

____

____

____。

第十三条 争议解决

本合同未尽事宜以及履行本合同所产生的争议，由甲乙双方协商解决；协商不成的，争议由合同签订地人民法院管辖。

第十四条 合同的生效、变更与解除

1、本合同自双方法定代表人或委托代理人签字，并加盖公司公章或者合同专用章之日起生效；如有担保的，自担保合同生效之日起生效。

2、合同生效后，除本合同已有约定的外，甲乙任何一方均不得擅自变更或解除本合同；如确需变更或解除本合同，应经甲乙双方协商一致，并达成书面协议。

第十五条 其他

范本内容精讲

公司是企业法人，有独立的法人财产，享有法人财产权，公司之间签订借款合同，实际上是一种资金的拆借行为。公司之间订立的借贷合同要合法有效是有条件的，首先公司之间的借贷合同须是为生产、经营的需要而订立的，其次不得违反《合同法》第五十二条和《规定》第十四条规定的情形。在保证合同有效的前提下，公司之间在签订合同时要注意以下内容。

◆ 审核身份

公司借款合同中的借款人和贷款人都是企业法人，在签订借款合同时要确保当事人是合法存续的公司，并且在借款用途条款内容中，要明确约定借款将用于公司的日常生产经营，而不是其他用途。

◆ 利率条款

在范本的“利率与利息”条款内容中，约定了借款利率根据合同签订日相应档次的法定贷款利率确定，在此基础上上浮 ____%。每季结息日当日，按中国人民银行相应档次利率确定下一季借款利率。

由此可见，公司之间签订借款合同，其利率是可以双方协商约定的，但需要注意的是，约定的借款利率不得违反国家有关限制借款利率的规定，在《规定》中对民间借贷的利率作出了规定，具体内容如下。

第二十六条　借贷双方约定的利率未超过年利率 24%，出借人请求借款人按照约定的利率支付利息的，人民法院应予支持。借贷双方约定的利率超过年利率 36%，超过部分的利息约定无效。借款人请求出借人返还已支付的超过年利率 36% 部分的利息的，人民法院应予支持。

因此，公司之间借款合同约定的利率不能超过年利率的 36%，超过的部分即使借款人支付给了贷款人，那么借款人也可以要求贷款人返还，这是双方在签订借款合同时需要特别注意的一点。

◆ 借款人违约的逾期利率约定

在范本的违约责任条款中，我们可以看到关于借款人未按时支付利息和借款的违约责任，具体如下所示。

4.甲方不能按时支付利息的，乙方有权按照未付利息每日千分之____计算，要求甲方支付违约金；甲方逾期未清偿借款本金的，乙方有权按照借款本金每日千分之____计算，要求甲方支付违约金。

从中可以看出，若借款人未按时支付利息或归还借款，贷款人可以要求借款人支付违约金，违约金按未付利息或本金的百分比来计算。

在合同中约定借款人逾期借款的罚息利率时，要确保这一利率符合相关法律法规的规定。根据《规定》第二十九条规定：借贷双方对逾期利率有约定的，从其约定，但以不超过年利率 24% 为限。

如果在合同中双方没有约定逾期利率，那么逾期利率应该如何计算呢？未约定逾期利率或者约定不明的，可以按照以下不同情况来处理。

- 既未约定借期内的利率，也未约定逾期利率，出借人主张借款人自逾期还款之日起按照年利率6%支付资金占用期间利息的，人民法院应予支持。
- 约定了借期内的利率但未约定逾期利率，出借人主张借款人自逾期还款之日起按照借期内的利率支付资金占用期间利息的，人民法院应予支持。

5.3.3 固定资产借款合同

公司在日常经营中，除了会借入流动资金借款外，还可能会进行固定资产借款，固定资产借款是指公司为进行固定资产项目的建设、购置和改造及其相应配套设施建设的中长期借款。

固定资产借款的期限较长，涉及的金额较大，按照项目的运作方式不同，固定资产借款可分为基本建设借款、更新改造借款、专项资金借款及其他固定资产借款。

向金融机构申请固定资产借款，需要经历申请固定资产借款→签订固定资产借款合同→落实担保→借款人获取借款→借款人还款的流程，下面就一起来看看固定资产借款合同的范本内容。

范本内容展示

资源下载 \Chapter05\ 固定资产借款合同 .doc

1.12　法律法规：包括中华人民共和国法律、行政法规、地方性法规、规章、司法解释及其他具有法律效力的规定。

第二条　借款人承诺

借款人承诺如下：

2.1　项目建设及借款申请依法合规：借款人为依法设立并经有权部门核准登记的企（事）业法人或国家规定可以作为借款人的其他组织；符合国家对拟投资项目的投资主体资格和经营资质的要求；借款人及其控股股东（新设项目法人）信用良好，无重大不良记录；借款用途及还款来源明确、合法；项目符合国家的产业、土地、环保等相关政策，并按规定履行了固定资产投资项目的合法管理程序、租售程序；符合国家有关投资项目资本金制度的规定；已经依据法律法规或者按照合同约定缴纳了相关费用；不存在其他违反法律法规的情形。

2.2　签订合同的行为无瑕疵：借款人为签署本合同或履行其在本合同项下的义务，已经依据法律法规或者公司章程履行了必要的手续；在本合同上签字或者签章的是借款人的法定代表人/负责人或有权代理人；积极办理或者配合贷款人办理合同核准、登记或者备案手续；不存在其他由于借款人原因可能导致借款合同存在效力瑕疵的情形。

2.3　提供的担保合法有效：借款人确保担保人为签署本合同或履行其在本合同项下的义务，已经依据法律法规或者公司章程履行了必要的手续；担保人有权以该担保物设立担保；在担保合同上签字的是有权签字人；督促担保人积极办理或者配合贷款人办理担保合同核准、登记或者备案手续以及担保的登记手续；担保不存在其他效力瑕疵或者可能产生重大不利变动的情形。

2.4　诚实信用地履行合同权利义务：依据合同约定的期限、用途、方式等依法使用贷款，不利用贷款从事违法违规的行为；积极配合国家有关主管部门及贷款人对贷款及担保的相关监督、检查；按照合同约定及时足额地偿还贷款，不采用任何方式逃避债务；不存在其他违反合同义务的情形。

2.5　借款人未向贷款人隐瞒任何已经发生或正在发生的，可能影响其财务状况和偿债能力的事项，包括但不限于：诉讼、仲裁、其他行政程序或索赔事件。

2.6　借款人提供的有关借款人、担保人、股东以及项目、财务等文件、资料真实、完整、准确、合法、有效。

第三条　基本条款

3.1　借款

3.1.1　借款用途：________________________________。

3.1.2　借款币种及金额（大写）：________________________。

3.1.3　总借款期限（大写）：__________________________。

3.2　利率、罚息、复利

3.2.1　借款利率

3.2.1.1　人民币借款，利率按以下第______种方式确定：

（1）固定利率：按照______________（每笔借款提款日/合同签订日）__________（单笔借款期限/总借款期限）期所对应的人民银行公布的同期同档次基准利率基础____（上/下）浮_____%，直至借款到期日。

（2）浮动利率：按照__________（每笔借款提款日/合同签订日）________（单笔借款期限/总借款期限）期所对应的人民银行公布的同期同档次基准利率基础_____（上/下）浮____%。浮动利率调整以____（大写）个月为一个周期，自人民银行人民币贷款基准利率调整的下一个周期首月的借款对应日起，按调整后相应期限档次的基准利率确定新的借款利率，贷款人可不再另行告知借款人。无借款对应日的，该月最后一日视为借款对应日。

（3）其他方式：____。

3.2.1.2　外汇借款，利率按以下第_____种方式确定：

（1）_____（大写）个月________（LIBOR/HIBOR）+_____%的利差组成的按____（大写）个月浮动的借款利率；

（2）执行年利率______%，直至借款到期日；

（3）其他方式：____。

3.2.2　计息、结息方式

3.2.2.1　借款按_____（月/季）结息，结息日为每______（月/季末月）的20日。

3.2.2.2　实行固定利率的借款，按约定的利率计算利息。实行浮动利率的借款，按各浮动期当期确定的利率计算利息；单个结息期内利率多次浮动的，先计算各浮动期利息，再加总各浮动期利息。实行其他利率的，按照约定计息。

3.2.2.3　借款到期日为法定节假日、公休日的，正常还款日顺延至法定节假日、公休日后第一个工作日，顺延期间按照约定的计息方式计收利息。

3.2.3　罚息

3.2.3.1　借款人未按合同约定的期限归还借款本金的，贷款人对逾期的借款从逾期之日起在本合同约定的借款执行利率的基础上，按照逾期期限分段计收罚息：从逾期之日起30天内（含30天）上浮百分之_____（大写）计收罚息；30天以上至60天（含60天）上浮百分之_____（大写）计收罚息；60天以上上浮百分之_____（大写）计收罚息。逾期期间，采用固定利率计息的人民币借款，如遇中国人民银行同期人民币贷款基准利率上调的，罚息利率自基准利率调整之日起相应调整。

3.2.3.2　借款人未按合同约定的用途使用借款的，贷款人对违约使用的借款从违约使用之日起在约定的借款利率基础上上浮百分之____（大写）计收罚息，直至本息清偿为止。

3.2.3.3　同一笔借款既逾期又未按合同约定用途使用的，罚息利率按较高者计算。

3.2.4　复利

借款人未按期支付利息的，贷款人从未按期支付之日起按______（季/月）计收复利。借款到期之日前未按期支付利息的，按合同约定的借款利率计收复利；借款到期之日后，按合同约定的逾期罚息利率计收复利。

3.3　提款、贷款支付

3.3.1　提款条件

3.3.1.1　借款人申请提款，应当同时具备下列条件：

（1）借款人具备承贷主体资格：其相应决策机构或授权机构已经依法做出同意借款决议，需经有关部门审核的已经获得核准；

（2）项目贷款的借款人已经履行了所建项目的合法管理程序，包括但不限于取得政府有权部门的批准、核准或备案文件，取得环保、土地、规划等法律文件；项目周转贷款，已经满足国家有关部门要求的条件；

（3）房地产开发项目借款，已经取得相应部分的《国有土地使用权证》、《建设用地规划许可证》、《建设工程规划许可证》和《建筑工程施工许可证》；已开始销/预售的，取得《销（预）售许可证》；当期项目土地出让金及相关费用已缴清；

（4）项目资本金来源符合法律法规规定，并且已经先于借款______（全部/同比例）到位；项目实际投资超过原定投资金额，贷款人追加借款的，借款人配套追加的项目资本金已经先于借款________（全部/同比例）到位；项目实际进度与已投资额相匹配；

（5）已经办妥贷款人要求的相关担保手续，且担保合法、有效；

（6）借款款项用途符合法律法规的规定和借款合同及交易合同的约定；

（7）借款人在签订合同时所作的相关承诺，在每次提款时仍然真实、有效，没有发生重大的或者实质性的不利变更，未发生可能影响本合同履行的其他重大不利情形；

（8）其他约定：________________________________。

3.3.1.2　如果本合同签订之日起____（3/6/9）个月内，借款人未能落实3.3.1.1中所约定条件的，贷款人有权解除本合同。贷款人解除合同，借款人的异议期间为七日，自贷款人以书面、口头或者其他形式通知借款人之日起计算。

3.3.2　提款方式

3.3.2.1　借款提取采用以下第______种方式：

（1）一次性提款，采取以下第_____种方式：

①提款日为 ____年_____月_____日；

②提款期自_____年_____月_____日至_____年_____月_____日；

（2）分次提款，提款期自_____年_____月_____日至_____年_____月_____日。具体提款计划如下：____。

其中，提款人在_____年_____月_____日至_____年_____月_____日之间提款的额度不少于____________。

借款人未按照合同约定的提款日、提款期或提款计划办理提款手续的，贷款人有权取消全部或部分未提取借款，同时按取消金额______%收取违约金，并有权重新确定是否发放借款以及提款条件。

借款人在约定期限内提取的借款金额未达约定最低提款额度的，贷款人有权按约定最低提款额度的______%收取违约金，并有权重新确定是否发放借款以及提款条件。

3.3.2.2　借款人提款时，应提前______日向贷款人提交书面提款通知书。如借款人需对提款计划进行调整，应提前_____日向贷款人提出申请，经贷款人同意后进行调整。

3.3.3　贷款支付

3.3.3.1　受托支付

3.3.3.1.1　有下列情形之一的，由借款人委托贷款人将借款支付给符合本合同及交易合同约定用途的借款人的交易对手：

（1）单笔提款金额超过项目总投资的5%；

（2）单笔提款金额超过500万元人民币（含等值外币）；

（3）双方约定的其他情形：____。

3.3.3.1.2　采用受托支付的，借款人应提前_____日向贷款人提交提款申请和《委托支付通知单》，并按贷款人要求提供相关资料。贷款人审核确认后，将借款通过借款人的账户直接支付给借款人的交易对手。借款人的提款申请不符合合同约定的提款条件，或者支付委托申请存在与交易合同约定不符、交易资料不完备或者不真实等情形的，贷款人可以不发放相应的借款；由此造成借款人对交易对手违约或者形成其他损失的，贷款人不承担责任。

3.3.3.1.3　项目融资业务采用受托支付的，贷款人必要时可以由借款人、贷款人选定的独立中介机构和承包商等共同检查设备建造或者工程建设进度，并根据出具的、符合约定的共同签证单进行贷款支付。

3.3.3.1.4　借款人申请暂缓支付或者撤回支付委托的，应在贷款人支付前书面向贷款人提出。贷款人审核确认后，中止受托支付，并可以收回相应的借款；在此期间，相应借款按照合同约定计收利息。中止受托支付后，借款人申请恢复支付委托的，按照本合同第3.3.3.1.2条的约定办理。

3.3.3.1.5　支付委托不能附条件，借款人在《委托支付通知单》中附条件的，所附条件对贷款人不产生义务。除双方另有书面约定外，贷款人办理受托支付、暂缓支付、撤回支付、恢复支付等事宜，贷款人不负通知收款人的义务。

3.3.3.2　自主支付

除本合同第3.3.3.1.1条和第4.1.1条约定的情形外，借款发放至借款人账户后，借款人可以依照合同约定自主支付。但对于单笔______万元以上的资金支付，借款人应出具用款申请，由贷款人对其资金支付进行审核，不符合本合同约定的，贷款人有权拒绝借款人支付该笔资金。借款人应按贷款人的要求告知借款支付情况，贷款人可以通过账户分析、凭证查验、现场调查等方式核实贷款支付是否符合约定用途。

3.3.3.3　借款人发生信用状况下降、贷款资金使用出现异常、不按合同约定支付借款、项目进度落后于资金使用进度、以化整为零方式规避贷款人受托支付等情形的，贷款人可与借款人协商补充借款发放和支付条件，或停止借款发放和支付。

3.3.3.4　提款回转

3.3.3.4.1　因本合同项下借款依据的、与用款相对应的交易合同不能全部实际履行、被解除或无效等非贷款人原因，导致借款人已提取的借款超出借款人为相关交易实际支付款项的或者发生交易款项回转的，借款人应当向贷款人归还相应的贷款资金。

3.3.3.4.2　借款人未按约定方式进行贷款资金支付的，贷款人有权收回未按约定支付的贷款资金。

3.3.3.4.3　贷款资金按照第3.3.3.4.1条和第3.3.3.4.2条约定归还至贷款人前，按第3.2.1条和第3.2.2条的约定计息、结息。

3.4　还款

3.4.1　还款来源

借款人以其财产偿还本合同项下借款本息，包括但不限于：

（1）________________________________；

（2）________________________________；

（3）________________________________。

3.4.2　还款计划

借款人应按期足额支付利息，并按下列第__________种方式的偿还借款本金：

（1）分期归还借款本金，具体还款计划如下：____________________；

1、____

2、____

3、____

（2）当____________________________（项目租售收入达____万元/租售率达到_____%/其他）时，借款人需将租售款的_____%归还所欠借款；当__________（项目租售收入达____万元/租售率达到_____%/其他）时，借款人应归还全部借款。

（3）其他：____。

3.4.3　还款方式

3.4.3.1　借款人应于还款日前将当期应偿还的借款本息存入贷款人指定的还款账户，并不可撤销地授权贷款人从该账户划收。

3.4.3.2　借款人未按约定偿还本合同项下到期（包括被宣布提前到期）债务的，贷款人有权从借款人开立在贷款人或__________银行其他分支机构的所有账户中扣收相应款项用以清偿，直至借款人在本合同项下的所有债务全部清偿为止。

3.4.3.3　贷款人依照法律规定或者合同约定行使抵销权的，借款人异议期间为七日，自贷款人以书面、口头或者其他形式通知借款人之日起计算。

3.4.4　还款顺序

3.4.4.1　借款人的还款，除双方另有约定外，按以下顺序清偿：

（1）借款人明确指定用于偿还某笔借款的，还款用于清偿该笔借款；

（2）借款人未明确指定用于偿还某笔借款，借款人与贷款人之间存在数笔到期债务，且借款人的还款不足以清偿全部到期债务的，借款人的给付所清偿的债务及抵充顺序，由贷款人确定；

（3）贷款人依照法律规定或者合同约定，对借款人行使抵销权的，所抵销的债务及抵充顺序，由贷款人确定；贷款人依法行使代位权时，次债务人向贷款人的给付所清偿的债务及抵充顺序，由贷款人确定。

3.4.4.2　借款人的还款不足以清偿应付借款的，贷款人可以选择将还款用于清偿本金、利息、罚息、复利或实现债权的费用。

3.4.5　提前还款

3.4.5.1　借款人提前还款，应提前_______日向贷款人提交书面申请，经与贷款人协商一致后，可以提前还款。提前还款的清偿顺序适用本合同第 3.4.4 条的约定。

3.4.5.2　借款人提前还款时，对提前还款部分按以下第____种方式计收利息，利随本清：

（1）按实际______（总/单笔）借款期限和约定利率计收利息；

（2）按实际______（总/单笔）借款期限在合同约定利率基础上上浮_______%计收利息；

（3）其他：____。

3.4.5.3　借款人提前还款的，归还本金不得少于_____万元且应是_____万元的整数倍。

3.4.5.4　借款人提前还款的，贷款人可以向借款人收取提前还款手续费，提前还款手续费计算方式为_______：

（1）剩余贷款期限（以月为单位，未满一个月的按一个月计算）×提前还款金额×1‰；

（2）其他：____。

3.4.5.5　借款人提前归还部分借款的，尚未归还的借款仍按本合同约定的借款利率计付利息。

3.4.6　展期

借款人不能按照约定的还款计划偿还借款的，可以向贷款人申请展期。借款人应在该笔借款到期日 15 日前向贷款人提交展期申请，经贷款人同意的，与借款人签订展期协议。

3.5　借款凭证

借款凭证为本合同的组成部分，本合同记载的借款金额、提款金额、还款金额、借款日期、还款日期、借款利率与借款凭证记载不一致时，以借款凭证的记载为准。

3.6　担保

3.6.1　本合同项下借款的担保方式为：____。

3.6.2　担保合同由贷款人与借款人、担保人另行签订。若采取最高额担保方式担保的，担保合同编号为__________________________。

3.7　权利义务

3.7.1　借款人的权利与义务

（1）按照合同约定提取借款；

（2）按时、足额归还借款本息；

（3）按照法律法规规定或者合同约定的用途和方式使用借款；

（4）接受并积极配合贷款人及其委托人对项目建设、财务活动、借款使用情况及其他相关事宜进行监督、检查；应贷款人要求及时向贷款人报送有关项目、借款使用、财务及贷款人要求的其他相关资料、信息；

（5）借款人实施下列行为，应提前书面通知贷款人，并经贷款人同意：

①实施承包、租赁、股份制改造、联营、合并、兼并、并购、分立、减少注册资本、合资、主要资产转让、重大对外投资、发行债券、申请停业整顿、申请解散、申请破产等；

②为他人债务提供大额保证担保或以其主要财产向第三人抵押、质押，可能影响借款人偿债能力的；

③借款本息偿还完毕前，因借款形成的项目资产或者收益（含预期收益）未相应为贷款人（包括贷款人参与的银团贷款）设定抵押、质押，借款人为第三人设定抵押、质押的；

④项目实施过程中，建设方案或项目概算发生重大调整；

⑤借款人足以引起本合同债权债务关系发生重大变化或者影响贷款人债权实现的其他重大不利情形；

（6）借款人发生以下事项时，应于事项发生 5 日内书面通知贷款人：

①借款人及其法定代表人、主要负责人或者实际控制人从事违法活动；

②停产、歇业、注销、被吊销营业执照、被撤销等；

③财务状况恶化、生产经营严重困难或发生重大不利纠纷；

④借款人可能对债权实现有不利影响的其他事项。

（7）借款人发生以下事项时，应于事项发生 7 日内书面通知贷款人：

①隶属关系变更、高层人事重大变动、组织结构重大调整；

②名称、住所地、经营范围等工商登记事项或者特许事项发生重大变更；

③增加注册资本、对公司章程内容进行实质修改；

④借款人可能影响债务履行的其他重要事项的变更；

（8）借款人及其投资者不以抽逃资金、转移资产或擅自转让股份等任何方式逃避对贷款人的债务，不从事损害贷款人利益的其他行为；

（9）借款人承担与本合同及本合同项下担保有关的律师服务、保险、运输、评估、登记、保管、鉴定、公证等必要费用；

（10）法律法规规定或者双方约定的其他权利义务。

3.7.2　贷款人的权利与义务

（1）按期、足额向借款人发放借款，但因借款人自身原因或其他非贷款人原因造成迟延的除外；

（2）有权以现场与非现场方式的方式监督、检查下列涉及项目建设、生产经营、财务状况、物资库存和借款使用等方面的情况，并要求借款人提供相关的文件、资料和信息：

①项目资本金、自筹资金及其他配套资金是否按期到位；项目有无重大变化；项目进度与项目累计财务支出是否相当等；

②借款人是否按约定的借款用途使用借款，借款是否被违规用于从事股本权益性投资及有价证券、期货或者从事投机经营等；

③贷款人认为需要检查的其他必要事项；

（3）对借款人可能影响借款安全或者债务履行的情形，贷款人可以要求借款人限期改正、落实债权保障措施、提供其他有效担保，或者停止发放借款、宣布本合同及其他合同项下借款提前到期、提前收回借款等；

（4）保证人出现停产、歇业、注销登记、被吊销营业执照、破产、被撤销以及重大经营亏损等，可能导致其部分或全部丧失相应的担保能力，或者作为借款担保的抵押物、质押物价值减少、意外毁损或灭失等危及担保实现情形的，贷款人可以要求借款人提供其他有效担保；

（5）法律法规规定或者双方约定的其他权利义务。

3.7.3　其他义务

3.7.3.1　各方对合同签订、履行过程中获得的对方商业秘密以及其他与利益相关的信息等负有保密义务；除非法律法规另有规定，未经对方同意，不得向任何第三方披露或泄露上述信息。

3.7.3.2　合同权利义务终止后，各方都应当依据诚实信用原则履行必要的通知、协助等义务。

第四条　补充条款

双方协商以下____同时适用于本合同项下借款，对双方有约束力；本条其他未选择适用条款对双方不具有约束力：

4.1　贷款使用条件

4.1.1　在满足下列条件前，对于贷款人已经依照本合同约定发放至借款人账户的借款，借款人使用前需经贷款人同意：____。

4.1.2　借款限制使用期间，按照约定计收利息。

4.1.3　在贷款使用条件满足前，借款人发生被有权机关查询、冻结或者扣划等情形，或者第三人向借款人主张权利的，借款人应立即通知贷款人。

4.2　资金监管账户

4.2.1　借款人在贷款人处开立以下资金监管账户：

户名：____________________________________

账号：____________________________________

并将下述____________款项存入该账户：

（1）与贷款人借款比例对应的项目资本金；

（2）____________（全部/与借款比例对应）的经营或者租售收入；

（3）其他：____。

4.2.2　在合同权利义务完全终止前，借款人变更或者取消该账户的，需经贷款人同意。

4.2.3　其他：____。

4.3　保险

4.3.1　借款人应在提款前______日内根据法律法规规定、行业规定或贷款人的要求，向贷款人认可的保险公司办理项目所涉及的工程及财产等保险，保险险种包括但不限于：

（1）____；

（2）____；

（3）____。

4.3.2　借款人投保的保险金额不低于本合同项下_____________（项目总价值/借款金额/担保物的评估价值/其他）；保险期为_________________________________（至项目竣工验收合格可交付使用之日止/长于本合同项下总借款期限半年/其他），并按照有关规定和贷款人要求续保，借款未还清前不得中断或撤销保险。

4.3.3　保险费由借款人承担，借款人应按时缴纳保险费；贷款人为借款人垫付保险费的，可以向借款人追偿保险费及其他必要费用。

4.3.4　保险期间，发生保险责任内的事故，借款人应立即通知保险公司及贷款人；保险赔偿金应提前偿还借款本息，保险赔偿金不足以偿还的，贷款人可以向借款人追偿或要求借款人另行提供担保。经贷款人同意，保险赔偿金也可用于恢复事故带来的损失等。

4.3.5　其他：____。

4.4　财务指标监督

发生下列____________________情形的，借款人应按贷款人要求落实贷款人认可的债务保障措施，否则，贷款人可以行使本合同第 5.3 条约定的权利，

（1）经营期项目实际收益低于评估水平_______的；

（2）借款人资产负债率达到______以上的；

（3）借款人发生不良信用的；

（4）借款人或有负债比率超过_____；

（5）其他：____。

4.5　借款额度重新核定

借款人对如下事项表示认可：贷款人有权在贷款后续管理过程中，根据借款人在其他金融机构的授信、用信额度以及借款人的财务状况、经营成果、现金流量等因素，重新核定借款人在本合同项下的借款额度。贷款人如根据该核定结果需调减借款人尚未使用本合同项下借款额度或取消本合同项下全部借款额度的，应提前 7 日向借款人发出书面通知。

4.6　其他约定

双方补充约定如下：____。

第五条　法律责任

5.1　借款人的下列行为，均构成违约：

（1）违反合同约定的义务；

范本内容精讲

公司一般都是向商业银行申请固定资产借款，因此签订固定资产借款合同也是与银行签订。向不同银行申请固定资产借款，其要求提供的资料会有所不同，如向中国农业银行申请固定资产借款，除需提供基本情况、生产经营和财务资料外，还应提供如下所示的项目资料。

1. 使用政府投资的项目，提供有权部门同意立项的批准文件；需政府核准的项目，提供有权部门核准文件；对需要提供可行性研究报告的，提供有相应资质的机构出具的可行性研究报告及批复文件；需主管部门审批同意的投资项目，提供主管部门批准文件。

2. 涉及环保的，提供环保评价报告及批准文件等。

3. 涉及用地的，提供建设用地合法手续的证明材料。

4. 资本金和其他建设、生产资金筹措方案及落实资金来源的证明材料。

5. 担保的有关资料。

6. 固定资产贷款调查评估需要的其他资料。

公司在通过银行的审核后，就会与银行签订固定资产借款合同。在上述固定资产借款合同范本中，展示了合同中间部分的条款内容，从整个合同范本来看，该固定资产借款合同主要由五大部分组成，包括定义、基本条款、补充条款、法律责任和其他事项。

在合同对借贷双方的权利与义务应详尽约定，以避免对部分重要事项约定不明或未约定，主要应约定的内容有借款金额、期限、利率、用途、支付和违约责任等，下面来看看范本中的部分条款内容。

◆ 借款人承诺

在固定资产借款合同中，贷款人应要求借款人对与贷款相关的重要内容作出承诺，通过范本第二条条款，可以看出借款人承诺的内容主要包括如下所示的内容。

1. 项目及其借款事项符合法律法规的要求。

2. 向贷款人提供的资料应是完整、真实和有效的资料。

3. 履行合同义务时诚实守信，配合相关部门和贷款人对贷款的相关检查。

4. 不向贷款人隐瞒会影响其偿债能力的重大不利事项，发生重大事项时及时通知贷款人。

◆ 提款、贷款支付

在范本“提款、贷款支付”条款中可以看到借款人申请提款是有条件的。在固定资产借款合同中，提款条件应包括与贷款同比例的资本金已足额到位、项目实际进度与已投资额相匹配等要求。

如在范本中要求“借款人具备承贷主体资格”“项目资本金来源符合法律法规规定，并且已经先于借款（全部/同比例）到位；项目实际投资超过原定投资金额，贷款人追加借款的，借款人配套追加的项目资本金已经先于借款（全部/同比例）到位；项目实际进度与已投资额相匹配”等。

在贷款支付内容中，借款人需要清楚，在部分条件下，借款人应当采取贷款人受托支付方式，主要包括如下所示的两大条件。

1. 单笔提款金额超过项目总投资的5%。

2. 单笔提款金额超过500万元人民币（含等值外币）。

上述条件是相关法律法规明确规定的，在合同中，双方还可以约定其他应当采取受托支付的内容。

◆ 提前还款

提前还款是指在借款合同还未到期前，借款人先行偿还贷款的行为。在有些情况下，提前还款对借款人来说是有利的，而对贷款人来说可能是不利的，而固定资产借款涉及的金额较大，因此在合同中，借贷双方通常会对提前还款事项进行约定。

提前还款可分为提前全部还款和提前部分还款，针对借款人的提前还款，金融机构都会要求借款人提前作出申请，同时对提前还款的金额还会作出规定。一般情况下，针对提前还款，金融机构都会要求借款人支付相应的提前还款手续费，作为对金融机构的补偿，在范本中可以看到相关约定内容。因此在实践中，公司是否要提前还款要慎重考虑。

◆ 借款凭证

在借款凭证内容中，可以看到“借款凭证为本合同的组成部分，本合同记载的借款金额、提款金额、还款金额、借款日期、还款日期和借款利率与借款凭证记载不一致时，以借款凭证的记载为准”的内容。在固定资产借贷中，对于借款金额、还款金额的约定，不仅要看合同内容，还要看借款凭证，因此借款人不能忽视借款凭证的作用。

◆ 借款人权利与义务

范本中关于借款人和贷款人权利与义务的内容约定很明确，其中借款人需要注意，在实施部分行为时，需要提前通知贷款人，且要经贷款人的同意。具体是实施承包、租赁、股份制改造、联营、合并、兼并、并购、分立、减少注册资本、合资和主要资产转让等行为。因此借款人在实施某些行为时，要确保该行为已征得贷款人的同意，否则会被视为违反合同约定。

对于需要在借款合同中约定的其他事项，借贷双方还可以达成补充条款，如贷款使用条件、资金监管账户、保险以及其他约定等。

知识补充 公司与银行之间的其他借款方式

在公司的借款中，与银行之间建立借贷关系是比较常见的，除前面已经了解了的流动资金借款、固定资产借款外，还有房地产开发借款、经营性物业抵押借款和并购融资借款等。在与银行建立上述借贷关系时，都会与其签订借款合同，在签订时要认真阅读合同条款内容，银行会将重要的条款内容用黑体字进行标识，因此对于黑体字部分要特别留意，对于不清楚的内容可以咨询银行。与银行签订的借款合同一般都是格式合同，如果对部分条款存在异议，那么借款人可以与银行进行协商，达成补充条款，以更好地维护公司的权益。

第六章

以特定方式实现债权——担保合同

6.1 必知担保合同要点

■担保合同概念和特征 ■担保方式 ■抵押物登记

公司在进行买卖、加工承揽、借贷等经济活动时，常常会涉及担保，担保是保障债权人实现其债权，保证债务人能够履行自己的义务的手段。

6.1.1 担保合同的概念和特征

当事人在设定担保时，要按照《担保法》规定的方式进行，签订的担保合同也要依照其规定。担保合同是明确担保人与担保权人之间权利与义务的协议，担保合同具有以下特征。

◆ 从属性

担保合同不会单独存在，它是主合同的从合同，即担保合同成立的前提是已存在或发生了相应的合同关系，这体现了担保合同的从属性。另外，担保合同的从属性还体现在其担保的债务不会超过主合同的债权范围，如果主合同无效或被消灭，那么担保合同也会无效或被消灭。

◆ 补充性

补充性指担保合同是对其主合同的补充，其补充性表现在责任财产的补充和效力的补充两方面。责任财产的补充是指担保合同在主合同的基础上，增强了债权人债权实现的可能性，使得债权人和债务人、债务人和担保人之间形成了新的权利义务关系。效力的补充是指担保合同的履行是在主合同未完全履行，即主债务人未履行自己的义务时，担保人才会履行担保的义务。

◆ 相对独立性

虽说担保合同是主合同的从合同，但担保合同也有其独立的地位，其独立性体现在两方面。一方面是法律关系上的独立，另一方面是合同效力上的独立。在法律关系上，担保合同有《担保法》作为法律依据，在合同效力上，担保合同有其自身的成立要件。

6.1.2 担保合同的担保方式

前面在介绍借款合同时，我们已经认识了保证、抵押和质押 3 种担保方式，除这 3 种担保方式外，担保的方式还有留置和定金两种担保方式。

1. 留置

留置是指在保管合同、运输合同和加工承揽合同中，债权人按照合同约定占有债务人的动产，债务人不按照合同约定的期限履行债务，债权人有权依照《担保法》的规定留置该财产，以该财产折价或者以拍卖、变卖该财产的价款优先受偿。

在担保中留置权是指债权人在未获得债务人清偿的债权前，对已经占有的债务人的动产进行留置的一种权利，以该动产作为担保，用以实现债权。

留置这种担保方式存在于保管合同、运输合同和加工承揽合同中，如在运输合同中，托运人或收货人没有按照合同的约定支付运费或其他费用，那么承运人就可以将所运输的货物进行留置。债权人在行使留置权后，如果债务人在留置期限内，清偿了债务，那么债权人要将留置的标的物返还，若债务人没有清偿债务，那么债权人可以折价、拍卖或变卖该留置物，利用该价款来清偿债权。留置权具有以下 3 个特征。

- 由于担保合同是从合同，因此留置权也是一种从权利，其目的是为了实现担保债权，保证担保债务人履行合同。
- 留置权属于他物权，留置权人可以从留置物折价、拍卖或变卖中获得优先清偿。
- 留置权是一种法定担保方式，它依法律规定而发生。

2. 定金

在前面我们对订金和定金的区别有过一定的了解，在担保合同中，定金是一种债权担保方式，其具有以下的特点。

- **定金合同成立要件：**定金合同要成立，不仅需要合同当事人双方意思表示一致，还需要以定金的交付行为为成立要件。
- **定金合同的主合同：**定金合同的主合同一般是支付金钱债务的合同。

定金合同要求一方当事人提前支付一定的定金给另一方当事人，但定金与预付款是不同的，预付款并没有担保的作用，从两者的区别上来看，预付款只是履行债务的行为，而定金是为保证债务履行的一种担保行为。

6.1.3 如何办理抵押物的登记

抵押物是指抵押人向抵押权人提供的担保物，抵押物可以是有形财产也可以是无形财产。前面我们已经知晓了哪些财产可以作为抵押物，下面就来看看不可以抵押的财产，具体内容如下。

- 土地所有权。
- 耕地、宅基地、自留地和自留山等集体所有的土地使用权，但本法第三十四条第（五）项、第三十六条第三款规定的除外。
- 学校、幼儿园和医院等以公益为目的的事业单位和社会团体的教育设施、医疗卫生设施和其他社会公益设施。
- 所有权、使用权不明或者有争议的财产。
- 依法被查封、扣押或监管的财产。
- 依法不得抵押的其他财产。

法律要求部分财产在进行抵押时，需要签订书面的抵押合同，同时要办理抵押物登记，抵押物登记可以保障债权人的合法权益，不同的财产办理抵押物登记需要到不同的部门，具体如下所示。

- 以无地上定着物的土地使用权抵押的，为核发土地使用权证书的土地管理部门。
- 以城市房地产或者乡（镇）、村企业的厂房等建筑物抵押的，为县级以上地方人民政府规定的部门。
- 以林木抵押的，为县级以上林木主管部门。
- 以航空器、船舶和车辆抵押的，为运输工具的登记部门。
- 以企业的设备和其他动产抵押的，为财产所在地的工商行政管理部门。

除上述所示的财产外，其他财产的抵押可以自愿办理抵押物登记，如家用电器、汽车等财产。根据《担保法》的规定：若当事人未办理抵押物登记的，不得对抗第三人；当事人办理抵押物登记的，登记部门为抵押人所在地的公证部门。

在办理抵押物登记时，当事人需要向登记部门提供办理登记所需的相关文件和复印件，具体需要以下资料。

主合同

主合同是指债务人和债务权人就某一权利和义务签订的合同，如借款合同。

抵押合同

抵押合同是指抵押人和抵押权人签订的担保主债务履行的合同，如借款合同为保证债务人能够按时偿还借款，而以房产进行抵押而签订的抵押担保合同。

抵押物的所有权或者使用权证书

抵押物的所有权或者使用权证书是指财产的权属证明，如不动产证、运输工具所有权证书等，只有财产的所有权人或使用权人才能处置该财产，因此权利证书中的所有权人或使用权人必须为抵押人。

知识补充 不得对抗第三人的含义

不得对抗第三人有两层含义，一是在抵押合同签订后，若抵押人将财产善意转移给第三人，那么抵押权人无权追偿，抵押权人只能要求抵押人提供新的担保，或者要求债务人偿还债务；二是在合同签订后，若抵押人将该财产再次作为抵押物抵押给第三人，且第三人办理了抵押物登记，那么第三人可以优先于前抵押权人受偿。由此可见，若抵押权人想要很好地保障自身的权益，最好办理抵押物登记。

6.2 担保合同争议处理和陷阱防范

■保证期间中断 ■保证责任承担 ■抗辩权 ■以贷还贷 ■合同骗局

在债务人不履行债务时，担保人在履行自己的权利和义务的过程中就可能会产生担保合同纠纷。

6.2.1 担保中的保证期间可以中断吗

在以保证为担保方式的担保中，保证人和债权人会签订保证合同，保证合同中会约定保证期间，保证期间是指保证人承担保证责任的起止时间。保证期间的长短可以由当事人双方在保证合同中约定，保证人需要在约定的保证期间内承担保证责任，保证期间到期后，保证人的保证责任免除。

若双方没有约定保证期间，或保证期间约定不明确，那么保证期间为主债务履行期届满之日起六个月，也就是说在未约定保证期间或保证期间约定不明确时，债权人可以在主债务履行期届满之日起六个月内，要求保证人承担保证责任。

在保证担保中还存在连带责任保证的保证人，连带责任保证是指约定保证人和债务人对债务承担连带责任的一种保证方式。在连带责任保证的保证合同中，若没有约定保证期间，那么根据《担保法》第二十六条规定：债权人有权对自主债务履行期届满之日起六个月内要求保证人承担保证责任。可以看出，连带责任保证的保证期间规定与一般保证相同。

保证担保中，债权人和保证人还可能在最高债权额限度内就一定期间连续发生的借款合同或者某项商品交易合同订立一个保证合同，保证人若就连续发生的债权提供了担保，但没有约定保证期间，那么保证人可以随时书面通知债权人终止保证合同，但保证人对于通知到债权人以前所发生的债权，承担保证责任。

在《最高人民法院关于适用〈中华人民共和国担保法〉若干问题的解释》（简称《担保法》解释）中，对于保证期间还有以下规定。

- ◆ 主合同对主债务履行期限没有约定或者约定不明的，保证期间自债权人要求债务人履行义务的宽限期届满之日起计算。
- ◆ 最高额保证合同对保证期间没有约定或者约定不明的，如最高额保证合同约定有保证人清偿债务期限的，保证期间为清偿期限届满之日起六个月。没有约定债务清偿期限的，保证期间自最高额保证终止之日或自债权人收到保证人终止保证合同的书面通知到达之日起六个月。

在现实生活中，当事人可能对保证期间是否可以中断产生疑问。根据《担保法》规定：一般保证的保证人与债权人未约定保证期间的，保证期间为主债务履行期届满之日起六个月。在合同约定的保证期间和前款规定的保证期间，债权人未对债务人提起诉讼或者申请仲裁的，保证人免除保证责任；债权人已提起诉讼或者申请仲裁的，保证期间适用诉讼时效中断的规定。

由此可见，保证期间是可以中断的，若在保证期间内，债权人没有要求保证人提供保证责任，那么保证人的保证责任就会被免除，但如果债权人已经提起了诉讼或申请了仲裁，那么在该诉讼或仲裁期间可能会使得保证期间届满，在这种情形下，这样对债权人来说有失公平，因此担保法规定债权人已提起诉讼或者申请仲裁的，保证期间适用诉讼时效中断的规定。

也就是说，在保证期间，如果债权人对债务人提起诉讼或者申请仲裁，那么保证期间就中断，将重新计算保证期间，对于保证期间如何重新计算，可以根据《民法通则》第一百四十条的规定来确定，即诉讼时效因提起诉讼、当事人一方提出要求或者同意履行义务而中断。从中断时起，诉讼时效期间重新计算。

6.2.2 债权转让后，保证人是否还要承担责任

我们知道担保合同是主合同的从合同，若主合同中的债权发生了转移，那么保证人是否还要继续履行保证责任呢？在这种情况下，要看主债权的转移是否合法。如果债权人是依法将主债权转让给了第三人，那么保证人在原保证担保的范围内继续承担保证责任。

主债权的转移会使得债权债务关系发生变化，合法债权债务关系的变更并不影响债务的履行，只是使得原债务由第三人履行，而保证人所担保的主债权未发生变化，因此保证人要在原保证担保的范围内继续承担保证责任。

并不是任何情况下的债权转让都不会影响保证人的担保责任，只有在以下情形下的债权转让才不会影响。

- 原债权人转移债权的行为必须在保证期间内作出。
- 债权转让后，保证人的保证范围不会发生变化。
- 合同中没有对债权转让的后果进行另行约定。

如果在合同中约定了若债权人将债权依法转移给第三人，保证人不再承担保证责任，那么在债权人转移债权后，保证人的保证责任就免除了。

在现实生活中，除了债权人会将债权转移给第三人外，还存在债务人将其债

务转移给第三人的情形，那么债务人如果将债务转移给了第三人后，保证人还需要承担保证责任吗？

在这种情形下，若要保证人继续承担保证责任需要取得保证人书面同意。这是因为保证人之所以会提供担保是出于对债务人的信任，如果原债务人将债务进行了转移，那么会使得债务人是否能够清偿债务的可能性发生变化，对保证人来说是不利的。

因此，《担保法》规定在保证期间，债权人许可债务人转让债务的，应当取得保证人书面同意，保证人对未经其同意转让的债务，不再承担保证责任。这样可以减少担保合同的纠纷。

6.2.3 保证人如何行使抗辩权

在担保合同中，保证人的抗辩权为先诉抗辩权，体现为拒绝履行债务的权利，在《担保法》第十七条内容中，对于保证人的先诉抗辩权有以下规定：当事人在保证合同中约定，债务人不能履行债务时，由保证人承担保证责任的，为一般保证。一般保证的保证人在主合同纠纷未经审判或者仲裁，并就债务人财产依法强制执行仍不能履行债务前，对债权人可以拒绝承担保证责任。

这种保证人可以拒绝承担保证责任的权力就是先诉抗辩权，保证人在享有先诉抗辩权的情形下，可以在债权人要求其履行债务人的债务时，提出抗辩，只有在主合同纠纷已经审判或者仲裁，依法对主债务人的财产诉请执行后，债务人仍不能清偿债权人的债务时，保证人才不能拒绝承担保证责任。

先诉抗辩权是保证人的一项合法权利，在下列的情形下，保证人是不能行使先诉抗辩权的。

- 债务人住所变更，致使债权人要求其履行债务发生重大困难的。
- 人民法院受理债务人破产案件，中止执行程序的。
- 保证人以书面形式放弃先诉抗辩权的。

保证担保中，保证人除享有先诉抗辩权外，还享有债务人的抗辩权，抗辩权是指债权人行使债权时，债务人根据法定事由对抗债权人行使请求权的权利。抗辩权是一种民事权利，它具有以下的特征。

◆ 抗辩权是对抗他人行使请求权的一种权利，客体是请求权。

◆ 抗辩权具有防御性而非攻击性的特征。

◆ 行使抗辩权是对他人行使请求权的一种阻却，而不是消灭。

与先诉抗辩权不同的是，抗辩权是债务人的权利，而不是保证人自己的。在债权人要求债务人履行债务的过程中，债务人可以提出抗辩。但保证人作为承担保证责任的一方，也拥有债务人享有的抗辩权，且在债务人放弃对债务的抗辩权时，保证人仍有权抗辩。

对于先诉抗辩权和抗辩权之间的不同，要明确区分。保证人在行使自己的先诉抗辩权时，要注意以下事项。

1. 只有在一般保证中，保证人才拥有先诉抗辩权，在连带保证中，只享有债务人的抗辩权。

2. 在主合同纠纷未经审判或者仲裁前，诉讼、仲裁程序或强制执行进行过程中，以及在诉讼或者仲裁后，但还未对债务人的财产强制执行前，保证人才能行使先诉抗辩权。

3. 只有在债权人要求债务人履行债务时，保证人才能行使先诉抗辩权。

4. 先诉抗辩权并不能使保证人的保证责任消灭，只能延缓保证人承担保证责任的时间。

6.2.4 “以贷还贷”合同中保证人的责任

在借款合同中，“以贷还贷”的纠纷比较常见。“以贷还贷”又被称为借新还旧，是指债权人和债务人在原债务还未完全清偿前，又签订了新的借款合同，债务人以新借款合同借出的款项来偿还原借款合同中的全部或部分债务。

在“以贷还贷”中，就担保问题产生的纠纷颇多，对于“以贷还贷”合同中保证人如何承担保证责任，需要根据不同的情形来看。在《担保法》司法解释第三十九条中，对于“以贷还贷”的保证人责任认定有以下规定：主合同当事人双方协议以新贷偿还旧贷，除保证人知道或者应当知道的外，保证人不承担民事责任。新贷与旧贷系同一保证人的，不适用前款的规定。

由此可见，“以贷还贷”保证人责任的认定有 3 种情形。

- 如果保证人知晓“以贷还贷”的事实，那么保证人是需要承担保证责任的。
- 但如果保证人不是前一份借款合同的保证人，也并不知晓“以贷还贷”的事实，那么保证人不承担保证责任。
- 在保证人不知晓“以贷还贷”事实的情形下，如果新借款合同和前一份借款合同的保证人是同一人，那么也需要承担保证责任。

目前，相关法律法规对“以贷还贷”并没有明确的定义，但在银行贷款中，“以贷还贷”的现象是很普遍的。在实践中，首先要确定新借款行为的发生是否是以新贷还旧贷，如果主合同不涉及“以贷还贷”，那么也不会涉及保证人是否承担保证责任的问题。

在“以贷还贷”的借款中，“知道和应当知道”的认定较为复杂，因此债权人为保证自身的权益，最好取得保证人的书面说明，这样可以避免保证人以不知晓为由，拒绝承担保证责任。

6.2.5 如何预防担保合同骗局

在现实生活中，存在债务人为获得贷款隐瞒部分事实，骗取债权人的财产，或债务人和债权人双方串通，骗取他人提供担保的情形。在不同的担保方式中，都需要防范担保合同骗局。

1. 保证担保

在保证担保中，债权人要考察保证人的主体资格、资信能力和信誉，以避免因保证人不得作为保证人的主体，导致保证合同无效。另外，有下列情形之一的，保证人也不承担民事责任。

- 主合同当事人双方串通，骗取保证人提供保证的。
- 主合同债权人采取欺诈、胁迫等手段，使保证人在违背真实意思的情况下提供保证的。

上述两种情形，属于损害保证人利益的行为，此时，保证人与债权人之间订立的保证合同并不是保证人真实意思的表示，因此保证合同是无效的。

2. 抵押担保

在抵押担保中，债权人需要对抵押物的真实性、合法性和变现能力进行考察，在抵押担保中，部分财产是不能作为抵押物的，另外，部分可作为抵押物的财产变现较困难，债权人如果接受此类财产的抵押也容易导致损失，因此还需要考虑抵押物的变现能力。

只有抵押物的所有权人或使用权人才能将该财产进行抵押，所以，需要对抵押人的身份进行核实，确保抵押的财产是真实、合法的财产。对于法律规定需要办理抵押物登记的财产必须办理登记，对于法律没有规定的财产，也最好办理登记，因为法律规定未办理抵押物登记的，不得对抗第三人。

3. 其他担保方式

质押担保会涉及动产质押和权利质押两种方式，为避免质押担保合同诈骗，质权人需要考察质物的合法性，因为用虚假标的出质的质押合同是无效的。对于部分质物，法律规定要求办理出质登记的，需要依法办理，如以依法可以转让的股票出质的，需要向证券登记机构办理出质登记；以依法可以转让的商标专用权，专利权、著作权中的财产权出质的，需向其管理部门办理出质登记。

在定金担保中，需要注意的主要是定金合同和订金合同的骗局，前面我们已经了解了其区别，因此不再赘述。

知识补充 合同诈骗和合同欺诈的区别

合同诈骗是指以非法占有为目的，在签订、履行合同过程中，骗取对方当事人财物，数额较大的行为。合同欺诈是指合同的一方当事人故意捏造虚假情况，或歪曲、掩盖真实情况，使另一方当事人作出违背其真实意思的行为。合同诈骗和合同欺诈的区别在于两者的目的有所不同，合同诈骗的目的是为了骗取他人财物，而合同欺诈一般不以非法占有为目的。从客观方面来看，合同诈骗罪适用于《中华人民共和国刑法》（简称《刑法》），而合同欺诈属于民事法律、政策的范畴。对于合同诈骗罪，《刑法》规定：数额较大的，处三年以下有期徒刑或者拘役，并处或者单处罚金；数额巨大或者有其他严重情节的，处三年以上十年以下有期徒刑，并处罚金；数额特别巨大或者有其他特别严重情节的，处十年以上有期徒刑或者无期徒刑，并处罚金或者没收财产。

6.3 担保合同范本详讲

■保证合同 ■抵押担保合同 ■质押合同 ■留置担保合同

担保的方式有多种，因此担保合同的类型也有多种，下面就分别来看看保证合同、抵押担保合同、质押合同、定金合同和留置担保合同的范本内容。

6.3.1 保证合同

保证合同是债权人和保证人之间为明确双方权利和义务而签订的合同，在签订保证合同后，如果债务人未履行债务，那么保证人就需要承担约定的保证责任。

范本内容展示

资源下载 \Chapter06\ 保证合同 .doc

保 证 合 同

编号：__________

甲　　方（保证人）：__________________
住　　所：
邮政编码：　　　　　　　　　　　　法定代表人：
电　　话：　　　　　　　　　　　　传　　真：
基本账户开户行：　　　　　　　　　账　　号：

乙　　方（债权人）：__________________
住　　所：
邮政编码：
法定代表人／主要负责人：
电　　话：　　　　　　　　　　　　传　　真：

为保障乙方与债务人__________________（以下简称“主合同债务人”）所签订的编号为________________的《________________》（以下简称“主合同”）项下的债权，甲方愿意为主合同项下的债权（以下简称“主债权”）向乙方提供保证担保，甲、乙双方依照我国有关法律、法规，经协商一致，订立本合同。

第一条　被担保主债权的种类、金额和期限

1.1 甲方所担保的主债权为债务人在乙方办理主合同项下约定业务所形成的债权，主合同项下约定业务种类为_______________，币种为__________，本金数额为（大写）________________________，期限自______年____月_____日始至_____年____月____日止。

第二条　保证担保的范围

2.1 甲方保证担保的范围为主债权本金（大写）____及利息、逾期利息、罚息、复利、违约金、损害赔偿金、乙方为实现债权而发生的费用以及其他所有主合同债务人的应付费用。

第三条　保证方式

3.1 甲方的保证方式为连带责任保证。当主合同债务人不按主合同的约定履行还款义务时，乙方有权直接向甲方追偿，甲方应立即向乙方清偿主债权。

3.2 若除本合同约定的担保方式外，主合同项下还存在其他担保（包括但不限于主合同债务人向乙方提供物的担保）的，乙方有权选择优先行使本合同项下权利，要求甲方承担连带保证责任，甲方对乙方承担的保证责任不受任何其他担保的影响，其保证责任的承担也不以乙方向其他任何担保人提出权利主张或进行诉讼/仲裁/强制执行为前提。若乙方因任何原因放弃、变更主合同债务人向其提供物的担保、变更担保的顺位，造成其在上述物的担保项下的优先受偿权益丧失或减少，甲方同意其在本合同项下的保证责任并不因之而免除或减少。

3.3 若甲方为主合同项下部分债权提供担保，主债权获得任何部分清偿并不相应减轻或免除甲方的担保责任，甲方仍需在其承诺担保的数额范围内对主合同项下未偿还的余额承担担保责任。

第四条　保证期间

4.1 甲方保证期间为自主合同约定的主债务履行期届满之日起两年。

4.2 前款所述“主债务履行期届满之日”包括主合同债务人分期清偿债务的情况下，每一笔债务到期之日；还包括依主合同约定，债权人宣布债务提前到期之日。

4.3 如主合同项下业务为信用证或银行承兑汇票，则保证期间为垫款之日起两年；分次垫款的，保证期间从每笔垫款之日起分别计算。

第五条　甲方权利和义务

5.1 甲方保证是依法注册成立并有效存续的合法单位，具有法律规定的保证人资格和代为清偿能力，自愿承担并履行保证责任。

5.2 甲方保证签订本合同已依照法律规定及本公司章程的规定得到甲方上级主管部门或甲方公司董事会、股东会、股东大会等有权机构的批准，并取得所有必要的授权。

5.3 甲方保证其签署和履行本合同，不违反任何对甲方及其资产有约束力的规定或约定，不违反任何甲方与他人签署的担保协议、其他协议以及其他任何对甲方有约束力的文件、约定和承诺的内容。

5.4 甲方向乙方提供的所有文件、资料均真实、准确、合法、有效。

5.5 甲方知悉并同意主合同的全部条款，自愿为主合同债务人提供保证，并保证按本合同约定履行连带清偿义务。

5.6 若本合同项下主合同为《银行承兑协议》，则甲方保证主合同债务人与承兑汇票的持票人、背书人或其他当事人发生的任何票据及非票据纠纷，均不影响甲方依本合同的约定向乙方承担保证责任。

5.7 甲方保证在本合同有效期间不再向第三方提供超越自身担保能力的其他任何方式的担保。

5.8 甲方保证在本合同有效期间，应按乙方要求提供资产负债表、损益表、现金流量表等财务报表，接受乙方对其生产经营活动和财务状况的检查、监督。

5.9 在本合同有效期间内，应在包括但不限于承包、租赁、托管、资产重组、债务重组、股份制改造、联营、合并（或兼并）、分立、产权有偿转让、合资（或合作）、减少注册资本，或申请停业整顿、申请解散（或撤销）、申请重整、和解和破产等经营方式、自身体制或法律地位发生变化的三十日以前，书面通知乙方，并落实本合同项下全部保证责任。

5.10 在本合同有效期间内，应在包括但不限于被宣布停业整顿、被宣布关闭、被宣布解散（撤销）、被申请重整、破产等自身体制和法律地位发生变化或其他任何足以危及自身正常经营、丧失担保能力的情况发生后的三日内，书面通知乙方。

5.11 若甲方变更住所、名称、法定代表人，应在变更后七日内书面通知乙方。

第六条　乙方权利和义务

6.1 乙方有权随时要求甲方提供反映其经营情况及资信情况的财务报告、财务报表及其他资料。

6.2 主合同债务人在主合同项下债务履行期限届满（包括主债权分次到期或债权人宣布债务提前到期）未依约还款的，乙方均有权要求甲方按照本合同的约定承担连带保证责任。

6.3 若甲方未按约定履行本合同项下责任时，乙方对甲方应当支付的款项有权在甲方开立于华夏银行任何营业机构的账户中直接划收。乙方在甲方账户中划收款项时，账户中的币种与主债权币种不同的，按划收当天乙方公布的牌价折算。

第七条　违约责任

7.1 本合同生效后，甲、乙双方均应履行本合同约定的义务，任何一方不履行或不完全履行本合同所约定义务的，应当承担相应的违约责任，并赔偿由此给对方造成的损失。

第八条　合同的生效

8.1 本合同自双方签署之日起生效。

8.2 本合同的效力独立于主合同的效力，不因主合同的无效而无效。如主合同被确认无效，则甲方对主合同债务人因返还财产或赔偿损失而形成的债务也承担连带保证责任。

第九条　合同转让、变更与解除

9.1 本合同生效后，甲乙双方均不得擅自变更或解除本合同。

9.2 在本合同有效期内，乙方将主债权转移给第三人的，无须征得甲方同意，甲方仍在原保证范围内继续承担连带保证责任。

9.3 若本合同项下主合同为《信用证开证合同》，甲方确认，在开证申请人和乙方同意修改信用证时，若修改后信用证项下的金额（该金额不包括利息、违约金、赔偿金及其他有关费用）不超过主合同约定的信用证项下的开证金额和溢装金额之和时，无论信用证的金额和其他条款如何变化，上述修改均视为已经得到甲方事先同意，本保证合同继续有效，甲方继续承担连带保证责任。

第十条　争议的解决

10.1 甲、乙双方因履行本合同而发生的争议，应协商解决；协商不成的，双方选择按下列方式解决：

向乙方住所地人民法院起诉；

向__________仲裁委员会申请仲裁。

10.2 如双方选择的上述争议解决方式与主合同选择不一致的，以主合同选择的争议解决方式为准。

第十一条　附则

11.1 本合同有效期内，甲方名称、法定代表人、住所等发生变化而未书面通知乙方时，乙方按本合同所载资料向甲方发送所有文书，视同送达。

11.2 双方约定的其他事项

____

____

____。

11.3 本合同项下采用□方式进行选项时，在□内打√表示该条款适用，打×表示该条款不适用。

11.4 本合同甲方____份、乙方____份及______方____份，具法律效力相同。

11.5 本合同项下有关附件为本合同组成部分，与本合同具有同等法律效力。

11.6 乙方已采取合理方式提请甲方注意本合同项下免除或限制乙方责任的条款，并按甲方要求对有关条款予以充分说明；甲乙双方对本合同所有条款内容的理解不存在异议。

（以下无正文）

签署页（本页无正文）

甲方：　　　　（盖章）

法定代表人：
（或委托代理人）　　　　（签字）

______年____月____日

乙方　　　　（盖章）

法定代表人/主要负责人：
（或委托代理人）　　　　（签字或盖章）

______年____月____日

范本内容精讲

从上述范本的内容，我们可以看出保证合同包含的一般条款有哪些，下面就结合范本来认识一下保证合同应当包括的内容。

◆ 主债权的种类、数额和期限

范本第一条条款内容是与主合同有关的内容，包括主债权的种类、数额和期限。其中，主债权的种类是指主合同是哪种类型的债权债务，在范本中，主债权的种类需要根据主合同约定的业务内容来具体填写。

主债务的数额是指主合同的数量或价款，在保证合同中约定主债务的数额可以让保证人明确其需要承担的债务责任的情况。如主合同中要求债务人偿还的债务是 50 万元，那么这 50 万元就是主债务的数额。

债务人履行债务的期限与保证人的保证期间密切相关，因为当债务人不能清偿债务时，保证人就需要承担保证责任，因此在保证合同中也应明确债务人履行债务的期限。

◆ 保证担保的范围

在保证合同中，保证人可能会对全部债务承担保证责任，也可能会对部分债务承担保证责任，保证担保的范围即指保证人应对哪些债务承担保证责任。在合同中约定保证担保的范围时，除了要约定主债务本金的保证责任外，还需要考虑到可能会涉及的主债务的利息、违约金、损害赔偿金以及其他费用。

如果当事人在合同中没有对保证担保的范围进行约定或者约定不明确，那么将根据《担保法》的规定，保证人应当对全部债务承担责任。

◆ 保证方式

在保证合同中，保证方式有两种，包括一般保证和连带责任保证，在范本第三条条款中可以看出该范本合同中保证人的保证方式为连带责任保证。一般保证是指保证人和债权人在合同中约定在债务人不能履行债务时才承担保证责任；连带责任保证是指保证人与债权人在合同约定保证人对债务承担连带保证责任。

在连带责任保证方式下，如果债务人没有在约定的期限内履行债务时，债权人可以要求债务人履行债务，也可以要求保证人在其保证范围内履行债务。一般保证的保证人享有先诉抗辩权，而连带责任保证的保证人不享有先诉抗辩权。

需要注意的是，如果在合同中没有约定保证方式或者保证的方式约定不明确，那么保证人将按照连带责任保证承担保证责任，在范本的保证方式条款内容中可以看出，约定的保证方式为连带责任保证。

◆ 保证期间

保证期间的长短关系到保证人承担保证责任的时间多少，在范本中对于保证期间有如下图所示的约定。

第四条　保证期间

4.1 甲方保证期间为自主合同约定的主债务履行期届满之日起两年。

4.2 前款所述"主债务履行期届满之日"包括主合同债务人分期清偿债务的情况下，每一笔债务到期之日；还包括依主合同约定，债权人宣布债务提前到期之日。

4.3 如主合同项下业务为信用证或银行承兑汇票，则保证期间为垫款之日起两年；分次垫款的，保证期间从每笔垫款之日起分别计算。

在具体签订保证合同时，当事人可以根据需要约定具体的保证期间，如六个月、一年或一年半等。需要注意的是，如果保证合同约定的保证期间早于或者等于主债务履行期限的，将视为没有约定，保证期间为主债务履行期届满之日起六个月。在合同中若存在"保证合同约定保证人承担保证责任直至主债务本息还清时为止"等类似内容，也视为保证期间约定不明，保证期间为主债务履行期届满之日起两年。

◆ 其他内容

除上述内容外，在保证合同中，双方还可以根据需要约定其他事项，如违约责任、合同的生效、转让、变更以及争议的解决等。

6.3.2　抵押担保合同

抵押担保合同是将某一财产作为债权担保的合同，抵押人和抵押权人签订的抵押担保合同，应当以书面形式来订立。

范本内容展示

◎资源下载 \Chapter06\ 抵押担保合同 .doc

抵押担保合同

编号：________________

抵押人：________________________________
身份证号/企业法人注册号：____________________
法定代表人（负责人）：____________ 职务：________________
住所：______________________ 邮政编码：________________
电话：______________________ 传真：________________

抵押权人：______________________________
住所：______________________ 邮政编码：________________
电话：______________________ 传真：________________

抵押人应__________（以下简称“债务人”）的要求，为确保抵押权人与债务人签订的编号为________的《________》（以下简称“主合同”）的履行，抵押人基于对主合同项下债务人之行为和义务的全面的、慎重的了解以及对担保法律后果的准确认识，自愿为债务人履行主合同项下的债务向抵押权人提供抵押担保。

抵押权人已向抵押人充分解释了本合同的条款，且抵押人已审阅了主合同的条款和内容。根据《中华人民共和国合同法》、《中华人民共和国物权法》、《中华人民共和国担保法》等有关法律、法规和规章，双方经协商一致，签订本合同。

第一条 被担保债权的种类、数额

1、本合同项下被担保债权为抵押权人在主合同项下所享有的全部债权。

2、主合同项下的债权本金合计总额为：_____（大写）__________元整，（小写）__________元。债务履行期限从_____年_____月_____日起至_____年_____月_____日止。债权本金的实际金额和债务履行期限以主合同及其相关债权凭据所记载的为准。

第二条 抵押担保范围

1、本合同抵押担保的范围为：主合同项下债务人应承担的全部债务，包括但不限于全部本金、利息（包括正常利息、逾期利息、复利和罚息等）、违约金、损害赔偿金和抵押权人为实现债权而发生的一切费用（包括但不限于诉讼费、律师费、财产保全费、差旅费、执行费、评估费、拍卖费等）。

2、抵押权的效力及于抵押物的主物、从物、主权利、从权利、附合物、加工物和孳息等。

3、本合同项下的抵押不受抵押权人持有债务人及抵押人以外其他第三人任何方式的担保的影响，即无论抵押权人对主合同项下的债权是否拥有其他担保（包括但不限于保证、抵押、质押、保函、备用信用证、保证金、履约保险等），抵押权人均有权直接要求抵押人以抵押物在其担保范围内承担担保责任，且承担担保责任不分先后顺序。

第三条 抵押物

1、抵押人同意以抵押物清单中所列的财产作为抵押物，该抵押物清单为本合同组成部分。

2、抵押物价值（购买价/评估价）为人民币________元。抵押物的最终价值以抵押实现时实际处理抵押物的净收入为准。

第四条 抵押人承诺和保证

1、抵押人是在中华人民共和国正式成立并合法、有效存续的企业法人或组织（或是具有完全民事权利能力和完全民事行为能力的自然人）。抵押人拥有合法、充分和绝对的权利签署及履行本合同，其签署及履行本合同所需的全部授权程序（包括内部授权）已经完成。抵押人已获得有关本合同及相关文件之订立、有效、履行和执行等所必要的所有授权、同意、批准或许可，并且该等授权、同意、批准或许可是完全合法有效的。作为代表抵押人签署本合同及相关文件的签字人，是抵押人的有效授权代表，且已获得抵押人合法、充分的授权。

2、抵押人保证抵押物产权清晰，不存在任何权属争议、被查封、被扣押、已出租等情况（如抵押物已出租的，则须已取得承租人向抵押权人出具的确认承租人放弃其租赁关系对抗本合同项下抵押权之权利的书面确认书或经抵押权人认可的其他形式之确认文件），且抵押人依法对抵押物拥有充分、合法、有效的所有权或处分权，并有绝对的权利依本合同约定对抵押物设置抵押担保物权。

3、抵押物来源合法，依法可以流通或转让。

4、抵押人没有隐瞒抵押物项下拖欠税款、工程款等款项及抵押物出租的情况。

5、抵押人已就本合同项下抵押事宜征得抵押物共有人同意，且抵押物共有人同意受本合同约束。

6、抵押物在本合同签订及办理抵押登记之时，并没有被设置抵押权或其他任何担保物权。抵押权人与抵押人另有约定的除外。

7、抵押物不存在其他影响抵押权人实现抵押权的情形。

8、未经抵押权人书面同意，抵押人不得要求债务人就抵押人在本合同项下承担的义务以财产抵押或质押形式设立反担保。如抵押人与债务人就本合同项下的义务签订反担保协议或类似协议，抵押人必须在完全履行本合同项下担保义务后方可行使反担保协议或类似协议项下的权利。

9、抵押人未履行本合同项下义务时，债权人可以就抵押人的违约行为对外进行公开披露，或为催收之目的将有关信息提供给催收机构，且无需对由此而可能给抵押人带来的影响承担任何责任。

10、抵押人同意抵押权人可以依据有关法律法规或其他规范性文件的规定或金融监管机构的要求，将有关本合同的信息和其他相关信息提供给中国人民银行个人信用信息基础数据库、企业信用信息基础数据库和其他依法设立的信用数据库，供具有适当资格的机构或个人查询和使用，抵押权人也有权为本合同订立和履行之目的，通过中国人民银行个人信用信息基础数据库、企业信用信息基础数据库和其他依法设立的信用数据库查询抵押人的相关信息。

第五条 主合同的变更

1、本合同生效后，抵押权人与债务人对本合同所担保的主合同之债权债务金额进行变更应及时通知抵押人并取得其同意。未取得抵押人同意的，如果加重了债务人债务的，抵押人对加重的部分可以不以抵押物承担担保责任；如果减轻了债务人的债务的，抵押人以抵押物对变更后的合同承担担保责任。

2、抵押人在此同意，除增加债权债务本金金额外，抵押权人与债务人协议变更本合同所担保的主合同，无需征得抵押人同意，有关变更自抵押权人或债务人告知抵押人之时起对抵押人具有约束力。主合同的变更并不影响抵押人履行本合同项下的义务，抵押人以抵押物应承担的担保责任也不因此而减免，抵押人仍以抵押物对变更后的合同承担担保责任。

3、抵押人已充分认识到利率风险，如主合同采用可浮动利率，抵押人愿以抵押物承担因利率浮动而增加的担保责任。

第六条 抵押权的存续期间

1、本合同项下抵押权的存续期间自本合同签订之日起至主合同项下的债权债务之诉讼或仲裁时效届满之日止。

2、抵押权存续期间，抵押权人有权依法将其在主合同项下的全部或部分债权转让给第三人，且无需征得抵押人同意，抵押人仍以抵押物对被转让的债权承担担保责任，并由受让债权的第三人按其所受让的债权受让相应的抵押权。

3、抵押人在此同意，在抵押权存续期间，抵押权人可以许可债务人转让全部或部分债务，如将来抵押权人许可债务人转让债务的，无需再取得抵押人口头或书面同意，抵押人仍以抵押物在原抵押担保的范围内继续承担担保责任（包括对被转让的债务承担担保责任）。

第七条 抵押物的保管

1、抵押权存续期内，抵押物由抵押人保管、使用并负责保养、保全，同时随时接受抵押权人的检查；抵押权人如有要求，抵押物的权属证明应交抵押权人保管。如果在抵押权存续期间，抵押物发生毁损、灭失或其他使抵押物价值明显减少的情况时，抵押人应立即采取措施维护、修缮、挽救和及时通知抵押权人，并在七天内向抵押权人提供与抵押物减少的价值相当的其他担保。抵押人由此所获得的保险金、赔偿金、补偿金等，按照本合同第九条第5款约定处理。

2、抵押人应及时缴交有关部门对抵押物收取的任何税费、管理费、修理费、水电费等款项，否则应赔偿因未履行上述事宜给抵押权人造成的一切损失。

第八条 抵押物的保险

1、抵押权人如有要求，抵押权存续期间，抵押人必须承担费用按抵押权人指定的险种为抵押物办理足额保险，并指定抵押权人为该保险的第一受益人，保险期限至少应长于主合同约定的债务履行期限三个月。保险手续办理完毕后，保单的正本交抵押权人保管。如果保险期届满时，被担保的债权未全部受偿的，抵押人应对保险期作相应延长，否则抵押权人有权作为第一受益人办理续保手续，保险费用由抵押人承担。

2、抵押权存续期间，抵押人不得以任何理由中断或撤销保险。如保险中断或撤销，抵押权人有权代为办理保险手续，一切费用及利息由抵押人承担，抵押权人有权向抵押人追偿并有权直接从抵押人在抵押权人所属的农村信用社系统开立的任何账户中划收上述费用。

3、保险单中应特别约定，一旦发生保险事故，保险人应将保险赔偿金直接划付至抵押权人指定的账户。抵押权存续期间，如果因第三人的行为导致抵押物价值减少的，损害赔偿金亦应存入抵押权人指定的账户。保险赔偿金、损害赔偿金按本合同第九条第5款约定处理。抵押物价值未减少的部分，仍然作为债权的担保。

4、抵押人应在保险事故发生后及时通知抵押权人，并根据保险单的有关规定及时向保险人索赔。

第九条 抵押物的处分

1、抵押权存续期间，未经抵押权人书面同意，抵押人不得擅自改变抵押物现状或者以出租、转让、置换、变现、再抵押、赠与、迁移、抵偿债务、托管、以实物形式联营、入股或其他任何方式处分抵押物。经抵押权人书面同意，抵押人转让、出租、出售抵押物所得价款，按照本条第5款约定处理。

2、抵押权存续期间，抵押物如被征用、拆迁的，抵押人应及时书面通知抵押权人。抵押人由此而获得的赔偿金、补偿金等，按照本条第5款约定处理。

3、抵押权存续期间，抵押物价值减少的，抵押人应当恢复抵押物的价值或提供抵押权人认可的担保；抵押人拒绝恢复或者不提供担保的，抵押权人有权宣布主合同项下债务提前到期，可以要求债务人履行债务，也可以提前行使抵押权。

4、本合同项下抵押物不得列入破产财产范围。但在抵押权人行使抵押权处分抵押物时，在所得价款清偿主合同项下债务人之全部债务后，剩余财产价值或所取得的款项可列入破产财产范围。

5、抵押人同意抵押权人有权采用下列任意一种或多种方式处理处分抵押物所得价款、保险赔偿金、损害赔偿金及补偿金等：

（1）清偿或提前清偿抵押担保的债务本息、违约金、损害赔偿金及相关费用等债务人应向抵押权人偿付的款项；

（2）转为定期存款，存单用于质押；

（3）根据抵押人与抵押权人约定向抵押权人指定的第三人办理提存；

（4）经抵押权人同意，用于修复抵押物，以恢复抵押物价值；

（5）其他合法有效的处理方式。

抵押人或债务人提供符合抵押权人要求的新担保后，抵押人可将所得款项自由处分。

第十条 抵押权的实现

1、出现下列任何一种情况时，抵押权人有权以协议折价、变卖、拍卖或法律允许的任何方式处置抵押物，并以所得价款优先受偿：

（1）债务人未按时足额偿还债务或违反主合同约定；

（2）债务人在本合同履行期间死亡、失踪或丧失民事行为能力后，其继承人、受遗赠人、监护人、财产代管人拒绝继续履行主合同的；

（3）债务人被宣告解散、破产的；

（4）债务人转移资产，抽逃资金，以逃避债务，或经营和财务状况恶化，无法清偿到期债务，或债务人卷入或即将卷入重大的诉讼或仲裁程序及其他法律纠纷，足以影响其偿债能力的；

（5）抵押权人根据法律法规之规定或主合同的约定提前收回债权，债务人未予清偿的；

（6）债务人违反主合同的约定或法律法规之规定，可能影响抵押权人实现债权的；

（7）抵押人违反本合同约定义务，导致抵押权人解除主合同的；

（8）其他足以影响或可能影响抵押权人实现债权的情况。

2、抵押权人依法处分抵押物所得的价款，按下列顺序分配：

（1）支付处分抵押物的有关费用；

（2）清偿债务人及抵押人应给付抵押权人而未给付的违约金、赔偿金及抵押权人实现债权所需的一切费用（包括但不限于律师费等）等；

（3）清偿债务人所欠抵押权人债务利息（包括罚息、复利等）；

（4）清偿债务人所欠抵押权人债务本金；

（5）所得价款在支付上述款项后的剩余部分，抵押权人应按抵押人的要求予以返还。

第十一条 费用的承担

本合同项下的有关公证、保险、评估、登记、鉴定、运输及保管、维修、提存等费用均由抵押人承担。

第十二条 抵押物的登记及注销

1、以抵押物设置抵押权依法应当办理抵押登记的，或者抵押权人要求办理抵押登记的，抵押人应及时备妥办理抵押登记所需的各种文件资料，并应当按照抵押权人的要求及在抵押权人规定的期限内亲自或委托抵押权人指定的人士到相应的登记部门依法办妥抵押登记。抵押人应将抵押物的他项权利证书、抵押物登记文件正本原件及其他权利证书交抵押权人持有。

2、主合同及本合同项下的全部债务履行完毕后，抵押权自动撤销，抵押权人同意配合抵押人办理抵押登记的注销等手续。

第十三条 抵押的独立性

本合同项下的抵押独立于主合同，不因主合同的解除或无效而解除或无效。如主合同被确认为全部或部分无效，则抵押人以抵押物仍按本合同承担担保责任，以及对于债务人因返还财产或赔偿损失而形成的债务仍承担担保责任。如抵押权人与债务人解除主合同的，抵押人对债务人应当承担的民事责任仍应以抵押物承担担保责任。

第十四条 违约责任

1、本合同生效后，抵押权人和抵押人均应履行本合同约定的义务，任何一方不履行约定义务的，应当承担相应的违约责任，并赔偿由此给对方造成的直接经济损失。

2、抵押权存续期间，抵押人违反本合同约定的，抵押权人有权要求抵押人限期纠正违约、提供相应的担保、赔偿损失，并有权提前处分抵押物。

3、抵押人如有下列行为之一，给抵押权人造成经济损失，应给予全额赔偿：

（1）隐瞒抵押物存在共有、争议、被查封、被监管、被扣押、重复抵押、已出租、拖欠税款或工程款等情况。

（2）未经抵押权人书面同意擅自处理抵押物。

（3）其他违反本合同约定或影响抵押权人实现抵押权的行为。

4、若因抵押人原因致使本合同项下抵押担保全部或部分无效的，抵押人应在本合同所记载的抵押物价值限额内，对本合同所述担保范围内的债务人应向抵押权人清偿之债务承担连带保证责任。

5、抵押权人有权就抵押人应承担的赔偿金直接从抵押人在抵押权人所属的农村信用社系统开立的任何账户中予以扣划。

第十五条 争议的解决及法律适用

1、本合同的签署、变更、修改、补充、有效、解释、履行和执行等，适用中华人民共和国法律。

2、凡因本合同引起的或与本合同有关的争议或纠纷，可由双方协商解决；协商不成或不愿协商时，以向贷款人所在地人民法院提起诉讼的方式解决（本合同约定的争议解决方式与主合同之约定不一致时，应以主合同的约定为准）。

3、在争议未解决之前，除争议事项外，不影响本合同规定的其他条款的执行。

第十六条 其他约定条款

1、本合同未尽事宜，由各方协商解决，未作约定的部分，均遵照中华人民共和国有关法律、法规和其他相关规定办理。

2、抵押人声明：

（1）抵押人清楚地知悉债务人及抵押权人的经营范围、授权权限。

（2）抵押人已阅读本合同及主合同所有条款，应抵押人要求，抵押权人已就本合同作了相应的条款说明。抵押人对本合同条款的含义及相应的法律后果已全部通晓并充分理解。

第十七条 其他约定

____

______________________________。

第十八条 合同的生效

本合同经抵押人和抵押权人法定代表人（负责人）或授权代表签章并加盖公章（如抵押人为自然人的，则须签字）后生效。

第十九条 合同文本份数

本合同一式___份，抵押人执___份，抵押权人执____份，其余____份留由抵押权人保存，以交相关部门或人士登记、备案或存档；每份均具有同等法律效力。

抵押人：　　　　　　　　抵押权人（公章）：

有权签章人：　　　　　　有权签章人：

签约日期：____年____月____日

签约地点：____________________

范本内容精讲

通过阅读范本可以看出抵押合同包括的内容有被担保的主债权种类、数额，担保范围，抵押物等。范本中约定了担保范围为本金、利息、违约金、损害赔偿金和抵押权人为实现债权而发生的一切费用。其中抵押权人为实现债权而发生的一切费用包括拍卖费、诉讼费及变卖费等费用。在范本的“抵押担保范围”条款中，还可以看到以下约定。

> 损害赔偿金和抵押权人为实现债权而发生的一切费用（包括但不限于诉讼费、律师费、财产保全费、差旅费、执行费、评估费、拍卖费等）。

孳息是指抵押物所产生的额外收益，孳息分为天然孳息和法定孳息，天然孳息是指物依自然规律产生的收益，如土地上生长的农作物，果树上结的果实等，而法定孳息指的是依法律关系产生的收益，如房屋租金、设备租赁费用等。

债务人将财产进行抵押后，该财产的所有权和使用权仍属于债务人，但因债务人不履行债务导致抵押物被人民法院依法扣押的就另当别论了，根据《担保法》第四十七条规定：债务履行期届满，债务人不履行债务致使抵押物被人民法院依法扣押的，自扣押之日起抵押权人有权收取由抵押物分离的天然孳息以及抵押人就抵押物可以收取的法定孳息。抵押权人未将扣押抵押物的事实通知应当清偿法定孳息的义务人的，抵押权的效力不及于该孳息。

根据《担保法》的规定可以看出，抵押权的效力及于孳息需要具备以下条件。

- ◆ 抵押物被人民法院依法扣押。
- ◆ 抵押物被扣押后，抵押权人已将扣押抵押物的事实通知应当清偿法定孳息的义务人。

在范本第三条“抵押物”条款中，可以看到如下图所示的内容。

> **第三条 抵押物**
>
> 1、抵押人同意以抵押物清单中所列的财产作为抵押物，该抵押物清单为本合同组成部分。
>
> 2、抵押物价值（购买价/评估价）为人民币________元。抵押物的最终价值以抵押实现时实际处理抵押物的净收入为准。

范本中对抵押物的说明以抵押物清单合同附件的形式来确定，在实际签订合同时，如果抵押物中涉及的内容不是很多，那么可以直接在合同正文内容中进行确定，在对抵押物进行说明时要约定以下事项。

◆ **抵押物名称**：抵押物名称是指抵押物的标的，如房屋、车辆或机器等。

◆ **抵押物数量**：抵押物数量即指抵押物的多少，如机器设备的台数、车辆的辆数等。

◆ **抵押物的质量**：抵押物的质量是指抵押物的品质，抵押物的质量会影响抵押物的价值。

◆ **抵押物的状况**：抵押物的状况是指抵押物的现状，如抵押物是否可以抵押、现在所处的位置等。

◆ **抵押物的权属情况**：抵押物的权属情况是指抵押物的所有权或使用权状况，即该抵押物的所有权或使用权属于谁。

在范本的"抵押物"条款中还可以看到需要填写抵押物的价值，在订立抵押合同时，要注意抵押物所担保的债权不得超出其抵押物的价值，如果抵押物担保的债权高于了抵押物的价值，那么超出部分的债权不具有优先受偿的效力，如某公司以市场价值 20 万元的机器设备作为抵押物进行抵押贷款，那么该公司所贷的款项不能高于 20 万元。

在抵押担保中，还存在抵押物价值远远高于抵押物所担保的债权的情况，在这种情形下，债务人可以在财产抵押后，将财产的价值大于所担保债权的余额部分进行再次抵押，但不得超出其余额部分。也就是说，抵押物可以重复抵押，但是每次抵押所担保的债权累加后不能超过抵押物的总价值。

范本第六条和第十条条款是关于抵押权的内容，抵押权是债权人所具有的优先受偿的权利，在前面我们已经知道了抵押物可以重复抵押。那么在重复抵押的情形下，债权人又该如何实现抵押权呢？

根据《担保法》的规定，同一财产向两个以上债权人抵押的，拍卖、变卖抵押物所得的价款按照以下规定清偿。

◆ 抵押合同以登记生效的，按照抵押物登记的先后顺序清偿；顺序相同的，按照债权比例清偿。

◆ 抵押合同自签订之日起生效的，该抵押物已登记的，按照本条第（一）项规定清偿；未登记的，按照合同生效时间的先后顺序清偿，顺序相同的，按照债权比例清偿。抵押物已登记的先于未登记的受偿。

在实践中，还存在最高额抵押的情况，最高额抵押是指抵押人和抵押权人约定，在最高债权额限度内，以抵押物对一定期间内连续发生的债权作担保。最高额抵押具有以下的特点。

- ◆ 最高额抵押是为将来发生的不确定债权担保。
- ◆ 最高额抵押是限额担保。
- ◆ 最高额抵押是对一定期间内连续发生的债权担保。

最高额抵押存在于两种合同形式中，包括借款合同和就某项商品在一定期间内连续发生交易而签订的合同，即商品交易合同。

6.3.3 质押合同

质押合同与抵押合同有相似之处，不同之处在于，质押合同的担保物由质权人占有，而抵押合同中，担保物由抵押人所占有。

范本内容展示

资源下载 \Chapter06\ 质押合同 .doc

质押合同

编号：

出质人：
法定代表人：
住所：
联系电话：

质权人：
法定代表人：
住所：
邮政编码：
联系电话：

为了确保_________（以下简称“债务人”）与____________（以下简称“债权人”）于_____年____月___日签订的编号为___________《__________________》（以下简称“主合同”）项下的债权实现，出质人愿意向质权人提供质押担保。为明确双方的权利、义务，根据《中华人民共和国合同法》、《中华人民共和国担保法》及其他有关法律、法规规定，经双方平等协商一致，订立本合同。

第一条 被担保的主债权

本合同所担保的主债权为债务人在债权人处办理主合同项下约定业务所形成的债权，本金数额为人民币（大写）____________________。

第二条 债务人履行债务的期限

债务人履行债务的期限为_______个月，自_____年____月___日起至_____年月___日止。主合同实际履行债务的期限与本条约定不一致的，依主合同约定。

第三条 质押担保范围

本合同项下的质押担保范围包括：主合同项下的主债权本金、利息、罚息、违约金、损害赔偿金、质物保管费用以及债权人实现债权的费用和所有其他应付费用（包括但不限于诉讼费、仲裁费、律师费、财产保全费、保管费、评估费、拍卖费、执行费、过户费、代理费等）。

第四条 质物

4.1 出质人自愿以本合同项下的《质押清单》所列财产作为质物设定质押。《质押清单》是本合同不可分割的组成部分。

4.2 《质押清单》对质物价值的约定，不作为质权人处分该质物时的估价依据，不对质权人行使质权构成任何限制。质物的最终价值以质权实现时实际处理质物的净收入为准。

第五条 质权的效力

本合同项下质权的效力及于质物的从物、从权利、代位权、添附物、混合物、加工物和孳息。

第六条 质物的移交

6.1 出质人应于质押合同签订之日将出质的动产或权利凭证移交质权人占有，同时向质权人支付包括保管、仓储、运输、维修质押财产等与质押财产有关的一切费用人民币（大写）___________。第三方主体开具的相关证明文件（如单位定期存单质押时定期存单开立银行出具的《单位定期存款开户证实书》等）应根据质权人要求一并交给质权人。

需要办理登记手续的质物，双方应共同到主管管理部门办理出质登记，质权于登记之日设立。

6.2 本合同项下质物的权属证书和其他相关资料经双方确认后交给质权人保管。因质权人保管不善造成权属证书和其他相关资料灭失的，质权人应当承担补办费用。

6.3 主合同约定的债务履行期届满债务人履行债务，或出质人提前清偿主合同债权，质权人应当及时将质物及其从物和其他相关资料返还出质人或解除质押登记手续。

第七条 质物的保管

7.1 本合同项下的质物移交质权人保管后，出质人应当按照每______（日/月/年）____元标准________（一次性/分次）向质权人或保管方支付保管费。

7.2 质权人应当妥善保管质物，因保管不善致使质物毁损或者灭失的，质权人应当承担赔偿责任，非因质权人原因除外。质权人不能妥善保管质物可能致使其毁损或者灭失的，出质人可以要求质权人将质物提存，或者要求提前清偿主合同债权而返还质物。

7.3 非因质权人原因，出质人所提供的质物有损坏或价值有明显减少的可能，足以影响质权人实现质权的，质权人有权要求出质人提供相应的担保。出质人拒绝提供相应担保的，质权人有权拍卖或变卖质物。拍卖或变卖所得的价款，优先用于清偿主合同债权或向双方约定的第三人提存，提存费用由出质人承担。

7.4 未经质权人书面同意，出质人不得采取赠与、转让或以其他任何方式处分本合同项下的质物。经质权人书面同意，出质人处分质物所得的价款应当优先用于清偿主合同债权，或存入质权人指定账户，以继续担保主合同债务的履行。

7.5 质物发生毁损、灭失的，由此所得保险金、赔偿金应当优先用于清偿主合同债权，或存入质权人指定账户，以继续担保主合同债务的履行。质物价值未减少的部分，仍作为主合同债权的担保。

7.6 非因质权人原因，质物给质权人或第三人造成损害的，出质人应当承担赔偿责任。

7.7 质权人有权收取质物所生孳息，所收取的孳息应当先充抵收取孳息的费用。

第八条 质物的保险

8.1 质权人认为需要并能够办理财产保险的质物，出质人应当于本合同签订之日起_____日内，按质权人要求的险种、保险金额，到有关保险机构办理以质权人为第一受益人的质物财产保险，保险期限应当不短于主合同约定的债务履行期，保险金额应当不低于主合同债务本息。

8.2 出质人应当将质物的保险单据原件交给质权人保管，保险单据中不应有任何限制质权人权益的条款。

8.3 在本合同有效期内，出质人不得以任何理由中断或撤销保险。如保险中断，质权人有权代为办理保险手续，全部相关费用由出质人承担。

8.4 在本合同有效期内，质物如发生保险事故，保险赔偿金优先用于偿还主合同债务，或存入质权人指定的账户，以继续担保主合同债务的履行。

第九条 质权的实现

9.1 主合同约定的债务履行期届满，债务人未履行偿付债务本息及其他费用义务的，质权人有权依法拍卖、变卖质物，并从所得价款优先受偿，或与出质人协商，将质物折价抵偿主合同债务。

9.2 质权人依照主合同约定或国家法律法规规定解除主合同，或依据主合同约定提前收回主债权时，质权人未受清偿的，质权人有权依法拍卖、变卖质物，并从所得价款优先受偿，或与出质人协商，将质物折价抵偿主合同债务。

9.3 处分本合同项下质物所得价款超过债务本息及其他一切相关费用的部分，归出质人所有。

9.4 质权人依本合同约定处分质物时，出质人应当予以配合，不得设置任何障碍。

第十条 出质人声明与承诺

10.1 知悉并同意主合同的全部条款，为债务人提供质押担保完全出于自愿，在本合同项下的全部意思表示真实。

10.2 是本合同项下质物的完全的、有效的、合法的所有者或国家授权的经营管理者，质物不存在所有权或经营管理权方面的争议，依法可以设定质押，不会受到任何限制，不存在被查封、被监管或已经设立抵押等其他影响质权人实现质权的情形。

10.3 出质人发生下列事项时，应当书面通知质权人：

10.3.1 经营机制发生变化，包括但不限于实行承包、租赁、联营、合并、分立、股份制改造、与外商合资合作等，或经营范围与注册资本变更、股权变动的，出质人应当至少提前30日通知质权人。

10.3.2 涉及重大经济纠纷，或质物发生权属争议，或破产、歇业、解散、被停业整顿、被吊销营业执照、被撤销，或住所、电话、法定代表人等发生变更的，出质人应当于事项发生之日起5日内通知质权人。

10.4 在本合同有效期内，质权人依法转让主债权的，出质人仍在原质押担保范围内继续承担担保责任。

10.5 在质权受到或可能受到来自任何第三方的侵害时，出质人应当及时通知并协助质权人避免质权遭受侵害。

10.6 质权人与债务人协议变更主合同，除展期或增加主债权金额外，无须经出质人同意，出质人仍在本合同确定的担保范围内承担担保责任。

10.7 承担本合同项下的有关费用，包括但不限于律师服务、鉴定、公证、估价、登记、过户、保管、诉讼费用等。

第十一条 违约责任

11.1 本合同生效后，出质人、质权人双方均应当履行本合同约定的义务。任何一方不履行或不完全履行本合同约定义务，应当承担相应的违约责任，并赔偿由此给对方造成的损失。

11.2 出质人在本合同第10.1或10.2条中作出虚假声明，给质权人造成经济损失的，应当承担全部赔偿责任。

11.3 如非因质权人的过错而导致本合同无效，出质人与债务人对质权人的经济损失承担连带赔偿责任。出质人与债务人不能承担连带赔偿责任的，质权人有权处分质物，并在所受经济损失范围内优先受偿。

第十二条 合同的生效、变更和解除

12.1 本合同自出质人、质权人双方签字并加盖公章之日起生效。

12.2 本合同生效后，除本合同已有约定外，出质人、质权人双方任何一方均不得擅自变更或解除本合同，如需变更或解除本合同，均应当书面通知对方，并经双方协商一致，达成书面协议。

12.3 本合同独立于主合同，不因主合同无效而无效。如主合同无效，则出质人对于债务人因清偿主债权本息和赔偿损失而形成的债务承担连带清偿责任。

第十三条 权利行使与强制执行公证

13.1 未经质权人书面同意，出质人不得转让其在本合同项下的全部或部分权利或义务。

13.2 质权人未行使或部分行使或迟延行使本合同项下的任何权利，不构成对该权利或任何其他权利的放弃或变更，也不影响其进一步行使该权利或任何其他权利。

13.3 本合同项下的所有通知或指示均应以书面形式送达。通知在下列日期视为送达被通知方：由挂号信、特快专递邮递的，发出通知一方持有的挂号信回执所示日。一方通讯地址或联系方式发生变化，应以书面形式在发生变化后的5个工作日内通知另一方。

具体联系方式约定如下：

如发送给质权人，
地址：
邮编：
联系人：
电话：
传真：

如发送给出质人，
地址：
邮编：
联系人：
电话：
传真：

13.4 根据有关法律规定，质权人和出质人已经对强制执行公证的含义、内容、程序、效力等完全明了解。经慎重考虑决定，自本合同订立后____个工作日内，质权人、出质人自愿向____公证处办理本合同公证并赋予强制执行效力。

13.5 出质人保证：如地址、联系方式等发生变更时，及时将变更通知送达至质权人及____公证处承办公证员并取得回执。否则，质权人因业务需要按照本合同所约定的联系方法对其送达有关文件时，不论出质人是否收悉，按本合同第13.3条约定的时间届满，则视为质权人已履行了送达义务。在此情况下，出质人自愿放弃对质权人所负通知义务的抗辩权。

公证处名称：
公证处地址：
邮编：
电话：

13.6 质权人和出质人双方共同确认：如债务人不能按照主合同的约定按期履行其全部义务，质权人将向出质人送达《履行担保责任通知书》。如出质人在《履行担保责任通知书》发出后___日内仍未能履行本合同项下义务，或者未向公证处积极举证对质权人债权进行抗辩，或虽积极举证但不足以对抗质权人的债权，或未与质权人达成任何展期协议，则视为出质人对《履行担保责任通知书》所主张的应履行的义务无异议，出质人不履行或不完全履行的事实确有发生并且数额如质权人所主张。在此情况下，出质人承诺无条件接受公证处根据质权人单方面提供的证明所确认的应履行义务的数额。质权人有权直接向公证处申请强制执行证书，然后向有管辖权的人民法院申请执行债权和担保权益，而无须经过诉讼程序，同时，出质人自愿接受强制执行并放弃抗辩权。

13.7 质权人在申请强制执行证书时，应提供以下文件保证向公证处完全、正确地披露出质人履行债务或担保义务的情况：

（1）《法定代表人授权书》；
（2）《执行证书申请书》；
（3）经公证赋予强制执行效力的质押合同；
（4）质权人向出质人送达的《履行担保责任通知书》；
（5）其他需要提供的材料。

13.8 质权人有权依据有关法律法规或其他规范性文件的规定或金融监管机构的要求，将有关本合同的信息和其他相关信息提供给中国人民银行信用信息基础数据库或其他依法设立的信用数据库，供具有适当资格的机构或个人查询和使用，质权人也有权为本合同订立和履行之目的，通过中国人民银行信用信息基础数据库和其他依法设立的信用数据库查询出质人的相关信息。

13.9 出质人对本《抵押合同》的内容已全部知悉并予以认可。

第十四条 争议的解决

14.1 本合同的订立、效力、解释、履行及争议的解决均适用中华人民共和国法律。在出质人按照本合同的规定向有管辖权的人民法院申请执行债权和/或担保权益后，如人民法院裁定不予强制执行，则与本合同有关的争议应向质权人所在地有管辖权的人民法院提起诉讼解决。

14.2 在诉讼期间，本合同不涉及争议部分的条款仍须履行。

第十五条 附则

15.1 本合同附件是本合同不可分割的组成部分，与本合同正文具有同等法律效力。

15.2 根据各方存档和办理登记、公证等需要，本合同可以签署正本一式若干份，各正本具有同等法律效力。

（正文至此结束，以下无正文）

（本页无正文，为合同签署页）

甲　方：（公章）

法定代表人（授权代理人）：____________（签字或盖章）
年　月　日

乙　方：（公章）

法定代表人（授权代理人）：____________（签字或盖章）
年　月　日

范本内容精讲

在质押合同中，质物是核心内容，其关系到质权的实现，因此在质押合同中要对质物的名称、数量、质量和状况进行约定，在范本中对质物有关情况的说明是以《质物清单》来进行约定的，此时《质押清单》将作为合同附件，如下图所示为动产质押中《质押财产清单》附件范本。

附件：

质押财产清单（动产）

金额单位：万元

质押财产名称	规格	数量	价值		折扣率	质押金额	保险单		备注
			协商值	评估值			号码	起止日期	

出质人（签章）：
法定代表人（签章）：
（或授权代理人）

质权人（公章）：
法定代表人（签章）：

年　月　日

质押合同自质物移交于质权人占有时生效，因此质物的移交也是质押合同中的必要条款，在范本中对于质物的移交时间的约定比较明确，约定了质物的移交时间为质押合同签订之日。在实践中，如果质权人在签订质押合同前就已经占有了质物，那么在质押合同中也不必约定质物的移交时间，此时，质押合同可以自订立时生效。

质物在转移给质权人后，质权人在占有质物期间应附有保管义务，其中会涉及保管费用的问题。那么质物保管费应该由谁支付呢？根据《担保法》第六十七条规定：质押担保的范围包括主债权及利息、违约金、损害赔偿金、质物保管费用和实现质权的费用。质押合同另有约定的，按照约定。

因此，在范本第七条条款中可以看到合同约定“本合同项下的质物移交质权人保管后，出质人应当按照每___（日 / 月 / 年）___元标准____（一次性 / 分次）向质权人或保管方支付保管费”。

质物在移交质权人保管后，其所有权仍属于出质人，那么在质权人保管质物的过程中，质物被损毁或灭失了又应该怎么处理呢？在范本中，我们可以看到如下图所示的内容。

7.2 质权人应当妥善保管质物，因保管不善致使质物毁损或者灭失的，质权人应当承担赔偿责任，非因质权人原因除外。质权人不能妥善保管质物可能致使其毁损或者灭失的，出质人可以要求质权人将质物提存，或者要求提前清偿主合同债权而返还质物。

7.3 非因质权人原因，出质人所提供的质物有损坏或价值有明显减少的可能，足以影响质权人实现质权的，质权人有权要求出质人提供相应的担保。出质人拒绝提供相应担保的，质权人有权拍卖或变卖质物。拍卖或变卖所得的价款，优先用于清偿主合同债权或向双方约定的第三人提存，提存费用由出质人承担。

从上图内容中可以看出，如果导致质物毁损或者灭失的原因在于质权人，那么质权人就要承担赔偿责任，如出质人可以要求质权人赔偿损失或恢复质物原状。另外，如果质权人因不能妥善保管质物可能致使其灭失或毁损的，出质人可以要求质权人将质物提存。这里的提存是指将质物交给提存机关，从而使债务关系消灭的制度。提存机关是由国家设立的保管提存物的机关，在我国，公证机关是有权办理提存业务的机构。

范本 7.7 条款是关于质权人的孳息收取权的内容，约定了“质权人有权收取质物所生孳息，所收取的孳息应当先充抵收取孳息的费用”。质物的孳息是质物本身产生的，《担保法》规定：质权人有权收取质物所生的孳息。质押合同另有约定的，按照约定。

因此，出质人和质权人可就质权人是否可以收取质物的孳息进行约定，如果双方没有约定或约定不明确，则视为质权人有权收取质物孳息；如果双方约定质权人无权收取质物孳息，那么质权人将不能收取质物的孳息。

孳息应当先充抵收取孳息的费用是指质权人所获得的质物孳息，首先应抵充收取孳息的费用，其次才抵充原质权的利息，最后抵充原质权。如在某质押合同中，质物是一头母牛，该母牛在移交给质权人后，产下了一头小牛，该小牛就是质物的孳息，在母牛生产小牛的过程中，会产生接生费、喂养费等费用。此时，小牛所具有的孳息价值要先清偿接牛费、喂养费等费用后，才会用于清偿原质权的利息和原质权。

6.3.4 留置担保合同

留置担保合同的适用范围是有限的，只存在于保管合同、运输合同和加工承揽合同中，因为在这 3 类合同中，都存在债权人依合同占有了债务人财产的情形，只有在这种情形下才可能存在留置担保。

范本内容展示

资源下载 \Chapter06\ 留置担保合同 .doc

留置担保合同

合同编号：____________

债权人（以下简称“甲方”）：________________________

法定住址：__________________ 法定代表人：________________

职务：______________________ 委托代理人：________________

身份证号码：________________ 通讯地址：__________________

邮政编码：__________________ 联系人：____________________

电话：______________________ 传真：______________________

账号：______________________ 电子邮箱：__________________

债务人（以下简称“乙方”）：________________________

法定住址：__________________ 法定代表人：________________

职务：______________________ 委托代理人：________________

身份证号码：________________ 通讯地址：__________________

邮政编码：__________________ 联系人：____________________

电话：______________________ 传真：______________________

账号：______________________ 电子邮箱：__________________

为确保甲、乙双方签订的__________合同的顺利履行，根据《中华人民共和国担保法》及其他法律法规的规定，经协商一致，订立本合同。

第一条 主债务情况

主债权种类：____________________________；

主债权数额：____________________________；

主债权质量规格：________________________；

主债权履行期限：________________________。

主合同有变化的，以变化后的数额为据。

第二条 行使留置权的情形

当债务人不履行义务时，债权人有权留置债务人同等价值的货物，直至出现合同约定的留置权消灭的情形为止。

标的物不可分的，债权人有权就全部的标的物行使留置权。

第三条 留置通知

债权人留置标的物的，应当在______日内通知债务人，并要求债务人在______日内履行主合同约定的债务。

双方当事人在主合同中对债权人享有留置权及留置权期限作出约定的，留置期限届满后，债权人可以直接处置留置物，无需再行通知债务人留置期限。

第四条 留置物的处置

债务人应当积极履行债务。若在规定期限内债务人仍未履行债务的，债权人有权处置留置物。

债权人处置留置物的办法为：__________

（1）双方当事人协商折价；

（2）拍卖；

（3）变卖。

第五条 留置担保的范围

留置担保的责任范围包括：______________

（1）主债务及利息；

（2）债务人未履行债务而造成的违约金或者损害赔偿金；

（3）留置物的保管费用；

（4）实现留置权的费用。

第六条 留置物处置价款

处置留置物所得价款超过留置担保责任范围的，债权人应在扣除全部债务后，将剩余费用于________日内退还债务人；所得价款不足以清偿全部债务的，债务人应于________日内偿还剩余债务。

第七条 债权人的权利义务

1、主合同期限届满债务人尚未完全履行债务时，债权人有权留置因主合同已合法占有的标的物；

2、留置期限届满债务人仍不履行主合同义务的，债权人有权选择以折价或者拍卖、变卖方式处置留置物，并以所得价款优先受偿；

3、债权人留置标的物的，对标的物负有保管义务，因债权人未尽到善良管理人的注意义务而致使留置物毁损灭失的，由债权人赔偿因此而给债务人造成的经济损失。

第八条 债务人的权利义务

1、债务人应当认真、全面的履行主合同规定的义务；

2、债权人处置留置物时，债务人应积极配合，不得故意设置障碍；

3、留置物处置价款不足以清偿全部债务的，债务人对超出部分仍负有清偿责任；

4、因债权人的故意或者过失致使留置物毁损灭失的，债务人享有请求债权人就该损失承担赔偿责任的权利。

第九条 留置权的消灭

1、债务人于留置期限内履行主合同约定的义务；

2、债务人就主合同另行提供担保，并被债权人接受的；

3、债权人已将留置物折价或者拍卖、变卖，并就所得价款优先受偿。

第十条 争议的解决

本合同在履行过程中发生的争议，由双方当事人协商解决；协商不成的，提交________________仲裁委员会仲裁。

第十一条 其他约定事项

1、____________________________；

2、____________________________；

3、____________________________。

第十二条 本合同未做规定的，按《中华人民共和国担保法》和《中华人民共和国合同法》的规定执行。

第十三条 本协议自双方签字盖章之日起生效。当事人为自然人的，由该自然人签字后按捺手印；当事人为法人的，应加盖单位公章，并由法定代理人或者委托代理人签字。

第十四条 本合同一式____份，甲、乙双方各执____份，具有同等法律效力。

债权人：（盖章）__________________

代表人：（签字）__________________

地址：____________________________

电话：____________________________

开户银行：________________________

账号：____________________________

债务人：（盖章）__________________

代表人：（签字）__________________

地址：____________________________

电话：____________________________

开户银行：________________________

账号：____________________________

_____年_____月_____日订

范本内容精讲

从范本可以看出留置担保合同的内容与抵押合同、质押合同相比要简单一些，在留置担保合同中债权人具有留置权，留置权是指债权人按照合同约定占有债务人的动产，债务人不按照合同约定的期限履行债务的，债权人有权留置该财产的权利。

留置权是一种法定的担保方式，并非以当事人之间的协议成立，如在货物运输合同中，托运人没有按照约定支付运费或其他费用，那么承运人即可取得承运货物的留置权。留置担保既可以在主合同中以留置担保条款的形式进行确立，也可以单独签订留置担保合同。留置担保中，留置权的成立需要具备以下要件。

◆ 债权人留置的动产须是依合同约定合法取得的。

◆ 债权人留置的动产须是债务人的财产且是债务人的债。

◆ 留置权的财产必须是动产。

◆ 债权已到清偿期，但债务人未清偿债务。

了解了留置权的成立要件后，下面来看看留置担保合同的范本内容，通过阅读范本第二条条款可以看到如下图所示的内容。

第二条 行使留置权的情形

当债务人不履行义务时，债权人有权留置债务人同等价值的货物，直至出现合同约定的留置权消灭的情形为止。

标的物不可分的，债权人有权就全部的标的物行使留置权。

通过上图内容可以看出留置权是可以消灭的，那么什么情形下留置权会消灭呢？如出现下列情形的。

◆ **债权消灭：**债权消灭是指在留置期间债务人已经清偿了债务，使得债权人的债权得以全部实现，此时主合同的债权已经消灭，因此留置权也要随之而消灭。

◆ **债务人另行提供担保并被债权人接受：**留置权属于法定担保方式，但债权人和债务人也可以选择以其他担保方式来代替留置担保，若双方就其他担保方式代替留置担保达成合意，那么留置权也会消灭。

除上述原因外，债权人丧失了对留置物的占有也会导致留置权的消灭，但这种消灭并不会使留置权最终消灭，债权人还可以让债务人返还留置物。

范本第四条条款是关于留置物的处置的内容，约定了“债务人应当积极履行债务。若在规定期限内债务人仍未履行债务的，债权人有权处置留置物”。范本中并没有约定在债权人留置财产后，债务人应当在哪个期限内履行债务。

在留置担保合同中，债权人与债务人应当在合同中约定，债权人留置财产后，债务人应当在不少于两个月的期限内履行债务。如果没有在合同中约定期限，那么债权人留置债务人财产后，应当确定两个月以上的期限，通知债务人在该期限内履行债务。只有在债务人逾期仍不履行的情况下，债权人才可以与债务人协议以留置物折价，或依法拍卖、变卖留置物。

双方协商折价、拍卖以及变卖留置物是处置留置物的 3 种方法，根据留置物的处置方法处置留置物后，其价款超过债权数额的部分归债务人所有，如果其价款不足以清偿债权，那么对未受清偿的部分，债务人仍有清偿的义务。

范本第五条条款约定了留置担保的范围，包括主债务及利息、债务人未履行债务而造成的违约金或者损害赔偿金、留置物的保管费用以及实现留置权的费用。除了可以在合同中约定留置担保的范围外，双方还可以约定不可留置的物，这样即使留置权成立，债权人也不得留置该物。

在留置担保中，留置物将留由债权人保管，因此债权人应负有妥善保管留置物的义务，在范本第七条条款中对债权人的保管义务进行了约定，如果债权人因保管不善致使留置物灭失或者毁损的，应当承担赔偿责任。

第七章

贸易与信贷相结合——融资租赁合同

7.1 特殊的融资租赁合同

■融资租赁和租赁合同的区别 ■合同特点 ■重要形式 ■一般性条款

融资租赁合同是新型的租赁合同，它是出租人根据承租人对出卖人和租赁物的选择，向出卖人购买租赁物，提供给承租人使用，承租人支付租金的合同。

7.1.1 融资租赁和租赁合同的区别

融资租赁又被称为设备租赁或现代租赁，是一种新的金融模式，融资租赁合同和租赁合同虽然都含有“租赁”一词，但两者却有很大的区别。

◆ 合同形式的不同

融资租赁合同必须以书面形式确立，但租赁合同则不同。根据租赁期限的不同，租赁合同采取的合同形式会有所不同。如果租赁期限在 6 个月以上，那么应当采用书面形式；如果租赁期限较短，涉及的租金也较少，那么也可以采取口头形式。没有采取书面形式订立的租赁合同，视为不定期租赁。

◆ 合同当事人的不同

在租赁合同中，其当事人为出租人和承租人，而在融资租赁合同中，会涉及三方当事人，包括出租人、承租人和出卖人。

◆ 租赁期限的不同

《合同法》规定：租赁合同的租赁期限不得超过二十年，超过二十年的，超过部分无效。租赁期间届满，当事人可以续订租赁合同，但约定的租赁期限自续订之日起不得超过二十年。而融资租赁合同的租赁期限却没有这方面的限制，合同当事人可以协商约定合适的租赁期限。

◆ 当事人义务的不同

在租赁合同中，出租人应当履行租赁物的维修义务，当事人另有约定的除外。但在融资租赁合同中，承租人应当履行占有租赁物期间的维修义务。

◆ 租赁期限届满后的不同情况

在租赁合同中，租赁期限届满后，承租人应当返还租赁物，且返还的租赁物应当符合按照约定或者租赁物的性质使用后的状态。在融资租赁合同中，出租人和承租人可以约定租赁期间届满租赁物的归属，承租人有3种选择权，包括留购、续租或退租。

7.1.2 两个合同，三方当事人

融资租赁又被称为设备租赁或现代租赁，它最早在美国产生，我国在20世纪80年代初开始出现，参与融资租赁的当事人有三方，包括出租人、承租人和出卖人，他们之间具有以下关系。

- **出租人与出卖人之间：**出租人需根据承租人对出卖人和租赁物的选择，在出卖人处购买租赁物。
- **出租人与承租人之间：**出租人将购买的租赁物交付承租人使用，承租人向出租人支付租金。

通过上述内容，可以看出融资租赁三方当事人之间的交易结构。

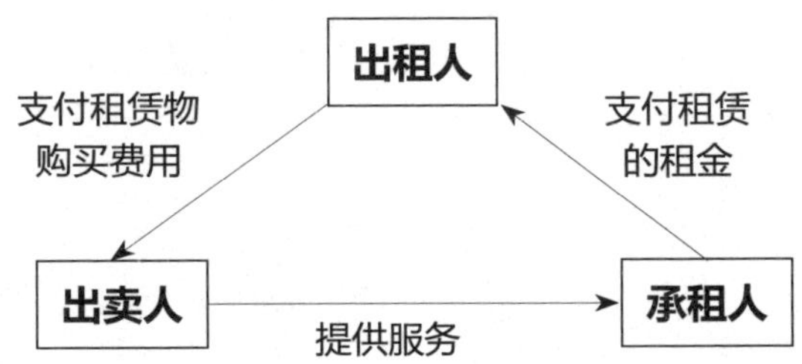

从上图可以看出，融资租赁实际上是由“买卖”和“租赁”共同构成。这就使得融资租赁合同由两个合同构成，即租赁合同和买卖合同。但这里的买卖关系与买卖合同是不同的，出租人购买租赁物的目的并不是用于自己使用，而是为了交付承租人使用。

在部分金融机构的融资租赁中，融资租赁合同还可能由两个以上的合同构成。融资租赁将融资和融物相结合起来，其核心是融资，融物只是其手段。融资租赁合同作为双务、有偿合同，其具有以下特征。

◆ 目的是融资

承租人订立融资租赁合同是为了取得租赁物的使用权，而非所有权。在融资租赁中，承租人不必花费较大的资金来购买租赁物，就可以获得租赁物的使用收益，这就解决了承租人资金短缺的问题，实现了融资的目的。

◆ 租金的特殊性

在订立融资租赁合同后，承租人需要支付租金给出租人，而这笔租金的代价是“融资”的代价，而不是租赁物使用的代价。融资租赁的租金一般比传统租赁中的租金更贵，这是因为融资租赁的租金主要由租赁物购买成本、融资成本以及合理利润等费用构成。

◆ 出租人的特殊性

普通的自然人、法人以及其他组织并不能成为融资租赁的出租人，融资租赁的出租人须为专业的融资租赁公司。相反，对于融资租赁的承租人并没有过多的要求，一般的自然人、法人以及其他组织都可以成为融资租赁的承租人。

7.1.3 融资租赁的 3 种重要形式

除传统的融资租赁形式外，在国际上，融资租赁还有其他 3 种形式，包括回租、转租和杠杆租赁。

- ◆ **回租**：回租是指承租人将自身所拥有的物件出售给出租人，同时双方订立融资租赁合同，最后承租人再将该物件租回，用以使用的租赁形式。在回租的情形下，承租人既要担当承租人的角色，还要担当出卖人的角色，而出租人同时也是买受人。
- ◆ **转租**：转租是指承租人将自己从出租人手中租赁的租赁物，转租给第三方，在转租的情形下，承租人同时也是出租人。
- ◆ **杠杆租赁**：杠杆租赁又被称为平衡租赁或减租租赁，是指出租人一般只出资租赁物价值的一部分金额（一般不低于 20%），就可以获得租赁物的所有权，而尚未支付的另一部分金额，则作为该租赁物的抵押。

在上述 3 种融资租赁形式中，杠杆租赁是一种比较特殊的租赁形式，它利用了财务杠杆原理。在杠杆租赁中，出租人既要收取租金，也要偿还债务。作为国际广泛使用的一种租赁方式，杠杆租赁具有以下优势。

杠杆租赁使得出租人可以出租无法独立承受昂贵购买成本的租赁物。

杠杆租赁可以减轻出租人的成本。

杠杆租赁的租金相比一般的融资租赁，其费用更低。

与一般的信贷相比，杠杆租赁对出租人更有利。

知识补充 **杠杆租赁中金融机构无追索权**

在杠杆租赁中，金融机构向出租人提供的贷款是一种无追索权贷款，出租人以租金、租赁物和融资租赁合同作为担保。杠杆租赁的对象多是金额较大的物件，如民航客机、石油钻井平台等。

7.1.4 融资租赁合同的一般性条款

在融资租赁合同中，通常会看到的条款有租赁物名称、数量、规格、技术性能、检验方法、租赁期限、租金构成及其支付期限和方式、币种和租赁期间届满租赁物的归属等，下面就融资租赁合同的一般性条款进行讲解。

1. 租赁物条款

租赁物是融资租赁合同的标的，在融资租赁合同中，当事人权利与义务指向的对象就是租赁物。在租赁物条款中，涉及的内容有租赁物的名称、数量、规格、型号、技术性能和检验方法等。

融资租赁的租赁物涉及的范围很广泛，如各种交通运输设备、各种精密仪器以及各种航空设备等。融资租赁合同中，对租赁物进行说明的条款会涉及大量专业性很强的内容，且内容繁杂。因此在合同中通常只是简单说明租赁物的情况，更为详尽的说明则以附件的形式来确立。

2. 租金条款

租金是承租人支付给出租人的费用，在租金条款中，包括的内容有租金金额、租金的组成部分、租金的支付方式、支付地点和次数、租金支付期限、租金计算方法和租金币种等。一般来说，融资租赁的租金由以下 3 个部分构成。

- **租赁物成本：** 包括租赁物的购买成本、运输费用、调试安装费用以及保险费等。
- **利息：** 利息是指出租人向金融机构贷款而支付的费用。
- **手续费用和利润：** 手续费用是指出租人经营租赁过程中的开支，如员工劳务费用、办公费以及差旅费等，利润是指出租人出租租赁物想要获得的成果。

3. 租赁期限和租赁物的归属

租赁期限是由合同当事人协商确定的，融资租赁的租赁期限可以为物件的全部使用寿命，也可以是使用该物件所产生的效益。在合同中约定了融资租赁的租赁期限，实际上就是明确了合同当事人各自权利义务的存续期间。

在租赁期限内，租赁物的所有权归出租人所有，但租赁期满后，租赁物的归属就另当别论了，出租人可以选择留购、续租或退租。如果选择续租和退租，那么租赁物仍归出租人所有。

7.2 融资租赁合同争议处理和陷阱防范

■假“融资”真“借贷” ■瑕疵担保 ■所有权 ■合同的要点

在现实生活中，融资租赁纠纷主要有租赁物权属纠纷、租金支付纠纷和合同条款缺漏纠纷等。下面就融资租赁中常见的纠纷进行介绍。

7.2.1 假“融资”真“借贷”纠纷

假“融资”真“借贷”的案件在融资租赁中比较常见，与普通的借款合同不同的是，融资租赁合同的当事人之间并不存在简单的借贷关系，承租人获得的并不是贷款，而是租赁物的使用权。

假“融资”真“借贷”纠纷常常是由于当事人对融资租赁理解不当而造成的。

承租人为取得资金，而出租人为获得高息，使得出租人以租赁的名义发放了贷款。实践中，具体情形主要有以下两种。

- 出租人和承租人仅订有融资租赁合同，而出租人并没有订立买卖合同，而是直接将买卖合同中购买租赁物所需的资金借给承租方，承租人则以偿还租金的方式还本付息。
- 出租人、承租人和出卖人分别签订了融资租赁合同和买卖合同，但三方当事人实际履行的还是借款合同。

在上述情形下，名义上签订的融资租赁合同并不具备融资租赁法律关系，实际上只具备借贷关系。人民法院在审理名为融资租赁合同，但实际不构成融资租赁法律关系纠纷案件时，会按照其实际构成的法律关系来处理。

要判断融资租赁合同是否构成融资租赁法律关系，需要参照《合同法》第二百三十七条对融资租赁合同的定义，并结合融资租赁标的物的性质、价值和租金的构成以及当事人的合同权利和义务来认定。

为避免发生假“融资”真“借贷”的纠纷，当事人需要对融资租赁合同有较为清晰的认识，了解融资租赁合同应具备的条款内容，以及融资租赁中各当事人的权利与义务。

7.2.2 出租人承担瑕疵担保责任吗

在传统的租赁关系中，出租人有义务按照约定将租赁物交付承租人，并保证租赁物在租赁期间符合约定的用途。而融资租赁与传统租赁是有区别的，那么在融资租赁中出租人是否负有租赁物的质量瑕疵担保责任呢？

根据《合同法》第二百四十四条规定：租赁物不符合约定或者不符合使用目的的，出租人不承担责任，但承租人依赖出租人的技能确定租赁物或者出租人干预选择租赁物的除外。

从《合同法》的规定可以看出，一般情况下，出租人是不会承担租赁物的瑕疵担保责任的。《合同法》对出租人的质量瑕疵担保责任作出上述规定的缘由如下。

- 融资租赁具有金融性质，出租人的主要义务是支付购买租赁物所需的资金，权利是收取租金获得利润。虽说租赁物归出租人所有，但出租人只是拥有名义上的所有权，因此出租人不应承担质量瑕疵担保责任。

- 在融资租赁中，出卖人和租赁物的选择是由承租人来确定的，而出租人只是按照承租人的要求来购买租赁物，因此出租人不应承担租赁物的质量瑕疵担保责任。
- 在融资租赁合同条款中，通常会约定索赔权转让条款，即若租赁物不符合使用目的，承租人可以直接向出卖人索赔，这保证了出租人和承租人之间权利义务的平衡。
- 作为出租人的租赁公司，他们对于承租人所需要的租赁物的性能、制造商和种类等并不是特别了解，如果由出租人承担租赁物的瑕疵担保责任，那么出租人会保证租赁物能正常使用，就势必需要聘请专家、检验机构等对租赁物进行检验，这会增加出租人的成本，而最终所增加的费用会直接体现在租金上。因此，为避免增加成本，减少承租人的负担，应由承租人承担质量瑕疵担保责任。

当然，并不是任何情况下出租人都不负有质量瑕疵担保责任，如果承租人是完全依赖出租人的技能和判断来选择租赁物的，或者出租人干预了承租人选择租赁物，那么出租人也要承担全部或部分的质量瑕疵担保责任。另外，在如下图所示的几种特殊情况下，出租人也要承担租赁物的质量瑕疵担保责任。

出租人明知租赁物有瑕疵而未告知承租人，或者因重大过失不知有瑕疵的。

出租人与出卖人有密切关系的。

承租人无法或者不能直接向出卖人索赔的。

7.2.3 融资租赁中承租人享受所有权吗

前面我们已经多次提到过，在融资租赁合同中，租赁物的所有权归出租人所有。在《民法通则》中，对财产所有权的定义为：所有人依法对自己的财产享有占有、使用、收益和处分的权利。

由此可以看出，财产所有权应包括占有、使用、收益和处分的权利，在融资租赁中，只要租赁期限未届满，那么出租人始终都拥有租赁物的所有权。只不过，这一所有权处于不完整的状态，出租人并不能同时拥有租赁物的占有、使用、收益和处分权利，其向承租人转移了租赁物的占有权、使用权和收益权。由于承租人并不具有租赁物的所有权，因此出租人可以要求承租人承担以下义务。

◆ 保管、保养租赁物，使租赁物能够保持正常使用的状态。

◆ 在租赁期间，未经出租人同意，不得将租赁物进行抵押、转让、转租、赠与、迁离、重大改造或用作投资等。

◆ 承租人破产时，租赁物不属于破产财产。

在租赁期限届满后，如果承租人想要获得租赁物的所有权，那么也可以选择留购租赁物。在留购、续租和退租 3 种租赁物处理方式中，续租和留购是许多出租人愿意选择的方式，因为出租人并不关心租赁物的使用价值，他们只关心投资的回报，如果承租人选择退租的处理方式，那么出租人仍会面临如何处理租赁物的问题。

在融资租赁合同中，也存在对租赁物的归属没有约定或者约定不明确的问题，那么在这种情形下，租赁物归谁所有呢？根据《合同法》的规定，若合同双方对租赁物的归属没有约定或者约定不明确，那么可以依照《合同法》第六十一条的规定来处理，若依照《合同法》第六十一条的规定仍不能确定，那么租赁物的所有权将归出租人所有。

7.2.4 签订融资租赁合同的要点

“融资租赁合同应当采用书面形式”，是《合同法》第二百三十八条的规定，以书面形式订立融资租赁合同可以更好地明确当事人各自的权利与义务，在订立合同时需要当事人注意以下事项。

1. 主体资格审查

在融资租赁中，承租人应对出租人的主体资格进行审查，以确保出租人是可以开展融资租赁业务金融机构。目前，市场上从事融资租赁业务的租赁公司有很多，承租人在选择租赁公司时也要谨慎，最好选择有实力的租赁公司。

根据中国租赁联盟和天津滨海研究院统计，截至 2016 年 6 月底，在全国融资租赁公司 50 强排行榜中，以注册资金为序，排名前十的租赁企业如表 7-1 所示。

表 7-1　全国融资租赁公司 50 强排行榜（以注册资金为序）

排名	公司	注册时间	注册地	人民币（亿元）
1	天津渤海租赁有限公司	2008 年	天津	150.00
2	中金国际融资租赁（天津）有限公司	2016 年	天津	148.46
3	远东国际租赁有限公司	1991 年	上海	114.42
4	工银金融租赁有限公司	2007 年	天津	110.00
5	国银金融租赁有限公司	1984 年	深圳	95.00
6	朗丰国际融资租赁（中国）有限公司	2016 年	珠海	94.50
7	平安国际融资租赁有限公司	2012 年	上海	93.00
8	建信金融租赁有限公司	2007 年	北京	80.00
9	山东晨鸣融资租赁有限公司	2014 年	济南	77.00
10	浦航租赁有限公司	2009 年	上海	76.60

在承租人审查出租人的同时，出租人也应对承租人进行审查，了解承租人的资信状况、履约能力等。如果融资租赁过程中涉及了担保，那么还需要对担保人进行审查，在对承租人以及担保人有足够的了解后，再决定是否要与承租人签订融资租赁合同。

在签订融资租赁合同时，还可能会涉及代理人，此时，出租人需要审查代理人的资格，了解代理人是否具备代理授权书，代理权限有哪些等。代理人超越承租人授予的代理权限或以代理人的名义与无效出租人签订的融资租赁合同，都是无效合同。

2. 融资租赁合同的订立程序

融资租赁合同的订立是有一定的程序的，在订立时，主要会经历 4 步骤，包括选择出卖人和租赁物→选择出租人并提出租赁申请→当事人进行融资租赁谈判→签订书面合同。

在融资租赁谈判过程中，会涉及 3 个方面的谈判内容，一是承租人与出卖人之间的谈判，主要就租赁物的数量、质量、性能以及规格等方面进行谈判；二是出卖人与出租人之间的谈判，主要就租赁物的价格、供货地点以及供货日期等内容进行谈判；三是承租人与出租人之间的谈判，主要就租金总额、支付方式、租赁期限以及租赁物的归属等内容进行谈判。

3. 合同履行中的问题

在履行融资租赁合同的过程中，会涉及租金支付、合同担保、租赁物转移、租赁物的维修和保养等问题。对于融资租赁可能会涉及的重要条款，当事人必须约定明确，若没有约定或约定不明确就容易产生合同纠纷。

在实践中，根据租赁关系的不同，融资租赁合同的内容也会有所不同。当事人可以根据需要，增加或减少条款内容，如增加租赁物保险、合同签订日期和地点条款等。另外，对于在合同正文中不便列出的内容要以附件的形式进行确立，不能不做约定。

7.3 融资租赁合同范本详讲

■机械设备融资租赁合同 ■国际融资租赁合同 ■船舶融资租赁合同

前面我们已经对融资租赁合同有了较为清晰的认识，下面就来看看常见的融资租赁合同范本。

7.3.1 机械设备融资租赁合同

机器设备融资租赁在中小型公司中运用较为广泛，对中小型公司来说，利用融资租赁，可以以较少的资金支出获得机械设备的使用收益，降低公司的负债比例，改善财务报表。

范本内容展示

资源下载 \Chapter07\ 机械设备融资租赁合同 .doc

机械设备融资租赁合同

出租人：________________

法定地址：

承租人：________________

法定地址：

身份证号码（自然人）：

出卖人：________________

法定地址：

出租人根据承租人的要求，从出卖人购买机械设备出租给承租人使用。三方经过友好协商，按照中华人民共和国相关法律、法规，自愿签订本机械设备融资租赁合同（以下简称“合同”）。

本合同一经签订，对三方均有约束力，三方须共同遵守。

第一章 采购

一、租赁物件（标的）

租赁物件，是指出租人根据《租赁物件清单》（附件 1）中承租人的要求和选择，以租给承租人使用并按本合同规定收取租金为目的，向承租人所指定的出卖人购买的_______产品。

二、租赁物件的购买

1、承租人自主选择租赁物件。承租人对租赁物件的名称、规格、型号、性能、质量、数量、技术指标和品质、技术保证、售后服务和维护以及价格、交货、验收时间等交易条件享有全部的决定权，并直接与出卖人商定上述交易条件。承租人对上述自主选择和决定负全部责任，出租人对交易条件的选定不承担任何责任。

2、出租人根据承租人的上述选择和决定与承租人、出卖人签订本合同，并履行本合同中所规定的付款相关义务，购买租赁物件。

三、租赁物件价款的支付

1、本合同项下租赁物件及价款

租赁物件名称	规格型号	设备编号	单位	数量	单价	总价
合计总金额（大写）： 佰 拾 万 仟 佰 拾 元整（人民币￥： ）						

2、承租人及出卖人均同意，设备总价款的____%向______________融资租赁。如果出租人同意融资租赁，则须在___个工作日内按上述第 1 项租赁物件的总价款额一次性划转到机械销售有限公司在银行开立的专用结算账户中（账号：________________，开户行：________________）。

3、出卖人收到__________机械销售有限公司开具的发票后，在 5 个工作日内，向出租人开具本合同项下的总价款发票，并寄送给出租人（发票以出租人为台头、注明合同号）。

四、租赁物件的交付

1、出租人确认收到承租人支付的首付款、保证金、手续费后，通知出卖人即向承租人交付租赁设备。承租人收到货物后当即验收，验收合格后签收《租赁物件接收确认书》（附件 2）。

承租人自提租赁物件的，提货当日为交付日，交货地址______________；以送货方式交付租赁物件的，承租人收到出卖人发出的快递运单之日为交付日，收货地址__________。

2、出租人委托出卖人直接向承租人交付租赁物件。在出卖人按约定向承租人交付租赁物件时，承租人同意视为出租人交付租赁物件，承租人不得以任何理由拒收租赁物件。

3、若出卖人违约，包括但不限于出卖人迟延交货，所提供的租赁物件与本合同所规定的内容不符，或在安装、调试、操作过程中及质量保证期间有质量瑕疵等情况，出租人不承担赔偿责任。承租人同意，即使出现前述情况，无论承租人是否能够通过协商或索赔得到补偿，也无论协商或索赔是否在进行中，均不影响本合同的履行，承租人均应按本合同规定向出租人支付租金及其他应付款项。

4、基于租赁物件所发生的一切争议以及索赔、仲裁和诉讼均由承租人办理，全部费用和一切法律后果由承租人承担；出租人应合理协助承租人采取及时而充分的补救措施。如因承租人的疏忽和迟延导致某种请求权的丧失或对某种请求权的限制或发生某项损失，其后果由承租人承担。

第二章 租赁

一、首付款、保证金、手续费及支付方式

1、首付款、保证金和手续费由《租金支付表》（附件 3）明确规定。

2、保证金不计利息，当所有应付租金及其他应付款项总金额小于保证金金额时，保证金可以自动冲抵应付的全部或部分。多余的保证金（如有）将退还给承租人。

3、若承租人在起租日前提出中止或撤销本合同，无论承租人同意与否，租赁手续费、保证金均不退还。若承租人在起租日后租赁物未使用前提出中止或撤销本合同，无论承租人同意与否，租赁首付款、手续费均不退还，保证金按本条第二项处理。

4、如果出现承租人逾期支付租金及其他款项的情况，出租人有权从保证金中按滞纳金、其他应付费用、应付租金的顺序充抵承租人对出租人的欠款。承租人应根据出租人通知，补足保证金。若承租人不能按要求补足保证金，出租人有权使用承租人每次交付的款项补足保证金。

5、承租人自本合同签订后 3 日内将首付款、保证金、手续费以现汇方式一次性全额支付给出租人。

首付款、手续费、保证金汇入账户：账号：________________，开户行：________________。

6、起租日及租赁期间

①租赁期限的起租日为租赁物件的交付日。

②本合同的租赁期间自起租日开始满___个月，自____年_____月_____日至______年______月_____日。

二、 租金及租金的支付方式

1、租金是承租人因租用租赁物件而向出租人定期支付的款项，由《租金支付表》（附件 3）明确规定。其中利率若发生变动，出租人向承租人发送书面“租金变更通知书”，并重新出具未支付期数的租金明细表，承租人应当在 3 个工作日内予以确认。

2、租金的支付：

承租人按《租金支付表》（附件 3）约定向出租人支付租金。

②承租人须在出租人指定的当地银行开立一个固定的付款专用账户（账号：________________，开户行：______________），专门用于支付首付款、保证金、手续费、租金及其它费用。

②承租人应当于每月 15 日之前将租金划入出租人账户。并在汇款单（备注或附言栏）中注明车号、出卖人，同时必须将汇款情况（车号、还款日、还款金额）当日内电话或传真告知出卖人，未告知的，视为未还款。

③由出卖人落实并按“承租人还款清单”格式建立详细的还款台帐，于 18 日之前传真或邮件出租人。

④如果出租人书面委托出卖人代为收取租金的，出卖人应当在每月 15 日之前将租金汇入出租人账户，并按上述规定建立台帐。

3、本合同租金及其他款项均以现汇结算，出租人按照《中华人民共和国税法》及其他相关法律法规的规定向承租人出具发票。

4、承租人应无条件按本合同《租金支付表》（附件 3）所规定的金额、币种、时间和支付方式向出租人支付租金。租金日为到帐日，如遇节假日则提前至前一银行工作日。同时承租人应负担支付租金时所发生的费用。

5、在出租人收到承租人的首付款、保证金、手续费后，出租人向承租人开具发票或收据，2 日内寄往承租人指定地点或交由出卖人转送。

6、本合同及附件项下承租人向出租人支付的所有租金及其他款项必须是足额、不附有抵消、反索或其他任何条件。

第三章 质量保证及服务

对于本合同涉及租赁物件质量保证及质保期内的服务，由出卖人按照制造商的相关规定及《产品保修卡》办理。承租人对租赁物件应该按照制造商规定的相关要求进行维护和保养，以便该租赁物件始终保持良好的工作状态。对超出租赁物件制造商规定的保修范围以外的服务，承租人必须自负费用委托出卖人对租赁物件进行维护保养。有关租赁物件维护保养及质量所产生的争议纠纷，由承租人自行与出卖人协商解决，承租人支付租金的义务不得受此影响。

第四章 租赁物件的所有权和使用权

一、 租赁物件的所有权

在承租人履行完本合同约定的全部义务之前，出租人对本合同所记载的租赁物件拥有完全的所有权，因此：

1、出租人随时可以用通讯或现场检查的办法，检查租赁物件的状态。

2、出租人对租赁物件的完全所有权可有效地对抗承租人的各类债权人，包括破产债权人。

3、承租人除非征得出租人的书面同意，不得转让、转租、出借、抵押租赁物件；不得用租赁物件向第三方投资；不得使租赁物件被留置；不得对租赁物件进行改动、拆除、拆卸或添加附件。

二、 租赁物件的使用权

在租赁期间内，承租人拥有本租赁物件的使用权。

1、承租人应按照制造商提供的《产品使用说明书》的规定合理使用和操作租赁物件，并就任何损坏或不当操作及时通知出卖人或出租人；在租赁物件出现故障时，只允许经出卖人维修租赁物件；并为特约维修服务站提供便利，使其能够在合理的时间内对租赁物件进行检查和修复，由此所产生的一切费用，由承租人自行承担，质保期内属制造商规定免费保修的除外。

2、租赁物件在租赁期内由承租人使用时，承租人应负责日常维修、保养、更换零部件等，使设备保持良好状态，并承担由此产生的全部费用。

3、承租人更换租赁物件的零部件时，必须使用原厂制造的同规格、同型号的零部件。若承租人采用代用件，必须事先征得出租人的书面同意。

4、承租人的上述一切行为均不得损坏租赁物件，均不得阻碍或改变租赁物件原来的用途和功能。

5、因租赁物件本身设置、保管、使用等原因，致使第三者的人身及/或财产遭受损害时，由承租人承担赔偿和/或其他责任，出租人不负任何责任。

6、因租赁物件设置、运输、保管、安装、调试、使用及租金的支付等发生的一切费用，均由承租人承担。

第五章 租赁物件的收回

一、当承租人逾期支付租金达到 3 期时或履行义务不能时，出租人可以将租赁物件收回。出租人需要收回租赁物件时，可以要求出卖人收回，向承租人发送《租赁物件收回通知书》（附件 4），承租人应无条件提供一切便利，并支付为此产生的一切费用；承租人不得以任何理由阻挠，否则，由此造成的一切损失均由承租人承担。

二、在出租人收回租赁物件时，承租人所欠租金、利息、罚息、逾期利息、复利和承租人应付违约金等应当全部付清。给出租人造成损失的，应当赔偿出租人的损失。

第六章 提前终止及期满留购

一、提前终止

如果承租人在租赁期间内请求提前终止本合同项下的租约，出租人有权对该等请求进行审查并决定是否接受。在同时满足下列全部条件的情况下，承租人可在某个租金支付日（“提前终止日”）提前终止本合同：

1、承租人已经提前十五日书面通知出租人并获得出租人的书面同意；

2、未有本合同项下的重大违约事件发生和持续；

3、承租人向出租人已经支付：

① 商定的提前终止日前所有到期租金和所有到期的其他款项；

② 商定的提前终止日后的所有未到期租金本金；

③ 设备的留购价款（如有）。

4、承租人向出租人支付等同于下列总额 1%的提前终止费用：商定的提前终止日前所有租金及其它款项、商定的提前终止日后的所有未到期租金本金加上留购价款（如有）和出租人提出的其他合理要求。

在满足上述所有条件的情况下，出租人向承租人出具租赁物件所有权转移证明书，本合同即终止，承租人享有租赁物所有权。

二、期满留购

在本合同租赁期限的最后一天，若承租人未发生违约行为，即全部履行完毕合同规定的义务，包括但不限于全部实际租金、利息、罚息、合同履行过程中产生的滞纳金及其他款项等付清后，承租人选择以留购方式取得租赁物件所有权。

承租人以现汇方式一次性向出租人支付留购价格人民币 100 元(大写:壹佰元整)，购买租赁物件所有权。出租人收到承租人的留购款后，向承租人出具租赁物件所有权转移证明书，将租赁物件所有权转移给承租人。

第七章：租赁物件的毁损、丢失和灭失风险

一、出卖人将租赁物件交付给承租人后，租赁物件受到的丢失、灭失及毁损，均由承租人自行承担。一旦租赁物件丢失、灭失或毁损，承租人应立即通知出租人，出租人可指定下列方式之一，由承租人负责处理并负担一切费用：

① 将租赁物件复原或修理至能完全正常使用之状态。

② 更换与租赁物件同等状态、性能的物件。

二、租赁物件丢失或因灭失、毁损至无法修理的程度时，出租人可以选择合同加速到期，承租人应立即向出租人支付所有到期和未到期租金及其它应付款项，包括但不限于租赁物件在租赁期限届满并处于良好条件和操作状况时的留购价。出租人收到上述款项后，将租赁物件（以其现状）或形式所有权转交给承租人，本租赁合同自行终止。

三、承租人同意因减少费用支出而自愿放弃购置保险，并承担出现保险事故时的全部费用。

第八章：各方权利义务

一、出租人的权利义务

1、满足收回条件时，出租人有权要求出卖人在约定的时间内完成收回。

2、出租人不负担租赁物件总价款之外的费用。

3、出租人应及时对符合融资条件的承租人放贷，并负责及时将货款划拨至（出卖人）指定账户。

4、出租人应给予承租人、出卖人提供快捷、高效的融资租赁服务。

5、出租人应及时向承租人出具收据或发票。

二、 承租人的权利义务

1、承租人对自己选定的设备型号、数量等内容承担责任，因选定失误及出现问题出租人不负责任，承租人不免除本合同项下按期支付租金的义务。

2、承租人负责租赁物件的接收，同时承租人承担租赁物件的保管责任。

3、承租人应按照出卖人的要求定期向出卖人提供如下资料：

____。

除上述资料之外，承租人应按出卖人要求定期或随时提供能反映承租人真实经营管理状况的其他资料和书面情况说明。承租人应保证提供的上述资料真实有据。

三、出卖人的权利义务

1、出卖人保证提供的产品是符合行业标准的合格产品。

2、出卖人应按照制造商的保修规定及要求，对租赁物件进行定期检查等服务，向承租人提供良好的售后服务。在质保期内，合同提前终止，出卖人在质保期内质量保证承诺仍然有效。

3、出卖人有协助出租人催收租金的义务，出卖人对于代为催收的租金不得挪用。对于承租人出现违约行为达到收回条件时，出卖人代出租人收回。

4、出卖人根据合同约定及时向出租人出具相关销售发票及产品合格证。产品合格证由出卖人保存，合同结束后转交承租人。

5、租赁期间内，出卖人负责对承租人使用租赁物件情况进行监管。如果发现异常，出卖人应及时告知出租人。

第九章：违约责任

一、出租人的违约责任

1、租赁期满后如果承租人履行完本合同义务并按约定向出租人支付留购价款后，出租人应当向承租人转移租赁物件的所有权。出租人无故不向承租人转移租赁物件所有权的，应负违约责任，并承担由此给承租人造成的损失。

2、出租人无故拖欠货款，逾期支付的，应按照中国人民银行有关延期付款的规定向（出卖人）偿付逾期付款的违约金。

二、 承租人的违约责任

1、当承租人未能按本合同规定的时间交付到期应付租金及其它款项，或未能按期归还出租人代承租人垫付的其他费用时，承租人应根据延迟交付的天数，按日向出租人交纳应付费用千分之三的滞纳金。

每笔延迟交付租金或相关费用的滞纳金计算公式为：滞纳金=延迟交付的租金（其他费用）×____‰×延迟付款的天数。

2、如果承租人未能按本合同规定的时间交付到期应付租金及其他款项，或未能按期归还出租人代承租人垫付的任何费用，由此产生的滞纳金，承租人应当优先交付，否则，出租人将从承租人已交付的租金及其他款项中扣除，被扣除的部分承租人应在 7 日内补足。

3、在租赁合同履行完毕之前，承租人未经出租人书面同意，将租赁物进行抵押、转让、转租或投资入股的，其行为无效，出租人有权收回并处置租赁物件或收回全部租金及其他款项。

4、承租人违约造成出租人的损失，包括但不限于本金、利息、罚息、逾期利息、复利和承租人应付违约金等，承租人应当承担赔偿责任。

三、出卖人的违约责任

出卖人所交产品品种、型号、规格等不符合本合同规定的，由出卖人承担责任，如给承租人造成损失的，应当赔偿损失。

第十章：担 保

一、经出租人要求，承租人应为本协议条款下租金及其他款项的支付义务和其他义务，提供连带责任保证或其他令出租人满意的担保。担保文件、担保人或担保物必须经出租人审核同意后，担保文件委托出卖人代为办理，担保人或担保物委托出卖人代为监管。

二、如果承租人或担保人的信用度下降、担保物价值下降或其他导致出租人需合理保护其权利的事件发生，出租人可以要求承租人提供其它担保作为上述担保的补充，承租人应立即满足该等要求。

第十一章：其他约定

一、 陈述与保证

承租人陈述并保证：

1、承租人为具有完全民事行为能力的自然人或根据中华人民共和国法律合法设立并存续的法律实体，具有签署和履行本协议的权力；

2、本协议的签署人和送达人已获授权代表承租人行事；

3、本协议构成承租人有效的义务，对其具有法律约束力并可根据其条款强制执行；

4、在租赁期间，承租人发生分立、合并、兼并、收购等变更情况或者承租人停止经营任何主要部分的业务，或者承租人提出或者被提出有关破产、歇业等申请，承租人应当提前通知出租人。承租人发生任何变更，都不影响本合同的效力。

承租人发生变更时，出租人有权采取下列任何一种措施：

①与承租人的权利义务继受主体另行签订合同，承租人应将本合同的所有权利义务无条件转移给其权利义务继受主体。

②加速到期，要求承租人或连带责任保证人立即付清全部租金及其他应付款项，如给出租人造成了损失，承租人应当赔偿出租人损失。

5、承租人同意在出租人将该融资租赁合同项下的债权转让给出卖人后，承租人向该债权受让人继续承担本协议项下的义务。

二、违约和救济

承租人在本合同有效期内发生下列情形之一时：

1、承租人未能支付任何到期款项，经催告仍不支付；

2、任何向出租人做出的陈述或保证为错误或误导的；

3、承租人与出租人或出租人关联人之间任何其他协议项下的任何违约；

4、承租人未能遵守或履行其做出的承诺、协议或保证，并且该等情况在出租人书面通知承租人后持续 7 天未得到改正；

5、承租人或担保人不能清偿任何到期债务，无论债权人是否是出租人，承租人或担保人发生关闭、停业、歇业、停产、重组、合并、分立或转让其所有或实质性资产，或出租人合理认为承租人的经济状况发生实质性恶化；

6、承租人或担保人自行提出破产申请或被申请进入破产程序已经开始并正在继续；

7、有关就本合同出租人所取得的担保书下的违约或不履行；

0、租赁物件被盗，丢失、严重损毁或挪作他用；

则出租人有权采取下列救济措施：

1、立即通知承租人解除租赁合同，并要求承租人支付本合同项下的所有到期和未到期租金及其它应付款项；

2、要求出卖方停止对乙方提供服务；

3、收回和处置租赁物件，承租人应无条件予以配合；

4、向承租人追索因履行或保护本合同项下出租人权利而产生的费用，包括但不限于诉讼费、律师费、代理费、咨询服务费、收回和处分租赁物件而发生的费用等和采取法律允许的其他救济方式。

三、通知与送达

所有通知应当以特快专递或传真的方式以书面形式向另一方在本合同首页所述的地址或之后以书面方式提供的其他地址发送。如果是以特快专递方式发送，特快专递信函发出后的第五个工作日，视为已经送达；如果是以传真方式发送，传真发出之日的下一个工作日，视为已经送达。

四、不可抗力

对任何因不可抗力事件给承租人造成的损失，出租人不负责任，承租人不得以此为由拒付租金和其它款项。不可抗力事件包括但不限于战争、劳资纠纷、罢工、地震、火灾、洪水、游行示威、暴乱、政府限制等。

五、争议的解决

1、有关本合同的一切争议，三方应友好协商解决，协商不成的，向出租人所在地有管辖权的人民法院起诉。因诉讼或仲裁发生的一切费用，包括诉讼费、保全费、律师费及其他有关的费用均由败诉方承担。

2、在解决争议期间，与争议无关的合同条款继续履行。

六、 其他

1、在租赁期间内，如果合同一方名称、地址、法定代表人等发生变更，不影响本合同的执行，但应在变更发生后 5 日内将变更情况以书面形式通知合同另外两方。

2、三方承诺，对本合同涉及的有关商业内容给予保密，保证不以任何形式（文章、讲演、报告或其他任何途径）公开。

3、合同的修改：对本合同进行修改、补充或更改，必须以书面形式经双方授权代表签字并盖章后方能生效。本合同的更改部分为本合同的组成部分。

4、合同生效：本合同自三方签字盖章之日起生效。

5、本合同签定于_____年___月___日。

6、本合同一式三份，甲、乙、丙三方各执一份，具有同等效力。

七、本合同不可或缺的附件

附件 1：《租赁物件清单》

附件 2：《租赁物件接收确认书》

附件 3：《租金支付表》

附件 4：《租赁物件收回通知书》

以上附件为本合同不可分割的一部分，与本合同具有同等效力。

（以下无正文）

出租人：（盖章）	承租人：（盖章）
法定代表人（或授权代表）：	法定代表人（或授权代表）：
电话及传真：	电话及传真：
开户行：	开户行：
账　号：	账　号：

出卖人：（盖章）

法定代表人（或授权代表）：

电话及传真：

开户行：

账　号：

范本内容精讲

通过阅读上述机械设备融资租赁合同范本，可以看出该范本约定的内容是比较全面、详尽的，且涉及的附件较多，下面就来看看其中的部分条款。

1. 租赁物的交付

融资租赁合同中的租赁物也是买卖合同的标的物，在范本第一章第四条条款中，关于“租赁物件的交付”有如下图所示的条款内容。

四、租赁物件的交付

1、出租人确认收到承租人支付的首付款、保证金、手续费后，通知出卖人即向承租人交付租赁设备。承租人收到货物后当即验收，验收合格后签收《租赁物件接收确认书》（附件2）。

承租人自提租赁物件的，提货当日为交付日，交货地址________________；以送货方式交付租赁物件的，承租人收到出卖人发出的快递运单之日为交付日，收货地址____________。

2、出租人委托出卖人直接向承租人交付租赁物件。在出卖人按约定向承租人交付租赁物件时，承租人同意视为出租人交付租赁物件，承租人不得以任何理由拒收租赁物件。

3、若出卖人违约，包括但不限于出卖人迟延交货，所提供的租赁物件与本合同所规定的内容不符，或在安装、调试、操作过程中及质量保证期间有质量瑕疵等情况，出租人不承担赔偿责任。承租人同意，即使出现前述情况，无论承租人是否能够通过协商或索赔得到补偿，也无论协商或索赔是否在进行中，均不影响本合同的履行，承租人均应按本合同规定向出租人支付租金及其他应付款项。

4、基于租赁物件所发生的一切争议以及索赔、仲裁和诉讼均由承租人办理，全部费用和一切法律后果由承租人承担；出租人应合理协助承租人采取及时而充分的补救措施。如因承租人的疏忽和迟延导致某种请求权的丧失或对某种请求权的限制或发生某项损失，其后果由承租人承担。

从上图可以看出，在合同中约定了由出卖人向承租人交付租赁设备。我们知道在租赁合同中，租赁物应由出租人交付与承租人，那么在融资租赁合同中约定由出卖人交付租赁物是否符合规定呢？

根据《合同法》第二百三十九条规定：出租人根据承租人对出卖人、租赁物的选择订立的买卖合同，出卖人应当按照约定向承租人交付标的物，承租人享有与受领标的物有关的买受人的权利。

由此可见，范本中的约定是符合《合同法》规定的。在融资租赁中，真正的买卖方实际上是承租人和出卖人，而出租人实际上只是提供购买租赁物的资金，因此，应由出卖人向承租人交付租赁物。

前面我们已经知道了，一般情况下，出租人是不负有租赁物的瑕疵担保责任的，那么租赁物的瑕疵担保责任应由谁承担呢？由于租赁物出现质量问题的根本原因在于出卖人交付的标的物不符合约定，因此在融资租赁中，租赁物的瑕疵担保责任应由出卖人承担。在上图内容中也可以看到，强调了因出卖人违约造成延迟交货、租赁物质量瑕疵等，出租人不承担赔偿责任。

当出卖人交付的标的物不符合约定时，承租人可以向出卖人行使索赔权，索赔的方式有以下类型。

- **减少价金**：虽然出卖人交付的标的物不符合规定，但如果并不影响承租人使用，那么承租人可以要求出卖人减少价金。
- **修理或调换**：如果出卖人交付的标的物因质量问题影响了承租人的正常使用，那么承租人可以根据标的物的具体情况，要求出卖人进行维修或调换，并要求其承担维修或调换所产生的费用。
- **支付违约金和损害赔偿金**：在出卖人交付的标的物不符合质量要求时，承租人可以要求出卖人支付违约金，如果违约金不足以抵偿损失时，还可以要求出卖人支付损害赔偿金。
- **解除合同并赔偿损失**：如果出卖人交付的标的物不符合约定，且该标的物无法正常使用，那么承租人可以要求解除合同并要求出卖人赔偿损失。

2. 租金条款

机械设备融资租赁合同范本中，关于“租赁”的内容主要约定了租金的币种、金额、手续费、支付方式和日期等。其中，首付款、保证金和手续费是由《租金支付表》来确立的。

《租金支付表》作为合同范本的附件，是主合同不可分割的部分，在《租金支付表》中要写明租金的构成，以及租金的支付方式。租金的支付方式可以用表格来表示，包括租金的支付次数、付款时间以及每次支付的金额等，如可以按照以下表格形式来填写。

租金期数	付款时间	应付租金本金	应付利息	本息合计
第 1 期租金	年 月 口			
第 2 期租金	年 月 口			
第 3 期租金	年 月 日			
第 4 期租金	年 月 日			
第 5 期租金	年 月 日			
合计				

3. 租赁物的收回

按合同约定支付租金是承租人的义务，如果承租人未按照约定支付租金，那么出租人可以规定一个合理的期限，要求承租人在该期限内补足租金。如果承租人在规定的期限内仍未支付租金，即构成违约。此时，承租人可以按照以下两种方式来维护自身权益。

- 要求承租人支付全部租金。
- 解除合同，收回租赁物，并请求赔偿损失。

从范本第五章的内容可以看出，出租人采用的是第二种方式。即约定了“当承租人逾期支付租金达到 3 期时或不能履行义务时，出租人可以将租赁物件收回”。在出租人需要收回租赁物件时，会向承租人发送《租赁物件收回通知书》，《租赁物件收回通知书》的附件内容如下图所示。

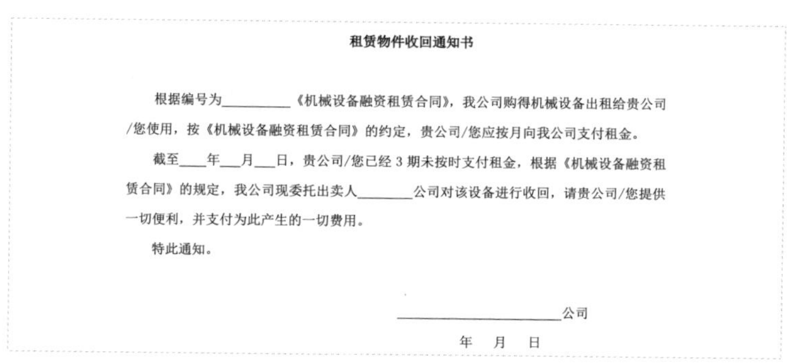

租赁物件收回通知书

根据编号为__________《机械设备融资租赁合同》，我公司购得机械设备出租给贵公司/您使用，按《机械设备融资租赁合同》的约定，贵公司/您应按月向我公司支付租金。

截至____年___月___日，贵公司/您已经 3 期未按时支付租金，根据《机械设备融资租赁合同》的规定，我公司现委托出卖人________公司对该设备进行收回，请贵公司/您提供一切便利，并支付为此产生的一切费用。

特此通知。

______________________公司

年　月　日

为了避免承租人不配合出租人收回租赁物的要求，在范本中可以看到，还约定了“承租人应无条件提供一切便利，并支付为此产生的一切费用；承租人不得以任何理由阻挠，否则，由此造成的一切损失均由承租人承担”。

7.3.2 国际融资租赁合同

如果是不同国家的出租人和承租人要开展融资租赁，则需要签订国际融资租赁合同。那么国际融资租赁合同应该包含哪些内容呢？下面来看看国际融资租赁合同范本。

范本内容展示

资源下载 \Chapter07\ 国际融资租赁合同 .doc

国际融资租赁合同

出租方（甲方）：________________

地址：________________

法定代表人：________________

电话：________________ 传真：________________

银行账号：________________

承租方（乙方）：________________

地址：________________

法定代表人：________________

电话：________________ 传真：________________

银行账号：________________

甲乙双方经过友好协商，就租赁事宜达成协议如下：

第一条 租赁物件

甲方根据乙方的要求，购买本合同附件“设备清单”上所列的租赁物件，并出租给乙方。在租赁期限内，甲方拥有租赁物件的所有权，乙方享有完全的使用权，但不得对所租物件进行销售、转让、抵押或有其他任何侵犯租赁物件所有权的行为。

第二条 租赁期

本合同一俟生效，甲乙双方开始履行合同中规定的各自的权利和义务，不得单方解约或退租。但本合同的生效并不是租期的开始。租赁物件的议付日为起租日，物件一经议付，租赁期即告开始，由甲方以书面通知乙方确认。本合同的租赁期为___年。

第三条 租赁物件的购买/租赁

1. 乙方应向甲方提交租赁委托书。

2. 乙方应向甲方提交甲方认为必要的各种批准或许可证明。

3. 乙方根据自己的需要，选定租赁物件和货价，在购货合同的技术条款附件上正式签字，并在购货合同上作确认签字。

第四条 租赁物件的交货和验收

1. 甲方按甲乙双方约定的时间和地点向乙方交货。对因政府法令、不可抗力或延迟运输、卸货、报关等不属于甲方责任而造成租赁物件的延迟交货，甲方不承担责任。

2. 租赁物件运抵交货地点后，乙方应自负保管责任。乙方应分别在验收和试车后把验收证明和试车报告寄交甲方。如发生问题，甲方及时配合乙方对外索赔；如无问题，乙方应向甲方提交一份收货证明书，确认租赁物件如数收妥，并全部符合合同的要求。

3. 如交货的租赁物件在型号、规格、数量、技术性能等方面与购货合同的规定不符或有瑕疵等情况，属于卖方责任时，甲方同意将购货合同的索赔权转让给乙方，并尽可能地协助乙方向卖方索赔。但鉴于融资性租赁，甲方对此不负任何法律和经济责任。

第五条 租赁物件的维修与保养

1. 在租赁期内，租赁物件的保用期过后，乙方应负责设备的维修和保养，使之維持良好的状态，由此而发生的一切费用由乙方负担。

2. 在租赁期内，租赁物件受到损坏，乙方应负责维修和复原。如无法修复，乙方仍应无条件地履行按期偿还租金的义务。

第六条 租赁及费用

1. 租赁总成本包括租赁物件的价款、运费、保险费、融资利息、手续费及银行费用等。考虑到合同签署时尚不能确切估计上述成本的实际金额，本合同所列的租金是按概算成本计算的。租赁物件议付后，如实际成本与概算成本有出入，应以实际成本为准。具体金额届时由甲方以书面正式通知乙方及担保人。

2. 甲方同意乙方分___年还清货款。每年___月___日还一次货款共分___次还清。乙方应在收到甲方的付款通知书后，如期如数将应付租金电汇至甲方指定的账户。

3. 本合同的计算货币为人民币。

4. 甲方向乙方收取租赁物件总金额的___%作为货物未交给乙方的所有手续费，包括银行费用；交货途中的保险费和运输费。乙方负责从目的港到乙方企业的国内运输费，租赁物件的进口关税，租赁物件在国内的保险费。本合同生效后，甲方即向乙方发出付款通知书，乙方应在收到通知书后十天内将手续费电汇至甲方指定的账户。

第七条 保证金

1. 在本合同签订的十天内，乙方应向甲方支付合同总金额___%的保证金，作为履行本合同的保证。

2. 保证金不计利息，在租赁期满时归还乙方或抵作最后一期租金的全部或一部分。

3. 乙方如违反本合同的任何条款，致使甲方遭到损失，甲方有权从保证金中扣抵乙方应赔偿的金额。

第八条 保险

1. 无论检验时可能发生什么情况，为保证甲乙双方的利益，租赁物件一俟抵达目的地，甲方即代乙方在保险公司以甲方的名义对物件投保财产险。其投保金额不得低于租赁物件的总金额，投保期不得短于租赁期。投保可以应使用人民币。保险费费用由乙方负担，不计入总成本。

第九条 关税租赁物件及附带原料等的海关关税等各项税款由乙方承付。如可全部或部分免除，乙方应自行向当地有关部门办理免税手续，甲方可提供必需的有关证明。核准后，乙方即应把免税证明寄交甲方，以办理报关手续。

第十条 迟延利息如乙方未能按本合同的规定把到期租金及其他款项支付给甲方，甲方有权向乙方收取延付款的利息。罚息在合同规定的利率基础上加___%计收。

第十一条 经济担保

1. 乙方委托为本合同乙方的经济担保人。

2. 担保人有义务担保和督促乙方切实履行本合同的各项条款。无论出于什么原因（包括乙方发生倒闭、停产、合并等情况），当乙方不能按时偿还本合同规定的租金及其他款项时，担保人应在收到甲方书面通知后十天之内无异议地（代替乙方）履行支付义务。

第十二条 租赁物件在租赁期满时的处理租赁期满时，乙方可按美元的象征性货价向甲方买进租赁物件，货款列入最后一期租金内。甲方应在收款后一周内送乙方一份“设备所有权转让书”，以确认租赁物件所有权的正式转让。

第十三条 争议的解决

有关本合同的一切争议，当事人首先应友好协商解决。如仍不能解决时，双方按下列第（___）项方式解决：

1. 向中国仲裁委员会申请仲裁；

2. 向中国人民法院提起诉讼。

有关仲裁或诉讼费用由败诉方负担。

第十四条 附件

下列各附件为本合同的不可分割的组成部分，与本合同具有同等效力：

1. 租赁委托书。

2. 租赁合同附表。

3. 购货合同及设备清单。

4. 经济担保人的“不可撤销担保书”。

第十五条 本合同正本一式___份，甲乙双方各执___份。经济担保人持合同副本___份。

范本内容精讲

在上述国际融资租赁合同范本中，我们可以看到的条款有租赁物件、租赁期、租赁物件的交货和验收以及租赁物件的维修与保养等内容，下面就部分条款进行解析。

◆ 租赁期

租赁期是国际融资租赁合同中的重要条款内容，在范本中，对于租赁期限有下图所示的约定。

第二条 租赁期

本合同一俟生效，甲乙双方开始履行合同中规定的各自的权利和义务，不得单方解约或退租。但本合同的生效并不是租期的开始。租赁物件的议付日为起租日，物件一经议付，租赁期即告开始，由甲方以书面通知乙方确认。本合同的租赁期为____年。

从上图可以看出，影响租赁期限的有两个因素，包括起租日和租期长短，范本中约定的起租日为租赁物议付日。议付是指在信用证结算方式下，出口商所在地银行买入信用证项下跟单汇票的行为。

租期的长短是当事人双方根据租赁物预期的经济使用寿命来确立的。如果租期较短，那么对出租人来说是有利的，因为意味着出租人能够较快地收回投资收益，但对承租人来说，负担的租金也会较重；反之，如果租期较长，出租人收回投资的时间也会较长，但承租人负担的租金会较分散。

◆ 租赁物的保险

融资租赁中的租赁物一般都是价值很大的物件，因此对租赁物进行投保是很有必要的，在范本中对租赁物的保险问题有如下图所示的约定。

第八条 保险

1．无论检验时可能发生什么情况，为保证甲乙双方的利益，租赁物件一俟抵达目的地，甲方即代乙方在保险公司以甲方的名义对物件投保财产险。其投保金额不得低于租赁物件的总金额，投保期不得短于租赁期。投保可以应使用人民币。保险费费用由乙方负担，不计入总成本。

从上图内容可以看出，合同约定租赁物到达目的地后，投保由出租人来办理。在实践中，投保可分为两个阶段，一是租赁物交付前，二是租赁物交付后。在租赁物交付前，出租人应负责为租赁物的运输投保，投保费用会计入租金总额；在租赁物交付后，租赁物的所有权归出租人所有，因此仍应由出租人来办理投保，但租赁物的使用权归承租人所有，所以这笔保险费同样也由承租人负担。

7.3.3 船舶融资租赁合同

船舶是能航行或停泊于水域进行运输或作业的交通工具，船舶融资租赁是出租人根据承租人对船舶的特定要求和对船厂的选择，出资向造船厂购买船舶并租给承租人使用，由承租人分期支付租金的一种融资模式。

船舶融资租赁为航运公司提供良好的融资环境，随着国内融资租赁的发展，船舶融资租赁已成为仅次于银行贷款的第二大融资渠道。但在我国的船舶融资租赁中，还存在许多问题，如融资租赁公司专业性不强、租赁公司缺乏稳定的资金来源等。

范本内容展示

资源下载 \Chapter07\ 船舶融资租赁合同 .doc

船舶融资租赁合同

甲方：____________________

注册地址：____________________

法定代表人：____________________

电话：____________________

传真：____________________

邮政编码：____________________

乙方：____________________

注册地址：____________________

法定代表人：____________________

电话：____________________

传真：____________________

邮政编码：____________________

为实现融资租赁船舶之目的，乙方自主选定船舶，由甲方向卖方购买船舶，乙方支付_____%的首付款和_____%的保证金到甲方账户。

甲、乙双方经友好协商，于_____年_____月_____日在_____签订本《船舶融资租赁合同》，以资共同遵守、履行。

第一条 租赁物

甲方根据乙方的要求及乙方对卖方和租赁物的完全自主选定，以融资租赁的方式，向卖方购买租赁船舶（以下简称“船舶”），并租赁给乙方，乙方则向甲方承租并使用该船舶，并依照本合同规定向甲方支付租金。

第二条 租赁期间

本合同下租期见附件一第六项。在租赁期间，甲方有权根据第三条、第七条、第八条、第九条的规定撤回船舶、解除合同并索赔相应损失。

第三条 租赁成本、租金、首付款及租赁管理费

甲方为乙方融资购买船舶，乙方承租船舶须向甲方支付租金，租金及其支付方式如下：

1、租赁成本：本合同项下所称租赁成本是指，甲方与乙方约定的包括但不限于购买租赁船舶及将租赁船舶交付至乙方所指定的交付地（见附件四：船舶买卖合同）所发生的成本（包括租赁船舶价款、税款、保险费用、银行费用及甲乙双方一致同意计入成本的其他费用等）。

租前息：本合同项下所称租前息是指，按甲方实际支付或负担上述款项之日起计算至起租日止所产生的利息总金额。利率按本合同的租赁利率。

本合同项下租赁成本和租前息的具体金额详见附件一第二项。

2、乙方承租租赁船舶应向甲方交付租金。租金包括租赁成本和利息。本合同项下租金总额详见附件一第三项。租金的支付方式、时间、币种和次数均按本合同附件一第四项约定。

3、在起租日，甲方以《起租通知书》的形式要求乙方按照通知书内容向甲方支付租金。《起租通知书》中应该包括租赁成本、租金总额、各期租金、支付方式、支付币种、支付次数等内容。

4、本合同附件一第四项中所规定的乙方支付每期租金的日期为租金应到帐日，乙方应在此日期前三（3）个工作日实际支付并将付款凭证以传真形式发送甲方备查；若乙方租金实际支付日为非银行营业日，则该付款日提前至上一（1）个银行营业日。此付款时间不包括因银行的原因造成的延误时间。

5、本合同项下的租赁利率详见附件一第四项。银行利率发生变动的，本合同项下的租赁利率进行相应调整。由此引起的租金调整，甲方以《租金变更通知书》（见附件二）的方式通知乙方，乙方承认这种变更。乙方应根据该通知书支付租金。

6、首付款：乙方应按照本合同附件一第五项约定的内容，向甲方支付首付款。本合同项下乙方支付首付款的比例为租赁物件购买价格的_____%，即人民币（大写）__________________元整（¥__________）。首付款不计利息，计算租金时已扣减。

7、保证金：乙方应按照本合同附件一第五项约定的内容，向甲方支付保证金。保证金作为履行本合同的保证，不计利息。本合同项下乙方支付保证金的比例为租赁物件购买价格减去首付款后金额的____%，即人民币（大写）__________________万元整（¥__________）甲方有权以保证金冲抵乙方对甲方的任何欠款。在保证金不发生抵扣，或者抵扣后乙方补足的情况下，保证金可以冲抵最后一期或几期租金，多退少补。

8、租赁管理费：乙方应按照本合同附件一第五项规定的内容，向甲方支付租赁管理费，租赁管理费是甲方向乙方出租租赁船舶而收取的服务费用。在非甲方原因造成本合同及租赁船舶买卖合同无法正常履行的情况下，租赁管理费不予退还。

9、本合同生效后三（3）个工作日内，乙方将前款约定的金额直接汇至甲方账户，作为乙方支付的首付款、保证金和租赁管理费；如甲方在本合同生效后七（7）个工作日内仍未收到该款项，甲方有权随时解除本合同，并在三（3）个工作日内书面通知乙方。如乙方延迟支付首付款、保证金和租赁管理费中的任何款项造成租赁船舶延迟或不能交货等损失，由乙方负责。

10、如首付款、保证金和租赁管理费延迟交付，起租日保持不变。

11、如船舶灭失或失踪，从船舶灭失或最后一次收到船舶的电讯的日期和时间起停止支付租金，提前支付的租金作相应的调整结算。

12、如拖欠租金连续超过____个工作日，甲方有权从乙方处撤回船舶而不须提出声明书，也不用要求法院介入或通过其他手续的干预，撤回船舶亦不影响甲方对乙方可能有的关于本租船合同方面的其他任何索赔要求。

13、甲方在收到乙方的上述款项后应及时给乙方开具合法的收款凭证。

第四条 船舶的购买

1、乙方根据自己的需要，通过调查卖方的信用和船舶的情况，自主选定船舶及卖方。乙方对船舶的技术规范、船龄、型号、性能、质量、状态及价格条款、交付时间等享有全部的决定权，并直接与卖方商定，乙方对自行的决定及选定负全部责任。甲方根据乙方的选定与要求与卖方签订船舶买卖合同。乙方同意并确认附件四船舶买卖合同的全部条款，并在船舶买卖合同上签字。

2、乙方须向甲方提供甲方认为必要的订立本合同所需的各种批准或许可证明。

3、甲方负责筹措购买船舶所需的部分资金，并出资根据船舶买卖合同购买船舶。

4、船舶购买后，双方同意甲方对船舶享有所有权，并将甲方登记为新的注册船东，原船东出具的船舶销售全款发票抬头注明为甲方。

第五条 船舶的交付

1、船舶根据船舶买卖合同确定的交船地由卖方直接向乙方交付，卖方根据船舶买卖合同向乙方所交付的全部物料、备件、船舶证书、技术资料和图纸等视为船舶不可分割的财产。前述船舶和财产以交接时船舶卖方、甲方和乙方签署的文件为准，归甲方所有并租赁给乙方使用。

2、乙方或其授权代表应对船舶状况、物料、备件及各种船舶证书、技术资料和图纸进行检查、确认，对船舶本身及其全部物料、备件、燃料、润料的检查、清点、测量、交接，以及船舶证书、技术资料和图纸的检查、交接，由甲方和船舶卖方之间直接进行，乙方负全部责任。但无论如何，甲方在相关买卖合同及其附件或者其他与船舶买卖有关文件上包括交接船文件上的签字并不意味甲方对船舶品质的认可或对可能存在的瑕疵承担责任。

3、在船舶交接后，根据船舶买卖合同规定，卖方将向甲方和乙方提供船舶原船籍港船舶登记机构出具的船舶所有权注销登记证书、船舶国籍注销登记证书和无抵押权登记证书。

4、在乙方完成了对船舶状况和各种证书、图纸的检查、确认之后，由船舶卖方和甲乙双方签署《实体交接证明》。《实体交接证明》三方签署后，即视为甲方完成向乙方交付船舶。

5、在船舶卖方向甲方和乙方提供了本条第3款所规定的证书后，甲、乙双方应共同向船舶新船籍港船舶登记机构同时办理船舶新的所有权登记、光船租赁登记手续。相关登记费用由乙方承担，船舶所有权人登记为甲方，承租人登记为乙方。

6、如乙方未在船舶买卖合同确定的交付日前往交付地接收船舶或者乙方以任何理由拒收船舶，因此而产生的买方违反船舶买卖合同的所有责任由乙方承担，乙方应当消除甲方因此而可能产生的对乙方的所有的赔偿责任；同时，甲方有权选择终止本船舶租赁合同，乙方应当根据本合同向甲方支付违约金赔偿，甲方同时有权索赔其他因此而遭受的损失。

在乙方按照本合同的约定，将本合同项下的首付款、保证金及租赁管理费等款项按时、足额支付至甲方账户，并履行了本合同约定的乙方应尽的义务的情况下，若甲方未能及时支付相关款项，致使乙方未能按期接收船舶，由此给乙方造成的损失，由甲方承担。

7、因不可抗力或政府法令等不属于甲方能控制的原因而延误乙方接受船舶或导致乙方不能接收船舶，甲方不承担责任。

第六条 船舶瑕疵的处理

鉴于船舶系乙方自行选定，乙方享有本合同第四条第1款所规定的权利，如卖方提供的船舶与买卖合同所规定的品质不符，或在使用、营运过程中发现任何船舶缺陷、瑕疵包括针对船舶的索赔等情况，均由乙方直接向卖方提出交涉或者索赔，甲方不承担任何因此而产生的任何责任，乙方也不得向甲方追索，索赔费用和结果均由乙方承担，但乙方应将有关索赔结果通知甲方，经乙方要求，甲方应当提供必要的配合，但因此而产生的所有费用由乙方承担。

上述的规定并不因为甲方被登记为新的船舶所有人而要求甲方承担相应的责任，乙方也不得以此为由而终止本合同。

第七条 船舶的使用、保养和费用

1、船舶的使用

在租赁期间内，船舶将完全为乙方占有和由乙方全权安排作各种用途，并在各个方面处于其完全控制之下。

在租船期内乙方可自由用其确定的颜色油漆船舶，装置或使用其烟囱标记和悬挂其公司旗。油漆和重新油漆、装置或重新装置的费用均由乙方支付，所有所花费的时间作为租期内时间计算。经甲方书面同意，可以更改船名。

乙方应为船舶自行配备人员、供应伙食和为船舶的航行、营运、燃料供应和在租期内随时需要的修理负担费用（和）做出安排，乙方应支付关于船舶的使用和营运的各种和各类性质的费用或者税款。船长、高级船员和一般船员系（为）乙方聘请的雇员。

2、航行区域范围

船舶将用于进行合法的贸易，在下列航行区域范围内载运合适的合法货物：________________________________。

不管本合同中有无其他条款规定，双方协议本合同中准予装载或运输的货物中明确排除核燃料或放射性产品或原料。但对于使用于或拟使用于工业、商业、农业、医药或科学方面的放射性同位素不在排除之列，但要事前取得甲方对装运的批准。

乙方保证只将本船用于国内航线经营，并且五年内不得以光船租赁的方式转租、转售给第三方用于国际航线经营。出租方式不得违背本条的规定。

3、运输单证

对本租船合同项下乙方为货物运输所签发的所有运输单证应当包括有《中华人民共和国海商法》、《国内水路货物运输规则》和其他相关法律法规强制适用的关于承运人对货物的义务、责任的法规，并承担因从事货物运输而产生的所有责任，除法律有规定者外，不得包含有损害甲方利益的条款。

乙方同意赔偿由于船长、高级船员或代理签署运单、提单或其他运输单证而给甲方造成一切后果和责任。

4、船舶的保养

乙方应对船舶（及）、船机、锅炉、装置和备件进行良好的保养维修，使之处于有效营运状态，并要按照良好的商业上保养做法进行保养，保持船舶船级不过期并保持其他必需的证书始终有效。

对于船级社或双方认为必需的修理，乙方应立即采取步骤在合理的时间内完成，如乙方未能这样做，甲方有权将船舶从乙方处撤回而毋须提出声明书，也不妨碍甲方对乙方根据本合同可能有的其他任何索赔要求。

每次在未先征得甲方同意前，乙方不得对船舶结构予以改变或对机器、装置或备件进行变动。如甲方同意，乙方应在租期结束前将船舶恢复到原样（如果甲方有此要求的话）。

如果由于船级方面有新的要求，或由于实施强制性的法规而为了船舶的继续营运必须进行改进、改变结构或添置费用较多的新设备，其费用由乙方承担。

5、检查

甲方有权随时对船舶进行检查和检验，或指示一位正式授权的验船师代表其进行检验，以查明船舶的状况和确定船舶获得正常的修理和保养。在干船坞内的检查或检验只有在乙方安排船舶进干船坞时进行，如果乙方未在正常的船级检查间隔安排船舶进坞，则甲方有权要求安排船舶进干坞检查，如查明船舶须经处理或保养才能达到所规定的状况时，检查和检验费用由乙方负担。所有检查、检验和修理的时间作为租期内的计算并作为租期的一部分。

甲方提出要求时，乙方应及时允许甲方检查船舶的航海日志，或者提供伤亡事故或其他事故或船舶遭受损坏的全部情况。在甲方的要求下，乙方应及时将船舶执行的任务情况通知甲方。

6、第三者责任

乙方应遵守各种适用的相关法律规定。因船舶本身及其运营、保管等致使第三人的人身伤害或者财产损害的，乙方应负赔偿责任，甲方不承担任何责任。

7、税费

因船舶本身及其保管、使用等所发生的一切费用、税款（包括国家新开征的一切税种应交纳的税款）均由乙方负担。

第八条 船舶保险和修理

1、在租期内乙方应负担费用为船舶投保全额船壳保险、责任险、四分之一附加险、船主对船员责任险等必要的保险，并在本合同期限内持续保持各项保险。若本合同项下租金支付期延长，乙方须办理延长投保期的手续。所有保单应以甲方为第一受益人，甲方决定保险赔款的使用和处理。

为本条之目的，乙方保证为本船足额投保，且免赔额不高于________%。乙方并保证，其投保的金额足以使在船舶发生全损或推定全损的情况下，保险公司实际赔付的金额高于本合同项下乙方应付的租金总额。若保险公司赔付的金额不足时，差额部分由乙方承担。

就甲方所要求的各项保险，乙方在办理保险后应将保单正本提交给甲方，并提交相应的保险费的支付证明，甲方应向乙方书面确认收到保单，并妥善保管，在日后发生事故向保险公司索赔时及时提供。

乙方保证，即使更改了船舶名称，上述保险也应持续有效。

如果乙方没有按本条第1款的规定和要求安排投保上述保险，甲方应通知乙方，乙方应在通知后7个连续日内做出改正，如乙方未按通知予以更正，甲方有权撤回船舶，而不影响甲方可能对乙方的其他索赔要求。

经甲方和承保人批准，乙方应进行所有属于投保范围的修理，并承担给付修理的所有费用（该支出由乙方向承保人索偿）。

对其他不在保险范围内的或未超过所投保险规定的相对或绝对的免赔额部分的修理，乙方亦要负责安排，并承担由此而产生的费用和开支。

根据本条第1款进行的修理所使用的时间包括绕航时间应作为租期内的时间计算并作为租期的一部分。

如果由于乙方未能购买保险或购买保额不足或发生保险范围以外的事故，使船舶遭受灭失，乙方应自付费用解决该损害或灭失问题，并承担相应结果。若乙方未能做到，则视同乙方违反了本合同的约定。

2、乙方应提供所安排的附加保险的详细情况，包括保险证明或保险单以及此项需要的保险的承保人同意的书面的副本文件。

3、在按本条第1款的要求安排的保险项下，如船舶变成实际全损或推定全损时，所有保险赔款应付给甲方，优先偿还乙方应向甲方支付的租金本息和相关费用，再根据双方认可的理算机构的评估，在甲方和乙方之间按照各自利益损害的程度进行分配。

4、甲方在乙方提出要求时应迅速办妥所需要的有关文件，以便乙方将船舶委付给承保人，提出推定全损的索赔要求。

5、鉴于自签署《实体交接证明》之时起，船舶卖方所办理的各种保单将终止，因此，乙方应从《实体交接证明》签署之时起对船舶办理相关保险，该期间保险的办理和保险赔偿的处理依第八条规定和本合同其他规定处理。

第九条 乙方的保证、责任和义务

1、乙方应根据与保险人的合同的要求按时支付保险费用和保赔协会会费，并在租赁期限内对各项保险予以续保；

2、在使用、管理、营运和维护船舶方面不违犯相关保险条款的条件的规定；

3、经甲方和保险人批准，乙方应进行所有属于投保范围的修理，并承担给付修理的所有费用（该支出由乙方向承保人索偿）；对其他不在保险范围内的或未超过所投保险规定的相对或绝对的免赔额部分的修理，乙方亦要负责安排，并承担由此而产生的费用和开支；

4、对船舶办理相应的登记和年检手续；

5、按照船籍港相关法律和规定，维护和保养使船舶处于适航状态，以保持该船达到中国船级社国内运输部颁发的船级标准；

6、依照船级社的要求，对船舶予以定期或者其他所要求的检验；

7、允许甲方代表登船进行检验，并提供必要的便利；

8、采取所有合理措施避免船舶发生海事优先权或留置权性质的索赔和其他针对船舶的索赔，如船舶被扣押，采取所有合理措施使船舶得以尽快释放；

9、不得将船舶投入法律规定禁止的营运活动；

10、经甲方要求，立即向甲方提供该船舶本身、其使用和动态的详细情况；

11、在如下情况下，乙方应通过书面形式立即通知甲方：

a. 如该船发生重大保险事故；

b. 该船可能遭受全损；

c. 违反保险人、船级社或政府部门的要求或命令；

d. 船舶被扣押或该船舶可能发生具有海事优先权的索赔。

12、及时安排支付因船舶而产生的规费，并根据相关劳动法的规定为船长和船员支付劳动报酬；

13、非经甲方书面同意，乙方不得出售、转让、再抵押、以光船租赁方式出租租赁船舶，或以其他任何方式处分本合同项下租赁船舶；

14、非经甲方书面同意，不得对船舶结构予以改变或对机器、装置或备件进行变动导致船舶价值降低；

15、非经甲方书面同意，不得订立有可能附加在船舶上（例如：船舶留置权、船舶优先权等）而使甲方产生任何债务的合同，除非该项债务能够从保险人处得到索赔。

如乙方违反上述任一规定，甲方均有权撤回船舶，取消合同，而不影响甲方可能对乙方的其他索赔要求。

第十条　甲方的权利

在无损甲方根据本合同已有的其他各项权利的情况下，甲方有权（不是必须）采取甲方认为合适的措施，以保护和维持甲方根据本租赁合同所享有的权利，因此而产生的责任和费用由乙方承担。

根据本原则，如：

1、如乙方违反对船舶进行投保的义务，甲方有权代为乙方购买保险；

2、如乙方违反使船舶处于适航状态保持船级的义务，甲方有权代为乙方对船舶进行必要的修理、检验，以使船舶处于适航状态；

3、如乙方违反采取所有合理措施避免船舶发生海事优先权或留置权性质的索赔和其他针对船舶的索赔，如船舶被扣押，采取所有合理措施使船舶得以尽快释放等义务，甲方有权采取必要的行动代为乙方做出赔偿、使船舶予以释放等行动。

第十一条　乙方履约担保

____

____________________。

第十二条　船舶债务担保

乙方或其代理人不得使船舶负有比甲方对船舶的所有权和利益更具有优先的权利的债权。

因乙方对船舶的营运，或由于其对船舶、船舶营运方面的疏忽而在租期内发生的针对船舶的任何性质的具有优先权的索赔，对于各种保险不足以补偿的部分，乙方将向甲方予以赔偿并使甲方不受损害。

第十三条　甲方的留置

针对本租船合同下的赔偿，甲方可以留置乙方的货物、转租承租人应付给乙方的运费和承运货物的运费。

第十四条　救助

所有救助和拖带均归乙方受益，而为此遭受的损坏的修理费用各种保险不足以赔偿的部分，应由乙方负担。

第十五条　残骸的清除

如船舶成为残骸或航行的障碍，对于因此甲方产生的责任或者付款，各种保险不足以赔偿的部分，乙方应赔偿甲方。

第十六条　共同海损

如有共同海损则按北京理算规则或在事故发生时通用的修订的该规则进行理算。本合同下的租金收入不作为共同海损的理算部分。

第十七条　转让和转租

除非事前取得甲方书面同意，乙方不得将本租船合同转让，亦不得将船舶以光船租赁方式转租。如有转让、转租，须以甲方所批准的条款和条件为准，除甲方另行同意者外，乙方仍须继续承担本租约下的所有义务。

第十八条　征用/征收

如政府部门征用船舶（以下称“征用”），不论“征用” 发生在租期内何时，也不论在“征用”的时间多长，也不论在租期的余下时间是否继续“征用”，按照本合同第二十三条中的提前解除本合同的情况处理。

如由于船舶被政府部门强制买进或所有权被政府部门征用致甲方对船舶的所有权被剥夺时（以下称“征收”），不论该“征收”在租期内何时发生，本租船合同将被认为从“征收”天起终止。如果该种情形发生，租金应付到“征收”的日期。

第十九条　乙方破产、清算

乙方如发生破产、停业、合并、分立等情况时，应立即通知甲方并提供有关证明文件，如上述情况致使本合同不能履行时，甲方有权根据本合同采取相应救济措施。租赁期间，租赁船舶不属于乙方破产财产的范围。

第二十条　权利保护事项和补救措施

起租前，由于乙方违反本合同而给甲方造成的相关损失（包括甲方依据《船舶买卖合同》支付的租赁船舶价款、其他费用及利息等），由乙方负责赔偿。具体赔偿金额以实际发生额为准。

租赁期间，任何下列情况发生时，本合同效力不受影响；但若甲方认为下述情况的发生影

范本内容精讲

上述船舶融资租赁合同范本第三条条款是关于“租赁成本、租金、首付款及租赁管理费”的约定，在其中可以看到如下图所示的内容。

> 9、本合同生效后三（3）个工作日内，乙方将前款约定的金额直接汇至甲方账户，作为乙方支付的首付款、保证金和租赁管理费；如甲方在本合同生效后七（7）个工作日内仍未收到该款项，甲方有权随时解除本合同，并在三（3）个工作日内书面通知乙方。如乙方延迟支付首付款、保证金和租赁管理费中的任何款项造成租赁船舶延迟或不能交货等损失，由乙方负责。

在上图内容中约定了出租人可以解除合同的情形，即承租人未按照合同约定的期限和数额支付租金，且出租人在合理期限内催告后仍不支付。除这种情形外，有下列情形之一的，出租人也可以请求解除融资租赁合同。

- ◆ 承租人未经出租人同意，将租赁物转让、转租、抵押、质押、投资入股或者以其他方式处分租赁物的。
- ◆ 合同对于欠付租金解除合同的情形没有明确约定，但承租人欠付租金达到两期以上，或者数额达到全部租金 15% 以上，经出租人催告后在合理期限内仍不支付的。

◆ 承租人违反合同约定，致使合同目的不能实现的其他情形。

另外，若在融资租赁合同中出现了下图所示的情形，那么承租人和出租人都可以请求解除融资租赁合同。

出租人与出卖人订立的买卖合同解除、被确认无效或者被撤销，且双方未能重新订立买卖合同的。

租赁物因不可归责于双方的原因意外毁损、灭失，且不能修复或者确定替代物的。

因出卖人的原因致使融资租赁合同的目的不能实现的。

在船舶融资租赁合同范本第七条条款内容中，对船舶的使用、保养和费用进行了约定，其中第6点内容是关于“第三者责任”的约定，具体内容如下图所示。

6、第三者责任

乙方应遵守各种适用的相关法律规定。因船舶本身及其运营、保管等致使第三人的人身伤害或者财产损害的，乙方应负赔偿责任，甲方不承担任何责任。

从上图内容可以看出在承租人占有租赁物期间，租赁物造成第三人的人身伤害或者财产损害的，出租人不承担责任。这是对出租人不负租赁物使用对第三人侵权责任的规定，这种侵权责任通常有以下几种情形。

◆ 产品责任

《民法通则》第一百二十二条规定：因产品质量不合格造成他人财产、人身损害的，产品制造者、销售者应当依法承担民事责任。运输者、仓储者对此负有责任的，产品制造者、销售者有权要求赔偿损失。在融资租赁中，真实的买卖关系实际上存在于承租人和出卖人之间，出租人并未充当产品制造者或销售者的角色，因此出租人不承担产品责任。

◆ 高度危险作业责任

《民法通则》第一百二十三条规定：从事高空、高压、易燃、易爆、剧毒、放射性或高速运输工具等对周围环境有高度危险的作业造成他人损害的，应当承担民事责任；如果能够证明损害是由受害人故意造成的，不承担民事责任。

在融资租赁中，承租人拥有租赁物的使用权和收益权，而出租人并未实际占有租赁物，对租赁物的使用没有支配权，因为租赁物属高度危险作业设备而导致第三人受到人身伤害或者财产损害时，出租人不应承担赔偿责任，而应由承租人承担。

◆ 建筑物责任

《民法通则》第一百二十六条规定：建筑物或者其他设施以及建筑物上的搁置物、悬挂物发生倒塌、脱落或坠落造成他人损害的，它的所有人或者管理人应当承担民事责任，但能够证明自己没有过错的除外。

在融资租赁中，租赁物的所有人是出租人，而管理人是承租人。那么根据上述规定，出租人和承租人都应承担建筑物责任。但在融资租赁中，出租人只拥有名义上的所有权，其所有权是不完整的，而承租人则拥有租赁物的占有权、使用权和收益权，因此承租人应承担赔偿责任。

在范本“第九条 乙方的保证、责任和义务”条款中，可以看到对承租人未经出租人允许的部分行为作了约定，如下图所示。

13、非经甲方书面同意，乙方不得出售、转让、再抵押、以光船船租赁方式出租租赁船舶，或以其他任何方式处分本合同项下租赁船舶；

14、非经甲方书面同意，不得对船舶结构予以改变或对机器、装置或备件进行变动导致船舶价值降低；

15、非经甲方书面同意，不得订立有可能附加在船舶上（例如：船舶留置权、船舶优先权等）而使甲方产生任何债务的合同，除非该项债务能够从保险人处得到索赔。

如乙方违反上述任一规定，甲方均有权撤回船舶，取消合同，而不影响甲方可能对乙方的其他索赔要求。

在上图内容中约定了承租人不得不经出租人同意，进行出售、转让租赁物或在融资租赁合同上附加可能使承租人产生债务的合同。否则，出租人可以收回船舶并解除合同。

在实践中，还存在承租人或者租赁物的实际使用人，未经出租人同意转让租赁物或者在租赁物上设立其他物权，使得第三人取得了租赁物所有权或者其他物权的情形。在这种情形下，如果出租人主张第三人物权权利不成立，那么人民法院是否支持要视情况而定。有下列情形之一的，出租人主张第三人物权权利不成立的，人民法院应予支持。

◆ 出租人已在租赁物的显著位置作出标识，第三人在与承租人交易时知道或者应当知道该物为租赁物的。

- 出租人授权承租人将租赁物抵押给出租人并在登记机关依法办理抵押权登记的。
- 第三人与承租人交易时，未按照法律、行政法规、行业或者地区主管部门的规定在相应机构进行融资租赁交易查询的。
- 出租人有证据证明第三人知道或者应当知道交易标的物为租赁物的其他情形。

但如果第三人是依据物权法第一百零六条的规定取得租赁物的所有权或者其他物权的，那么出租人主张第三人物权权利不成立的，人民法院不予支持。《物权法》第一百零六条对所有权的取得有以下规定。

第一百零六条　无处分权人将不动产或者动产转让给受让人的，所有权人有权追回；除法律另有规定外，符合下列情形的，受让人取得该不动产或者动产的所有权：

（一）受让人受让该不动产或者动产时是善意的；

（二）以合理的价格转让；

（三）转让的不动产或者动产依照法律规定应当登记的已经登记，不需要登记的已经交付给受让人。

受让人依照前款规定取得不动产或者动产的所有权的，原所有权人有权向无处分权人请求赔偿损失。

当事人善意取得其他物权的，参照前两款规定。

第八章

货物托运的合同——运输合同

8.1 运输合同必懂的知识点

■三大类 ■4个方面 ■承运人要求 ■安全运输

运输合同又被称为运送合同，它是承运人将旅客或者货物从起运地点运输到约定地点，旅客、托运人或者收货人支付票款或者运输费用的合同。

8.1.1 运输合同分为三大类

运输合同根据不同的划分标准可以分为不同的类型，如按照运输方式分类，可分为铁路运输合同、公路运输合同、水路运输合同、航空运输合同和多联式运输合同；按照运输对象分类，主要可分为旅客运输合同和货物运输合同两大类。

我们这里主要将其分为客运合同、货运合同和多式联运合同三大类，这3类合同的不同特点有以下几个。

1. 客运合同

客运合同又称为旅客运输合同，旅客运输合同在合同订立和成立时间上有其特殊性，具体内容如下。

- **合同的成立**：旅客运输合同一般在旅客取得客票时，合同成立。而旅客所购买的客票通常就是旅客运输合同成立的凭据。但在旅客运输合同中，当事人也可以约定合同的成立时间不是在客票的交付时成立。
- **合同行为的主体**：旅客运输合同中的行为主体一般为特殊的运输部门，运输部门制作并发布的运输合同是格式化标准合同。
- **合同的内容**：运输部门公布的班次、时刻表和价目表间接或直接地构成了旅客运输合同的内容，但确立上述内容是否构成合同内容的依据是该合同是否成立。

2. 货运合同

货运合同又被称为货物运输合同，它具有运输合同的一般特征，除此之外还具有如下几个重要特征。

◆ **常常涉及第三人**：货运合同是承运人与托运人订立的合同，在实践中，托运人可能是收货人，但也可能不是收货人，而第三人才是收货人。当第三人为收货人时，收货人是该货运合同的利害关系人。

◆ **合同义务的履行**：在客运合同中，以将旅客运输到目的地为合同义务履行完毕；而在货运合同中，则是以将货物运输到目的地并交付于收货人后，合同义务才履行完毕。

◆ **诺成性合同**：货运合同一般为诺成性合同，当承运人同意运输时，合同即告成立。

3. 多式联运合同

多式联运合同是指多式联运经营人以两种以上的不同运输方式相互衔接和转运，共同负责将货物从接收地运至目的地交付收货人，并收取全程运费的合同。从多式联运合同的含义可以看出其具有以下三大特点。

◆ 多式联运合同须包含两种及以上运输方式。

◆ 虽然多式联运合同会涉及两种及以上运输方式，但托运人只会和多式联运经营人订立一份运输合同。

◆ 由于多式联运合同包含两种及以上运输方式，因此多式联运合同的承运人有两人及以上，若只为一人，那么不会构成联运。

8.1.2 运输合同的 4 方面内容

运输合同是有偿双务合同，且大多为格式条款合同，通过运输合同的定义可以了解到运输合同包含的 4 方面内容。

◆ 运输合同的主体

运输合同的主体就是合同的当事人，包括承运人、旅客和托运人。由于运输合同具有双务合同的特点，因此合同主体都负有相应的权利与义务。承运人负有收取运费的权利和运送的义务，而旅客和托运人则享有运送的权利和支付运费的义务。

运输合同中的承运人可以是一人，也可能是数人，如多式联运合同中有多式联运经营人和各区段承运人，其承运人是数人。承运人既可以是自然人，也可以是法人或组织。

◆ 托运人与收货人

在运输合同中，托运人可能就是收货人，但在现实生活中，收货人和托运人不是同一人的情况居多。当收货人是第三人时，承运人和托运人订立运输合同的目的是为了收货人的利益。此时，承运人需要按照运输合同的要求向收货人交付托运物。

◆ 运输合同的客体

运输合同要求承运人将旅客或者货物从起运地点运输到约定地点，因此运输合同的客体并不是货物或旅客本身，而是承运人的运送行为。

◆ 票款和运费

从运输合同的含义可以看出，在履行运输合同的过程中，旅客需要向承运人支付票款，而托运人或收货人需要向承运人支付运费，这是旅客、托运人或收货人的义务，同时也是承运人的权利。

在我国，不同的运输方式由专门法进行规定，如《中华人民共和国铁路法》（简称《铁路法》）对运输合同有如下规定。

第十一条 铁路运输合同是明确铁路运输企业与旅客和托运人之间权利义务关系的协议。

旅客车票、行李票、包裹票和货物运单是合同或者合同的组成部分。

合同法总则和对运输合同定义的规定对其他运输法起着补充作用，同时也对所有运输方面的合同起着规范作用。

8.1.3 对公共运输承运人的要求

公共运输是指向社会公众提供运输服务的运输业，如班机、班轮和班车运输等。公共运输有其独有的特性，具体内容如下。

- 对提供公共运输服务的承运人的要求会比一般承运人要高。
- 公共运输面向的对象是社会公众，它既有商业性的一面，又有公益性的一面。
- 公共运输有其固定的班次、运输路线和价格，且这些内容会向社会公众公告。

◆ 一般情况下，社会公众都可以向公共运输的承运人订立运输合同，且合同形式一般为格式化合同。

由于公共运输的特殊性，因此公共运输的承运人也有其特殊要求，公共运输的承运人一般为经国家批准从事公共运输业的企业和个人。如国家通常只批准由某一公共汽车公司从事一个城市旅客的运输。

《合同法》第二百八十九条规定：从事公共运输的承运人不得拒绝旅客或托运人通常合理的运输要求。那么什么是通常合理的运输要求呢？

在不同的情形下，通常合理的运输要求其含义是不同的，判断是否是“通常合理”并不是以单个旅客或者托运人来判断，而是以一般旅客或者托运人来判断的。如在公路客运运输中，单个旅客因个人需要要求提供饮用水服务，那么就不是“通常合理”。

这里的“通常合理”还指公共运输的承运人不能对旅客或托运人差别对待，如在航空旅客运输中，对经济舱的部分旅客提供免费早餐，但对部分旅客却不提供，这就属于差别对待。

8.1.4 运输合同中的安全运输表示的含义

《合同法》第二百九十条规定：承运人应当在约定期间或者合理期间内将旅客和货物安全运输到约定地点。这一规定明确了承运人的义务，其中，按照约定时间进行安全运输有以下3层含义。

◆ 运输的时间

承运人应在约定的时间或合理的时间内，将旅客或托运物运输到目的地，如果是因为承运人的原因造成了旅客或托运物没有按时到达目的地，那么承运人就要承担迟延的违约责任。

◆ 安全运输

运输是一项具有危险性的活动，在运输的过程中，承运人应保证运输的安全。所谓的安全运输即指保证旅客和托运物以及所使用的运输设备完好无损。其他相关运输法律法规对安全运输也有明确规定，如《铁路法》有如下规定。

第十条 铁路运输企业应当保证旅客和货物运输的安全，做到列车正点到达。

在《中华人民共和国民用航空法》（简称《民用航空法》）中对安全运输有如下规定。

第一百二十四条 因发生在民用航空器上或者在旅客上、下民用航空器过程中的事件，造成旅客人身伤亡的，承运人应当承担责任；但是，旅客的人身伤亡完全是由于旅客本人的健康状况造成的，承运人不承担责任。

在《中华人民共和国海商法》（简称《海商法》）中同样对承运人在运输过程中的安全运输有明确规定，具体内容如下。

第一百一十四条 在本法第一百一十一条规定的旅客及其行李的运送期间，因承运人或者承运人的受雇人或代理人在受雇或者受委托的范围内的过失引起事故，造成旅客人身伤亡或者行李灭失或损坏的，承运人应当负赔偿责任。

◆ 运输地点

旅客或托运人与承运人签订运输合同的目的就是希望承运人将旅客或托运物运送到目的地，因此承运人应该将旅客或托运物运送到约定的地点。如果承运人没有将旅客和托运物运送到约定的地点，那么承运人就要承担违约责任。

8.2 运输合同争议处理和陷阱防范

■货物丢失 ■效力纠纷 ■赔偿数额

实际生活中，各类运输方式与每个人都息息相关，因此运输合同纠纷也是生活中常见的合同纠纷，下面就来看看如何解决运输合同中可能遇到的纠纷。

8.2.1 运输合同中货物丢了怎么办

在货物运输过程中，如果承运人将货物弄丢了，对承运人和托运人或收货人来说都会带来损失。那么如果在运输过程中，承运人将货物弄丢了，托运人应该如何处理呢？

《合同法》第三百一十一条规定：承运人对运输过程中货物的毁损或灭失承担损害赔偿责任，但承运人证明货物的毁损或灭失是因不可抗力、货物本身的自然性质或者合理损耗以及托运人或收货人的过错造成的，不承担损害赔偿责任。

上述规定中的毁损是指搬运的货物因损坏而价值减少，灭失是指承运人无法将货物交付给收货人。由此可见，货物丢失属于灭失。从《合同法》的规定可以看出，在运输过程中货物灭失的，承运人是否要承担赔偿责任要视情况而定，如是因不可抗力、货物本身的自然性质或者合理损耗以及托运人或收货人的过错造成的，那么承运人不承担赔偿责任，如果承运人不能证明是因为上述原因造成的货物毁损或灭失，那么就需要承担赔偿责任。

在《铁路法》中，对货物毁损或灭失是否由承运人承担赔偿责任也有具体的规定，具体规定如下所示。

第十七条 铁路运输企业应当对承运的货物、包裹或行李自接受承运时起到交付时止发生的灭失、短少、变质、污染或者损坏，承担赔偿责任:

（一）托运人或者旅客根据自愿申请办理保价运输的，按照实际损失赔偿，但最高不超过保价额。

（二）未按保价运输承运的，按照实际损失赔偿，但最高不超过国务院铁路主管部门规定的赔偿限额；如果损失是由于铁路运输企业的故意或者重大过失造成的，不适用赔偿限额的规定，按照实际损失赔偿。

托运人或者旅客根据自愿可以向保险公司办理货物运输保险，保险公司按照保险合同的约定承担赔偿责任。

托运人或者旅客根据自愿，可以办理保价运输，也可以办理货物运输保险；还可以既不办理保价运输，也不办理货物运输保险。不得以任何方式强迫办理保价运输或者货物运输保险。

第十八条 由于下列原因造成的货物、包裹或行李损失的，铁路运输企业不承担赔偿责任:

（一）不可抗力。

（二）货物、包裹或者行李中的物品本身的自然属性，或者合理损耗。

（三）托运人、收货人或者旅客的过错。

在客运运输中，旅客一般会携带一定的物品，那么如果在运输过程中，旅客自带的物品毁损或灭失了，承运人应该承担赔偿责任吗？

在这种情形下，要看造成旅客携带的物品毁损或灭失的原因是否在于承运人，如果是由于承运人的原因造成了旅客自带的物品毁损或灭失的，那么承运人就应当承担赔偿责任。

8.2.2 托运单免责条款效力纠纷

托运单是托运人根据贸易合同和信用证条款内容填制的，向承运人或其代理办理货物托运的单证。在托运单的底部，通常会看到相关免责条款的内容，如下图所示为某物流公司托运单。

××××××物流有限公司运输结算凭证

托运日期：×××× 年 ×× 月 ×× 日 起运地点：　　　到站：　　　运单号：1702562

托运单位（人）：

收货单位（人）：　　　手机：

收货地址：　　　交付方式：现付

货物名称	包装	件数	计费重量	运费额	保费额	付款方式	
						已付	
						到付	
人民币（大写） 万 仟 佰 拾 元 ¥：						欠付	

特约事项：
1. 发货人必须如实说明货物名称，不准托运危险品和国家禁运物品。
2. 本公司只负责外包装数量和完好，在外包装完好情况下，对货物数量、质量损坏均不负责。
3. 发货人须声明货物价值，并交纳保险金，否则后果自负。
4. 货物丢失由承运方按声明价格赔偿，未保价的按每公斤 5 元赔偿，每单赔偿额最高不超过 1000 人民币。
5. 货到指定地点后，收货人当场清点验收。如收货人当场对本货物没有提出异议可视为本次货物安全到达。
6. 托运人和收货人如有查询，索赔或其它事宜，应在本单开出之日起十日内提出，过期本公司概不受理。

托运人签字：　　　承运经办人签字：　　　收货人签字：

托运人电话：

联存根（白）　二联客户（粉）　三联随货同行（黄）

在上图“特约事项”内容中就可以看到有关承运人的免责责任，如“在外包装完好情况下，对货物数量、质量损坏均不负责”。物流公司托运单中的托运条款一般都是预先印制好的，那么这些条款是否具有法律效力呢？

托运单是会重复使用的运输凭证，其中约定的条款为格式条款，《合同法》对格式条款作出了以下规定。

第三十九条 采用格式条款订立合同的，提供格式条款的一方应当遵循公平原则确定当事人之间的权利和义务，并采取合理的方式提请对方注意免除或者限制其责任的条款，按照对方的要求，对该条款予以说明。

通过上述内容可以看出，在订立格式条款时承运人需遵循公平的原则来确定双方的权利和义务，同时，需采取合理的方式向托运人履行格式条款的说明义务。这里所说的采取合理方式是指在合同订立时采用足以引起对方注意的文字、符号或字体等特别标识，并按照对方的要求对该格式条款予以说明的。

对于托运单中的格式条款是否具有效力，需根据具体情形来看，《合同法》第四十条规定：格式条款具有本法第五十二条和第五十三条规定情形的，或者提供格式条款一方免除其责任、加重对方责任或排除对方主要权利的，该条款无效。

《合同法》第五十二条是关于无效合同的规定，第五十三条是对合同中的免责条款的规定，第五十三条的内容如下。

第五十三条　合同中的下列免责条款无效：

（一）造成对方人身伤害的；

（二）因故意或者重大过失造成对方财产损失的。

由此可见，托运单中格式条款只要不违反《合同法》的相关规定，那么就不属于无效格式条款。

知识补充　格式条款的含义

格式条款又称为标准条款，它具有省时省力、方便和降低交易成本的优势，是当事人为了重复使用而预先拟定，并在订立合同时未与对方协商的条款。

8.2.3　怎样确定货物赔偿数额

前面我们已经知道了，因承运人的过错导致货物毁损或灭失的，承运人要承担赔偿责任，下面就来看看如何确定货物的赔偿数额。

《合同法》第三百一十二条规定：货物的毁损或灭失的赔偿额，当事人有约定的，按照其约定；没有约定或者约定不明确，依照本法第六十一条的规定仍不能确定的，按照交付或者应当交付时货物到达地的市场价格计算。法律和行政法规对赔偿额的计算方法和赔偿限额另有规定的，依照其规定。

通过上述的规定可知，在货物发生毁损或灭失的情况下，确定货物的赔偿额可按以下 4 种方式来确定。

◆ 按约定赔偿

如果当事人双方对货物毁损或灭失的赔偿额有明确约定的，那么可以按照合同约定的数额来确定赔偿额。当事人可能会在合同中约定赔偿的总额，也可能会约定赔偿额的计算方式。

除此之外，还有一种约定赔偿额的方式——保价运输。保价运输是指承运人与托运人共同确定的，以托运人声明货物价值为基础的一种特殊运输方式，保价即指托运人向承运人声明其货物的实际价值，一般情况下，保价额与货物的价值相当。

托运人如果办理了保价运输，那么承运人就应当按照货物的实际损失来进行赔偿，但赔偿的数额不会高于保价额。如果货物的实际损失低于保价额，则按实际损失来赔偿。

◆ 依照《合同法》第六十一条来确定

如果当事人没有在合同中约定货物毁损或灭失的赔偿额，那么双方可以达成补充协议，若补充协议不能达成，则可以按照合同有关条款或交易习惯来确定货物的赔偿额。

◆ 按照交付或者应当交付时货物到达地的市场价格计算

如果依照《合同法》第六十一条不能确定的，则按照交付或者应当交付时货物到达地的市场价格计算。这里的“交付时”是指货物按时到达了目的地，但有毁损的，市场价格的起算时间；而应当交付时是指货物没有按时到达，且存在毁损或灭失的，市场价格的起算时间。

◆ 依照专门法进行确定

如果法律和行政法规对赔偿额的计算方法和赔偿限额另有规定，那么在确定货物的赔偿数额时就要依照其规定。这一规定符合特别法优于普通法的原则，因此在确定货物的赔偿数额时，要优先考虑各专门法是否有相关规定。

《铁路法》中关于货物毁损或灭失的赔偿数额确定方式在前面已有列举，这里就不再赘述。下面来看看《民用航空法》中是如何规定货物的赔偿数额的。

第一百二十八条 国内航空运输承运人的赔偿责任限额由国务院民用航空主管部门制定，报国务院批准后公布执行。

旅客或者托运人在交运托运行李或者货物时，特别声明在目的地点交付时的利益，并在必要时支付附加费的，除承运人证明旅客或者托运人声明的金额高于托运行李或者货物在目的地点交付时的实际利益外，承运人应当在声明金额范围内承担责任；本法第一百二十九条的其他规定，除赔偿责任限额外，适用于国内航空运输。

第一百二十九条 国际航空运输承运人的赔偿责任限额按照下列规定执行：

（一）对每名旅客的赔偿责任限额为 16600 计算单位；但是，旅客可以同承运人书面约定高于本项规定的赔偿责任限额。

（二）对托运行李或者货物的赔偿责任限额，每公斤为 17 计算单位。旅客或者托运人在交运托运行李或者货物时，特别声明在目的地点交付时的利益，并在必要时支付附加费的，除承运人证明旅客或者托运人声明的金额高于托运行李或者货物在目的地点交付时的实际利益外，承运人应当在声明金额范围内承担责任。

托运行李或者货物的一部分或者托运行李和货物中的任何物件毁灭、遗失、损坏或者延误的，用以确定承运人赔偿责任限额的重量，仅为该一包件或者数包件的总重量；但是，因托运行李或者货物的一部分或者托运行李和货物中的任何物件的毁灭、遗失、损坏或者延误，影响同一份行李票或者同一份航空货运单所列其他包件的价值的，确定承运人的赔偿责任限额时，此种包件的总重量也应当考虑在内。

（三）对每名旅客随身携带的物品的赔偿责任限额为 332 计算单位。

另外，在《海商法》中也明确规定了货物毁损或灭失的赔偿额计算方式。

第五十五条 货物灭失的赔偿额，按照货物的实际价值计算；货物损坏的赔偿额，按照货物受损前后实际价值的差额或者货物的修复费用计算。

货物的实际价值，按照货物装船时的价值加保险费加运费计算。

前款规定的货物实际价值，赔偿时应当减去因货物灭失或者损坏而少付或者免付的有关费用。

第五十六条 承运人对货物的灭失或者损坏的赔偿限额，按照货物件数或者其他货运单位数计算，每件或者每个其他货运单位为666.67计算单位，或者按照货物毛重计算，每公斤为2计算单位，以二者中赔偿限额较高的为准。但是，托运人在货物装运前已经申报其性质和价值，并在提单中载明的，或者承运人与托运人已经另行约定高于本条规定的赔偿限额的除外。

货物用集装箱、货盘或者类似装运器具集装的，提单中载明装在此类装运器具中的货物件数或者其他货运单位数，视为前款所指的货物件数或者其他货运单位数；未载明的，每一装运器具视为一件或者一个单位。

装运器具不属于承运人所有或者非由承运人提供的，装运器具本身应当视为一件或者一个单位。

8.3 运输合同范本详讲

■公路货物运输合同 ■海上货物运输合同 ■航空运输合同 ■多式联运合同

运输方式不同，运输合同所涉及的内容也会不同，下面就来看看不同运输方式的运输合同有哪些主要条款。

8.3.1 公路货物运输合同

公路货物运输是指主要利用载货汽车为运输工具，通过公路在空间上位移货物的过程，狭义的公路货物运输指汽车运输。公路运输简便灵活，在短途货物运输上使用较多。

范本内容展示

◎资源下载 \Chapter08\ 公路货物运输合同 .doc

公路货物运输合同

合同编号：

甲方（托运方）：
地址：
法定代表人：

乙方（承运方）：
地址：
法定代表人：

根据《中华人民共和国合同法》及国家相关法律法规之规定，经过双方充协商，特订立本合同，以便双方共同遵守。

第一条 货物名称及品种

乙方承运甲方____________，具体明细内容以托运单据记载为准。托运单据系本合同附件，与本合同一样具有法律效力。

第二条 货物运输线路

乙方根据甲方的需要及要求，提供从________到________的运输服务。

第三条 运输质量及安全要求

乙方必须严格执行甲方的相关管理规定，按照货物装载及运输标准要求组织运输，确保货物安全、及时、完整地送达指定收货地点。

第四条 甲方的权利和义务

1、货物发出后，甲方有权向乙方提出变更送货要求（收货地址、收货联人、收货联系电话）或取消发运的要求，乙方应予以积极配合。

2、在双方协议合作期限内，甲方有权对乙方的运作状况及管理措施提出改进建议，乙方应予以采纳并执行。

3、在双方协议合作期限内，如果乙方营运效率和营运质量达不到甲方要求，严重影响甲方货源供应，甲方有权对乙方作出责令整改、暂停货运直至取消营运资格等决定，乙方应予服从。

4、甲方必须提供货物发运所需的合法单证或其它证明文件，否则因发运手续不全而导致货物被运管部门查扣所引起的费用由甲方承担。

5、如客户拒收货物，甲方有义务协助乙方协调解决。

第五条 乙方的权利和义务

1、乙方须遵守国家有关法律规定，按照批准的经营范围，取得能够履行本合同中公路运输业务的合法运营资格。

2、乙方应当按照合同的要求提供适当的运输工具、配备适格的作业人员。

3、乙方在收到甲方货物运输指令后，应按指令要求及时完成车辆调度和织工作并在规定时间内到达指定装货地点装货。

4、为保证运输质量，乙方车辆应符合货物运输标准；不符合标准的车辆，乙方应按甲方要求予以更换。

5、乙方在仓库办理提货手续时应清点品种及数量，如发现有差错，乙方应当场提出并与甲方共同查明情况，分清责任。

6、乙方必须严格按照合同规定的期限，将货物安全送达收货地点，并及时向收货方发出货物到达的通知。如延迟交货，甲方有权追究乙方违约责任。

7、乙方对所托运的货物安全完好负责，保证货物无损坏、无短缺，如有上述问题，应承担赔偿责任。

8、乙方应充分重视物流信息服务，应安排专人对在途车辆进行全程跟踪，并真实、及时地将在途信息反馈给甲方；若发生异常情况，应即时通知甲方。如乙方刻意隐瞒车辆在途情况、提供虚假反馈信息，甲方有权要求乙方承担违约责任。

9、如非乙方原因，发生收货方拒收货物或变更收货地址的，乙方应及时通知甲方，由甲方协调处理收货事宜。

10、如因乙方原因送错货物的，由乙方无条件将正确货物送至正确地点，并承担由此产生的损失。

11、货物送达收货地点后，由收货方对货物进行验查并签收；收货内容不得涂改，如有涂改必须由收货方在涂改处注明并签字，否则一律无效。

乙方应于收货之日起____日内将收货凭证送回甲方，逾期未交或单据丢失的，乙方应按____元/每单承担违约金责任；如因乙方未送交收货凭证给甲方带来其经济纠纷或损失，甲方有权要求乙方赔偿。

12、乙方在任何情况下不得以任何理由留置或以其他任何方式扣留甲方的货物，否则，乙方应按照其扣留货物价值的___倍向甲方支付违约金。

第六条 各线路运输期限

1、货物运输期限从发出运输指令的次日起算，运输期限由双方共同协商确定并在运输合同上注明以共同遵照执行。

2、如乙方未能在规定的期限内将货物送达收货地点，造成延期交货的，甲方有权追究其违约责任及索赔，具体方式见本合同第十一条第 3.3 款。

第七条 运输货损货差处理及保险、理赔和索赔程序

1、甲方负责对所托运货物购买货物运输保险，货物运输保险受益人为甲方，保险费用由甲方承担。

2、由于发生甲方投保的货物整车被他人诈骗的事故时，保险公司每次均实行损失 20%的绝对免赔率；其他保险事故，每次事故免赔 300 元或者损失金额的 10%，两者以高者为准。因此，保险公司免赔部分的损失将由乙方承担，甲方按照本合同第九条第 2 款之规定扣收。

3、甲方货物保险范围包括：交通事故（翻车、撞车）、被盗被抢以及整车灭失。

4、如出现承保范围内的保险事故，乙方应立即通知甲方，并在 24 小时之内向公安机关、保险公司报案，并应及时将出险证明材料、照片、损失清单等有效索赔材料递交甲方人员以便向保险公司索赔。

5、保险公司有效赔偿期限为 3 个月。自出险之日起 1 个月内，乙方须负责完成出险资料的收集工作，逾期未提供出险资料或出险资料不符合保险公司理赔要求的，由乙方负责赔偿经济损失，赔偿款由甲方从乙方未结运费及货物运输风险保证金中扣收。

6、如出现承保范围之外的货损货差事故，所产生损失由乙方承担；

7、如出现货物损坏客户拒收的，乙方需在 15 个工作日内将损坏货物返回到甲方仓库，逾期将视为乙方按投保价值购买。

8、每次发生事故后，甲方按照双方确认的损失金额，先行按照本合同第九条第 2 款之约定扣收。如保险公司向甲方理赔，甲方按理赔额退还给乙方。

第八条 运输费用、结算方式

1、正常运输价格按双方议价执行。加急发运每单给予的加急补贴费用。

2、甲方在每月 3 日前，根据上月发运记录统计结果，计算出应结算运费并提交乙方审核确认；经乙方审核确认后，由乙方开具符合甲方要求的公路运输发票。

3、甲方在收到乙方开具的合格的运输发票后，15 个工作日内向乙方支付运费；如因乙方原因而影响费用结算进度的，乙方应自行负责。

4、乙方必须于每月 30 日之前收齐上月所发运的车辆《货物运输单》回执联，按发运时间先后顺序整理后交甲方审核。

第九条 运输风险保证金

1、乙方须在本合同签定后 3 个工作日内，向甲方缴纳运输风险保证金_________万元。

2、对于乙方依约应向甲方承担的损失、违约金及赔偿款项，由甲方从乙方交纳的运输风险保证金或运费中扣收；如运输风险保证金不足扣收，则由甲方从乙方运费中自行划转。运输风险保证金不足的，乙方同意由甲方从应支付的运费中自行划转直至补足。

3、合同期满后，双方处理好合同善后事宜后 15 个工作日内，甲方无息退还乙方所剩余的运输风险保证金。

第十条 保密条款

1、为本合同之目的，“秘密信息”指任何涉及或与本合同有关的未公开的信息，包括但不限于下列信息中的全部或任何部分：任何合同一方的业务经营、营销渠道、程序、标准、价格及其它财务记录等材料；任何一方为本合同目的而签署的任何合同、备忘录、附件、草案或记录；以及本合同一方为本合同之目的而向对方提供的其他未公开的信息。

2、任何一方不得将秘密信息以任何方式泄露给任何第三方，也不得以任何方式向公众、媒体宣布本合同的签订和履行等情况。

3、有下列情形之一的，任何一方均不被视为违反上述保密义务：

3.1 所泄露的秘密信息在泄露之前已为公众所知(但以违反本条款方式泄露的除外)；

3.2 经合同另一方事先书面同意的；

3.3 为本次交易之目的将秘密信息披露给各自的专业顾问，并要求其承担保密责任的；

3.4 应政府部门或法律法令的强制性要求而披露，但政府部门的要求必须是以正式书面文件发出的，否则合同一方应当加以拒绝，并不得披露或泄露任何秘密信息的。

4、本合同各方均应采取必要措施，将其知悉或了解的秘密信息限制在其有关职员、代理人或顾问的范围内，并要求他们严格遵守本条款，不将有关秘密信息泄露给任何第三方。各方均承诺不将从对方取得的秘密信息披露或泄露给其无关的职员。

5、合同一方违反本条款规定，应当赔偿合同对方的损失。

6、保密条款不因合同的终止而终止。合同各方对秘密信息承担的保密义务自获得秘密信息之日起起算，至秘密信息成为公共信息时为止。

第十一条 违约责任

1、关于违约责任，本合同其他条款有约定的，从其约定；如本条规定与其他条款就同一违约行为都规定了违约责任的，则除非该约定与本条规定相冲突者外，权利人可以选择适用或合并适用其他条款的约定与本条规定。

2、甲方违约责任

2.1 甲方未按合同规定的时间和要求提供托运货物，造成乙方车辆等货的，甲方按每车____元/日偿付给乙方。

2.2 乙方按时将货送到收货地点，因收货方原因未能及时卸货的，甲方按每车____元/日偿付给乙方。

3、乙方违约责任

3.1 乙方未按合同规定的时间和要求完成车辆调度，造成车辆迟到的，乙方按每车每天____元补偿甲方损失。

3.2 若运输指令下达后，乙方未按合同规定的时间和要求完成车辆调度且拒运的甲方有权决定自行调度车辆发运，实际运价与合同差价由乙方承担。

3.3 乙方未按合同规定的时间和要求将货物送达收货地点，造成延迟交货的（不可抗力因素除外，交通事故需事故地交通管理部门证明），在每延迟一天，乙方应向甲方缴付当次运费的___%作为违约金（最低___元，最高____元）。如因乙方原因导致延迟交货而给甲方造成经济损失或引起客户投诉、索赔的，乙方还应当另行向甲方承担违约责任直至补齐甲方所有损失。

3.4 乙方如将货物错运到货地点或收货人，乙方按每次____元偿付给甲方，并无偿运至合同规定的到货地点或收货人。如果因错运到货地点或收货人而引起其它纠纷，由乙方负责处理并承担由此造成的损失。

3.5 运输过程中如因乙方原因造成货物灭失、短少、污染、损坏，给甲方造成损失的，乙方应按货物的实际损失赔偿甲方，具体赔偿办式见本合同相关规定。

3.6 乙方中途单方面终止合同或由于乙方严重违反合同而造成合同的终止和解除，甲方有权不予退还乙方所交纳的运输风险保证金及要求乙方赔偿由此给甲方造成的经济损失，乙方在甲方尚未结算的运费不予结算。

第十二条 合同解除与终止

1、在本合同有效期届满前，双方可协商将本合同期限延续一年或数年。如双方未就延长期限进行协商并达成协议，则本合同自期限届满时终止。

2、如遇下列情况出现时，本合同一方有权书面通知另一方解除本合同：

2.1 本合同其他条款约定的解除情形出现时；

2.2 根据法律规定一方可以单方解除本合同时。

3、对于本合同其他条款没有约定当一方违约另一方可以解除本合同的，如果这一违约行为是可以改正的，另一方有权以书面形式要求违约方改正。如违约一方在收到另一方关于要求改正违约行为的书面通知后十五日内仍未改正，另一方有权单方解除本合同。

4、任何一方根据破产法提出破产申请或其它救济申请，或被裁定破产，或解散、或对债权人作任何转让、或被指定了清算组或类似人员，则在上述任何情况下，另一方可在任何时候以书面通知方式解除本合同。

5、凡在本合同解除或终止前双方间已发生而尚未了结的任何债务，或在本合同解除或终止前由于一方违约而产生的另一方的损害赔偿请求权，均不受本合同终止的影响。

第十三条 其它

1、本合同经双方盖章及授权代表签署之日起生效，有效期限为___年。

范本内容精讲

在上述公路货物运输合同范本中，第一条条款是关于货物名称及品种的内容，可以看到双方约定“具体明细内容以托运单据记载为准”。

托运人在办理货物运输前，需要告知承运人货物的名称、性质、重量和数量以及收货地点等有关货物运输的必要情况，这样才能保证承运人能够准确安全地进行运输。而在货物运输中，有关货物运输的必要情况一般都是采用运单的形式来载明的，因此在范本中有上述约定。

运单是货物运输合同的重要组成部分，运输方式不同，运单的形式也会不同。在海上运输中，以提单作为运输合同的凭证；在民用航空货物运输中，以航空货运单作为凭证。以下几点内容是托运单中必不可少的内容。

- **收货人的名称或者姓名：** 在运输合同中，托运人有时并不是收货人，为了便于承运人交货，需要明确收货人。
- **收货地点：** 只有明确了收货地点才能保证承运人能够正确运输，否则承运人将无法交付货物。

- **货物的名称、性质、重量和数量等内容：**明确货物的名称、性质、重量和数量，可以方便收货人在收货时核实货物情况，以了解承运人是否有替换货物或毁损货物的行为。

如果当事人不是以运单的形式来确定货物运输的基本情况，那么在货物运输合同中，就要明确约定上述内容。

《合同法》规定：因托运人申报不实或者遗漏重要情况，造成承运人损失的，托运人应当承担损害赔偿责任。由此可见，准确地向承运人表明有关货物运输的情况是很有必要的。这里的申报不实是指托运人所提供的情况与实际情况不符合，遗漏重要情况是指托运人应当向承运人提供一些有关运输的重要情况，却没有提供。申报不实和遗漏重要情况会造成以下两种结果。

- 给承运人造成损失。如货物本为 4 吨，但托运人却误报为 3 吨，结果导致承运人超重载货被罚，或车辆受损，由此给承运人带来了损失。在这种情形下，托运人要承担损害赔偿责任。
- 给托运人造成损失。如托运人误报了收货地址，导致承运人按照托运人提供的收货地址进行运输，结果使得托运人不能按时收货，延误了生产，由此给托运人带来了损失。在这种情形下，由托运人自己承担损失，承运人可以不负任何责任。

在实践中，汽车货物运输可以订立书面形式的运输合同，也可以订立口头形式或其他形式的运输合同。书面的汽车货物运输合同又可分为定期运输合同、一次性运输合同和道路货物运单（以下简称运单）。对这几种形式的书面汽车货物运输合同，《汽车货物运输规则》规定了其应包含的基本内容。如定期汽车货物运输合同应包含下列基本内容。

- 托运人、收货人和承运人的名称（姓名）、地址（住所）、电话和邮政编码。
- 货物的种类、名称和性质。
- 货物重量、数量或月、季和年度货物批量。
- 起运地和到达地。
- 运输质量。
- 合同期限。
- 装卸责任。
- 货物价值，是否保价和保险。

◆ 运输费用的结算方式。

◆ 违约责任。

◆ 解决争议的方法。

范本的内容基本上包含了上述条款。如果承运人和托运人没有订立定期运输合同或一次性运输合同，那么就需要以运单的形式来确定运输事项。需要注意的是，一张运单托运的货物，必须是同一托运人及收货人。危险货物与普通货物以及性质相互抵触的货物不能用一张运单。托运人要求自行装卸的货物，经承运人确认后，要在运单内注明。

8.3.2 海上货物运输合同

海上货物运输合同是指是指承运人收取运费，负责将托运人托运的货物经海路由一港运至另一港的合同。

范本内容展示

资源下载 \Chapter08\ 海上货物运输合同 .doc

海上货物运输合同

承运人：______________（甲方）

托运人：______________（乙方）

甲乙双方根据《中华人民共和国合同法》的规定，经协商，订立本合同。

第一条 运输方式

甲方调_________吨位船舶一艘，按照乙方的要求由_________港运至_________港，按现行包船运输规定办理。

第二条 装船时间

乙方于______年_____月____日将货物集中于出发港，由甲方负责装船（也可以由乙方装船，甲方指导）。自船舶抵港已靠好码头时起____日内装完货物。

第三条 运到期限

船舶自装船之______日起日运至到达港。逾期运到，甲方须向乙方支付______违约金。

第四条 卸船时间

船舶到达后，乙方负责卸船。乙方应在______时内卸完货物。因乙方责任迟延卸货的，每迟______支付______违约金。

第五条 运输质量

甲方应当保证货物运输的安全。货物在运输途中发生损坏、灭失的，由甲方按实际损失承担赔偿责任。

第六条 运输费用

双方约定，乙方按每吨______元向甲方支付运输费用______元。港口装卸费用按规定办理。

第七条 费用结算

本合同签订后3日内，乙方预付运输费用______元。在卸货后，双方据实计算，多退少补。

第八条 法律适用

本合同发生纠纷，双方同意由中国国际贸易仲裁委员会仲裁裁决，适用中华人民共和国法律处理。

第九条 附则

本合同一式两份，双方各执一份。

（以下无正文）

范本内容精讲

在海上货物运输中，运输货物的工具是船舶，因此在上述海上货物运输合同中可以看到与船舶有关的约定。海上运输合同中的船舶一般是指海船和其他海上移动式装置，不包括用于军事和政府公务的船舶以及20总吨以下的小型船艇。下面就对范本中的部分条款内容进行解析。

1. 运输质量条款

范本第五条条款约定了货物在运输途中发生损坏或灭失，承运人应负有的赔偿责任，这一运输途中是指承运人的责任期间。在海上货物运输中，从装货港接收货物时起至卸货港交付货物时止的这一期间被称为承运人对集装箱装运的货物的责任期间；而从货物装上船时起至卸下船时止这一期间被称为承运人对非集装箱装运的货物的责任期间。只有在承运人的责任期间，货物发生灭失或者损坏的，承运人才应当承担赔偿责任。

需要注意的是，在海上运输中，如果在责任期间货物发生的灭失或者损坏是由下列原因之一造成的，承运人是不负赔偿责任的。

- 船长、船员、引航员或者承运人的其他受雇人在驾驶船舶或者管理船舶中的过失。
- 火灾，但是由于承运人本人的过失所造成的除外。
- 天灾，海上或者其他可航水域的危险或者意外事故。
- 战争或者武装冲突。
- 政府或者主管部门的行为、检疫限制或者司法扣押。
- 罢工、停工或者劳动受到限制。
- 在海上救助或者企图救助人命或者财产。
- 托运人、货物所有人或者他们的代理人的行为。
- 货物的自然特性或者固有缺陷。
- 货物包装不良或者标志欠缺或不清。
- 经谨慎处理仍未发现的船舶潜在缺陷。
- 非由于承运人或者承运人的受雇人和代理人的过失造成的其他原因。

- 承运人依照前款规定免除赔偿责任的，除第（二）项规定的原因外，应当负举证责任。

另外，因运输活动物的固有的特殊风险造成活动物灭失或者损害的，承运人也不负赔偿责任。但是，承运人应当证明业已履行托运人关于运输活动物的特别要求，并证明根据实际情况，灭失或者损害是由于此种固有的特殊风险造成的。

在海上运输中，还存在承运人在舱面上装载货物导致货物遭受灭失或者损坏的情形，如果承运人在舱面上装载货物，已同托运人达成了协议，或是符合航运惯例，符合有关法律和行政法规规定的，那么承运人也不负赔偿责任。如果承运人是因违反了前述规定将货物装载在舱面上，致使货物遭受灭失或者损坏的，那么就应当负赔偿责任。

2. 运输费用

向承运人支付运费是托运人的义务，运输费用的具体数额由当事人双方进行约定。在海上货物运输合同中，托运人和承运人也可以约定运费由收货人支付，但需要注意的是，该约定要在运输单证中载明。

海上货物运输的运输单证是指提单，提单是用以证明海上货物运输合同和货物已经由承运人接收或者装船，以及承运人保证据以交付货物的单证。提单可以由承运人授权的人签发，也可以由载货船舶的船长签发，由载货船舶的船长签发的，视为代表承运人签发。提单是海上货物运输合同的证明，其内容包括下列各项。

- 货物的品名、标志和包数或者件数、重量和体积，以及运输危险货物时对危险性质的说明。
- 承运人的名称和主营业所。
- 船舶名称。
- 托运人的名称。
- 收货人的名称。
- 装货港和在装货港接收货物的日期。
- 卸货港。
- 多式联运提单增列接收货物地点和交付货物地点。
- 提单的签发日期、地点和份数。

◆ 运费的支付。

◆ 承运人或者其代表的签字。

8.3.3 航空运输合同

航空运输又被称为飞机运输，是指利用飞机、直升机及其他航空器，运送人员、货物或邮件的一种运输方式。航空运输具有快速机动的优点，缺点在于运输费用较高。因此航空运输的运输对象多是远程旅客、鲜活货物（如鲜花和海鲜）或其他贵重用品。

航空运输合同是航空公司用民用航空器将旅客或货物运输到目的地，旅客、托运人或收货人支付运输费用的合同，下面来看看航空运输合同的内容。

范本内容展示

资源下载 \Chapter08\ 航空运输合同 .doc

航空运输合同

托运人（姓名）_______与中国民用航空______________航空公司（以下简称承运人）协商空运_________（货物名称）到______________（到达地名），特签订本合同，并共同遵守下列条款：

第一条 托运人于____月_____日起需用______型飞机______架次运送______（货物名称），其航程如下：

______月_____日自_____至_____，停留_____日；

______月_____日自_____至_____，停留_____日；

运输费用总计人民币______元。

第二条 根据飞机航程及经停站，可供托运人使用的载量为______公斤（内含客座）。如因天气或其它特殊原因需增加空勤人员或燃油时，载量照减。

第三条 飞机吨位如托运人未充分利用，民航可以利用空隙吨位。

第四条 承运人除因气象、政府禁令等原因外，应依期飞行。

第五条 托运人签订本合同后要求取消飞机班次，应交付退机费______元。如托运人退机前承运人为执行本合同已发生调机费用，应由托运人负责交付此项费用。

第六条 托运方负责所运货物的包装。运输中如因包装不善造成货物损毁，由托运方自行负责。

第七条 运输货物的保险费由承运方负担。货物因承运方问题所造成的损失，由承运方赔偿。

第八条 在执行合同的飞行途中，托运人如要求停留，应按规定收取留机费。

第九条 本合同如有其他未尽事宜，应由双方共同协商解决。凡涉及航空运输规则规定的问题，按运输规则办理。

托运人：________________ 承运人：________________

开户银行：______________ 开户银行：______________

银行账号：______________ 银行账号：______________

______年_____月_____日订

范本内容精讲

从航空运输合同范本可以看出，航空运输合同中包含的条款内容较少，这主要是因为在实践中，完整的航空运输合同的构成要件包括航空运输凭证（包括客票、行李票和航空货运单）、运输条件以及其他法律法规对航空运输的规定，而运输凭证是航空运输合同初步成立的凭证。

在航空货物运输中，航空货运单正本有3份，第一份注明“交承运人”，由托运人签字和盖章；第二份注明“交收货人”，由托运人和承运人签字和盖章；第三份由承运人在接收货物后签字和盖章，交给托运人。

承运人根据托运人的请求填写航空货运单的，在没有相反证据的情况下，应当视为代托运人填写。航空货运单的内容是由国务院民用航空主管部门规定的，货运单至少应当包括以下内容。

- 出发地点和目的地点。
- 出发地点和目的地点均在中华人民共和国境内，而在境外有一个或者数个约定的经停地点的，至少注明一个经停地点。
- 货物运输的最终目的地点、出发地点或者约定的经停地点之一不在中华人民共和国境内，依照所适用的国际航空运输公约的规定，应当在货运单上声明此项运输适用该公约的，货运单上应当载有该项声明。

了解了航空货物运输的运输凭证后，下面来看看航空运输合同范本的具体内容。在范本中可以看到运输合同中的运输设备是民用航空器，航空运输合同中的民用航空器是指除用于执行军事、海关和警察飞行任务外的航空器。

范本第五条是关于托运人中止运输的内容，该约定是根据《民用航空法》第一百一十九条的规定来订立的。具体规定如下所示。

第一百一十九条　托运人在履行航空货物运输合同规定的义务的条件下，有权在出发地机场或者目的地机场将货物提回，或者在途中经停时中止运输，或者在目的地点或者途中要求将货物交给非航空货运单上指定的收货人，或者要求将货物运回出发地机场；但是，托运人不得因行使此种权利而使承运人或者其他托运人遭受损失，并应当偿付由此产生的费用。

托运人的指示不能执行的，承运人应当立即通知托运人。

承运人按照托运人的指示处理货物，没有要求托运人出示其所收执的航空货运单，给该航空货运单的合法持有人造成损失的，承运人应当承担责任，但是不妨碍承运人向托运人追偿。

收货人的权利依照本法第一百二十条规定开始时，托运人的权利即告终止；但是，收货人拒绝接受航空货运单或者货物，或者承运人无法同收货人联系的，托运人恢复其对货物的处置权。

范本第七条条款中约定了“货物因承运方问题所造成的损失，由承运方赔偿”，实践中，收货人在要求承运人赔偿损失时需要注意提出赔偿的时间，《民用航空法》规定的具体时间如下所示。

第一百三十四条　旅客或者收货人收受托运行李或者货物而未提出异议，为托运行李或者货物已经完好交付并与运输凭证相符的初步证据。

托运行李或者货物发生损失的，旅客或者收货人应当在发现损失后向承运人提出异议。托运行李发生损失的，至迟应当自收到托运行李之日起七日内提出；货物发生损失的，至迟应当自收到货物之日起十四日内提出。托运行李或者货物发生延误的，至迟应当自托运行李或者货物交付旅客或者收货人处置之日起二十一日内提出。

任何异议均应当在前款规定的期间内写在运输凭证上或者另以书面提出。

除承运人有欺诈行为外，旅客或者收货人未在本条第二款规定的期间内提出异议的，不能向承运人提出索赔诉讼。

另外，航空运输的诉讼时效也是有时间规定的。航空运输的诉讼时效期间为二年，自民用航空器到达目的地点、应当到达目的地点或者运输终止之日起计算。

8.3.4　多式联运合同

多式联运是一种复合运输，它是随着国际贸易的发展而兴起的运输方式，与传统的运输方式相比，多式联运可以简化货物装卸和搬运的程序。

范本内容展示

资源下载\Chapter08\多式联运合同.doc

多式联运合同

甲方：__________________________（托运人）

法定代表人：____________________

法定地址：______________________ 邮编：____________________

经办人：____________ 联系电话：____________ 传真：____________

银行账户：__________________________

乙方：__________________________（多式联运经营人）

法定代表人：____________________

法定地址：______________________ 邮编：____________________

经办人：____________ 联系电话：____________ 传真：____________

银行账户：__________________________

鉴于：

1、乙方在多式联运领域的丰富经验；

2、甲方希望委托乙方为其安排本合同项下货物运输及相关服务等事宜；据此，双方按照公平互利的原则，根据中华人民共和国相关法律法规就以下条款达成一致：

第一条 服务范围

1.1 乙方同意接受甲方的委托办理甲方有关货物的多式联运事宜

1.2 具体货物品名、数量、装卸港等以甲方填写的托运单为准。

第二条 双方的权利和义务

2.1 甲方的权利和义务

2.1.1 甲方应保证如实提供货物名称、种类、包装、件数、重量、尺码等货物状况，并提供货物运输及进出口所需要的全部文件、单证等。由于甲方虚报、错误申报或提供文件单证不全导致的任何货物的损失或者造成乙方和/或第三人的任何损失或者责任，由甲方承担。

2.1.2 甲方托运易燃、易爆、有毒、有腐蚀性、有放射性等危险物品的，应当按照有关危险物品运输的规定对危险物品妥善包装，作出危险物标志和标签，并将有关危险物品的名称、性质和防范措施的书面材料提交乙方。对具有危险性质的货物，不管是否在国际危规中列明，对由于危险货物造成的一切损失、责任、费用，均由甲方承担，不管甲方是否进行了危险品申报。甲方托运货物为特种货时，甲方有义务向乙方详细说明货物运输、储存要求，未作说明或者说明不清的，由此造成乙方或者第三方的损失由甲方承担。

2.1.3 甲方负责货物包装，甲方的货物包装应适合多式联运运输或者货物的特殊属性，包装外面应注明搬运、储存、防护等标识，具体的包装标准参见____________________。甲方如果对货物的储存、防护或者出口运输有特殊要求，应在托运单上注明。对于货物本身以及货物包装不当造成的第三方的损失，由甲方承担相应的责任，包括但不限于乙方根据法律或者合同而对于第三人承担的赔偿责任以及为此而发生的开支和费用，包括但不限于律师费和诉讼费等。

2.2 乙方的权利和义务

2.2.1 乙方的责任期限为自接货开始至交货为止，负责全程运输。为了甲方的利益，乙方有权未经甲方同意，委托他人完成区段运输任务。

2.2.2 乙方应按约定将甲方委托的货物承运到指定地点。根据甲方要求，乙方可以签发其为承运人/经营人的多式联运提单。

2.2.3 乙方对下列原因所造成的货物灭失和损坏不负责任：

（1）货物由甲方或者其代理人装箱、计数或者封箱的，目的地交货铅封完好且集装箱表面状况良好或者装于甲方的自备箱中；

（2）货物的自然特性和固有缺陷；

（3）海关、商检、承运人行使检查权所引起的货物损耗；

（4）天灾，包括自然灾害，例如但不限于雷电、台风、地震、洪水等，以及意外事故，例如但不限于火灾、爆炸、由于偶然因素造成的运输工具的碰撞等；

（5）战争或者武装冲突；

（6）抢劫、盗窃等人为因素造成的货物灭失或者损坏，货物的包装不良或标志欠缺不清；

（7）甲方的过失造成的货物灭失或者损坏；

（8）罢工、停工或者乙方雇佣的工人劳动受到限制；

（9）检疫限制或者司法扣押；

（10）非由于乙方或者乙方的受雇人、代理人的过失造成的其他原因导致的货物灭失或者损坏。

对于第（7）项免除责任以外的原因，乙方不负举证责任。

第三条 合同价款及支付方式

3.1 合同价款为__________，包括：运费及相关服务所发生的一切费用。合同总价的具体构成及单项费用详见附件二。

3.2 甲方应在交付货物______________天之内将合同价款付至乙方账户。甲方若未按约定支付费用，乙方有权滞留提单或者留臵货物，进而依法处理货物以补偿损失。

第四条 保险

4.1 根据甲方的委托，乙方代为办理货物运输保险，险种为__________。保险费由甲方承担。

4.2 发生保险范围内的事故后，乙方应当协助甲方向保险公司索赔。

第五条 保密条款

5.1 为本合同之目的，秘密信息一词指的是任何涉及或与本合同各方有关的未公开的秘密信息，包括但不限于下列信息中的全部或任何部分：任何合同一方的业务经营、营销渠道、程序、标准、价格及其他财务记录等资料；任何一方为本合同目的而签署的任何合同、协议、备忘录、附件、草案或记录（包括本合同）；以及本合同一方为本合同之目的而向对方提供的未公开的信息。

5.2 除5.3情形外，本合同一方不得将秘密信息以任何方式泄露给任何第三方，也不得以任何方式向公众、媒体宣布本协议的签订和履行等情况。

5.3 发生以下情况，任何一方均不被视为披露或泄露秘密信息：

5.3.1 所泄露的秘密信息在泄露之前已为公众所知（但以违反本条款方式泄露的除外）。

5.3.2 经合同各方事先书面同意。

5.3.3 为本次交易之目的将秘密信息披露给各自的专业顾问，并要求其承担保密责任。

5.3.4 应政府部门或法律法令的强制性要求而披露，但政府部门的要求必须是以正式书面文件发出的，否则协议一方应当加以拒绝，并不得披露或泄露任何秘密信息。

5.4 本合同各方均应采取必要措施，将其知悉或了解的秘密信息限制在其有关职员、代理人或顾问的范围内，并要求他们严格遵守本条款，不将有关秘密信息泄露予任何第三方。各方均承诺不将从对方取得的秘密信息披露或泄露给其无关的职员。

5.5 任何合同一方如果依据第5.3.4款之规定对外披露秘密信息，其应当通知合同对方。

5.6 合同一方违反本条款的规定，应当赔偿合同对方的损失。

5.7 保密条款不因本合同的终止而终止。合同各方对秘密信息承担的保密义务自获得秘密信息之日起算，为期__________年。

第六条 不可抗力

6.1 不可抗力事件是指不可预见、不能避免、不能克服的客观情况，包括地震、台风、水灾、火灾及其他自然灾害，战争、暴乱、骚乱、戒严，及其他受影响一方不能控制的客观情况。

6.2 一方因不可抗力情况而不能履行本合同义务时，应及时通知另一方不可抗力的情况，并出具不可抗力的有效依据，并应当采取合理措施尽量减少不可抗力事件的影响，尽可能在最短时间内恢复履行本合同。

6.3 若发生不可抗力事件，任何一方无需对另一方因本合同未能履行或延迟履行而遭受的任何损失承担责任，并且此种未能履行或延迟履行不应视为违反本合同。

6.4 在发生不可抗力的情况下，本合同的义务履行期限可随情况的发展相应推迟。如不能履行义务超过______天，履约双方中任何一方因利益得不到保证，有权解除本合同。

第七条 违约责任

7.1 货物的灭失或者损坏发生于多式联运的某一区段，乙方的责任和赔偿限额，应该适用该区段的法律规定。如果不能确定损坏发生区段的，应当适用调整海运区段的法律规定，不论是根据国际公约还是根据国内法。

7.2 对于逾期支付的款项，甲方应按每日万分之五的比例向乙方支付违约金。

7.3 由于甲方的原因（如未及时付清运费及其他费用而被乙方留籍货物或滞留单据或提供单据迟延而造成货物运输延迟）所产生的损失由甲方自行承担。

7.4 乙方在运输甲方货物的过程中应尽心尽责，对于因乙方的过错而导致甲方遭受的损失和发生的费用承担责任，以上损失不包括货物因延迟等原因造成的经济损失。在任何情况下，乙方的赔偿责任都不应超出每件________元人民币或每公斤________元人民币的责任限额，两者以较低的限额为准。

第八条 一般性条款

8.1 合同的生效：本合同经双方有授权的代表签署并互换之日起生效。

8.2 法律适用：本合同的订立、效力、解释、履行、修改、终止及争议的解决，均应适用中华人民共和国法律。

8.3 本合同未尽事宜，由合同双方当事人协商一致解决。若不能协商解决时，本合同项下发生的任何纠纷或者争议，应提交________海事法院审理。

或者本合同项下发生的任何纠纷或者争议，应提交________仲裁委员会，根据该会的仲裁规则进行仲裁。仲裁裁决是终局的，对双方都有约束力。

（注：上述两条款，只能选择一项，请各单位自行决定。）

8.4 合同的修改：

8.4.1 因市场的变化和合同双方协作要求，任何一方均可向对方提出修改、变更、补充本合同的请求。

8.4.2 合同的修改、变更、补充应以书面协议方式进行，经双方签字盖章后生效。

8.5 合同完整性：本合同和本合同附件构成本合同各方之间就本协议主要事项达成的完整的合同和谅解，并取代之前一切与此有关的口头、书面或其它形式的建议、声明、保证、协议或承诺。

8.6 合同分割性：如果任何时候本合同中的任何一个条款或该条款的一部分无效、失效、不合法，或在任何方面不可执行或无法履行，本合同其余部分的有效性、合法性、可执行性或履行在任何情况下不应由此受到影响或损害。

8.7 弃权：本合同任何一方未行使本合同项下的任何权利不视为对这些权利的放弃；任何单独或部分行使前述权利的行为，亦不应妨碍将来对这些权利的行使。

8.8 本合同未尽事宜，由合同双方当事人协商一致解决。若不能协商解决时，按照中华人民共和国有关法律法规执行。

8.9 本合同正本一式______份，合同双方各执________份。

甲方：____________________（签章）

______年______月______日

乙方：____________________（签章）

______年______月______日

范本内容精讲

在上述多式联运合同中，我们可以看到乙方是多式联运的经营人。在多式联运合同中，多式联运的经营人是指本人或者委托他人以本人名义与托运人订立多式联运合同的人。此处的经营人身份较特殊，他并不是托运人的代理人或代表人，也不是承运人的代理人或代表人。

多式联运的经营人要负责履行多式联运合同的运输义务或负责组织承运人履行合同义务，多式联运的经营人主要有以下两种类型。

- 自己拥有运输工具，并且负责履行运输义务。
- 不拥有运输工具或不经营运输工具，负责组织其他承运人履行运输义务。

在范本第一条条款中，约定了“具体货物品名、数量、装卸港等以甲方填写的托运单为准”。这里的托运单是指多式联运单据。

在多式联运中，托运人在将货物交付给多式联运经营人后，多式联运经营人就应当向托运人签发多式联运单据。多式联运单据是多式联运合同存在以及多式联运经营人收到货物的重要证据。多式联运单据一般包括以下内容。

- 货物品类、标志、危险特征的声明、包数或者件数和重量。
- 货物的外表状况。
- 多式联运经营人的名称与主要营业地。
- 托运人名称和收货人的名称。
- 多式联运经营人接管货物的时间和地点。
- 交货地点和交货日期或者期间。
- 多式联运单据可转让或者不可转让的声明。
- 多式联运单据签发的时间和地点。
- 多式联运经营人或其授权人的签字。
- 每种运输方式的运费、用于支付的货币和运费由收货人支付的声明等。
- 航线、运输方式和转运地点。
- 关于多式联运遵守本公约的规定的声明及双方商定的其他事项。

范本第二条条款对托运人和多式联运经营人的权利与义务进行了说明，其中2.1.2对危险物品的运输进行约定。危险物品是指易燃、易爆、有毒、有腐蚀性、有放射性等危险物品。运输危险物品时会带来安全问题，如果不对危险物品进行必要的包装、作出危险品标志和标签等，就极有可能对运输的货物、运输工具以及运输人员带来威胁，因此在合同中有必要对托运危险货物的托运人的义务进行约定，通过范本的内容可以看出，主要约定了托运人的3项义务。

- 应当对危险物品进行妥善包装。
- 应当作出危险物标志和标签。
- 应当将有关危险物品的名称、性质和防范措施的书面材料提交多式联运经营人。

如果托运人违反了上述3项义务，那么承运人可以拒绝运输，也可以采取相应措施以避免损失的发生，因此产生的费用由托运人承担。

范本2.2.3对多式联运经营人不负货物灭失和损坏责任的情形进行了说明，由于多式联运存在多个运输区段和不同的运输方式，而不同的运输方式其货物毁损或灭失的承运人赔偿责任和赔偿限额是不同的。那么当货物发生毁损或灭失时，多式联运经营人要怎么承担赔偿责任呢？多式联运经营人可以根据以下原则来确定赔偿责任和赔偿限额。

如果能够确定货物发生毁损或灭失的区段，那么多式联运经营人的赔偿责任和赔偿限额，适用该区段运输方式有关法律的规定，如某一多式联运合同分为两个区段，第一区段的运输方式为公路，第二区段的运输方式为海运，若货物的毁损或灭失是在海运区段发生的，那么就适用于《海商法》的相关规定。

如果不能够确定货物发生毁损或灭失的区段，那么依照《合同法》第十七章，关于运输合同规定的内容来承担损害赔偿责任。

在多式联运中，还可能存在隐蔽货损的情形，若货物发生隐蔽性损失，除合同另有约定外，多式联运经营人是无法向任何人追偿的。多式联运的经营人若要摆脱这种损失，可以采取与参加多式联运的各区段承运人就多式联运合同的各区段运输约定相互之间责任的方式来解决。

实践中，多式联运还常常发生在不同国境之间，按照多式联运合同，以至少两种不同的运输方式，由多式联运经营人将货物从一国境内接管货物的地点运至另一国境内指定交付货物的地点被称为国际多式联运。

在国际多式联运中，对于货物灭失或损坏造成的损失赔偿会有所不同。如《联合国国际货物多式联运公约》中，对货物灭失或损坏的赔偿责任有以下规定。

第十八条 赔偿责任限制

1．如果多式联运经营人根据第十六条对货物的灭失或损坏造成的损失负赔偿责任，其赔偿责任按灭失或损坏的货物的每包或其他货运单位计不得超过 920 记账单位，或按毛重每公斤计不得超过 2.75 记账单位，以较高者为准。

2. 根据本条第 1 款计算较高限额时，适用下列规则：

（a）如果货物是用集装箱货盘或类似的装运工具集装，经多式联运单据列明装在这种装运工具中的包数或货运单位数应视为计算限额的包数或货运单位数。否则，这种装运工具中的货物应视为一个货运单位。

（b）如果装运工具本身灭失或损坏，而该装运工具并非为多式联运经营人所有或提供，则应视为一个单独的货运单位。

3. 虽有本条第 1 款和第 2 款的规定，国际多式联运如果根据合同不包括海上或内河运输，则多式联运经营人的赔偿责任按灭失或损坏货物毛重每公斤计不得超过 8. 33 记账单位。

4. 多式联运经营人根据第十六条的规定对延迟交货造成损失所负的赔偿责任限额，相当于对延迟交付的货物应付运费的两倍半，但不得超过多式联运合同规定的应付运费的总额。

5. 根据本条第 1 款和 4 款或第 3 款和第 4 款的规定，多式联运经营人赔偿责任的总和不得超过本条第 1 款或第 3 款所确定的货物全部灭失的赔偿责任限额。

6. 经多式联运经营人和发货人之间协议，多式联运单据中可规定超过本条第 1 款、第 3 款和第 4 款所规定的赔偿限额。

7．“记账单位”是指第三十一条所述的记账单位。

知识补充 记账单位的规定

《联合国国际货物多式联运公约》第十八条所述的记账单位是国际货币基金组织所规定的特别提款权。第十八条所述数额应按照一国货币在判决日或裁决日或当事各方协议的日期的价值，折算成该国货币。凡属国际货币基金组织成员的缔约国，其以特别提款权表示的本国货币的价值，应按照国际货币基金组织在上述日期对其业务和交易采取的现行定值方法计算。非属国际货币基金组织成员的缔约国，其以特别提款权表示的本国货币的价值，应按该国确定的方法计算。

第九章

保管寄存人的保管物——保管合同

9.1 快速认识保管合同

■合同义务 ■合同特征 ■消费保管

保管合同又被称为寄托合同或寄存合同，是指保管人保管寄存人交付的保管物，并返还该物的合同。保管人又可被称为受寄人，而寄存人又可被称为寄托人，保管人所保管的物品被称为保管物。

9.1.1 保管合同双方的义务

保管合同中的当事人为保管人和寄存人，双方当事人的主要义务如下所示。

◆ 保管人的主要义务

在保管合同中，保管人的主要义务是妥善保管保管物并返还保管物。因为寄存人将保管物交付给保管人后，实际上只转移了物的占有权，并没有转移物的所有权，因此在保管期届满后，保管人有义务将保管物返还给寄存人。

保管人在履行保管的期间还负有不使用保管物的义务，如果在保管期间，因保管人对保管物保管不善导致了保管物毁损或灭失，那么保管人要承担损害赔偿的责任。

除上述义务外，保管人还负有亲自保管的义务，保管人在未征得寄存人同意的情况下，是不能将保管物交予第三人保管的。

之所以保管人会负有亲自保管的义务，是因为保管合同是基于寄存人对保管人的信任而订立的，正是由于寄存人确信保管人能够妥善保管标的物，才会将标的物交予保管人保管，如果保管人擅自将标的物转移给他人保管，就违背了诚实信用的原则和《合同法》第八十四条的规定。

◆ 寄存人的主要义务

在保管合同中，寄存人的主要义务是按合同约定支付保管费给保管人。在实践中，保管可以是有偿的，也可以是无偿的。如果保管是有偿的，那么寄存人就要在约定的期限和地点向保管人支付相应数额的保管费。

在现实生活中，无偿保管是普遍存在的，保管合同多是社会公众之间互相提供帮助或服务部门提供服务的一种方式。如在超市购物，超市一般都提供有寄存处，购物者将随身携带的物品放在超市寄存处，由寄存处的管理人进行保管，而购物者不会向寄存处的管理人支付保管费，这种保管就属于无偿保管。

9.1.2 保管合同具有的特征

保管合同在日常生活中是随处可见的，那么保管合同又具有哪些特征呢？具体内容如下。

◆ 保管合同是提供劳务的合同

寄存人与保管人订立保管合同的目的是为了实现物的保管，保管人为寄存人提供的服务是保管服务，这一服务属于活劳务形式，因此保管合同是提供劳务的合同。

◆ 保管合同是实践合同

当保管人和寄存人就保管事项达成一致后，不代表保管合同就成立了，还要有寄存人将保管物交付给保管人这一事实为依据，保管合同才会成立。

《合同法》第三百六十七条也规定：保管合同自保管物交付时成立，但当事人另有约定的除外。由此可见，保管合同是实践合同。

◆ 保管合同的多种形式

保管合同可以是单务合同，也可以是双务合同；既可以是无偿合同，也可以是有偿合同，另外，还可以是要式合同或不要式合同。由此可见，保管合同可以有多种形式。

◆ 保管合同只转移占有权

保管合同一般只会转移保管物的占有权，而保管物的所有权、使用权、收益权以及其他权利都不会转移。但如果保管人和寄存人约定了保管人可以使用或享受保管物带来的孳息，那么保管人也可以获得除占有权以外的其他权利。

9.1.3 什么是消费保管

消费保管又被称为不规则保管，是指保管物为可替代物时，如约定将保管物的所有权移转于保管人，保管期间届满由保管人以同种类、品质和数量的物返还的保管。

以消费保管形式订立的保管合同被称为消费保管合同，与一般的保管合同相比，消费保管合同具有以下特点。

◆ 保管物为可替代物

消费保管合同的保管物必须为可替代物，可替代物即是种类物，种类物是相对于特定物的一种物，指具有共同特征，以品种、质量、规格或度量衡来确定的物。如同一规格和尺寸的玻璃，相同品牌和规格的手机就属于种类物。

◆ 并不是所有种类物的寄存都属于消费保管合同范畴

虽然消费保管合同的保管物必须是种类物，但并不是所有种类物的寄存都属于消费保管合同，如货币属于种类物，但寄存人将货币寄存在保管人处后，要求保管人验收后予以封存，并在保管期届满后返还原物，在这种情形下所订立的保管合同属于返还原货币的保管合同，而不属于消费保管合同。

在消费保管合同中，转移的是保管物的所有权，保管物转移后，保管人可以享有保管物的占有、使用、收益和处分的权利，而一般保管合同中，转移的是保管物的占有权，这也是消费保管合同和一般保管合同最大的不同。

◆ 保管人的返还义务

在消费保管合同中，保管物在转移后，保管人就要承担保管物的风险。在保管期限届满后，保管人只需以相同种类、相同品质和相同数量的物返还即可，而并不是返还原物。

为维护消费保管合同中保管人的权益，在保管期限未届满前，寄存人还不得要求保管人以相同种类、相同品质和相同数量的物返还，这样就能保证保管人在保管期间对物的占有和使用的权益。

在现实生活中，不少人会将寄存货币的消费保管合同和储蓄合同弄混淆，这是因为两者有相似之处。但两者的区别也很明显，寄存人订立消费保管合同的目的是为了让保管人为其保管货币，保管人不会向寄存人支付利息，而储蓄合同是为获取利息收入为目的的。可见，两者的合同目的有本质的不同，在实践中要注意两者的区别。

知识补充 保管合同中保管物的范围

前面我们已经知道了在消费保管合同中，保管物必须为种类物，但在一般保管合同中则没有这方面的要求。我国《合同法》并没有规定保管物必须为动产，因此不动产也可以作为保管物，在现实生活中以不动产作为保管的案例也很多。另外，保管物可以是寄存人所有的物，也可以是第三人的物，如寄存人将拾得的物交予保管人保管。需要注意的是，某些物由于其自身属性，会使得其自身本就不能作为保管物，如知识产权。

9.2 保管合同争议处理和陷阱防范

■无偿保管 ■合同关系 ■纠纷证据 ■注意事项

在保管合同中，因保管物丢失所引起的保管合同纠纷是比较常见的，下面就来看看如何处理日常生活中的保管合同纠纷。

9.2.1 无偿保管，财物丢失谁担责

在无偿保管合同中，寄存人并未支付保管费用给保管人，那么无偿保管的保管人若将保管物丢失了，保管人要不要承担责任呢？

根据《合同法》第三百七十四条的规定：保管期间，因保管人保管不善造成保管物毁损或灭失的，保管人应当承担损害赔偿责任，但保管是无偿的，保管人证明自己没有重大过失的，不承担损害赔偿责任。

由此可见，有偿保管和无偿保管的保管责任大小是不同的。在有偿保管的情形下，保管人要免除自己的保管物毁损或灭失的赔偿责任，需要证明自己没有过错。这里的没有过错是指保管人已经履行了保管的义务，保管物的毁损或灭失是

由于保管物自身的性质或保管物包装不当等非保管人过错造成的。

如果保管是无偿的，那么保管人的责任就会小很多，如果是保管人故意或者因重大过失造成保管物毁损或灭失的，那么保管人当然要承担损害赔偿责任。如果保管人能够证明自己没有重大过失，那么就不用承担保管物毁损或灭失的损害赔偿责任。

通过上述内容可以看出，判断无偿保管的保管人是否存在重大过失是判定保管人是否要承担赔偿责任的重要依据，那么要如何判断保管人是否存在重大过失行为呢？

民法中的重大过失是指在正常情况下，责任人在法律行为能力范围内能够预见而没有预见或已经预见但轻信事故或损失不会发生而未采取措施，导致了事故或损失的发生。

由此可见，重大过失是一般人能够预见的，但作为责任人却没有预见或预见了但轻信不会发生的一种心态，最终结果是导致了事故或损失的发生。因此，无偿保管中的重大过失是指保管人对保管物明知可能造成毁损或灭失却没有采取相应措施或采取轻率的措施，导致了保管物毁损或灭失。

9.2.2 不可忽视的保管合同关系

在现实生活中，当事人还可能就是否构成保管合同关系产生纠纷。下面就几种常见的情形进行分析。

1. 消费场所免费停车是否构成保管合同关系

在日常生活中，消费者在消费场所消费通常都会将车辆停在消费场所的停车场或空地上，在这种情形下，如果车辆毁损或被盗了，消费场所是否要承担赔偿责任呢？

首先需要确定消费者与消费场所经营者是否存在保管合同关系，停车人是否将车辆交付消费场所的管理人员进行实际控制是判断保管合同是否成立的关键。如果消费场所的经营者只是为消费者提供免费的停车场地，而没有相关工作人员对停车场地进行管理，也没有采取相应的车辆控制措施，那么此时构成的合同关系是租赁关系，即消费者只是租赁了消费场所经营者的停车位。

在上述情形下，消费场所并没有实际占有车辆，其他人也可以自由进入消费场所的停车场使用车辆，经营者不会对他人的行为进行干涉，也不会对车辆停放的安全负责。但如果是因为停车场所塌陷等原因造成的车辆损坏，那么经营者也要承担赔偿责任，因为在车位租赁合同关系中，经营者要对车位的安全性和适用性负责。

如果消费场所提供了保安人员对停车场所和车辆进行管理，那么可以认为消费场所有代替消费者保管车辆的意思表示。当消费者将车辆停在保安人员指定的停车位上时，并将车钥匙交予保安人员管理，即可认为保管物已交付，消费者和消费场所的经营者构成保管合同关系。如果消费者没有将车钥匙交予保安人员，那么对是否构成保管合同关系的认定会更复杂，但纵观大多数类似案件，多数会被判定为不构成保管合同关系。判定理由是因为消费场所并没有能够实际控制车辆和排他占有车辆。

2. 超市自助寄存是否构成保管合同关系

我们知道，目前大多数大型超市都配备了自助寄存柜，供消费者自助寄存物品使用，如果消费者寄存在自助寄存柜里的物品遗失了，那么超市是否要承担赔偿责任呢？

消费者在自助寄存柜寄存物品后，自助寄存柜会生成密码条，密码条由消费者自行保管。因其存在密码条，因此不少消费者会认为密码条就是建立保管合同关系的凭证。但实际上密码条只是消费者出借寄存柜的凭证，超市将密码条交付与消费者，应认定为超市将寄存柜的使用权临时转移给了消费者，供消费者存放物品，由此形成的合同关系是借用合同关系。

从消费者寄存物品的行为来看，消费者并没有将物品的占有权转移给超市，即证明保管合同成立的要件并不存在。超市为避免发生类似纠纷，也应该在寄存柜上注明“本超市实行自助寄存，责任自负”等标识，以提醒消费者注意，并表明超市只是提供了自助寄存柜的借用服务而不是保管服务。

但如果消费者能够证明物品遗失是由于自助寄存柜存在质量问题或超市故意或重大过失行为所造成的，那么超市也应该承担赔偿责任。因为在借用合同关系中，出借人应保证出借物具备应有的使用效能。

3. 在小区停车场停车并支付了停车费，是否构成保管合同关系

为了车辆安全，有车一族通常都会在所居住的小区的停车场停车，而在小区停车场停车通常不都是免费的，业主需要支付停车费。如果业主在小区停车场停车，造成车辆丢失了，小区物业是否会被判定为保管车辆不当要赔偿业主损失呢？

在上述情形中，是否构成保管合同关系仍是争论的焦点。业主在小区停车场停车，物业一般会向业主发放出入卡和停车证或对车辆进行登记管理，同时业主也需要支付停车费。出入卡或停车证是业主出入的凭证，业主只有出示出入卡或停车证后才能自由出入小区停车场，由此可见，未经停车场同意，任何非持证人或持卡人均不可能取车并将其驶离停车场，从侧面可以看出停车场实际控制了车辆，因此双方形成保管合同关系。

即使保管合同关系不成立，也不代表物业公司不会承担赔偿责任。如果物业和业主已对停车服务约定了停车标准，并明确了车辆的安全保障义务，那么因物业公司的过错导致车辆丢失的，物业公司也要承担赔偿责任。在《物业管理条例》中对物业公司负有的义务有以下规定。

第三十五条　物业服务企业应当按照物业服务合同的约定，提供相应的服务。

物业服务企业未能履行物业服务合同的约定，导致业主人身和财产安全受到损害的，应当依法承担相应的法律责任。

在现实生活中，小区停车场为维护自身的利益，会在物业管理合同或停车凭证中订立“车位使用费”和“丢车自负”等条款，或在停车场声明中注明“只供停放不作保管”的内容。这些条款内容都属于格式条款，格式条款是否有效还要看提供格式条款的一方是否遵循了公平原则确定当事人之间的权利和义务，采取合理的方式提请对方注意免除或者限制其责任的条款，并按照对方的要求，对该条款予以说明。

9.2.3　保管合同纠纷要提供哪些证据

当寄存人与保管人发生保管合同纠纷后，双方如果无法协商解决，那么就可

能向法院提起诉讼。在向法院提起诉讼时，当事人应该提供必要的证据，具体证据包括以下几类。

◆ 主体资格证明

如果当事人是自然人，那么主体资格证明材料有身份证、户口簿或暂住证等；如果当事人是法人或其他组织，那么提交法人代表或负责人的身份证明以及工商营业执照副本及其他需要的材料。另外，如果在诉讼前后，法人或其他组织发生过名称变更或者停业及歇业等情形，则需要提交变更登记资料以及其他有关证明。

◆ 合同关系成立的凭证

既然当事人是就保管合同纠纷提出的诉讼，那么就需要提供证明保管合同关系成立的证据，包括但不限于以下证明材料。

当事人双方签订的保管合同，以及保管合同的补充、变更和解除协议。

保管合同凭证，如书面证明。

若双方达成的是口头保管合同，那么需要提供证明口头合同生效的证据，如证人证言和实际履行凭证等。

保管合同分为有偿合同和无偿合同，因此需要提交证明合同是有偿还是无偿的相关材料。

当事人双方可能会就合同履行过程中的各个事项发生争议，双方要证明合同履行的情况，可以通过提交以下材料来证明。

寄存人已支付保管费用的凭证，如银行付款凭证、发票或收据等。

寄存人已经领取保管物原物或孳息的证明。

若要证明寄存人没有按约定支付保管费，那么可以提交欠条和还款承诺书等能证明寄存人拖欠保管费的材料。

在无偿保管中，保管人要证明保管物的损毁或灭失不是因为自己的重大过失造成的，则要提供自己没有重大过失的证明。

其他能够证明诉讼事实以及当事人认为需要提交的材料。

9.2.4 签订保管合同要注意的事项

为了避免订立保管合同后，或履行合同的过程中，双方产生合同纠纷，在订立保管合同时当事人要特别注意以下事项。

◆ 保管凭证

保管凭证是保管合同成立的重要证据，用以证明保管人已经接收了保管物。寄存人在将保管物交付给保管人后，保管人应当给付保管凭证。如果保管凭证仅为保管人接收保管物的凭证，那么凭证的内容会比较简单，主要会注明保管物的名称、数量和时间等。如果保管合同就是保管凭证，那么包含的内容就要尽可能准确、完善和详尽，以保证自身的权益。

◆ 保管的费用

在保管合同中，当事人双方应就保管费用进行约定，若没有在合同中约定保管费用，那么容易产生有偿和无偿合同纠纷。

◆ 明确双方义务

在保管合同中，双方应明确约定各自的权利与义务，这样才能保证双方能很好地实现合同关系。另外，还应在合同中约定双方的违约责任，保管合同中的违约方既可能是寄存人也可能是保管人，应明确各自的违约责任。

◆ 责任承担形式

在保管合同中对当事人各自的违约责任进行说明后，还要约定违约责任的承担形式，只有明确了合同违约责任的承担形式，才能保证在发生合同纠纷后，当事人双方能够很好地解决纠纷。

9.3 保管合同范本详讲

■无偿保管合同 ■资金信托保管合同 ■货物保管合同

对于一些大型设备或重要物品，由于个人或公司不具备保管条件，因此需要将其交给有保管条件的保管人来保管，以保证物品的安全性。寄存人与保管人就保管事项达成合意后，就需要签订保管合同来约定彼此的权利与义务，下面就来看看保管合同的合同范本。

9.3.1 无偿保管合同

无偿保管合同是相对于有偿保管合同的保管合同。在现实生活中，寄存人迁居将暂时不用的物品寄存在他人家中委托其保管，或外出时将重要物品寄托他人保管，而由于寄存人与保管人常常是熟人，因此通常寄存人无须支付保管费给保管人，此时所签订的保管合同就是无偿保管合同，下面就来看看无偿保管合同的范本内容。

范本内容展示

资源下载 \Chapter09\ 无偿保管合同 .doc

无偿保管合同

甲方：________________

乙方：________________

根据《中华人民共和国合同法》及相关法律的规定，在公平、平等、自愿的基础上，甲乙双方经过友好协商，就乙方将货品寄放甲方的相关事宜达成如下协议：

一、合同内容：

1、现因管理需要，乙方需将其货品暂时寄放在甲方处，甲方为乙方物品的存放提供位置，不收取相关保管费用或租赁费用。

2、保管场所：____________________________________。

二、寄存货品：

1、乙方将其________________寄存甲方，货品产权属乙方所有；

2、乙方寄仓数量以甲方收到的实际数量为准（数量详见附件）。

三、寄放期限：自____年___月___日起至____年___月___日止。

四、双方权利义务：

甲方负责：

1、甲方负责对乙方物品的基本看管，货品瑕疵、未做保养或产品的特殊保管方式等原因导致的损失由乙方自行负责；

2、寄存期间，若发生地震、火灾、水灾、暴动、战争、房屋倒塌等不可抗力因素等原因导致寄存的乙方货品损坏、损毁、丢失的，甲方不承担任何赔偿责任；

乙方负责：

乙方应自行处理货品验收、运输或搬运等事宜及相关费用，若要求甲方进行协助处理物品的，一切后果由乙方承担。

五、寄存期间管理约定：

1、寄存期间，乙方随时可以取回寄存的茶具/物品，领取前应提前告知甲方相关负责人。

2、本协议约定的寄存期限届满后，乙方应及时取回寄存物品。当乙方取回寄存物时，请持本协议为凭，并将本协议交回甲方；

3、寄存期间，甲方需使用寄存场所的，可以提前通知乙方领回所寄存货品并解除合同；

六、违约责任：

1、甲方不擅自处理乙方存放物品，因甲方擅自处理导致的实际损失由甲方负责；除因甲方的故意或重大过失，导致保管物毁损外，甲方不承担任何赔偿责任。

2、乙方保证保管物全部为乙方完全所有，并无来历不明或有不法因素等瑕疵，如有上述情况发生致甲方蒙受损失时，乙方应负其赔偿责任。

七、争议解决

协议履行过程中发生争议的，双方应本着平等互利的原则进行协商；协商不成的，双方均可向____________人民法院起诉。

八、其他：

1、本协议一式___份，甲方执___份，乙方持___份，具有同等法律效力。本协议自双方代表签字之日起生效。

2、本协议未尽事宜，甲乙双方另行协商解决，并以书面合同书的形式订立补充协议，补充协议与本合同具有同等效力。

3、本协议附件及协议实施过程中双方达成的书面协议均为本合同的组成部分，与本合同具有同等法律效力。

甲方：______________	乙方：______________
授权代表：____________	授权代表：____________
签订日期：____年____月 __日	签订日期：___年___月___日

范本内容精讲

在上述无偿保管合同范本中，我们可以看到双方明确约定了“现因管理需要，乙方需将其货品暂时寄放在甲方处，甲方为乙方物品的存放提供位置，不收取相关保管费用或租赁费用”，这使得该保管合同可以准确界定为无偿保管合同。

如果在上述无偿保管合同范本中，双方没有说明保管人不收取任何保管费用，那么就可能产生无偿保管合同和有偿保管合同认定纠纷。当事人双方如果对于保管费用没有约定或者约定不明确，那么可以按照《合同法》第六十一条的规定来确定。即双方可以就保管报酬的争议达成补充协议，如果不能达成补充协议，那么双方可以按照保管合同中的有关条款或交易习惯来确定。在按合同有关条款和交易习惯来确定时，当事人需要主要考虑以下两点事项。

- **保管人的职业**：如果保管人是从事保管这一职业的，如客运中心小件寄存处的经营者，那么可以推定该保管合同是有偿保管合同；如果保管人并不从事保管这一职业，如只是出于与寄存人之间的友好关系而暂时帮其保管物品，那么可以推定该保管合同是无偿保管合同。
- **通过其他情形来判断**：如果通过其他情形能够推定该保管是有偿的，那么该保管合同就是有偿合同。这里的其他情形包括保管物的性质以及保管的时间、地点和方式等。

如果通过上述方法当事人还不能推定保管是有偿的，那么该保管合同应被认定为无偿保管合同。

在无偿保管中寄存人并未向保管人支付保管报酬，这并不意味着保管人就可以随意处置寄存人的保管物，或不履行保管义务。无偿保管的保管人也应该妥善为寄存人保管保管物。

前面我们已经知晓了无偿保管的保管人只要没有重大过失，是不用承担保管物毁损或灭失的赔偿责任的。如在范本中也约定了“寄存期间，若发生地震、火灾、水灾、暴动、战争或房屋倒塌等不可抗力因素等原因导致寄存的乙方货品损坏、毁损或丢失的，甲方不承担任何赔偿责任”。

无偿保管也可能发生合同纠纷，因此在范本中也约定了争议的解决方法。对于可以协商的，双方应尽可能地采取协商的方式。因为，现实生活中的无偿保管多是好友之间委托帮忙代管物品的，协商是最好的解决方法，如果最终诉诸法院，那么双方的关系也可能会就此破裂。

9.3.2 资金信托保管合同

资金信托保管合同是一种特殊的保管合同，合同的保管物为信托财产，寄存人为依法设立的信托公司，而保管人是商业银行。

按照委托人数量的不同，信托可分为单一信托和集合信托，因此银行提供的信托资金保管业务也主要可分为单一信托资金保管和集合信托资金保管，而单一信托资金保管和集合信托资金保管又可分别分为证券类资金保管和非证券类资金保管。当然信托还有其他分类标准，如按照信托事项的性质不同可分为商事信托和民事信托，按信托财产的不同可分为财产信托、动产信托和不动产信托等。下面就来看看某银行的资产信托保管合同范本。

范本内容展示

资源下载 \Chapter09\ 资金信托保管合同 .doc

资金信托保管合同

合同当事人

（一） 信托财产受托人（以下简称“甲方”）：
名称：________有限责任公司
注册地址：________________
法定代表人或授权代表人：________________

（二） 信托财产保管银行（以下简称“乙方”）：
名称：________银行股份有限公司
注册地址：________________
法定代表人或授权代表人：________________

依据国家有关法律法规，甲方委托乙方作为_____号集合资金信托计划（以下简称“信托计划”）的保管银行。为明确甲方、乙方两方在信托计划财产（以下简称“信托财产”）的保管和管理运作以及相互监督等相关事宜中的权利、义务，保护各方的合法权益，特签订本合同。

第一条 信托财产

1.1 信托计划资金交付时间及交付方式

1.1.1 在本合同生效前，甲方应在乙方指定的银行营业机构开立本信托的信托认购账户：

开户行：__________银行______分行营业部
户 名：________有限责任公司
账 号：________________________________

该账户在信托存续期内不可撤销，作为委托人认购信托单位时信托计划资金流转的专用账户。委托人划入该账户的认购资金在转入信托财产专户前不计入信托财产。

1.1.2 在本合同生效前，甲方应在乙方指定的银行营业机构开立本信托信托财产专户：

开户行：________________银行
户 名：________________有限责任公司
账 号：________________________________

该账户在信托存续期内不可撤销，作为信托财产保管、管理和运用的专用账户。甲方授权乙方保管并按照甲方的指令使用信托财产专户预留银行印鉴。

在认购资金划拨至信托财产专户后，甲方向乙方提交信托计划相关资料（包括但不限于信托合同样本），移交相关的交易合同复印件，并向乙方发出信托计划成立通知书（内容包括但不限于信托计划成立日、募集信托计划资金总额，期限）。

1.1.3 认购资金的划拨

如果本信托计划项下的信托资金一期募集完成，则甲方应于信托计划成立日当日将认购资金由信托认购账户划至信托财产专户。

如果本信托计划项下的信托资金分两期募集完成，则甲方应于信托计划成立当日将第一期认购资金由信托认购账户划至信托财产专户，在信托计划第二期募集成功之日将第二期认购资金由信托认购账户划至信托财产专户。

1.1.4 保管账户利率

保管账户保管期间按照______%结算，如遇国家相关利率政策调整，该存款利率根据国家同等存款利率调整幅度进行调整。

1.2 信托财产保管周期

信托财产保管周期为两年，自信托计划成立日起计算。信托计划延期的，保管周期延长至信托计划终止后清算分配完成之日。

1.2.1 信托财产保管周期的起始日

信托财产运作周期的起始日：在上述1.1条件成立的第一个工作日，乙方向甲方发送信托财产起始运作通知书，经甲方确认签收的当日作为信托财产保管周期的起始日。

1.2.2 信托财产保管周期的终止日

信托财产保管周期的终止日为信托计划终止后信托清算分配完成之日。

第二条 信托财产投资范围

2.1 信托财产的投资范围

委托人自愿将合法拥有的资金委托给受托人进行管理、运用，由受托人根据信托合同的约定管理、运用和处分，并通过受托人的专业管理谋求实现信托利益。受托人将信托合同项下的信托计划资金由受托人以自己的名义按照如下方式管理、运用和处分：

(1) ____。

(2) 在信托计划成立后，受托人将按照信托合同约定将信托财产用于支付相关信托费用和受益人的信托利益。

(3) 资金闲置期间，可投资于低风险、高流动性投资产品，包括但不限于受托人管理的现金类信托产品等。

第三条 甲方的权利及义务

3.1 甲方的权利

3.1.1 甲方按照本合同的约定，对信托财产行使管理权。

3.1.2 甲方按照本合同的约定，从信托财产中收取信托管理费。

3.1.3 依据本合同，对乙方的业务运作进行监督。

3.1.4 向乙方查阅、抄录或者复制与信托财产有关的账目以及其他文件，取得信托财产的相关信息资料。

3.1.5 本合同和国家有关法律法规规定的其他权利。

3.2 甲方的义务

3.2.1 甲方以诚实信用、勤勉尽责的原则经营和管理信托财产；并保证不将信托财产用于本合同约定以外的其他任何用途，不得转委托第三人进行管理。

3.2.2 按照本合同的约定，及时、足额将信托财产移交至乙方，及时、全面地向乙方提供有关授权文件，及时移交与信托计划有关的相关文件。

3.2.3 向乙方提供真实、准确、完整的信托财产财务状况。

3.2.4 所有根据本合同由甲方向乙方发出的指令书和通知，应以书面形式做出，并且由甲方法定代表人或授权代表签名及加盖公章或财务章。

3.2.5 甲方按本合同的约定出具划款指令书从信托财产中向乙方支付保管费。

3.2.6 发生任何可能导致本信托计划业务性质或范围发生重大变化或直接影响保管业务的重大事项时，须提前通知乙方。

3.2.7 甲方承担因自身过错对信托财产和本合同其他各方造成的全部直接损失。

3.2.8 甲方按照国家法律法规和本合同约定对信托财产进行投资运作，接受本合同其他各方依据法律法规和本合同对信托财产投资运作的监督。

3.2.9 随时协助并接受本合同其他各方的查询，提供准确、完整的信托财产财务状况等资料。

3.2.10 按照本合同的约定，为信托财产单独设立会计账册，进行会计核算。

3.2.11 按照本合同约定，与乙方核对信托财产交易、资金、账务等相关信息。

3.2.12 依据本合同约定，保存信托财产有关会计账册、凭证、重要协议等文件。

3.2.13 依据信托合同的约定，在信托财产信息披露前1个工作日，将相关披露财务数据交予乙方复核确认。

3.2.14 本合同和国家有关法律法规规定的其他义务。

3.3 甲方是经中国银行业监督管理委员会批准成立的经营信托业务的专业金融机构，符合国家法律法规规定的进行资产投资管理的各项条件。

3.4 甲方将选派具有专业技能的业务人员负责信托财产管理工作，承诺遵循诚信原则，尽最大努力，运用科学的手段控制市场风险，以在国家有关法律、法规、规章允许的范围内进行有效的投资运作。

3.5 甲方已在签署本合同之前充分地向委托人介绍了信托业务，同时披露了信托投资的相关制度和风险。由于甲乙双方的法律关系为委托关系，乙方与委托人不发生权利义务关系，涉及与委托人的义务与责任均由甲方履行和承担，乙方不承担任何连带责任。

3.6 甲方已经详细阅读了本合同的全部条款，签署本合同的行为本身即表明对现行证券交易、登记结算制度下乙方的职能有充分的了解，并接受本合同约定的乙方的保管职责和范围。

3.7 甲方在此保证提供给乙方的信息资料均完整、准确、及时、合法，没有重大遗漏或误导。

3.8 甲方承诺不侵犯本合同约定的本合同其他各方的合法权益。

第四条　乙方的权利及义务

4.1 乙方的权利

4.1.1 按照本合同的规定，对保管账户中的货币资金行使保管职能，对保管财产进行监督、清算、核算、估值等保管职能。

4.1.2 对信托财产运作和信托利益的计算、分配情况行使监督权，发现甲方的运作违反本合同的约定时，及时以书面形式通知甲方，监督并协助甲方改正有关投资运作和信托利益的计算、分配。

4.1.3 按照本合同的约定，及时、足额收取保管费。

4.1.4 国家有关法律法规和本合同规定的其他权利。

4.2 乙方的义务

4.2.1 按照本合同的规定，办理信托单位认购的复核与确认，所保管信托财产专户的保管，投资监督，投资资金的划付，信托费用的复核和扣划，信托单位和信托财产的估值，信托财产分配以及信息披露中相关财务数据复核确认等服务。

4.2.2 乙方应建立和健全相关内部管理制度和风险控制制度，保证信托财产专户的安全，防范保管风险。

4.2.3 确保所保管的信托财产和乙方自有资产、乙方保管的其他保管资产之间相互独立。

4.2.4 乙方对保管信托财产不得转由第三人进行保管或擅自动用或处分信托财产。

4.2.5 乙方只接受以下情况的资金划拨，对超出下述范围的任何其他划款指令书乙方不得执行。

4.2.5.1 根据甲方的划款指令从信托财产专户向甲方指定的投资账户划款。

4.2.5.2 根据甲方的划款指令从信托财产专户划拨管理费和保管费。

4.2.5.3 根据甲方的划款指令从信托财产专户进行信托利益分配的资金划拨。

4.2.5.4 根据委托人的授权文件和甲方的划款指令进行划款。

4.2.5.5 根据本合同其他条款的规定办理资金划拨。

4.2.6 由于乙方根据本合同 4.2.5 款规定合理执行甲方划款指令而产生的后果，乙方不承担任何责任。

4.2.7 乙方按照本合同的规定，为信托财产单独设立会计账册，进行会计核算和资产估值、资金清算。

4.2.8 当发生下述情形之一时，乙方应在该事项发生之日起五个工作日内以书面形式向甲方通报：

4.2.8.1 乙方面临减资、合并、分立、解散、依法被撤销、决定申请破产、被申请破产；

4.2.8.2 乙方的资产保管业务受到证监会、银监会处罚；

4.2.8.3 有可能使信托财产价值受到重大影响的其他事项。

4.2.9 一旦满足本信托终止的条件之一，本信托依据信托合同中的约定而终止，乙方协助并监督甲方按照信托合同的规定开始信托清算程序和信托财产分配程序。

4.2.10 乙方承担因自身过错对信托财产和本合同其他各方造成的全部损失。

4.2.11 接受甲方对本合同约定的保管事项的监督。

4.2.12 在每年度初第15个工作日前，编制并向甲方出具上年度的保管报告。

4.2.13 依据本合同规定，向甲方出具资产清算报告。

4.2.14 国家有关法律、法规及本合同规定的其它义务。

4.3 乙方根据法律法规，经中国银行业监督管理委员会等监管机构批准，有合法资格从事资产保管业务。

4.4 乙方承诺在国家有关法律法规允许的范围内，遵循诚信、尽职原则，办理信托财产保管事项。

4.5 乙方承诺提供给本合同其他各方的信息资料均为真实、完整、准确、及时、合法，无任何重大遗漏或误导。

4.6 乙方承诺不侵犯本合同其他各方的合法权益。

第五条　信托财产的保管

5.1 信托财产管理

信托财产应独立于甲方、乙方的资产进行单独核算以及管理。

5.2 保管账户的保管

5.2.1 信托财产专户的开立和使用，限于满足开展本信托业务的需要。甲方、乙方均不得假借本信托的信托财产专户进行本信托业务以外的活动。

5.2.2 在本合同有效期内，除非经乙方同意，甲方不得单方面要求更换信托财产专户的预留银行印鉴。

5.2.3 甲方按照本合同的约定在乙方指定的银行营业机构开立信托财产专户，保管专户预留印鉴为甲方财务专用章加乙方授权人名章，甲方保管财务专用章，乙方保管乙方授权人名章及相关开户文件，乙方根据甲方的指令或授权进行信托财产专户资金划拨时，使用__________银行网上银行系统方式进行处理，遇网银故障等情况，则乙方以柜台转账等结算方式进行划拨。

5.2.4 保管账户不得进行提现，资金的清算以转账方式进行。除按市场规则可由相关方自行扣划的资金或者根据本合同约定的甲方的书面指令外，乙方未经甲方的指令，不得自行运用、处分、分配任何信托财产，如有特殊情况双方可另行协商。

5.3 应收资产的保管

对于因为本信托计划投资产生但未划入信托财产专户的应收资产乙方不负责保管，包括现金资产以及其他应收资产，应由甲方负责与有关当事人确定到账日期，并通知乙方。在约定到账日，本信托计划应收资产没有到达的，乙方应及时通知甲方，由甲方负责催收，乙方予以协助。

5.4 与本信托计划财产保管有关的信托文件及重大合同的保管

甲方向乙方提交的信托文件样本及其它与本信托计划保管有关的重大合同，乙方应妥善保管。其它与本信托计划保管有关的重大合同等由甲方保管，除本合同另有规定外，由乙方负责保管加盖甲方授权部门的印章的复印件。由于合同产生的问题，由合同签署方负责处理。甲方对上述提交乙方文件的完整性、真实性、及时性和准确性负责。乙方应妥善保管上述文件。

5.5 甲方和乙方均可按照信托财产账户登记机构和开户机构许可的方式查询信托财产的账户情况，甲方和乙方应予以相互配合。

5.6 信托计划终止后，乙方依据本合同的约定，对全部信托财产进行清算。清算完毕后，将乙方保管的保管账户的文件资料和印鉴移交给甲方，由甲方书面签收。

5.7 非因乙方过错造成损失（包括但不限于信托财产被司法冻结、扣划的），乙方不承担责任，但应立即通知甲方。由于当事人之外的第三方原因造成信托财产损失或出现风险的，各方应根据各自职责，进行追索或采取防范措施。

5.8 指令的发送、确认和执行

5.8.1 乙方根据甲方出具的划款指令及有效的资金用途说明进行本信托的资金划拨。

5.8.2 划款指令预留印鉴

甲方应向乙方提供加盖甲方公章和法定代表人签字章的预留印鉴样本，作为划款指令的有效依据。

5.8.3 指令的内容

指令的内容包括但不限于资金划拨，信托利益分配等。

5.8.4 指令的发送、确认和执行

5.8.4.1 划款指令必须附资金用途说明，并载明下列内容：收款人、开户行、付款人、账号、金额、划款方式、用途、授权签章、签字、公司公章和法定代表人或其授权代表人签章、日期和其他需要载明的事项。

5.8.4.2 甲方应在要求乙方执行完毕划款指令的前一个工作日将划款指令(信托利益分配时还需提供收益分配明细表）以传真方式向乙方发送，并同时通过电话向乙方进行确认。甲方保留划款指令正本，乙方保留划款指令传真件。划款指令正本应与传真内容一致，若有不一致的，以传真的内容为准。

5.8.4.3 对于来自甲方的划款指令，乙方应对其表面一致性进行审核，若不违反法律、法规及本合同规定，应按照划款指令的要求及时执行，不得延误。

5.8.4.4 甲方应为乙方执行划款指令留出必要时间，如甲方未在指令中列明划款时间的，则乙方应与甲方电话确认后执行划款，因甲方未留足够时间造成乙方未能执行划款指令，乙方不承担任何责任。

乙方应该对指令的内容进行审核，如果发现指令的内容违反信托合同的规定，可以不予执行并通知甲方及时改正。

第六条　信托文件的传递及交收

6.1 委托人提交文件合法性和有效性审核

甲方对向乙方提供的委托人的认购资金、认购文件、认购记录、持有信托单位份数等信息的真实、准确、完整、及时性负责。甲方负责审核委托人提供的《信托认购申请书》及相关文件的合法性，乙方负责形式审核上述文件与甲方向资金保管银行下达的相关指令的一致性(含复核委托人提供的各种文件中的姓名与委托人认购申请文件中的姓名是否为同一当事人的一致性），若发现《信托份额明细表》与认购文件不一致的，须及时通知甲方，并共同查明错误原因，未查明错误原因并达成一致前不得办理。乙方对委托人认购合法性（如委托人身份、资金来源合法性等）不承担审核责任。

6.2 文件的交收

甲方须在每月前五个工作日内向乙方交付上月的划款指令原件。

甲方、乙方转交的文件，包括但不限于：《信托认购确认书》，应由指定人员转交、接收。

第七条　会计核算

7.1 会计核算

7.1.1 甲方在信托财产保管周期内，作为信托会计核算的主会计，为保管财产独立建立会计账册，根据信托业务会计核算办法和约定进行会计核算，编制季度、年度会计报表；

7.1.2 乙方为保管财产独立建立会计账册，进行会计核算，定期编制并向甲方出具保管报告说明履行保管职责的情况。

7.1.3 在本合同终止前，双方均应允许对方聘请的会计师事务所在正常工作时间对本信托财产进行监督、检查与审计，审计费用由信托财产列支。各方应为上述人员开展工作提供方便。

第八条　投资监督

8.1 本合同第二条中对信托财产投资范围和投资限制的约定，是乙方履行监督职责的唯一依据。

8.2 乙方对甲方的违约行为，经沟通了解有关情况后，可采取《监督警示书》等书面形式进行通知，通过传真送达当事方。当事方对乙方送达的《监督警示书》予以签收。

8.3 如在信托财产的投资运作和管理过程中出现差错，发现方应及时通知其他各方，共同配合解决。

第九条　投资收益、信托管理费、保管费

9.1 信托费用

在信托成立后，甲方因处理信托事务发生的下列费用由信托财产承担：

9.1.1 信托财产管理、运用及处分过程中发生的税赋和费用；

9.1.2 信息披露费用；

9.1.3 因信托事务聘用会计师、律师、居间商等中介机构费用；

9.1.4 信托终止时的清算费用；

9.1.5 受托人的信托管理费（包括固定信托管理费和浮动信托管理费）、________投资有限公司的资产管理费；

9.1.6 保管人收取的保管费；

9.1.7 监管部门收取的监管费；

9.1.8 资金划付过程中产生的手续费；

9.1.9 其他按照有关法律法规规定可以列入的费用。

以上税、费如国家相关法律、法规、政策调整，则相关税费对应调整。

9.2 甲方的收费标准、计算方法和收取方式

甲方经营信托业务，收取受托人信托管理费（包括固定信托管理费和浮动信托管理费）作为信托报酬。甲方收取的信托报酬从信托财产中支付。

固定信托管理费的年费率为____%。在信托存续期内，固定信托管理费于信托利益核算日计提并在信托管理费支付日（即信托利益分配日）收取。信托管理费的计算方法和分配顺序参照信托合同第 9.2.1.1 款、第 10.3 款的规定。

信托管理费由保管人从信托财产中计提并于信托管理费支付日支付至受托人的银行账户。受托人收取信托管理费的收款账户如下：

户名：____________有限责任公司

开户行：_______________银行

账号：__________________________

9.3 保管费

9.3.1 保管费的费率为____%/年。在信托存续期内，保管费于信托利益核算日计提并在信托管理费支付日收取。

9.3.2 保管费的计算方法

（1）在信托计划存续期内，保管费于每个信托管理费支付日向乙方支付，本合同项下最后一期的保管费，于最后一个信托利益分配日支付。

（2）如果本信托计划项下信托资金一次募集完成，则在任一信托管理费支付日，乙方应收取的保管费为：未分配的信托计划项下全部集合信托资金余额×保管费费率×上一个核算日（含）至当期核算日（不含）所经历的期间÷365，其中第一个信托管理费支付日，受托人应收取的保管费为：未分配的信托计划项下全部集合信托资金余额×保管费费率×信托成立日（含）至信托计划第一个核算日（不含）所经历的期间÷365。

（3）如果本信托计划项下信托资金分两期募集，则除第一个信托管理费支付日之外每个信托管理费支付日应支付的保管费金额＝截至该信托管理费支付日的未分配集合信托资金余额×保管费费率×上一个核算日（含）至当期核算日（不含）所经历的期间÷365。

如果本信托计划项下信托资金分两期募集，则第一个信托管理费支付日应当支付的保管费金额＝未分配的第一期募集的全部信托资金余额×保管费费率×信托成立日（含该日）至第一个信托利益核算日（不含该日）的实际天数÷365 天+未分配的第二期募集的全部信托资金余额×保管费费率×信托开放日（含该日）至第一个信托利益核算日（不含该日）的实际天数÷365 天。

（4）如果发生强制提前回购的情况（根据前文规定，该提前强制回购之日即为信托终止日之一种情况，亦为一个核算日）保管人按照下述规定的计算方法收取各期保管费：

a. 如果本信托计划项下信托资金一次募集完成，则在任一信托管理费支付日，保管人应收取的保管费为：未分配的信托计划项下全部集合信托资金余额×保管费费率×上一个核算日（含）至当期核算日（不含）所经历的期间÷365；其中第一个信托管理费支付日，受托人应收取的保管费为：未分配的信托计划项下全部集合信托资金余额×保管费费率×信托成立日（含）至信托计划第一个核算日（不含）所经历的期间÷365。

范本内容精讲

从上述资金信托保管合同中可以看出，该信托计划属于集合信托计划，银行作为信托财产的保管人，其义务不仅是保管信托财产，还会对信托财产进行会计核算，监督和核实信托计划运作，对信托利益进行计算和分配等。在《信托公司集合资金信托计划管理办法》（简称《办法》）中，对保管人应履行的职责有以下规定。

- 安全保管信托财产。
- 对所保管的不同信托计划分别设置账户，确保信托财产的独立性。
- 确认与执行信托公司管理运用信托财产的指令，核对信托财产交易记录、资金和财产账目。
- 记录信托资金划拨情况，保存信托公司的资金用途说明。
- 定期向信托公司出具保管报告。
- 当事人约定的其他职责。

本范本只展示了合同的部分内容，在一般的信托保管合同中，至少应包括以下条款内容。

- 受托人、保管人的名称和住所
- 受托人和保管人的权利义务
- 信托计划财产保管的场所、内容、方法和标准。
- 保管报告内容与格式。
- 保管费用。
- 保管人对信托公司的业务监督与核查。
- 当事人约定的其他内容。

范本 5.8 的内容是关于“指令的发送、确认和执行”的内容，在其中可以看到约定了“乙方根据甲方出具的划款指令及有效的资金用途说明进行本信托的资金划拨”。

由此可以看出，信托公司要运用信托资金时，需要向银行提供划拨指令及资金用途说明，否则银行不会为信托公司划拨资金。范本还约定了划款指令应包括的内容以及指令的确认和执行方式，如下图所示为指令模板。

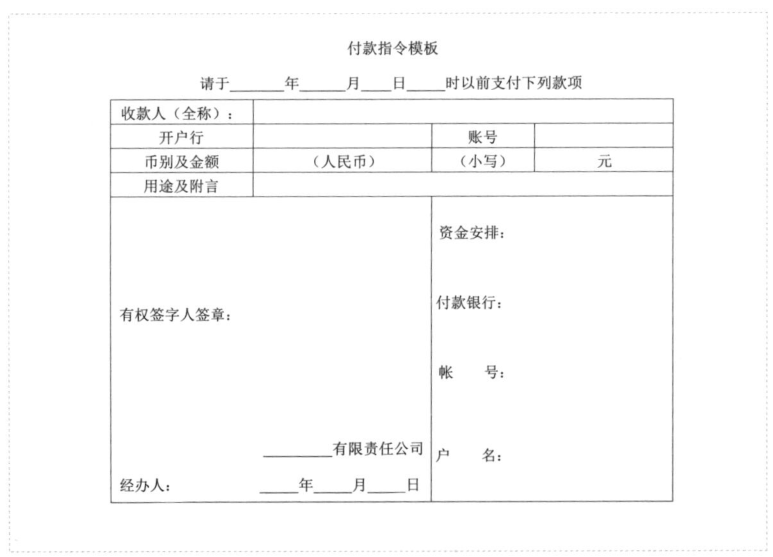

付款指令模板

请于______年______月____日_____时以前支付下列款项

收款人（全称）：			
开户行		账号	
币别及金额	（人民币）	（小写）	元
用途及附言			
有权签字人签章： ________有限责任公司 经办人：　____年____月____日		资金安排： 付款银行： 帐　　号： 户　　名：	

在范本第十七条条款中，对于资金信托保管合同的生效和终止，有如下图所示的约定。

第十七条　合同生效和终止

17.1 本合同有效期自各方法定代表人或授权代表签字或签章并加盖公章后生效，至各方依据本合同清算完毕后终止。

17.2 在协议有效期内，除以下条件外，任何一方不得单方终止本合同：

17.2.1 信托计划终止并清算完毕；

17.2.2 因各方中任何一方违约造成协议无法正常履行；

17.2.3 各方共同认可的其他情况。

17.3 除由于本合同 17.2 条款导致本合同终止外，各方不得在本合同到期前单方终止本合同。按照 17.2 条的规定，提前终止本合同的，按本合同履行清算程序。

从上图可以看出，如果信托计划终止并清算完毕了，那么一方当事人是可以终止保管合同的。导致信托计划终止的情形也较多，具体有以下几种情形。

- 信托合同期限届满。
- 受益人大会决定终止。
- 受托人职责终止，未能按照有关规定产生新受托人。
- 信托计划文件约定的其他情形。

这里的信托合同是指信托公司与信托计划投资者之间签订的合同。在信托合同中同样需要载明保管人的姓名或者名称。

在实践中，信托财产可以是现金类的，也可以是非现金类的，如艺术品。对于非现金类的信托财产，信托当事人可约定实行第三方保管，但中国银行业监督管理委员会（简称银监会）另有规定的，需从其规定。

不少商业银行除提供信托资产的保管服务外，还提供基金资产保管、养老金保管以及公募基金保管服务等。

9.3.3　货物保管合同

大多数暂时不需要销售或使用的货物都需要合理地进行保管，以保证其质量和原有的使用价值。如果需要将货物交给他人进行保管，那么就要签订货物保管合同。不同类型的货物，其保管要求会有所不同，下面就来看一份货物保管合同的合同内容。

范本内容展示

资源下载 \Chapter09\ 货物保管合同 .doc

货物保管合同

甲方：________________

乙方：________________

地址：______________________　联系人：______________________

丙方（担保方）：________________

地址：______________________　身份证号码：________________

根据《中华人民共和国合同法》及国家相关法律法规的规定，甲乙双方就乙方为甲方保管物品的事宜，本着平等互利的原则，经过协商达成以下合同内容，共同信守。

一、保管物：____。

二、保管要求：

地点：__________________________________，面积为______平方米。

要求：____。

三、保管期限：

自____年____月____日至____年____月____日止。

四、保管费用及付款办法

1. 保管费含税包干价为________元/月；

2. 保管费按月支付，乙方于每月______号前向甲方提供次月保管费服务发票，甲方自收到发票后在当月内通过银行转账方式支付保管费给乙方，乙方未按要求提交发票的，甲方有权顺延付款期限。

乙方开户行：

乙方收款户名：

乙方收款账号：

3. 合同期限内甲方提取保管物的，甲乙双方按实际保管天数结算。

五、保管物的交付

保管物在交付保管时，乙方应当现场验收，确认有无损坏，并当面记录。甲方在提取保管物品时，应该当面检查，如有记录外的损坏，由乙方负责按保管物售价赔偿。

六、双方权利义务

（一）甲方：

1. 甲方应按时支付保管费；

2. 甲方有权检查保管场所及保管方式，如发现未达到甲方要求的，甲方有权要求乙方整改或更换场所。

（二）乙方：

1. 乙方应确保保管地点、场所符合甲方保管物存放要求，保证保管物及保管场所的安全并对保管物的进出仓进行登记管理。

2. 乙方不得将保管物转交他人、他地保管。

3. 保管物在保管期间发生的损坏，由乙方负赔偿责任；甲方隐瞒保管物自身的缺陷，导致保管期间发生损坏，由甲方承担责任。

4. 第三人对保管物主张权利的，除依法对保管物采取保全或者执行的以外，乙方应当履行向甲方返还保管物的义务。

5. 第三人对乙方提起诉讼或者对保管物申请扣押的，乙方应当及时通知甲方。

七、合同终止

1. 合同期限届满前_____个月，甲乙双方就合同续签事宜另行协商。

2. 任何一方不得随意解除合同，如有正当理由须解除合同的，应提前___个月通知另一方，并为甲方预留合理时间处理保管物；如合同被终止的，应按实际保管日期结算保管费用；未按约定通知擅自终止合同的，应支付另一方相当于_____个月保管费的违约金。

八、声明及保证

1. 乙方为一家依法设立并合法存续的企业，有权签署并有能力履行本合同。

2. 乙方签署和履行本合同所需的一切手续________________均已办妥并合法有效。

3. 在签署本合同时，任何法院、仲裁机构、行政机关或监管机构均未作出任何足以对乙方履行本合同产生重大不利影响的判决、裁定、裁决或具体行政行为。

4. 乙方为签署本合同所需的内部授权程序均已完成，本合同的签署人是乙方的法定代表人或授权代表人。本合同生效后即对合同双方具有法律约束力。

九、保密

双方保证对从另一方取得且无法自公开渠道获得的商业秘密（技术信息、经营信息及其他商业秘密）予以保密。未经该商业秘密的原提供方同意，一方不得向任何第三方泄露该商业秘密的全部或部分内容。但法律、法规另有规定或双方另有约定的除外。保密期限为________年。一方违反上述保密义务的，应承担相应的违约责任并赔偿由此造成的损失。

十、不可抗力

本合同所称不可抗力是指不能预见、不能克服、不能避免并对一方当事人造成重大影响的客观事件，包括但不限于自然灾害如洪水、地震、火灾和风暴等以及社会事件如战争、动乱、政府行为等。

如因不可抗力事件的发生导致合同无法履行时，遇不可抗力的一方应立即将事故情况书面告知另一方，并应在_____天内，提供事故详情及合同不能履行或者需要延期履行的书面资料，双方认可后协商终止合同或暂时延迟合同的履行。

十一、通知

1. 根据本合同需要发出的全部通知以及双方的文件往来及与本合同有关的通知和要求等，必须用书面形式，可采用_____快递_____方式传递。以上方式无法送达的，方可采取公告送达的方式。

2. 一方变更通知或通讯地址，应自变更之日起_______日内，以书面形式通知对方；否则，由未通知方承担由此而引起的相应责任。

十二、争议的处理

本合同在履行过程中发生的争议，由双方当事人协商解决，也可由有关部门调解；协商或调解不成的，依法向有管辖权的人民法院起诉。

十三、解释

本合同的理解与解释应依据合同目的和文本原义进行，本合同的标题仅是为了阅读方便而设，不应影响本合同的解释。

十四、丙方自愿为乙方提供履约担保，承担连带责任。

十五、合同效力

本合同自双方或双方法定代表人或其授权代表人签字并加盖公章之日起生效。本合同正本一式________份，双方各执________份，具有同等法律效力。

十六、补充与附件

1. 本合同未尽事宜，依照有关法律、法规执行，法律、法规未作规定的，双方可以达成书面补充协议。

2. 本合同的附件和补充协议均为本合同不可分割的组成部分，与本合同具有同等的法律效力。

3. 附件包括：保管物清单、乙方营业执照复印件（盖公章）、保管场所相关资料、丙方身份证复印件。

甲方（盖章）：________________　乙方（盖章）：________________

授权代表（签字）：____________　授权代表（签字）：____________

_______年_______月_______日　_______年_______月_______日

签订地点：________________　签订地点：________________

丙方：______________________

_______年_______月_______日

签订地点：________________

范本内容精讲

在上述货物保管合同中，我们可以看到保管要求的内容需要双方当事人进行约定，如一些易燃、易爆、有毒或有腐蚀性的危险物品以及易变质物品都需要采取特殊保管措施进行保管，对于这些按照保管物的性质需要采取特殊保管措施的物品，寄存人要告知保管人并在保管合同中明确约定。

另外，如果寄存人交付的保管物有瑕疵，寄存人也要如实告知保管人。若寄存人没有将保管物的瑕疵情况或按照保管物的性质需要采取特殊保管措施的情况如实告知保管人，结果致使保管物本身遭受了损失，那么保管人是不会承担损害赔偿责任的；若寄存人因未履行如实告知义务导致了保管人的人身或财产遭受了损失，那么寄存人要承担损害赔偿责任。

但如果保管人知道或者应当知道并且未采取补救措施，使保管人因此受损失的，寄存人不承担损害赔偿责任。这里的“保管人知道或者应当知道并且未采取补救措施”是指保管人在接受寄存人交付的保管物时，以及在履行保管义务的期间，尽管寄存人没有履行如实告知义务，但保管人已经发现了保管物的瑕疵或存在危险，却没有告知寄存人并要求其取回保管物，或没有主动采取一些特殊的保管措施来防止损失的发生或扩大，那么保管人是无权要求寄存人承担损害赔偿责任的。

在范本第五条条款中，我们也可以看到，双方约定了“保管物在交付保管时，乙方应当现场验收，确认有无损坏，并当面记录”，这就确保了寄存人在交付保管物时，保管人已知晓了保管物的具体情况，避免双方就保管物瑕疵等问题产生纠纷。

范本第六条条款是关于“双方权利义务”的内容，在其中可以看到如下图所示的条款内容。

1. 乙方应确保保管地点、场所符合甲方保管物存放要求，保证保管物及保管场所的安全并对保管物的进出仓进行登记管理。

2. 乙方不得将保管物转交他人、他地保管。

3. 保管物在保管期间发生的损坏，由乙方负赔偿责任；甲方隐瞒保管物自身的缺陷，导致保管期间发生损坏，由甲方承担责任。

4. 第三人对保管物主张权利的，除依法对保管物采取保全或者执行的以外，乙方应当履行向甲方返还保管物的义务。

5. 第三人对乙方提起诉讼或者对保管物申请扣押的，乙方应当及时通知甲方。

上图条款是关于保管人不得使用或者许可第三人使用保管物以及返还保管物和危险通知义务的约定。条款内容中的“第三人对保管物主张权利”是指第三人认为该保管物是属于自己所有而被他人非法占有时，向人民法院起诉，请求法院依法强令不法占有人返还原物的权利。

从条款内容可以看出，如果人民法院依法对保管物采取了保全或者执行的，保管人可以不履行返还保管物的义务。这里的保全和执行有以下含义。

- **保全**：保全是人民法院在受理案件前以及诉讼过程中，为保障将来的判决生效能够得到执行或者避免财产遭受损失而对有争议的财产采取的一种强制措施。财产保全的方法有查封、扣押、冻结或者法律规定的其他方法。人民法院保全财产后，会立即通知被保全财产的人。
- **执行**：执行是指人民法院采取的一种强制措施，在保管合同中，保管物的执行措施主要是强令交付，即人民法院强令将保管物交付所有权人，或者先由法院扣押，再转交给所有权人。

从范本内容还可以看出，当第三人因对保管物主张权利而对保管人提起诉讼或者对保管物申请扣押时，保管人要及时通知寄存人，这表明了保管人的通知义务。之所以保管人要履行通知义务，是因为保管人并不是保管物的所有权人。第三人对保管物主张权利或对保管物申请扣押，实际上是第三人与寄存人之间就保管物产生的争议。因此，保管人要及时通知寄存人，让寄存人能够及时主张自己的合法权益。

第十章

保管储存仓储物——仓储合同

10.1 仓储合同是特殊的保管合同

■合同区别 ■仓单 ■主要条款

仓储合同是一种特殊的保管合同，它具有保管合同的基本特征，因此又被称为仓储保管合同，下面就来深入认识仓储合同。

10.1.1 仓储合同和保管合同的区别

仓储合同是保管人储存存货人交付的仓储物，存货人支付仓储费的合同。从仓储合同的定义可以看出，仓储合同与保管合同有相似之处，那么两者的区别在哪里呢？具体有以下区别。

◆ 合同成立条件不同

保管合同是实践合同，它以寄存人将保管物交付给保管人时为成立条件。而仓储合同是诺成合同，只要双方意思表示一致，合同即可成立。另外，保管合同可以是无偿合同或有偿合同，但仓储合同只能是有偿合同。

◆ 保管人的身份不同

保管合同中对保管人并没有特别的要求，保管人可以是自然人，也可以是法人或其他组织，而仓储合同则不同，仓储合同的保管人须具备相应的保管条件，如拥有仓储设施和仓储设备等，且必须是具有仓库营业资质的人。因此仓储合同的保管人主要是专业从事仓储保管业务的人。

◆ 保管人的责任不同

在无偿保管中，如果保管人能够证明自己没有重大过失的，那么是不用承担损害赔偿责任的。在仓储合同中，只要是因保管人保管不善造成仓储物毁损或灭失的，保管人都要承担损害赔偿责任。

◆ 合同对象不同

保管合同并没有对合同对象作出明确约定，保管合同的对象可以是动产或不动产，但仓储合同的对象只能是动产，不动产不能成为仓储合同的对象。

10.1.2 什么是仓储合同的仓单

仓单是仓储合同的重要特征，是保管人在收到仓储物后开具给存货人的凭证，也是存货人提取仓储物的凭证。仓单除可以作为收取仓储物和提取仓储物的凭证外，还可以用于出质，或通过背书，转移仓单中载明的货物的所有权。仓单背书和出质具有以下含义。

- **仓单背书**：仓单背书是指存货人在仓单的背面或粘单上记载背书人（受让人）有关事项并签章的行为。
- **仓单出质**：仓单出质即指仓单质押，存货人将仓单出质的，应与质权人签订质押合同。

若存货人没有在仓单上背书并签字或盖章，那么质权人即使拥有了仓单也不能用仓单提取仓储物。

仓单的类型主要有两种，包括通用仓单和可流转仓单，可流转仓单是因仓储物物权发生变化，经仓单持有人背书和货物保管人确认后可依法转让的仓单。在国家标准化委员会批准的《GB/T 30332—2013 仓单要素与格式规范》中，规定了仓单的必备要素，具体如表 10-1 所示。

表 10-1 普通仓单和可流转仓单必备要素的内容和用语

序号	要素	可选择用语	填写要求
1	“仓单”字样	仓单、入库单	可流转仓单使用“仓单”字样，普通仓单使用“入库单”字样
2	仓单编号	编号、No.	
3	仓单填发日期	填发日期	汉字大写，如二零壹柒年叁月贰日
4	存货人名称	存货人、存货单位	存货人（单位）实名全称
5	存货人住所	存货人地址	
6	保管人名称	保管人、保管单位、盖章	保管单位实名全称并盖章
7	仓储物名称	名称、品种	
8	仓储物规格	规格、型号、登记	
9	仓储物包装	包装	

续表

序号	要素	可选择用语	填写要求
10	仓储物计量单位	单位	件、千克、立方米等
11	仓储物数量	数量	
12	仓储场所	保管仓库地址	
13	交货人	交货人签字、送货人签字	填写“自然人”姓名
14	收货人	仓库收货人、验收人、填发人	填写“自然人”姓名

可流转仓单除要包括上述 14 项要素外，还要包括如表 10-2 所示的要素。

表 10-2　可流转仓单必备要素的内容和用语

序号	要素	可选择用语	填写要求
1	仓储物标记	标记、商标、生产厂家、生产日期、产地、含量	
2	仓储物损耗标准	损耗标准	
3	仓储费率	仓储费率	
4	仓储物价格	货物合计金额、货值	货物价值大写、小写同时填写
5	凭证权利提示	凭单提货	
6	仓库发货日期	发货日期、提货日期	
7	被背书人签章	被背书人签章	采用电子化仓单的企业，应在系统内保留连续背书的记录，并可供查询确认
8	背书人签章	背书人签章	
9	保管人背书签章	保管人签章	
10	背书日期	年、月、日	
11	仓单持有人提取货物盖章	仓单持有人提取货物盖章	公章、人名章、手印
12	发货人	仓库发货人签字	填写“自然人”姓名

续表

序号	要素	可选择用语	填写要求
13	提货人	提货人签字	填写“自然人”姓名
14	提货人有效证件	提货人有效证件名称及号码	

在填写普通仓单和可流转仓单时，存货人和保管人还可以在仓单中约定其他内容，具体如表 10-3 所示。

表 10-3　普通仓单和可流转仓单可选要素内容和用语

序号	要素	可选择用语	填写说明
1	仓储物保险金额	保险金额	
2	仓储物保险期间	保险期间	
3	仓储物保险人名称	保险人	
4	货品编号	货品编码、商品编码	
5	复核、记账	复核、记账	
6	“保兑”字样	保兑	应在正本提货联正面显著位置
7	仓单保兑人签章	保兑人	实名全称骑缝章
8	关联仓储合同	关联合同号	
9	附件	附件	粘贴在指定处，加盖
10	存货库位	货物存放库位	
11	格式条款（说明和注意事项）	根据业务需要选用，由存货人与保管人事前约定事项	明确存货人与保管人之间的基本权利义务
12	电子签名栏	电子签名	电子仓单使用

存货人与保管人在填写仓单时要特别注意，仓单上必须要有保管人的签字或者盖章，否则仓单不会产生应有的效力。在仓单中载明损耗标准，可以避免在提取仓储物或转让仓储物时，发生数量上的纠纷。如下图所示的为普通仓单的样本。

×××××公司入库单

填发日期(大写)　　年　　月　　日　　No.________

存货人(单位)：________________　存货人地址：________________

仓储物名称	规格	包装	单　位 (件、千克、立方米)	数量	备　注

保管人(单位全称)盖章：________________　保管仓库地址：________________

收货人签字：　交货人签字：

10.1.3　仓储合同的主要条款

在签订仓储合同时，当事人可以参考《合同法》第十二条规定的合同一般条款内容来进行订立，主要可包括以下条款。

- 货物的品名或品类。
- 货物的数量、质量和包装。
- 货物验收的内容、标准、方法和时间。
- 货物保管条件和保管要求。
- 货物进出库手续、时间、地点和运输方式。
- 货物损耗标准和损耗的处理。
- 计费项目、标准和结算方式、银行、账号和时间。
- 责任划分和违约处理。
- 合同的有效期限。
- 变更和解除合同的期限。

除上述一般性条款外，当事人还可以在合同中约定其他内容，如合同争议解决方式、仓储物的保险办理以及其他需要约定的事项。

在建立仓储合同关系时，当事人需要注意，仓单并不能代替仓储合同，仓单的内容只是对仓储合同作出进一步的确认，存货人将存储物交予保管人是履行合同的行为，同时保管人将仓单交付给存货人，也是履行合同的行为。

虽说仓单中也载明了存货人和保管人名称，货物名称和数量等仓储合同中所具有的内容，但仓单只能作为一种凭证。

10.2 仓储合同争议处理和陷阱防范

■保管资格 ■仓储物名称 ■仓储物丢失 ■货物未存储

仓储合同纠纷是近年来常见的合同争议之一，其中与贸易有关的仓储合同纠纷是最常见的，下面就来看看如何解决仓储合同争议。

10.2.1 保管人简写或没有保管资格

仓储合同的保管人是合同的当事人之一，在合同中填写保管人时一定不能简写，而要填写保管人的全称。另外还需要审查保管人是否具有从事仓储保管业务的资格，因为并不是任何单位和个人都可以从事仓储业务。存货人可以通过查看保管人的工商营业执照来了解保管人是否有资格从事仓储业务。如下图所示为某仓储服务公司营业执照信息。

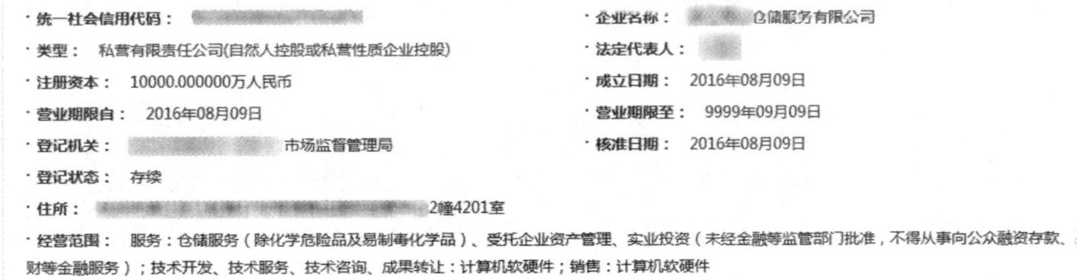

· 统一社会信用代码：

· 企业名称：仓储服务有限公司

· 类型：私营有限责任公司(自然人控股或私营性质企业控股)

· 法定代表人：

· 注册资本：10000.000000万人民币

· 成立日期：2016年08月09日

· 营业期限自：2016年08月09日

· 营业期限至：9999年09月09日

· 登记机关：市场监督管理局

· 核准日期：2016年08月09日

· 登记状态：存续

· 住所：2幢4201室

· 经营范围：服务：仓储服务（除化学危险品及易制毒化学品）、受托企业资产管理、实业投资（未经金融等监管部门批准，不得从事向公众融资存款、财等金融服务）；技术开发、技术服务、技术咨询、成果转让：计算机软硬件；销售：计算机软硬件从上图可以看出，该公司的经营范围包括仓储服务（除化学危险品及易制毒化学品），由此可见该公司具有从事仓储业务的资格。但要注意的是该仓储服务公司不提供化学危险品及易制毒化学品的仓储服务，如果存货人需要该公司保管储存的货物是化学危险品及易制毒化学品，那么该公司是不具备保管人资格的。

在审查保管人资格时还要了解该保管人的经营状况，因为现实生活中存在具有从事仓储业务主体资格，但因经营状况不佳不能很好地履行仓储合同义务的保管人。为了避免此类保管人给自己带来麻烦，存货人要了解保管人的经营和资信等状况。

如果保管人一方是委托代理人来签订仓储合同的，那么就要审查代理人是否具有代理人的资格。如代理人是否具有授权委托书，是否是在授权范围内代签订仓储合同。

10.2.2 只填储存仓储物名称，其他不填

在仓储合同中不能只填写仓储物的名称，而应该详尽地写明仓储物的名称、规格、数量、质量以及包装等。因为不同的货物，其保管储存的要求是不同的，如果存货人在填写仓储物内容时模糊不清或与实际情况不符，那么就容易产生仓储物保管不当纠纷。

如果存货人需要储存的是易燃、易爆、有毒、有腐蚀性或有放射性等危险物品或者易变质物品，那么还要在合同中说明该物品的性质，并提供有关资料。存货人在说明此类物品的具体情况后，保管人要根据自身的保管条件和技术能力来查看自己是否有能力为存货人提供该物品的仓储服务。

若存货人是在订立合同后或者在交付仓储物时才说明了仓储物的性质，那么保管人可以根据自身的保管条件和技术能力来查看自己是否能够提供仓储服务，若不能提供，那么保管人可以拒绝接收该仓储物或解除合同。

如果存货人在签订合同时没有明确告知保管人仓储物是危险物品或易变质物品，那么保管人在验收仓储物入库时，可以拒收该仓储物，同时也要及时通知存货人。保管人可以采取一些必要措施来防止损害的发生，由此产生的费用由存货人负责，如保管人转移危险物品或易变质物品时发生的费用。

因此，存货人为了避免给自己增加不必要的费用，就要做到如实告知保管人存储物的详细情况。如果存货人在订立合同前已如实告知了保管人仓储物的具体情况，却因为保管人不具备保管条件而存储危险物品，给自己造成了损害，那么存货人是不承担损害赔偿责任的。

10.2.3 保管方违规放货，仓储物短缺丢失

在仓储合同纠纷中，货物短缺丢失纠纷是比较典型的纠纷。造成货物丢失的原因有很多，具体有以下几类。

◆ 保管不当

在储存期限届满后，存货人要求保管人返还仓储物，但保管人却以各种借口推脱，不返还存货人的仓储物。在这种情形下，如果存货人的提货要求合理，且是按照合同约定的提取仓储物的规定来提取仓储物的，那么保管人是不得拒绝存货人的要求的。

如果保管人是因为保管不当致使仓储物丢失或短缺，而导致不能按照合同的约定将仓储物交付给存货人的，那么保管人要承担赔偿责任。在仓储合同中，仓单是提取仓储物的凭证，存货人或者仓单持有人可以在储存期间届满后凭仓单提取仓储物。

◆ 第三人提取了仓储物

在实践中，第三人提取了仓储物，也会使得保管人不能依约交付仓储物。这一情形与我们在保管合同中讲述的第三人主张权利类似。其解决方法也可以参照保管合同的规定来解决。

因为《合同法》没有对仓储合同中第三人主张权利的情形作出规定，但《合同法》第三百九十五条规定：本章没有规定的，适用保管合同的有关规定。因此当第三人对仓储物主张权利时，可以参考《合同法》第三百七十三条的规定来处理，即第三人对保管物主张权利的，除依法对保管物采取保全或者执行的以外，保管人应当履行向寄存人返还保管物的义务。第三人对保管人提起诉讼或者对保管物申请扣押的，保管人应当及时通知寄存人。

◆ 仓储物错发或不可抗力

导致仓储物短缺或丢失的原因还可能是保管人在作业时错发或误发了仓储物，导致了原仓储物存货人在提取仓储物时，保管人无法交付仓储物。由于仓储物丢失或短缺的过错在于保管人，因此保管人需要承担赔偿责任。若仓储物的丢失或短缺是由不可抗力造成的（如自然灾害包括洪水，地震等），那么根据不可抗力的影响，保管人可部分或者全部免除责任，但法律另有规定的除外。但保管人迟延履行后发生不可抗力的，不能免除责任。

10.2.4 订立仓储合同后，存货人未存储货物

存货人和保管人在订立仓储合同后，存货人因为自身原因没有交付仓储物给保管人，结果导致了保管人的仓库闲置，那么存货人是否要承担赔偿责任呢？针对上述情形，存货人和保管人容易就仓储合同是否生效形成纠纷。存货人一般会认为，由于自己并没有交付仓储物，因此合同未生效；而保管人会认为，合同已经签订了，因此仓储合同是合法生效的合同。

上述争议实际上是对仓储合同是实践性合同还是诺成性合同的争议，根据《合同法》第三百八十二条规定：仓储合同自成立时生效。由此可见，仓储合同是诺成性合同，即只要双方当事人意思表示一致，那么合同就可成立并生效。因此可判定，在上述情形中，仓储合同是已成立生效的合同。如果在仓储合同签订后，存货人不能按照约定交付仓储物，那么可以与保管人协商解除或变更合同。若存货人和保管人并没有达成合同的变更或解除，那么存货人未交付仓储物就是不履行合同义务的行为。

仓储合同在订立后，保管人就会为提供仓储服务而做准备，这必然会耗费人力财力，如果存货人不按时交付存储物或未经保管人同意就单方面解除合同，这必然会给保管人带来损失。这种情况下，存货人负有违约责任，保管人可以要求存货人支付仓储保管费或赔偿损失。仓储合同是双务合同，存货人和保管人都有各自的权利和义务，而存货人的主要义务就是交付仓储物和支付仓储保管费用。在保管人与存货人就仓储合同事项达成合意后，双方当事人就要受合同的约束。因此，存货人要明白，若因为自身原因导致不能交付仓储物，要及时告知保管人，与保管人协商解除合同或变更合同，否则可能会因为自身过错导致承担违约责任，这对存货人来说是一笔不小的损失。

10.3 仓储合同范本详讲

■冷藏仓储合同 ■物流仓储合同 ■钢材仓储合同

目前，市场上具有仓储保管资格的保管人提供的仓储服务类型是很多样的，如冷藏仓储、物流仓储以及特殊物品仓储等，下面就来看看常见的仓储合同范本。

10.3.1 冷藏仓储合同

对于一些鲜活易腐的物品来说，都需要使用冷藏库来进行存储，以保证物品的保鲜程度，下面来看看冷藏仓储合同的内容。

范本内容展示

资源下载\Chapter10\冷藏仓储合同.doc

冷藏仓储合同

合同编号：

第一条 合同主体

甲方：

乙方：

第二条 合同的宗旨和原则

甲乙双方根据《中华人民共和国合同法》及相关法律、法规，就乙方租用甲方仓库储藏产品事宜，经甲、乙双方平等、友好协商，达成如下协议。

第三条 本合同的履行期限

1、本合同自____年___月___日至____年___月___日。

2、服务期满，甲方有权收回仓储屋，乙方应如期归还仓储屋，如果乙方需要继续使用，应于使用期限满前2个月提出书面申请，经甲方同意后，甲乙双方将对有关使用事项重新签订仓储服务合同，在同等使用条件下，乙方有优先权。仓储服务期内，若遇国家及上级政府征地拆迁，甲、乙双方不承担违约责任合同自行解除，甲方应提前两个月通知乙方，为乙方迁出提供条件，迁出时乙方依国家规定享有相应的拆迁补偿。仓储费双方据实结算，甲方退还乙方未到期的仓储服务费。

第四条 合同的范围

1、甲方同意将位于____________仓库提供给乙方使用，并由甲方负责保管。

2、甲方负责乙方所储物品的仓储管理。

第五条 服务内容

1、甲方提供的仓库应符合国家有关部门对商品储存的要求。

2、甲方对乙方产品的仓储管理，按照先进先出的原则进行管理，严格按照生产日期及乙方的指令发货。

第六条 货物保管条件及要求

1、货物进出仓，均由甲方负责；乙方人员应遵守甲方仓库管理制度。甲方对乙方到库需要入库的产品及需要出库的产品应根据乙方要求及时提供装卸，甲方人员不得以任何借口刁难乙方或向乙方索取小费，一经查实，甲方应对当事人严肃处理同时赔偿乙方造成的损失。

2、甲方接收入库的同时应检查货物包装是否有损坏，核对实际数量、品种规格是否与货单相符，对任何异常情况，应与送货方共同制作记录并签字认可，并在24小时内传真通知乙方，乙方应保证在三日内做出处理或提出处理意见。

3、甲方应在每次乙方提货及乙方转运货物到仓库后，次日以书面形式通知乙方相应的库存报告。

4、甲方凭乙方的进货凭证、提货单办理进、出仓手续。

5、甲方为乙方提供相应温度的冷库储存产品，保证相应温度，温度正常情况下，产品本身质量问题造成的损失与甲方无关。

6、正常情况下甲方保证冷冻库温度在____℃(允许正负3度误差)、冷藏库温度在____℃至____℃（允许正负3度误差，频繁进出货期间除外）。如果甲方发现所用库房温度不正常，甲方应立即采取措施调整温度。保证在频繁进出货后4小时内把温度降到正常温度。

7、每月由甲、乙双方共同对乙方委托甲方保管的货物进行盘点，具体日期由双方商定。对账人由乙方每次指定专人负责。程序如下：

乙方指定之盘点人持有乙方指定签字人签字和印章之盘点表及当月所有货物进出库单，双方核对数目无误后签字（甲方签字人员为指定负责人），各自保留一份留底。如有差异，甲方应在盘点后做出说明或做出相应处理。

8、除甲方及乙方工作人员外，原则上其他人员不准进入仓库参观、拍照；甲、乙双方以外人员进入仓库应得到乙方的认可。甲方应按有关规定妥善保存有关单据，以备必要时协助乙方查询。

9．甲方应严格按照国家有关仓储保管的规定及乙方的仓储要求妥善保管乙方货物，采取有效措施保证货物不受潮、虫蛀和鼠害等损坏，保证仓库及货物干净整洁。

10、甲方仓库必须保持清洁干净，不能有漏雨、水浸现象，所有产品不得露天堆放（乙方书面认可的可露天堆放的产品除外）。

11、甲方所有储存货物的仓库甲方必须配备足够消防、灭火设备。消防设施要符合公安部门的消防条例规定。

第七条 货物损耗标准和损耗处理

1、在库商品的盘盈、盘亏（自然损耗及合理损耗不应由甲方承担）由甲方负责；非不可抗力因素或甲方人为因素造成乙方货物损毁由甲方负责赔偿。

2、甲方将货物交给乙方，在甲、乙双方共同签字认可前，货物出现盘亏、损失、毁坏等情况，甲方赔偿损失。

第八条　费用的计算和支付方式

1、仓储费总价款：人民币__________元（________元）。

单价：冷冻库的仓储费为每平方米____元/月，冷藏库的仓储费为每平方米_____元/月，普通仓的仓储费为每平方____元/月。

本价款包括但不限于仓储费、管理费、税金、利润等乙方履行本合同所需的全部费用。

2、其他服务费用收费标准根据附件甲方报价单。

3、租金三个月一付，提前15天付款给甲方，先付款后使用。

4、其他服务费用每月结算一次。甲方凭国家正规发票及符合乙方要求的进出库存货、装卸凭证办理结算。

甲方次月5日前将乙方当月所产生的操作费用与乙方对帐完毕，乙方在收到发票后30日内将所产生的费用全额结清给甲方（月结30天）。

5、乙方超过缴款期限，乙方承担应付款部分每日万分之二的违约金，同时停止乙方产品进、出库。如果乙方对当月所产生的费用有异议，应在接到发票后10个工作日内到甲方财务部进行核对。

每次付款前，乙方须提供相同金额的税务部门统一监制的正式发票，否则甲方有权顺延付款直至乙方按本合同约定提供相应发票。

第九条　甲方和乙方责任

1、甲方责任

（1）对货物保管期间及装卸期间未按本合同第五条、第六条规定执行所造成货物被盗短少、变质污染、损坏（入库时有货物损坏除外）甲方负责赔偿；

（2）乙方的货物因不能及时装卸而造成的损失，甲方负责赔偿；

（3）由混堆而错发货物造成损失由甲方负责赔偿；

（4）未经乙方同意而擅自移运乙方货物造成的损失由甲方负责赔偿；

（5）甲方擅自将乙方租用的面积部分或全部转租、转借他人使用的甲方负责赔偿；甲方负责赔偿是包括但不限于货物价款、包装费、运输费、保管费等实际损失。

2、乙方责任

（1）货物进仓前应将货物名称、批号及数量提前一天通知（初次入仓应提前七天）甲方，如乙方未尽到通知义务所造成的损失由乙方承担；

（2）货物储存超过有效期，乙方不及时处理所造成的损失由乙方自行承担；

（3）由于乙方单据上的差错造成的损失由乙方承担；

（4）乙方每批进库产品，必须符合国家食品卫生法的要求，有产品合格证、非疫区证明等随货同行。

（5）乙方必须按照国家有关政策、法规守法经营，办理工商、税务、卫生许可、动物检疫等相关手续，如有任何违法经营行为，乙方承担一切后果，甲方概不负责。

（6）乙方不得擅自动用和更改甲方生产设备、设施和结构，否则所造成的损失由乙方承担，情节严重的，甲方有权追究刑事责任。

（7）乙方人员进入甲方经营区，必须遵守甲方的规章制度，如有违反，甲方有权按有关制度进行处理，乙方人员进入甲方仓库必须做好安全防护措施（穿戴好防滑鞋、防冻帽衣等），否则造成不良后果由乙方自己负责。

第十条　合同的变更与提前终止

1、合同执行过程中经过双方协商同意，可以对部分条款进行变更；

2、合同执行过程中如果乙方不能够及时付清仓储费，甲方有权单方面终止合同，并追究乙方给甲方造成的直接损失；

3、合同执行过程中如果甲方不具备冷冻食品的冷藏条件，乙方有权单方面终止合同，并追究甲方给乙方造成的直接损失。

4、如因不可抗力的因素致甲方不能继续履行合同时，应提前1个月书面通知乙方。甲方无需补偿乙方的经济损失。

5、乙方因业务需要而提前终止本合同的，乙方应提前1个月书面通知甲方，乙方无需补偿甲方的经济损失。

6、不可抗力事件使乙方不能继续经营的，乙方可立即提前终止本合同，将仓库交还甲方。

第十一条　违约责任

在合同执行过程中任何一方违约，违约方负责赔偿另一方违约费壹万元人民币，另追究相关经济损失。

第十二条　争议解决

范本内容精讲

在上述冷藏仓储合同中，仓储设备主要是冷库，由于不同的货物对冷库的温度要求是不同的，因此在合同范本中可以看到以下条款。

4、甲方凭乙方的进货凭证、提货单办理进、出仓手续。

5、甲方为乙方提供相应温度的冷库储存产品，保证相应温度，温度正常情况下，产品本身质量问题造成的损失与甲方无关。

6、正常情况下甲方保证冷冻库温度在_____℃(允许正负3度误差)、冷藏库温度在_____℃至_____℃（允许正负3度误差，频繁进出货期间除外）。如果甲方发现所用库房温度不正常，甲方应立即采取措施调整温度。保证在频繁进出货后4小时内把温度降到正常温度。

在上图内容中可以看到，双方可以对冷库的具体温度作出约定，如约定冷冻库的温度为 -20℃，冷藏库温度为 0℃至 +3℃。当事人在正式签订合同时，要根据货物的具体性质来确定冷库的温度，各种冷库的温度要求与用途如下所示。

◆ **速冻库：**对于速冻食品来说，为了保证食品的原味需要将其快速冻结。因此速冻库一般要求在 -25℃快速冻结食品，随后转入 -18℃或更低的温度来储存食品。

◆ **保鲜库**：保鲜库主要用于蔬菜和鲜肉等食品的保鲜，其温度一般要求在0～5℃。

◆ **冷藏库**：冷藏库一般要求温度在-15～-18℃，由于货物常常会不定期的放入冷藏库中冷藏，也会不定期取货，因此冷藏库一般允许一定的正负温差。

◆ **冷冻库**：冷冻库一般要保证室内的低温，其库温多为-22～-25℃，如冰淇淋和海鲜等食品，如果库温不低于-25℃，就容易引起变质或影响口感。

在冷库仓储中，通常还对冷库的环境有一定要求，如在范本中约定了“甲方仓库必须保持清洁干净，不能有漏雨和水浸现象，所有产品不得露天堆放”。由于冷库一般用于保管存储食品，因此清洁和干燥的环境是必不可少的。

另外，为避免冷库发生火灾，还会要求不能在冷库内使用明火，配置消防灭火设备等。在实际签订合同时，存货人还可以和保管人就冷库货物保管条件及要求作出其他需要的约定。

范本第八条是关于“费用的计算和支付方式”的条款，冷库仓储费用一般是按货物所需的库存面积来计算的，因此在范本中可以看到单价是以“元每平方米每月”来计算的。

范本约定的是3个月付一次仓储费用，当事人双方也可以协商约定一个月付一次或半年付一次仓储费。另外，范本还约定了存货人超过付款期限付款的违约金赔偿方式，对于违约金的具体赔偿数额，双方也可以另行约定。

10.3.2 物流仓储合同

物流仓储合同是物流与仓储相结合的合同，随着电商的发展，仓储和物流已经成为不可分割的一部分。高效合理的仓储能够帮助经营者实现物资的快速流动，降低公司的生产成本，下面就来看看物流仓储合同的具体条款内容。

范本内容展示

◎资源下载\Chapter10\物流仓储合同.doc

物流仓储合同

合同编号：

甲方：____________________ 乙方：____________________

地址：____________________ 地址：____________________

根据《中华人民共和国合同法》等法规、行政法规的规定。双方本着互惠互利的原则经甲乙双方友好协商，就甲方委托乙方仓库租赁、仓储物流配送、物品保管、物流装卸、发往全国各地行政区域，物流配送业务及装卸业务、提送业务运输服务和相关费用结算事宜。达成一致，特签订本合同共同遵守。

第一条、仓储物流、物品保管范围

甲方委托乙方管理、储运、配送、理货、分流、装箱、分拣、打签（贴示）、发货、在途服务跟踪、到站等一切事物。乙方负责根据甲方的需求，计划提供仓库面积提供货物保管发运。

第二条：服务期限

本合同有效期____年，自____年____月______日至_____年______月____日止，如合同到期，乙方和甲方将重新签订合同，双方权利和义务以新合同为准。

第三条：仓储物流服务业务范围

甲方委托乙方对甲方的产品物流仓储、配送、发往到全国各个地区。乙方保证向甲方提供仓库为乙方享有合法使用权的仓库。

第四条：货物名称、规格、数量、重量、包装

1.货物名称：____。

2.规格：____。

3.数量：____。

4.重量：____。

5.货物包装：____。

第五条：履行地点及要求

1、仓库地址：________________________________。

2、乙方提供使用面积为____m²的仓库租赁给甲方。费用按每年____元人民币计算，水电费全免。

租赁付费方式：________________________。起租时间______年____月____日截止日期______年____月_____日。

3、乙方的仓库应符合储运条件、防雨、防尘、防洪、防潮、具备消防照明等设施条件。

4、乙方接受甲方委托，提供足够仓储供面积。甲方在储运期内货物进库数量、货物出库数量、货物各种品相、规格、数量。每月报表、每月盘点、每周清点、每日做好台账。做到货与账相符。

5、乙方负责仓库内外的安全、防火、保卫工作。

6、乙方应全力保证甲方货品的安全、完好，若乙方管理不善造成货品损坏、丢失。由乙方按照甲方经济折扣赔偿甲方。对于乙方原因造成的货物破损损坏，乙方应承担赔偿责任，因不可抗力（如地震、洪水、雷击、战争等）所造成货品丢失、损坏乙方不承担损害赔偿责任，但乙方应尽善意第三方的责任。调拨至乙方仓库的货物，因货物性质、货物包装、等从外观可辨别的不符合正常验收约定或超过有效期等乙方通知甲方，并按甲方要求验收入库，因此造成货物编制破损，一方不承担损失赔偿责任。

7、乙方每月向甲方提供存库信息预期产品。乙方需配合甲方每月在库进行盘点，乙方应履行报表责任，《库存产品出入库汇总日报表》《配送跟踪表》，为减少和消灭呆滞货物要求在日报表上注明货物的生产日期，报表须发给甲方负责人。

8、货物入库验收信息反馈。货物到仓储站由乙方与送货方核实到货数量，发现有不一致现象即时报甲方处理。乙方应派人到现场验收货物，核实物品名称数量是否相符，与送货人员办理货物交接手续，如发现货物异常（包括破损、损坏货物减少等）与乙方及时追查原因并告知甲方。乙方验收后，再到《货统计表》签字盖章确定产品数量、状态，并在24～36小时内将反馈表上报甲方。

9、乙方验收后负责装卸，装卸费用在报价表附件中。

10、乙方应保证货物在处理及搬运中的安全，做到按产品货物要求先进先出、轻装轻卸。

11、仓库货物必须严格按照包装标示堆码，方向、高度、层数，进行堆码。乙方负责仓库货物日常巡查发现堆垛歪斜包装变形等异常情况应及时整改，发现任何异常变化应及时通知甲方，否则视为失职。

12、残次品外包有损坏的、退换货的、或不同品质有不同程度问题的、应分开堆码分开保管，不得混放、串放。

13、乙方必须保障帐、卡、物、相符。甲方将定期不定期对乙方仓库进行检查。如检查发现账物不符，或仓库管理不达标，乙方应及时整改服从甲方整理安排。

第六条：费用结算方式

1、甲方按月与乙方进行结算。此结算方式以甲方当月发货运费大于___万元，若甲方当月发货费用连续三个月低于双方确定的月发货费时，从第四个月起改为单票现金结算或到付结算。

2、费用结算时间与付费

乙方与甲方的运费及相关费用结算期是每月____日为物流服务费进结算日，甲方收到乙方所提供的《费用月结对账表》明细后三个工作日内要与乙方进行核对及确认，如有疑义应于收到账单三个工作日内以书面形式提出，三个工作日内不反馈信息视同确认，确认后乙方应在五个工作日内向甲方提供费用发票，同时甲方以现金、支票等方式向乙方付清款项。

3、如因甲方原因未按本合同规定的付款期付款，乙方有权按日万分之五收取未付款项部分滞纳金，并有权取消甲方在本合同下享有物流费用月结待遇，而改成单票现金结算。乙方也有权选择和甲方终止合同，不再为甲方提供物流服务仓储服务。

第七条：保险理赔

在合同期内乙方将仓库租赁给甲方，在仓储内有乙方的员工专人负责整理看护。为了规避运输途中自然灾害等不可抗拒因素和意外事故可能带来的危险，甲方需把乙方向保险公司购买保险，保险费用由甲方承担，保险费率为货物声明价值的____%，未保的货物发生丢失，毁损或缺少。由乙方依照有关法律法规和合同约定赔偿，但不超过损失部分的运费三倍为限

第八条：甲方委托乙方做物流配送发货业务，甲方承诺不得将甲方货物委托任何第三方物流企业。若有出现有其他物流公司，乙方将有权终止本合同，同时追究其乙方仓储利用率经济损失。

第九条：甲方对货物享有完全所有权，货品从卸货起到甲方租赁仓库储存至最终出货前的全过程有甲方负责，出库后到收货人收到货物前由乙方负责。

第十条：货物出库由甲方出具发货清单，发货数量及收货人地址、电话必须明确才可委托乙方负责物流运输发货业务，同时由甲乙双方共同签字方可出库发货，货物到目的地，收货人收到货物后。乙方的流程工作结束。

第十一条：甲方派驻乙方仓库的工作人员和工作地、住宿等问题由乙方提供。

第十二条：甲方将其产品送到乙方仓库。若甲方要求乙方提货送到仓库要付提货费用。

第十三条：乙方凭借甲方发给乙方的发货通知单方可发货，乙方不接受甲方指定人以外任何人的白条，口头通知发货，每张出库单具只能出库一次，如造成重复出库责任与乙方无关。

第十四条：乙方应保证货物在处理及搬运中的安全，做到按产品特性要求进行装卸，对因乙方造成的损失应由乙方负责。

第十五条：

1、仓库货物必须严格按照包装箱标示堆码，方向、高度、层数符合要求，若出现超高堆码造成损失与乙方无关。

2、仓库货物堆放整齐有序，保持一定的跺距、柱距、货距以便收发作业及库存的盘点。

第十六条：装卸费用由甲方货物到乙方仓库前的装卸及出库装卸费用组成，卸车费_____/吨，______/方，装车费_____/吨，______/方。

第十七条：如遇不可抗拒的原因影响本合同不能履行或者部分不能履行或延期履行时，遇有不可抗力事故一方应立即将事故通知对方并提供详情报告由双方协调解决合同。

第十八条：乙方向甲方提供的《物流产品报价表》中的价格是未含税价格，每票货应加_____税金。如甲方要求货物到达所在城市的配货站要求将货物送货到收货人手中，简称门到门，需加送货费_____元。

范本内容精讲

在上述物流仓储合同范本中，我们可以看到乙方当事人不仅会提供仓储服务还会提供物流配送服务。合同范本条款主要有仓储物流及物品保管范围，仓储物流服务业务范围以及货物名称、规格、数量、重量和包装等。下面就来看看范本中的部分条款的具体内容。

◆ 仓储物的验收

保管人在入库仓储物时，应对仓储物进行验收，以了解仓储物是否与约定相符，范本中对仓储物的验收有如下图所示的约定。

> 8、货物入库验收信息反馈。货物到仓储站由乙方与送货方核实到货数量，发现有不一致现象即时报甲方处理。乙方应派人到现场验收货物，核实物品名称数量是否相符，与送货人员办理货物交接手续，如发现货物异常（包括破损、损坏货物减少等）与乙方及时追查原因并告知甲方。乙方验收后，再到《货统计表》签字盖章确定产品数量、状态，并在24～36小时内将反馈表上报甲方。

从上图内容可以看出，双方约定了乙方要负责核实物品的名称和数量，若发现货物有异常须及时告知甲方。不同类型的货物，其入库验收标准会有所不同，保管人和存货人在合同中对入库货物具体的验收问题进行约定时，可以从以下3方面来考虑。

验收内容

在进行入库验收时，保管人应验收的内容有货物的品名、规格、数量和外包装状况，以及不需要开箱拆捆就可以直观辨别的质量情况。对于包装内货物品名、规格和数量的验收，主要从外包装和货物上的标记来判断。如果货物的外包装上并没有标记，那么保管人在验收时，以供货方提供的验收资料为依据。对于散装货物的验收，可以按照国际有关规定来验收，也可以在合同中约定具体的验收内容。

验收方法

仓储物入库验收的方法主要有全部验收和按比例验收两种。保管人在具体验收时会使用不同的验收工具来完成验收，如磅秤和量尺等，在验收时要保证验收的准确。

验收期限

保管人和存货人应约定验收的期限，以保证货物能够及时验收入库。一般的验收期限为货物和验收资料全部送达保管人之日起，至验收报告送出之日止。

在合同中约定验收的内容、方法和期限后，保管人就要按照合同的约定来进行验收。在验收时，若发现仓储物的数量、质量以及规格等与约定不符，那么保管人就要及时通知存货人。

保管人需要注意一点，《合同法》规定：保管人验收后，发生仓储物的品种、数量和质量不符合约定的，保管人应当承担损害赔偿责任。这一规定明确了验收后仓储物质量问题的赔偿责任，保管人为维护自身的权益，就要做到及时准确的验收。

◆ 损坏仓储物的处理

仓储物在入库后，可能会发生变质以及其他损坏，对于有变质或者其他损坏的仓储物，保管人应该如何处理呢？在范本中有如下约定。

11、仓库货物必须严格按照包装标示堆码，方向、高度、层数，进行堆码。乙方负责仓库货物日常巡查发现堆垛歪斜包装变形等异常情况应及时整改，发现任何异常变化应及时通知甲方，否则视为失职。

12、残次品外包有损坏的、退换货的、或不同品质有不同程度问题的、应分开堆码分开保管，不得混放、串放。

从上图内容可以看出，若仓储物出现了异常变化，保管人有及时通知存货人或仓单持有人的义务。仓储物发生变质以及其他损坏，这并不一定是由保管人造成的，也可能是因为仓储物本身的性质或包装不符合约定造成的。此时保管人除要及时通知存货人或仓单持有人外，若变质或损坏的仓储物已经危及了其他仓储物的安全和正常保管，那么保管人还要催告存货人或仓单持有人作出必要的处置。

在紧急的情况下，保管人也可以作出必要的处置，但在事后应当将该情况及时通知存货人或者仓单持有人。存货人在接到保管人的通知或催告后，有义务及时对变质或损坏的货物进行处置，若存货人置之不理，那么由此给其他仓储物或者保管人造成了损害，就要承担赔偿责任。

在仓储合同中，保管人有对变质货物紧急处置的权利，但是这种权利只有在变质或损坏的货物已危及其他仓储物的安全和正常保管时，且保管人来不及通知存货人或者仓单持有人进行处置或存货人对保管人的通知置之不理的情况下才能行使。

另外，若存货人没有对储存易燃、易爆、有毒、有腐蚀性或有放射性等危险物品或者易变质物品进行说明，但保管人在接收后发现了，此时也可以对该仓储物行使紧急处置权。

10.3.3 钢材仓储合同

2016 年 12 月份，我国钢材产量为 9571 万吨。2016 年全年的钢材产量为 11.38 亿吨，同比增长 2.3%。随着我国钢材产量的增长，钢材的仓储和物流需求量也在增长。

钢材一般都不会包装，因此在进行保管存储时也有其特别的保管要求，良好的存储条件能够保证钢材的外形和使用性能。接下来就一起来看看钢材仓储合同的范本内容。

范本内容展示

资源下载 \Chapter10\ 钢材仓储合同 .doc

钢材仓储合同

存货人（甲方）：______________________

保管人（乙方）：______________________

根据《中华人民共和国合同法》及其他相关法律法规的有关规定，甲乙双方在平等自愿的基础上经过充分协商，就甲方钢材在乙方仓库储存事宜达成如下一致协议：

1、标的物

甲方在乙方仓库储存的钢材（以下简称“仓储钢材”）品名、品种、规格、数量、质量、包装技术标准见本合同附件一（仓储钢材明细表）。

2、储存场所

2.1 仓储钢材的储存场所为：______________________。

仓储钢材占用储存场所内的储存位置为__________，面积为：__________。

2.2 乙方保证储存场所适宜储存仓储钢材，并承诺将在储存期间内使储存场所始终保持适宜储存仓储钢材的状态。

2.3 乙方应根据仓储钢材的特性、生产厂的计量方式（标准）及甲方的要求，按品种规格、长度等分别进行存放。

2.4 乙方应仅在第 2.1 款规定的储存场所的指定储存位置储存仓储钢材。除本条第 5 款另有约定外，未经双方事先达成书面协议，乙方不得变更储存场所或储存位置。

2.5 紧急情况下如不变更储存场所或储存位置将可能导致仓储钢材的重大损失时，乙方应自行承担费用及时将仓储钢材转移至其他与本合同项下的储存场所同档次且适宜储存仓储钢材的地点或储存场所内与储存位置同等条件的其他储存位置，并毫不迟延的向甲方发出存在紧急情况的书面证明以及变更储存场所或储存位置的书面通知。

乙方根据本款变更储存场所或储存位置后应与甲方就储存场所或储存位置的变更事宜另行达成协议，且就仓储钢材转移日起至双方达成协议前的仓储费按下述较低的标准计付：

（1）变更后的储存场所或储存位置当时的通常的日仓储费；

（2）本合同项下规定的日仓储费。

3、验收和入库

3.1 乙方应于仓储钢材运至储存场所后且入库前，立即对仓储钢材进行验收。

3.2 乙方对仓储钢材的验收应按本合同附件一储存钢材明细表核实仓储钢材品名、品种规格、数量、质量、包装等，并清点随仓储钢材提供的书面资料（如有）。

3.3 乙方在验收时发现仓储钢材任何数量差异或品质不符等情形，应立即书面通知甲方，否则即视为乙方无异议。

3.4 乙方对仓储钢材验收完毕后，应立即向甲方签发由乙方签字盖章的仓单，并应立即办理仓储钢材入库相关事宜，费用由乙方自行承担。

3.5 仓单应至少包括下述内容：

3.5.1 乙方的名称、住所；

3.5.2 仓储钢材的品名、品种规格、数量、质量、包装、件数和标记；

3.5.3 仓储钢材的损耗标准；

3.5.4 储存场所；

3.5.5 储存期间；

3.5.6 仓储费；

3.5.7 仓储钢材保险情况；

3.5.8 仓单填发地和填发日期及乙方公章和经办人员签字。

3.6 验收完毕后，乙方迟延出具仓单或迟延办理入库手续，因此导致的仓储钢材的任何毁损、灭失等，由乙方向甲方承担赔偿责任。

4、储存要求

4.1 乙方对仓储钢材的任何运输应遵守下述规定：

4.1.1 运输工具：

储存场所内部运输：______________________；

储存场所外部运输：______________________；

4.1.2 运输包装：______________________；

4.1.3 搬运要求：______________________；

4.1.4 其他：______________________。

4.2 乙方应谨慎妥善保管仓储钢材。仓储钢材在仓储期间发生任何毁损、灭失，乙方应向甲方承担全部赔偿责任。

4.3 乙方发现入库仓储钢材发生任何锈蚀、损坏、数量减少等异状，乙方应在发现仓储钢材异状后立即书面通知甲方。

4.4 仓储钢材的所有权属甲方所有，乙方应负责妥善保管仓储钢材，并按甲方指示（或甲方事先指定的凭证）及时足额收货、发货，未经甲方事先书面同意，乙方不能以任何方式处分仓储钢材。

4.5 甲方有权随时对储存场所中仓储钢材的情况进行检查或提取样品，乙方应予以配合。

5、出库

5.1 乙方应严格凭仓单以及甲方开具的有效提单或调拨凭证（客户存根、回单、仓库留存三联单必须齐全，涂改无效）在有效提货期内发货；乙方应审查是否符合上述提货条件，如发生不符合提货条件的提货申请，乙方应立即通知甲方，并在得到甲方书面确认之前不予发货。

5.2 乙方应严格按甲方开具的有效提单或调拨凭证的要求向甲方事先指定的收货人发货，未经甲方书面同意，不得擅自变更。

5.3 乙方在仓储钢材出库当日，应向甲方发送仓储钢材出库书面报告。

6、损耗标准和损耗处理

6.1 仓储钢材的损耗标准为：________________。对于在上述损耗标准之内的损耗，乙方不承担责任。

6.2 在任何情况下，仓储钢材的实际损耗超出本条第1款所述的损耗标准，如在仓单签发前验收中发现存在该等损耗，则视为甲方对仓储钢材的数量的变更，如该损耗发生在仓单签发后且仓储钢材提取前，则该等损耗为储存中导致的损失，乙方应承担甲方因此遭受的全部损失。

7、仓储期间

7.1 本合同项下的仓储期间为____年___月___日至____年___月___日。

7.2 乙方应在仓储期间届满前____个工作日书面通知甲方于仓储期间届满之日提取仓储钢材。

7.3 如甲方在仓储期间届满之日未提取仓储钢材，应按合同规定交付仓储保管费。

8、仓储保管费及其支付

8.1 仓储钢材的仓储保管费为每吨每日　　元，除仓储费外，甲方不需向乙方支付任何其他费用。

8.2 仓储费按月结算。

8.2.1 乙方应于每月　日前向甲方发出上月仓储期间的仓储保管费的付款请求书；

8.2.2 仓储保管费针对当月出库的仓储钢材按该等仓储钢材自入库到出库的实际期间计收，对于经甲方同意，由乙方在仓储钢材出库时直接向甲方指定收货人收取的仓储保管费，乙方应在付款请求书中扣除相应金额；

8.2.3 在收到乙方付款请求书后10天内，甲方按照所确认的金额向乙方支付上月仓储费。

8.3 仓储保管费的支付方式应以下列第______种方式进行：①汇兑（信汇或电汇）、②票据（支票或汇票）、③现金；

9、合同的变更和解除

9.1 本合同的任何变更应经双方协商一致并签署书面文件方产生法律效力。

9.2 在仓储期间内，如甲方发现储存场所不符合仓储钢材的储存要求，或甲方认为可能导致仓储钢材的损失，甲方有权随时书面通知乙方解除本合同并可以立即提取仓储钢材且无需对乙方承担任何责任，乙方应赔偿甲方因此遭受的全部损失。在此情形下，仓储保管费支付至甲方解除本合同的书面通知发出之日。

10、违约责任

10.1 甲方责任

10.1.1 如甲方未按国家或本合同规定的标准和要求对仓储钢材进行必要的包装，造成货物锈蚀、毁损的，由甲方自行负责，但乙方明知或应知该包装情况且未书面要求甲方改正的，该等责任由乙方承担。

10.1.2 甲方未按本合同约定期限如期付款，应按未支付款项　‰/日支付乙方违约金。

10.1.3 因甲方相关凭证提供不及时或出库提货凭证上的差错所造成的损失由甲方负责。

10.2 乙方责任

10.2.1 仓储期间，若发生乙方管理不善而造成仓储钢材丢失、短缺、锈蚀、毁损、错发的损失，乙方负全部赔偿责任并向甲方支付违约金　　　。

10.2.2 由于可归咎于乙方的原因，造成退仓不能入库时，应赔偿甲方运费及所造成的全部损失。

11、 不可抗力

11.1 由于火灾、洪水、爆炸、地震、政府命令等不可抗力事件，致使直接影响本合同的履行或者不能按约定的条件履行时，受不可抗力事件影响的一方应立即将事件情况电报通知对方，并应在　　天内，提供事件详情及本合同不能履行、或者部分不能履行、或者需要延期履行的理由的有效证明文件，此项证明文件应由事故发生地区的公证机构出具。按照该事件对履行本合同影响的程度，由双方协商解决是否解除本合同，或者部分免除履行本合同的责任，或延期履行本合同。

11.2 虽然有本条第1款规定，但对于任何因乙方或其工作人员的原因导致的火灾、爆炸或其他可能影响本合同履行的情形，在任何情况下均不被视为不可抗力，乙方应承担因该等事故导致的违约责任。

12、合同生效

本合同自双方签字、盖章后生效。本合同一式___份，双方各执___份，具有同等法律效力。

13、纠纷解决方式

甲、乙双方因本合同发生争议，应当友好协商；协商不成，双方同意按照以下第___种方式执行：

第壹种、向__________人民法院提起诉讼；

第贰种、向__________仲裁委员会提起仲裁

本合同关于管辖的约定不因合同无效、撤销及解除或本合同权利义务的转让而改变。

14、其他约定事项

14.1 仓储钢材（需/不需）办理商检手续。与仓储钢材有关的全部商检手续由（甲方/乙方）负责办理，相关费用由（甲方/乙方）承担。

14.2 在任何情况下，甲方有权以背书的方式将仓单转让给第三人，乙方应予以配合并在仓单上盖章予以确认，且乙方所有向甲方发出的通知应同时发送该第三人。

14.3 乙方应在______（地点）免费提供不少于___平方米的办公室壹间供甲方使用。该房间应符合下述条件：____________。乙方应负责上述办公室的维护，并承担与此相关的全部费用。

14.4 任何一方不得将其在本合同项目下无论是全部还是部分权利转让给第三方，合同一方将其合同权利转让的，该权利转让无效，对本合同他方不产生法律效力，并视为该方违约，该方应向本合同他方支付相当于合同标的额10%的违约金。

甲方（盖章）：	乙方（盖章）：
法定代表人：	法定代表人：
委托代理人：	委托代理人：
单位名称：	单位名称：
单位地址：	单位地址：
邮政编码：	邮政编码：
开户行：	开户行：
账号：	账号：

范本内容精讲

在上述钢材仓储合同范本中可以看到，首先明确约定了仓储物为钢材，而不是其他货物，其次约定了钢材的储存场所。在范本“储存要求”条款中，我们可以看到，双方约定了“甲方有权随时对储存场所中仓储钢材的情况进行检查或提取样品，乙方应予以配合”。

根据上述内容可以看出，存货人有检查仓储物或提取样品的权利。当存货人将仓储物交予保管人后，会想要了解仓储物的保管状况，因此会作出进入仓库检查仓储物或者提取样品的请求，此时保管人要积极配合其进入仓库检查仓储物或者提取样品。在仓储合同中，除存货人可以作出进入仓库检查仓储物或者提取样品的请求外，仓单持有人同样也可以作出该请求。

存货人和保管人在订立仓储合同时，一般都会约定仓储期间，在范本中，对仓储期间有以下约定。

7、仓储期间

7.1　本合同项下的仓储期间为____年___月___日至____年___月___日。

7.2　乙方应在仓储期间届满前____个工作日书面通知甲方于仓储期间届满之日提取仓储钢材。

7.3　如甲方在仓储期间届满之日未提取仓储钢材，应按合同规定交付仓储保管费。

仓储合同的储存期间是根据当事人的要求和履约能力来约定的，如果双方没有约定具体的储存期间，那么势必给仓储合同的履行带来困难，也不利于保障当事人的权利。

现实生活中，双方当事人没有约定储存期间或储存期间约定不明确的情形也较多。在这种情形下，存货人或者仓单持有人可以随时提取仓储物，保管人也可以随时要求存货人或者仓单持有人提取仓储物，但是要给予必要的准备时间。

给予必要的准备时间是指保管人要预先通知存货人或仓单持有人提货，给予存货人或仓单持有人一定的提货期限，只要存货人或仓单持有人在该提货期限内提货即可。

需要注意的是，在没有约定储存期间或储存期间约定不明确的情形下，仓储费用会按实际的储存日期来计算。

范本中7.3的内容是关于储存期间届满，提取仓储物的规定。在仓储合同中，如果双方当事人约定了明确的储存期间，那么存货人或仓单持有人就要在储存期间届满时提取仓储物，并支付仓储费用。

在实践中，存在存货人或仓单持有人要提前提取仓储物的情况。需要注意，存货人或仓单持有人若提前提取仓储物，是不会减收仓储费的，但如果存货人或者仓单持有人逾期提取仓储物，那么保管人可以加收仓储费。

仓储合同中明确约定了储存期间的，在储存期间没有届满前，保管人都不得要求存货人或仓单保管人提取仓储物，但法律另有规定或者当事人另有约定的除外，如存货人违反了《合同法》第三百八十三条的规定，此时保管人就可以要求存货人提取仓储物。

在储存期间届满后提取仓储物是存货人和仓单持有人的权利，同时也是其义务。如果储存期间届满后，存货人或者仓单持有人因自身原因导致不能或者拒绝提取仓储物，那么保管人可以给予存货人或仓单持有人一个合理的提货期限，催告存货人或者仓单持有人在此期限内提取。

若存货人或仓单持有人逾期仍不提取，那么可以根据《合同法》第一百零一条的规定，将仓储物提存。保管人将仓储物提存后，若存货人或者仓单持有人来给付仓储费，那么保管人可以根据《合同法》第一百零九条的规定，要求其支付仓储费，同时还可以根据约定要求其给付违约金，若双方没有约定违约金，那么可以要求其支付迟延给付的逾期利息。

第十一章

按要求完成工作——承揽合同

11.1 常见的承揽合同

■法律特征 ■合同当事人 ■6种承揽工作

承揽是指一方当事人按照另一方当事人的要求完成一定的工作，另一方当事人在验收后支付报酬的民事法律行为。在日常生活中，承揽普遍存在，因此承揽合同也是普遍常见的合同。

11.1.1 承揽合同的法律特征

承揽合同是承揽人按照定作人的要求完成工作，交付工作成果，定作人给付报酬的合同，其合同主体为承揽人和定作人。承揽合同是一大类合同的总称，它具有以下法律特征。

◆ 合同目的

在承揽合同中，承揽人需要按照定作人的要求完成一定的工作，而定做人签订承揽合同的目的就是获得承揽人完成该工作的成果。由此可见，在承揽合同中，定作人想要获得的并不是劳务，而是劳务所带来的成果。只有当劳务反馈在工作成果上时，才能满足定作人的需要。

◆ 合同标的的特定性

承揽合同的标的具有特定性，它是定作人根据自身需要所要求的，这一要求具有特定性。承揽人要按照定作人的特定要求，通过自己的劳动技能完成这一工作成果。

◆ 风险独立性

在签订承揽合同时，定作人会根据自身需要来选择承揽人，如果与承揽人建立了合同关系，即认定了该承揽人能够完成定作人需要的工作成果。定作人在选择承揽人时，看重的是承揽人工作条件和技能，因此承揽人应当利用自己的劳力、设备以及技术来完成承揽工作，同时也要承担不能完成承揽工作的风险。如果承揽人不能完成定作人要求的工作成果，那么承揽人是不能向定作人要求报酬的。

◆ 合同形式

承揽合同是诺成合同，只要承揽人和定作人意思表示一致，承揽合同即可成立生效。同时，承揽合同也是有偿、双务和不要式合同。合同双方当事人的权利和义务是相对应的，承揽人需要付出劳动来完成承揽工作，而定作人则要向承揽人支付报酬。

11.1.2 承揽人和定作人

承揽人和定作人是承揽合同的当事人，承揽人的主要义务就是按照定作人的指示完成特定工作并向定作人交付工作成果。而定作人的主要义务是接受承揽工作成果并支付报酬。在承揽合同中，定作人和承揽人可以是自然人，也可以是法人或其他组织。

由于承揽人与雇员有相似之处，因此在实际生活中，不少人会混淆承揽人和雇员，要区分两者首先要清楚承揽合同和雇佣合同的不同之处。雇佣合同是指当事人一方向对方提供劳动力以从事某种工作，由对方提供劳动条件和劳动报酬的合同，提供劳动力的一方就是雇员。

从雇佣合同可以看出，雇员以单纯提供劳动力为目的，承揽合同中的承揽人以完成工作成果为目的。虽说承揽人也会提供劳动力，但这只是其完成工作成果的手段。

雇佣合同和承揽合同的不同之处还在于合同关系不同，在雇佣合同关系中，雇主和雇员之间有控制、监督和从属等关系，雇员要按照雇主的指示来提供劳务，两者的地位并不平等；而在承揽合同关系中，两者不存在控制和从属关系，定作人和承揽人地位平等。

在目前的雇佣关系中，很多雇员并不需要雇主指示就可以独立完成工作，因此会认为雇员与雇主之间不存在控制或从属关系，由此就会错误地认为雇员是承揽人。而在承揽关系中，定作人有时也会作出比较明确的指示，这就使得雇佣和承揽的区分比较困难。

在区分雇佣和承揽时，也可以通过报酬的支付方式来区分。雇佣合同中，雇主一般按天、星期或月来向雇员支付报酬；承揽合同中，定作人一般在承揽人完成工作成果并交付后支付报酬，这一报酬不仅包括劳务价值，还包括其他工本费。认清了雇佣和承揽的不同后，当事人在签订合同时就要注意区分雇佣关系和承揽关系，避免混淆两者，带来合同关系认定纠纷。

11.1.3 承揽工作包括 6 种

承揽是一系列工作的总称，包括加工、定作、修理、复制、测试和检验等工作，下面就来认识这 6 种承揽工作。

◆ 加工

加工是指承揽人利用自己的技术、劳务和设备，按照定作人的要求，将定作人提供的原材料或半成品加工成定作人需要的成品。

加工合同是最为常见的承揽合同之一，在生产和生活中都运用广泛。如个人拿油菜籽去榨油、拿布料去缝制衣服以及公司提供原材料让另一公司为其加工成需要的产品等。在涉外经济活动中，来料加工已成为重要的贸易形式。

◆ 定作

定作是指承揽人根据定作人的要求，利用自己的技术、设备和劳动力，将自己的材料制作成定作人需要的成品。在家具厂定作家具和在服装厂定作服装等都属于定作。

从定作和加工的含义可以看出，两者的不同在于，加工中由定作人提供材料，而定作中由承揽人提供材料。定作合同同样也是广泛使用的承揽合同，在实践中，材料由谁提供主要取决于定作人。如制作家具，定作人可以选择提供木材，也可以选择不提供木材，若不提供木材则构成定作合同，反之则构成加工合同。

◆ 修理

修理是指承揽人为定作人修理损坏的物品和设备等。对动产进行修复所签订的合同被称为修理合同，如修理家用电器；对不动产进行修缮所签订的合同被称为修缮合同，如修缮漏水的房屋。

通过上述内容可以看出，修理合同和修缮合同的主要区别在于，前者针对的是动产，而后者针对的是不动产。

◆ 复制

复制是指承揽人按照定作人的要求，根据定作人提供的样品，重新制作类似的成品，如复制文稿和复制文物就是常见的复制。通过复制，可以保护那些具有艺术价值和历史价值的真迹珍品。

◆ 测试

测试是指承揽人根据定作人的要求，利用自己的技术和设备，为定作人就某一项目的性能进行检测试验。

◆ 检验

检验是指承揽人利用自己的技术、仪器和设备等，为定作人提出的特定事物的性能、问题和质量等进行检查化验，由定作人接受检验成果。检验和测试结合起来被称为检测，检测在土木建筑工程、水利、食品和化学等行业广泛使用。

11.2 承揽合同争议处理和陷阱防范

■常见纠纷 ■加工陷阱 ■定作要求 ■合同认定区分

在承揽合同纠纷中，合同性质纠纷和工作成果质量纠纷等，都是常见的争议。下面就来看看如何处理这些纠纷，防范合同中的陷阱。

11.2.1 承揽合同的常见纠纷

虽然承揽合同的种类有很多，但合同中常见的纠纷却是类似的，下面就来看看承揽合同中常见的纠纷有哪些。

◆ 工作成果质量纠纷

我们知道定作人签订承揽合同的目的是为了获得承揽人的工作成果，承揽人在交付工作成果时，可能会出现工作质量成果未达到定作人要求的情形。以下原因可能导致承揽人交付的工作成果不符合定作人要求。

承揽人自身的技术水平、设备条件或知识技能达不到合同要求，使得工作成果的规格、外观以及精密度等达不到要求。

承揽人未经定作人同意，将承揽工作交予第三人，使得工作成果质量未达到要求，由此引发纠纷。

承揽人提供的原材料不符合要求，导致工作成果出现质量问题，由此引发了工作成果质量纠纷。

◆ 延期交付工作成果

承揽人和定作人在订立承揽合同时，一般都会协商确定承揽期限，如果承揽人没有按照合同约定的期限交付工作成果，那么就容易引起延期交付工作成果纠纷。在实践中，有时定作人并不是工作成果的直接使用人，因此延期交付工作成果还可能牵涉第三者的利害关系。

◆ 报酬支付纠纷

承揽人按照定作人的要求完成工作成果后，定作人就要支付相应的报酬给承揽人，但定作人可能会因为各种原因没有在约定的期限内支付报酬给承揽人，由此就会引发报酬支付纠纷。

◆ 损耗纠纷

在加工承揽合同中，是由定作人提供原材料的，承揽人在使用原材料的过程中会产生损耗。如果损耗比例过大，就可能引起损耗纠纷。如果在合同中承揽人和定作人已约定了损耗比例，那么承揽人超耗使用原材料，就是一种违约责任。

◆ 保密纠纷

定作人要求承揽人制作的成果都有其独特之处，为了保证承揽人能够很好地完成工作成果，定作人会提供复制品、半成品或技术资料给承揽人，这些产品或资料对定作人来说是很重要的，如果承揽人将其泄露给第三人，可能会给定作人带来损失，由此就容易引起保密纠纷。

11.2.2 承揽加工要注意的陷阱

在加工承揽合同中，承揽人常常会因为忽视合同重要条款，而导致合同在履行过程中出现纠纷。为避免不必要的纠纷给当事人双方带来麻烦，在加工承揽合同中要特别注意以下内容。

◆ 质量条款

质量条款是加工承揽合同中的重要条款，在订立加工承揽合同时，当事人要明确约定工作成果的质量要求，避免口头约定或约定不清。

◆ 原材料提供

承揽合同的原材料提供方可以是承揽人，也可以是定作人。在合同中，要明确约定原材料的提供方，另外，不管是哪方当事人提供原材料都要对原材料的质量提出要求。

原材料的好坏关系到工作成果质量的好坏，如果原材料不符合要求，那么最终的工作成果也不会符合要求。但如果没有对原材料的质量作出要求，那么就无法评判原材料是否合格，因此在合同中不仅要约定原材料的提供方，还要对原材料的质量要求作出约定。

◆ 工作成果交付方式

在承揽合同中，工作成果的交付方式主要有两种，包括定作人自提和承揽人送货到定作人指定的地点，这两种方式在货物的毁损或灭失风险上有很大的区别。

若工作成果的交付方式为承揽人送货，那么货物在运输过程中的损坏灭失风险就会由承揽人承担；反之，定作人就要承揽风险。因此在订立合同时，当事人要谨慎选择工作成果的交付方式。

◆ 合同的解除和变更

在承揽合同履行的过程中，可能会出现需要变更承揽要求或解除合同的情形，对于这些可能出现的状况，当事人要有合理预见，在合同中约定可以解除和变更合同的情形，以及单方面解除合同和变更合同的违约责任。

◆ 技术资料要求

在部分承揽合同履行过程中，定作人会提供技术资料，为避免因技术原因导致定作物有瑕疵，定作人要保证提供的技术资料是符合要求的。为避免定作人提供的技术资料不符合要求而导致出现定作物瑕疵纠纷，在合同中要明确约定定作人应提供符合标准的技术资料，且承揽人可以进行检验，一旦发现问题要及时通知定作人，让其进行解决。

11.2.3 签订承揽合同要注意定作要求

在签订承揽合同时，定作人都会提出定作要求，但这一定作要求可能是一个陷阱，承揽人要避免以下陷阱。

1. 质量条款陷阱

在来料加工承揽中，未约定质量条款是常见的陷阱之一，不少不法分子打着来料加工的幌子骗取他人押金。此类骗局多以低成本、低门槛和高工资来诱惑他人，承揽人在与假定作人就承揽事项达成一致后，假定作人会要求承揽人与其签订加工承揽合同，并要求承揽人支付一定的押金，这一押金通常被称作“质量检验合格保证金”。

当承揽人按照要求完成产品后，假定作人会以质量不符合要求为由，扣除承揽人的加工费，并没收押金。等到承揽人再查看合同的具体内容时，会发现合同中根本没有写明产品质量合格的标准，且还会写明“若加工完成的产品经检查验收有 75% 及以上不合格的，定作人可扣除加工费并没收押金”等类似的条款。

由于合同中并没有明确约定质量合格的标准，这就为定作人随意扣除加工费和没收押金提供了条件。此类受骗人多是低收入人群，很多人都没有法律常识，也不懂维权，这就使得此类诈骗事件呈增多趋势。

为避免陷入此类诈骗陷阱中，在承揽来料加工业务时，承揽人一定要看清楚合同条款，必要时可请律师代为查看合同内容，一旦发现上当受骗就要及时报警。

2. 定作要求陷阱

承揽合同本身要求承揽人要按照定作人的要求完成工作并交付工作成果，而工作成果的验收标准常常就是定作人的要求。在现实生活中，定作人常常会以工作成果不符合要求为由，要求承揽人承担赔偿责任。然而，定作人的要求可能本身就是不可能实现的，这就使得承揽人落入了合同陷阱中。

承揽人为了避免陷入此类陷阱，在订立合同时就要仔细考察定作要求是否可以实现，并考虑按该定作要求承揽后的成本，在合同中明确工作成果的验收标准，避免标准过于简单或模棱两可。

另外，在承揽合同中，工作成果的验收标准还可能是凭样品验收。对于凭样品验收的，还要注意样品质量条款。如果样品质量条款过于苛刻或是无法完成的，这也会导致承揽人陷入合同陷阱中。

待承揽人完成样品并交予定作人验收时，定作人会以样品质量不合格为由，要求承揽人支付违约金或扣除定作人的定金等。因此在订立合同时，承揽人要格外注意样品的质量条款和履约的可行性。

11.2.4 区分承揽合同与建设工程施工合同

在现实生活中，当事人还可能就承揽合同和建设工程施工合同的认定产生纠纷，此类纠纷产生的原因主要在于当事人混淆了承揽合同和建设工程施工合同。承揽合同和建设工程施工合同的相似之处在于均以完成一定的工作并交付工作成果为标的，且合同的标的物都是特定物。

要避免承揽合同和建设工程施工合同认定纠纷就要学会区分两者，两类合同主要有以下不同之处。

◆ 主体资格不同

建设工程施工合同对发包人和承包人都有主体资格的要求，发包人又被称为发包单位、建设单位、业主或项目法人，一般为建设工程的建设单位。承包人须具备企业法人资格，还要持有相关部门颁发的营业执照和资质证书。

通过建设工程施工合同对主体资格的要求可以看出，自然人是不能成为发包人和承包人的，而承揽合同则不同。承揽人和定作人可以为自然人、法人或其他组织。

◆ 合同标的不同

建设工程合同的标的一般为大型项目，完成的工作成果构成不动产。而承揽合同的标的物一般较小，其工作成果一般构成动产，且在多数情况下，建设工程以招投标的方式来订立合同。

◆ 结算方式不同

建设工程合同在签订时，合同价款一般都是不确定的，需要根据当事人在合同履行过程中的具体情况来确定。而承揽合同在签订时，一般就已确定了合同价款或价款的计算方式，

◆ 合同形式和内容不同

《合同法》规定建设工程合同必须采取书面形式订立，而承揽合同既可以采取书面形式，也可以采取口头形式。当定作人为自然人时，常常采用口头形式。

建设工程合同的内容比承揽合同的内容范围要窄，但其专业性更强，许多条款都是由国家法律法规规定好了的，且在签订合同时也比承揽合同更严格。

◆ 标的物保修差异

对于承揽合同是否要有保修条款，合同当事人可以进行约定，而对于建设工程合同，相关法律法规都有保修范围和保修年限的规定。

11.3 承揽合同范本详讲

■加工承揽合同 ■定作承揽合同 ■修理修缮合同 ■检验测试合同

前面我们已经知道了，承揽工作有多种类型，因此承揽合同也有多种类型，不同类型的承揽合同，其合同具体内容会有差异，下面就来看看不同类型承揽合同的范本。

11.3.1 加工承揽合同

在加工承揽合同中，其原材料的主要提供人是定作人，而承揽人只提供辅助材料，下面就来看看加工承揽合同的范本内容。

范本内容展示

◎资源下载 \Chapter11\ 加工承揽合同 .doc

加工承揽合同

合同编号：

甲方（定作方）：______________________

乙方（承揽方）：______________________

鉴于：为满足客户订单需求，甲方大量需要指定型号________产品；乙方系专业___________产品生产商。根据《中华人民共和国合同法》及相关法律法规的规定，甲乙双方本着诚实信用、互惠互利的原则，经充分协商一致订立本合同。

第一条　定作物情况

1.1 品名：______________________

1.2 规格：______________________

1.3 数量：______________________

1.4 备注：______________________

第二条　合同价款

2.1 合同价款总额：______________________

2.2 付款方式：______________________

2.3 付款时间：______________________

第三条　加工成品质量要求及技术标准

3.1 质量要求：______________________

3.2 技术标准：______________________

3.3 以封存样品为质量标准的，应当由双方代表当面封签，并妥为保存。

第四条　原材料的提供办法及规格、数量、质量

4.1 用乙方原材料完成工作的，甲方有权对原材料进行检验。乙方隐瞒原材料的缺陷而影响定作物的质量时，甲方有权要求重作、修理、减少价款或退货。

4.2 用甲方原材料完成工作的，甲方按下表标准提供：

材料名称	规格型号	计量单位	数量	质量	提供日期	消耗定额	单价（元）	总金额

（注：如空格不够用，可以另设合同附件，写明见合同附件二）

4.3 甲方于_____年___月___日之前提供原材料。

4.4 乙方收到甲方提供的原材料之日起_____日内检验完毕，不符合要求的，应在收到后_____日内通知甲方调换或补齐。乙方对甲方提供的原材料不得擅自更换，对修理的物品不得偷换零部件，否则甲方有权解除本合同，乙方承担相应的赔偿责任。

第五条　技术资料、图纸的提供和保密

5.1 甲方负责提供技术资料和图纸。

5.2 乙方在依照甲方的要求进行工作期间，发现提供的图纸或技术资料要求不合理，应当及时通知甲方，甲方应当在接到通知之日起3日内回复并提出修改意见。甲方未答复，乙方有权停止工作，并及时通知甲方，因此造成的损失由甲方赔偿。

5.3 甲方要求对承揽物的技术性严格保密，乙方应当严格遵守，未经甲方许可不得留存技术资料和复制品。乙方不得擅自披露、使用甲方技术资料和图纸、制造再现甲方技术的器材、取走与甲方技术有关的物件；不得直接或间接地向任何第三人故意或过失泄露甲方技术资料、图纸或技术；不得允许（出借、赠与、出租、转让等处分甲方技术的行为皆属于“允许”）或协助任何第三人使用甲方的技术资料、图纸或技术；不得复制或公开包含甲方技术资料、图纸或技术的文件或文件副本；未经许可不得超出工作范围使用甲方的技术资料、图纸或技术；不得将甲方的技术资料、图纸或技术用于自身技术、设备的升级或研发。

第六条　验收标准和方法

6.1 验收标准：______________________

6.2 验收方法：______________________

6.3 甲方验收乙方所完成定作物的时间：______________________

6.4 甲方验收乙方所完成定作物的地点：______________________

6.5 验收前乙方应当向甲方提交必需的技术资料和有关质量证明。

6.6 对短期检验难以发现质量缺陷的定作物，在使用后____日内发现质量缺陷，甲方有权要求退还。

6.7 双方就定作物的质量在检验中发生争议时，以质量监督检验机构提供检验证明为准。质量检验机构由双方共同指定，费用由乙方垫付，由主张未被检验证明支持者最终承担。

第七条　交（提）定作物的时间和地点

7.1 双方约定由甲方自提定作物

7.1.1 自提定作物的时间：______________________

7.1.2 自提定作物的地点：______________________

7.2 双方约定由乙方送交定作物

7.2.1 送交定作物的时间：______________________

7.2.2 送交定作物的地点：______________________

7.3 任何一方要求提前或延期交（提）定作物，应当事先与对方达成协议，所达成的协议与本合同有同等的法律效力。

7.4 交（提）定作物日期的计算：乙方自备运输工具送交定作物的，以甲方接收的戳记日期为准；委托运输部门运输的，以发运定作物时承运部门签发戳记日期为准；自提定作物的，以乙方通知的提取日期为准，但乙方在发出提取定作物的通知中，必须留给甲方以必要的途中时间。

第八条　包装要求及费用负担

8.1 包装要求：______________________

8.2 费用负担：______________________

第九条　运输方式及费用负担

9.1 定作物的运输方式：______________________

9.2 运输费用由______________________承担。

第十条　定作物的保修

10.1 定作物保修期：______________________

10.2 在保修期内乙方免费提供保修服务。

第十一条　定金及预付款

11.1 甲方向乙方交付定金的数额：______________________

11.2 甲方向乙方交付定金的时间：______________________

11.3 甲方向乙方交付预付款的数额：______________________

11.4 甲方向乙方交付预付款的时间：______________________

第十二条　乙方的违约责任

12.1 未按合同约定的质量交付定作物，若甲方同意接受的，应当按质论价；不同意接受的应当负责修理或调换，并承担_____元/每件的违约金。经过修理或调换后，仍不符合合同约定的质量标准，甲方有权拒收，由此造成的损失（包括甲方材料损失、重做成本、延期损失等）由乙方赔偿。

12.2 未按合同约定包装定作物，需返修或重新包装的，应当负责返修或重新包装，并承担因此而支付的费用和延期交货责任。因包装不符合同约定造成定作物毁损、灭失的，由乙方赔偿损失。

12.3 逾期交付定作物，应当向甲方支付未交定作物总价的____%违约金。延期交货超过____日的，甲方有权解除合同，由此造成的损失（包括甲方材料损失、重做成本、延期损失等）由乙方赔偿。

12.4 由于保管不善致使甲方提供的原材料、设备、包装物及其它物品毁损、灭失的，应当偿付甲方因此造成的损失。乙方擅自调换甲方提供的原材料或修理物的零部件，甲方有权拒收，乙方应赔偿甲方因此造成的损失。如甲方要求重作或重新修理，应当按甲方要求完成，并承担逾期交付的责任。

第十三条　甲方的违约责任

13.1 超过合同约定日期付款，甲方应向乙方支付定作物总价　　‰的违约金

13.2 无故拒绝接收定作物，赔偿因此给乙方造成的损失。

13.3 变更交付定作物地点或接收单位（人）时，承担因此多支出的费用。

13.4 其它违约责任：______________________

第十四条　争议的解决方式

本合同在履行过程中发生的争议，由双方协商解决。如果双方不能协商一致时，选择以下第____种方式解决：

（一）向____________仲裁委员会申请仲裁。

（二）向____________人民法院起诉。

第十五条　本合同签订地点：______________________

第十六条　本合同自双方签字盖章之日起生效，本合同一式___份，双方各执___份。

范本内容精讲

上述加工承揽合同范本第一条条款是关于“定作物情况”的内容，该内容中需要填写定作物品名、规格、数量和备注。在填写这4个内容时，要注意以下事项。

- **品名**：范本中的定作物即是承揽的标的，在合同中必须明确定作物的品名，以使标的特定化。在填写品名时，要填写定作物的正式名，简称或俗称可以用括号括起来，作为补充说明。
- **规格**：规格是指标的的尺寸、体积、型号或大小等，在合同中要写明定作物的规格型号，定作物有特殊要求的，要在合同中说明。若要按照定作人提供的技术图纸来制作定作物，那么技术图纸就要作为合同附件存在，并在合同中注明。
- **数量**：不同的定作物其数量单位是不同的，因此在合同中不仅要写明定作物的数量，还要明确数量单位。另外，还可以约定合理的磅差或者尾差。当事人需要注意，标的数量是承揽合同必备的条款之一，若没有明确约定标的数量，那么承揽合同不成立。
- **备注**：在备注中，双方可以就标的的其他内容进行约定，若没有内容，则在空格处画线。

范本第二条条款是关于“合同价款”的内容，合同价款即是定作人应当支付给承揽人的报酬。其内容包括合同价款总额、付款方式和付款时间。在填写合同价款总额时，要以大写和小写两种形式来填写，并注明币种。

在约定合同价款时，可以参照范本的约定方式，即约定价款的具体数额，也可以约定价款的计算方式，如按工作时间来确定价款，以工作时间 × 单位时间单价来计算。

在承揽合同中，标的质量条款是重要条款之一，范本第三条条款就是关于标的质量的内容。在约定标的质量时，应详细具体。标的质量主要包括标的的物理和化学成分、规格、性能、款式和感觉要素。如服装加工承揽要确定标的的面料、长度、宽度、弹性、色泽、图案以及触感等。

原材料是加工过程中不能缺少的重要资源，在合同中要明确约定提供原材料的时间、单位、数量和质量等。加工过程中使用的原材料可能不止一种，因此可以用表格来进行说明，如以下范本所示的内容。

第四条　原材料的提供办法及规格、数量、质量

4.1 用乙方原材料完成工作的，甲方有权对原材料进行检验。乙方隐瞒原材料的缺陷而影响定作物的质量时，甲方有权要求重作、修理、减少价款或退货。

4.2 用甲方原材料完成工作的，甲方按下表标准提供：

材料名称	规格型号	计量单位	数量	质量	提供日期	消耗定额	单价（元）	总金额

（注：如空格不够用，可以另设合同附件，写明见合同附件二）

4.3 甲方于____年___月___日之前提供原材料。

4.4 乙方收到甲方提供的原材料之日起_____日内检验完毕，不符合要求的，应在收到后_____日内通知甲方调换或补齐。乙方对甲方提供的原材料不得擅自更换，对修理的物品不得偷换零部件，否则甲方有权解除本合同，乙方承担相应的赔偿责任。

如果在合同中没有约定原材料的提供方或约定不明，那么当事人可以达成补充协议。在补充协议不能达成的情形下，可以按照合同有关条款或者交易习惯来确定，若还不能确定，那么一般由承揽人来提供。承揽人可以根据定作人的要求和合同性质，合理地选择原材料，由定作人支付材料费。

在实践中，若合同已确立了原材料的提供方，但没有明确原材料的提供时间，那么在由定作人提供的情形下，承揽人可以根据合同履行期限来要求定作人提供；如果在合同中没有约定原材料的数量，那么当事人要根据承揽工作的要求来合理提供；若是没有约定原材料的质量，则由当事人根据承揽工作的性质确定。

在上图中还可以看到关于原材料检验的内容，该内容明确了由定作人提供材料时，承揽人的检验义务。如果承揽人在检验时发现材料不符合约定，那么要及时通知定作人更换或补齐或者采取其他补救措施。若定作人提供的材料是符合约定的，承揽人要确认并明确告知定作人。

承揽人需要注意，若承揽人未及时通知定作人原材料不符合约定，而导致影响了工作完成进度，那么承揽人是要承担违约责任的。另外，若承揽人发现定作人提供的原材料不符合约定而未通知定作人，那么将视为原材料符合约定。此时，因原材料数量和质量原因导致承揽工作成果有瑕疵的，同样由承揽人承担违约责任。因此，承揽人为避免出现上述违约责任，就要严格检验定作人提供的原材料。

对于定作人已交付的，经承揽人检验合格的原材料，承揽人要妥善保管，如果因承揽人保管不善，造成原材料损失的，由承揽人承担赔偿责任。另外，承揽人在完成承揽工作的过程中还不能擅自更换原材料，且在使用原材料时要符合合同约定或合理损耗，若是由于承揽人的原因导致了材料浪费或短缺的，承揽人要承担赔偿责任或补齐原材料。承揽人在完成工作成果后，应将定作人提供的，剩余的原材料返还给定作人。

对于定作人来说，在接到原材料不符合约定的通知后，就要及时采取措施，如补齐或更换原材料。如果定作人延迟补齐和更换或拒不补齐和更换原材料，导致工作时间延迟或给承揽人带来了损失，定作人就要承担损害赔偿责任。

11.3.2 定作承揽合同

定作承揽合同的主要特点就是所需原材料全部由承揽人提供，下面就一起来看看定作承揽合同的范本内容。

范本内容展示

资源下载\Chapter11\定作承揽合同.doc

定作承揽合同

合同编号：

签订地点：

定作方（以下简称甲方）：

承揽方（以下简称乙方）：

依照《中华人民共和国合同法》及有关法律法规，遵循平等、自愿、公平、诚信原则，经协商一致，订立本合同，双方共同遵守。

第一条 定作物名称、数量、报酬、交货期限

定作物名称	规格型号	计量单位	数量		报酬	交货期限	备注
			单价	金额			
合计人民币金额（大写）：							

（注：空格如不够用，可以另接。）

综合单价为______元/吨。该单价是指定作物送达__________（指甲方指定地点）的结算单价，其中已包括人工、材料、机械、运杂费、包装、调质、检测、探伤、试拼试压费用和所有税费等，不再发生其它任何费用；该单价一次包死，在合同期内不作任何调整。

第二条 定作物的质量

____

第三条 履约担保

合同签订_____日内，乙方向甲方提供_________万元的履约保证金或甲方认可的其它形式的不少于_______万元的资产担保。

第四条 原材料的提供

1．乙方提供原材料

序号	材料名称	牌号商标	规格型号	生产厂家	计量单位	数量	新旧	单价	金额	备注

2．原材料的监督检查

（1） 原材料提供的时间、地点为：________________________

（2） 乙方应当按照约定选用原材料，并负责到场材料的质量复检，向甲方提供有相应资质的检验机构出具的检验报告。乙方采购的材料必须经甲方检查。乙方所提供的原材料不符合要求的，甲方应及时通知乙方，由乙方在________日内予以更换、补齐、或采取其他补救措施。乙方隐瞒原材料的缺陷或者使用不符合合同规定的原材料而影响定作物的质量时，甲方有权要求重做、修理、减少价款或退货。

（3） 提出异议的期限：________________________

甲方对乙方提供的原材料提出异议的期限为：________________________

第五条 设计图纸及评审

1．甲/乙方应当在本合同签订之日起____日内，将技术资料及图纸交付乙/甲方。

2．甲/乙方将技术资料及图纸交付乙/甲方____日内，乙/甲方应当进行检查复核。乙/甲方发现图纸不符合约定或技术要求不合理，应当及时书面通知甲/乙方；甲/乙方应当在收到乙/甲方书面通知____日内书面回复，提出修改意见。

3．异议的提出：

乙方在依照甲方的要求进行工作期间，发现提供的图纸或技术要求不合理，应当立即通知甲方；甲方应当在收到书面异议后的____日内予以答复，并提出修改意见。乙方提供设计图纸的，虽经甲方检查复核，也不因此减轻乙方的责任。

4．保密要求：

甲/乙方要求乙/甲方对于承揽的工作保密，未经甲/乙方许可不得留存技术资料的复制品。

第六条　乙方不得将任何工作交由第三方完成，如确需要交由第三人完成的必须取得甲方的书面认可。

第七条　定作物包装运输要求：________________________________

第八条　定作物的交付和验收

1．乙方加工期间，甲方有权派员到乙方加工地点全过程进行监督，特别是对重点工序和重点工艺以及乙方提供的材料。乙方有配合监督检查的义务。

2．乙方按照约定，必须在____日内全部完成定作物的加工承揽工作。

3．定作物的交付方式、时间和地点：

(1)、在定作物加工完成后的____日内应当通知甲方在乙方加工现场进行试拼、试压、验收，经双方确认后，形成书面的拼装、验收记录。

(2)、验收合格后乙方按照甲方要求于____日前运至甲方指定地点：________________

(3)、如乙方未按期交付的，每逾期____天乙方支付甲方违约金______元。

4．乙方交货时必须向甲方提供所有原材料的材质书及复检证明、质量证明书、产品质量合格证、(焊接无损)相关检验报告（探伤检验报告）、零部件清单、使用说明书、主要外购件的说明书及合格证、主要机械构件的原理图及合格证(包括电器原理图和液压原理图)、最终的加工图纸、特种设备的监督检验证明以及其它各种有效凭证等。

第九条　结算与支付

1．结算：定作物交付并经验收合格后，乙方应及时到甲方所在地办理最终结算手续，双方确定合同结算总额。

2．合同签订后____天内，甲方向乙方支付合同总额　%的预付款（原材料预付款），此后____天内再支付合同总额的　%的货款，办理完最终结算手续，且乙方已向甲方提供全部金额的发票后，累计支付到合同总额的____%，剩下____%作为质量保证金，待质保期结束后____天内一次付清。

3．付款方式：________________________________

4．付款要求：乙方向甲方提供正规发票。

第十条　质保期

质保期自定作物最终验收合格之日起____年。质保期内如出现质量问题，乙方负责免费维修与更换，否则甲方有权直接从质保金中扣减维修与更换费用，如质保金不足的，甲方应向乙方要求补足费用。出现严重质量问题的，经乙方维修更换后，仍然存在质量问题，严重影响工期的，乙方应当赔偿甲方由此造成的全部损失，包括定作物的成本及间接损失等。

第十一条　违约责任

1．在履行合同中乙方存在以下行为之一时，甲方有权随时解除合同，应向甲方支付合同总额____%的违约金：

(1)　原材料质量不合格或不符合合同要求且不按时及时更换的；

(2)　乙方在加工过程中违反设计图纸或工程事项通知单的要求，不能认真执行加工工艺，产品质量达不到设计要求；

(3)　乙方弄虚作假，向甲方提供虚假的原材料质量保证书、焊缝无损检测报告、机加工材料探伤报告或其它不合格凭证；

(4)　不能按合同约定时间交货或者交付定作物不合格的，影响甲方正常施工的。

2．乙方交付的定作物不符合合同约定的，由乙方负责修整或调换，并承担逾期交付的责任。经过修整或调换后，仍不符合合同规定的，甲方有权要求重修或重做，乙方应当按照甲方的要求办理，并承担逾期交付的责任；或甲方有权要求解除合同，并要求乙方承担由此造成的损失，包括定作物的成本及间接损失等。

3．乙方逾期交付定作物（包括返修、更换、补交等），每逾期一天乙方应向甲方支付________元的违约金。

4．由于乙方怠于提供交货资料（交货资料是指本合同第七条第四款规定的相关内容）造成甲方不能完成验收所产生的损失由乙方承担。包括产品遗失、毁损及因此而支付的所有费用和损失。

5．如乙方延期交付后发生不可抗力的损失，乙方应当承担不能交付的违约责任。

第十二条　安全责任

乙方应严格遵守安全生产的有关规定，对定作物的加工、试拼、运输以及施工现场拼装调试等负安全责任，并承担相关的费用。

第十三条　双方确认的书面材料作为本合同的附件，与本合同具有同等法律效力。本合同未尽事宜，双方另行协商签订补充协议。

第十四条　争议解决方式

如执行合同过程中甲乙双方发生争议，双方应协商解决；如协商不成，依法向________法人住所地人民法院提起诉讼。

第十五条　其他

本合同在甲乙双方签字盖章后生效。

本合同一式___份，甲乙双方各执___份。

（以下无正文）

甲方：（公章）	乙方：（公章）
委托代理人：	委托代理人：
地址：	地址：
电话：	电话：
传真：	传真：
开户银行：	开户银行：
账号：	账号：
税号：	税号：
邮政编码：	邮政编码：
日期：	日期：

范本内容精讲

在上述定作承揽合同范本中可以看到，对原材料的提供作出了比较详尽的约定，如下图所示。

第四条　原材料的提供

1. 乙方提供原材料

序号	材料名称	牌号商标	规格型号	生产厂家	计量单位	数量	新旧	单价	金额	备注

2. 原材料的监督检查

（1）　原材料提供的时间、地点为：____________________________

（2）　乙方应当按照约定选用原材料，并负责到场材料的质量复检，向甲方提供有相应资质的检验机构出具的检验报告。乙方采购的材料必须经甲方检查。乙方所提供的原材料不符合要求的，甲方应及时通知乙方，由乙方在________日内予以更换、补齐、或采取其他补救措施。乙方隐瞒原材料的缺陷或者使用不符合合同规定的原材料而影响定作物的质量时，甲方有权要求重做、修理、减少价款或退货。

（3）　提出异议的期限：____________________________

甲方对乙方提供的原材料提出异议的期限为：______________________

可以看出，与加工承揽合同范本类似，定作承揽合同中也明确约定了原材料的提供时间、数量和质量等。在实践中，存在对原材料相关事项约定不明确的情形，若双方在事后没有达成补充协议，那么具体的处理方法如下。

- **数量约定不明确**：承揽人可以根据通常情况下，完成该工作成果所需的材料来合理准备原材料。
- **质量约定不明确**：承揽人应根据定作人对工作成果的质量要求来合理地选择原材料；若定作人没有对工作成果的质量作出特殊要求，则承揽人可以根据合同价款以及工作性质来合理确定原材料质量标准；若通过以上两种方式无法确定原材料质量，承揽人应按照通常标准来准备原材料。

由于定作承揽合同的原材料提供者是承揽人，因此定作人就是材料的检验方。承揽人有义务通知定作人检验，并且要提供发票以及数量和质量的说明文件，如范本中约定的检验报告。对于承揽人提供的材料和有关文件，定作人要仔细查看。

如果定作人在检验后发现承揽人提供的材料不符合约定，那么定作人要及时通知承揽人，在范本中也约定了“甲方应及时通知乙方”。定作人可以通知承揽人作出以下处理措施。

原材料数量缺少：定作人应及时通知承揽人补齐原材料。

原材料数量超出数额：定作人应及时告知承揽人原材料超出了数额。

原材料质量不符：定作人应及时通知承揽人更换原材料。

若定作人检验后，确定原材料是符合约定的，那么定作人也要告知承揽人，承揽人可以要求定作人以书面形式来确认。定作人要明确一点，若因自身原因未及时检验原材料的，承揽期限应当顺延，因此给承揽人造成损失的，还要承担赔偿责任。

承揽人在通知定作人进行原材料检验后，定作人就要在合理的期限内进行检验，若定作人没有进行检验，将视为承揽人提供的原材料符合约定，定作人不能再对原材料提出异议。

范本第五条条款中对承揽工作中可能涉及的技术资料和图纸进行了约定，在定作承揽工作中，一般由定作人向承揽人提供技术资料和图纸，技术资料和图纸可以看作是定作人对承揽人作出的工作要求。

范本内容约定了技术资料和图纸的提供时间，以及技术资料和图纸不合理的通知义务。承揽人在工作前或工作过程中发现定作人提供的技术资料和图纸不合理，都要及时通知定作人。如果承揽人没有及时通知定作人，由此造成了误工损失，将由自己承担；若由此导致工期拖延，给定作人造成了损失，那么要赔偿定作人的损失；若承揽人仍按原图纸或技术资料进行承揽工作，导致了工作成果不符合合同约定，那么要承担违约责任，此时定作人可以要求承揽人修理、更换、减少价款或者解除合同。

从上述内容可以看出，承揽人履行通知义务的重要性。承揽人在履行了技术资料和图纸不合理的通知义务后，定作人要及时答复并采取处理措施，如修改技术资料和图纸。在承揽人发出通知至收到定作人答复期间，承揽人可以停止工作，承揽工期顺延，在此期间给承揽人带来了误工以及其他损失的，由定作人承担。

定作人在接到承揽人的通知后，如果没有及时答复并采取措施，承揽人可以催告定作人在合理期限内给予答复并作出修改，若在合理期限内承揽人仍未收到定作人的答复，那么承揽人可以解除合同，并通知定作人。如果由此给承揽人造成了损失，那么定作人要承担赔偿责任。从这可以看出，定作人及时答复并采取措施的重要性。

承揽人在完成承揽工作后，就要向定作人交付工作成果。范本第八条条款对“定作物的交付和验收”作出了约定，如下图所示。

第八条　定作物的交付和验收

1. 乙方加工期间，甲方有权派员到乙方加工地点全过程进行监督，特别是对重点工序和重点工艺以及乙方提供的材料。乙方有配合监督检查的义务。

2. 乙方按照约定，必须在_____日内全部完成定作物的加工承揽工作。

3. 定作物的交付方式、时间和地点：

（1）在定作物加工完成后的____日内应当通知甲方在乙方加工现场进行试拼、试压、验收，经双方确认后，形成书面的拼装、验收记录。

（2）验收合格后乙方按照甲方要求于____日前运至甲方指定地点：_____
____

（3）如乙方未按期交付的，每逾期_____天乙方支付甲方违约金_______元。

4. 乙方交货时必须向甲方提供所有原材料的材质书及复检证明、质量证明书、产品质量合格证、（焊接无损）相关检验报告（探伤检验报告）、零部件清单、使用说明书、主要外购件的说明书及合格证、主要机械构件的原理图及合格证（包括电器原理图和液压原理图）、最终的加工图纸、特种设备的监督检验证明以及其它各种有效凭证等。

从上图可以看出，承揽人交付的工作成果包括两个方面，即工作成果本身和与工作成果有关的技术资料和质量证明等。技术资料包括使用说明书、结构图纸和有关技术数据等；质量证明包括质量合格证书以及其他能够证明工作成果质量的数据和检验证明等。除技术资料和质量证明外，工作成果中附有的其他凭证和附有物也要一同交付，如备件、配件和加工图纸等。

在交付工作成果时，承揽人要按照合同约定的时间、地点和方式来进行。范本中约定的定作物交付方式是由承揽人送货的，承揽人要自备运输工具将工作成果送达定作人指定的地点，该地点就是交付地点，定作人实际接受的日期为交付日期。

如果承揽人不具备运输条件，那么双方还可以约定由运输部门或者邮政部门代为运送定作物，在这种情况下，运输部门或邮政部门收货的地点为交付地点，运输部门或者邮政部门接受工作成果的日期为交付日期。

除上述两种工作成果交付方式外，双方也可以约定由定作人自提定作物。提货地点可以是工作完成的地点也可以是定作人指定的地点。提货方式为定作人自提的，承揽人要在工作完成后通知定作人，通知定作人提货的日期为交付日期，在承揽人发出提取工作成果的通知后，承揽人要给予定作人必要的提货准备时间和在途时间。

定作人进行定作物的验收是为了检验工作成果的质量和数量是否符合合同约定，验收通常也是定作人支付合同价款的前提。定作物的验收一般会经历 3 个步骤，具体流程如下图所示。

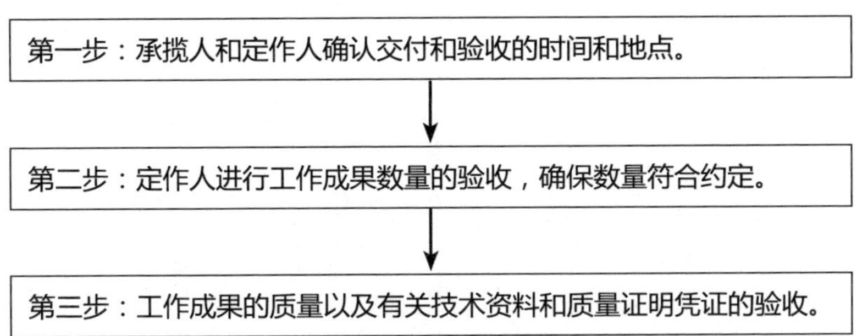

在验收过程中，如果定作人发现工作成果的数量或质量不符合合同约定，那么要在合理的期限内及时通知承揽人。定作物的验收是否合格，还可能要通过检验来确定，若经检验，定作物存在质量或者数量短缺问题，那么定作人要取得相关部门出具的检验证明；若经检验，工作成果有严重质量缺陷，定作人可以拒收定作物，并通知承揽人。如果在验收中，双方就工作成果的质量或数量产生了争议，当事人可以要求由国家法定的检验机构来进行鉴定。

若定作人没有及时检验，或在检验后发现了工作成果的问题，但怠于通知或在收到工作成果之日起两年内未通知承揽人，即视为工作成果的数量或者质量符合要求。

11.3.3　修理修缮合同

修理合同和修缮合同在合同内容上并没有太多区别，主要区别在于订立合同时标的物是不同的，因此这里我们将其结合起来展示，下面就来看看修理修缮合同的范本内容。

范本内容展示

资源下载 \Chapter11\ 修理修缮合同 .doc

修理修缮合同

合同编号：

定作人（甲方）：______________ 签订地点：______________

承揽人（乙方）：______________ 签订时间：____年___月___日

根据《中华人民共和国合同法》及有关法律法规的规定，甲乙双方遵循平等自愿、协商一致和诚实信用的原则，现就______________________签订合同如下：

第一条 修理修缮项目、周期、数量、报酬、交货期限

序号	修理项目	修理周期（天）	数量	修理费用	交货期限	备注
合同金额（大写）：人民币____百____拾___万___千____百____拾___元						

第二条 技术标准、质量要求

____。

第三条 乙方对质量负责期限按______执行。

1.交付后______个月保质期；

2.正常运行______个月；

3.验收合格之日起______个月；

4.其他______________________________________。

在质保期内出现质量问题，除甲方人为操作原因外，乙方负责免费返修。

第四条 技术资料、图纸的提供及保密

1.甲方在本合同生效_______日内向乙方提供技术资料、图纸等必要文件。

2.乙方在依照甲方的要求进行工作期间，如认为甲方提供的图纸或技术不合理，应当及时通知甲方；甲方应及时回复；如甲方提出修改意见，乙方应按修改意见完成承揽工作。

3.乙方对于承揽的工作，应当严格遵守保密义务，未经甲方书面许可不得留存技术资料、图纸等的复制品。本合同终止，不影响该保密条款的效力。

第五条 材料的提供和检验

____。

第六条 部件的更换及权属

乙方更换修理修缮物的零、部件的，应当征得甲方的同意，更换下来的零、部件归甲方所有。

第七条 修理修缮的期限、地点、验收及提取

1.修理修缮期限：______________________________。

2.修理修缮地点：______________________________。

3.修理修缮物交（提）方式及费用负担：______________________。

4.双方对修理修缮项目验收的时间、地点、标准、方法：______________________________。

第八条 结算方式、时间：按_____执行

1.分期支付：

（1）预付款为合同总价的______%（即________元人民币），在本合同生效后的______个工作日内乙方向甲方开具上述款项的收据，甲方收到收据后____个工作日内向乙方支付。

（2）承揽项目经甲方验收合格后，甲方将合同总价款的______%（即____________元人民币），支付给乙方。甲方在收到乙方开具的增值税发票后，立即支付该款项。

（3）质保金为合同总价的______%（即________元人民币）。甲方在质保期期满后_____个工作日内向乙方支付。

2.一次性支付：甲方应在承揽项目交付、验收合格并在乙方出具相关票据后个工作日内向乙方支付。

3.其他支付方式：______________________________________。

第九条 甲方权利和义务

1.甲方有权随时对乙方修理修缮的过程进行监督检查。

2.甲方有权要求乙方对其修理修缮过程中存在的问题进行整改。

3.甲方有权要求乙方提供相关的技术资料和必要的技术指导等。

4.甲方应按约定向乙方支付报酬。

5.甲方负责修理修缮完成后的质量验收，核实旧料的数量并督促乙方送交旧料。

6.其他：______________________________________。

第十条 乙方权利和义务

1.乙方有权接受甲方提供的相关技术资料、数据等。

2.乙方有权在完成工作成果后获得报酬。

3.乙方应当亲自完成修缮修理项目的主要工作，擅自转委托给第三方的，甲方有权拒付报酬并有权解除合同。

4.乙方在履约过程中，因其技术能力或生产条件等情况致使不能实现合同目的的，乙方应当在情况出现的当日内通知甲方，否则，因此给甲方造成损失的，应当承担相应的赔偿责任。

5.乙方在工作期间，应当接受甲方必要的监督检验。乙方应当妥善保管修理修缮物和甲方提供的材料以及完成的工作成果。

6.乙方在向甲方交付工作成果时，应当向甲方提供设备修理修缮项目技术资料和档案资料。

7.乙方应当向甲方提供所有更换配件的进货价格、配件来源、配件品质等详细资料。

8.乙方应自行组织修理修缮的材料，应根据甲方生产情况储备一部分常用料。

9.其他：______________________________________。

第十一条 保险

1.乙方必须对自己的全部设备及人员进行保险，如发生设备、人身伤亡等事故（甲方原因除外），由乙方负责向保险公司索赔，甲方不负任何责任。

2.因甲方原因造成乙方的设备和人员的损害，由乙方负责向保险公司索赔，甲方只承担保险公司赔偿以外的损失，未保险的甲方不予赔偿。

第十二条 通知

甲方联系人：_______地址：______________________电话：__________

传真：________。

乙方联系人：_______地址：______________________电话：__________

传真：________。

第十三条 违约责任

1.一方不履行合同义务或者履行合同义务不符合约定的，应当承担继续履行、采取补救措施或者赔偿损失等违约责任。

2.乙方交付的工作成果不符合约定的质量要求、技术标准的，乙方应当按照甲方的要求承担修理、重作、更换、减少报酬、赔偿损失等违约责任。

3.乙方拒绝返修、整改或返修、整改仍未达到合同约定的质量要求、技术标准的，本合同约定的质保金不予返还。因修理修缮质量问题给甲方造成其他损失的，还应承担赔偿责任。

4.乙方未能按照合同约定的期限完成工作成果，每逾期一日，应当按照合同

总金额的____%支付违约金。

5.乙方擅自更换修理修缮物的零、部件或甲方提供的材料，应当按照所更换零、部件或材料的实际价值支付违约金，并赔偿由此给甲方造成的其他损失。

6.乙方拒绝甲方的书面指令、不按时到达现场、工作人员不服从指挥、服务态度恶劣等均视为违约，每违约一次，乙方向甲方支付违约金______元。

7.其他：____。

第十四条 不可抗力

1.甲乙双方的任何一方由于法定不可抗力因素不能履行本合同时，应在小时内向对方通知，并应在_____天内提供权威机关的书面证明。

2.受不可抗力影响的一方或双方有义务采取措施，将因不可抗力造成的损失降低到最低限度。

第十五条 合同的变更和解除

1.甲乙双方协商一致可变更本合同，但应采用书面形式。

2.有下列情形之一的，可以解除合同：

（1）因不可抗力致使不能实现合同目的。

（2）双方协商一致解除合同。

（3）履行期限届满之前，一方明确表示或以实际行动表明不履行合同义务的，另一方可以解除合同。

（4）因一方违约致使合同无法继续履行，另一方可以解除合同。

3.其他：____。

第十六条 争议解决

本合同如发生争议或纠纷，甲、乙双方应协商解决，解决不了时，按以下第______项处理：

1.由____________________仲裁机构仲裁。

2.向______________人民法院起诉。

3.____

第十七条 其他

1.本合同未尽事宜，双方协商签订补充协议。本合同的附件及补充协议是本合同组成部分，与本合同具有同等法律效力。

2.____。

3.本合同自双方签字并盖章之日起生效。本合同一式__________份，乙方执______份，甲方执_____份。

甲方：（公章）	乙方：（公章）
委托代理人：	委托代理人：
地址：	地址：
电话：	电话：
传真：	传真：
开户银行：	开户银行：
账号：	账号：
税号：	税号：
邮政编码：	邮政编码：
日期：	日期：

范本内容精讲

定作人与承揽人订立修理修缮合同的目的是为了让承揽人帮其修理或修缮某一物的零部件，因此对于不需要修理或修缮的部件，承揽人不得进行修理或修缮。若承揽人更换了应修理部分之外的部件，那么承揽人要恢复原状并承担赔偿责任。如在上述修理修缮合同范本中约定了“乙方擅自更换修理修缮物的零、部件或甲方提供的材料，应当按照所更换零、部件或材料的实际价值支付违约金，并赔偿由此给甲方造成的其他损失”。

在修理修缮合同履行过程中，承揽人和定作人有各自的权利与义务，范本中对定作人的权利与义务有以下约定。

第九条 甲方权利和义务

1.甲方有权随时对乙方修理修缮的过程进行监督检查。

2.甲方有权要求乙方对其修理修缮过程中存在的问题进行整改。

3.甲方有权要求乙方提供相关的技术资料和必要的技术指导等。

4.甲方应按约定向乙方支付报酬。

5.甲方负责修理修缮完成后的质量验收，核实旧料的数量并督促乙方送交旧料。

从上图内容可以看出，定作人有权对修理修缮的过程进行监督检查，这一点明确了定作人的监督检验权。不仅是在修理修缮合同中，在其他承揽合同中定作人同样拥有监督检验权，但定作人要使用这一权利并不是没有条件的，定作人行使该权利需要满足以下两个条件。

◆ 定作人的监督检验是必要的

这里的“必要”是指，如果在合同中，双方当事人已约定了监督检验的内容，那么定作人就要按照合同约定的内容来进行监督检验；如果合同中没有约定监督检验的内容，则定作人应当根据承揽工作的性质来行使监督检查的权利，如查看承揽人是否按合同的约定来使用了材料，是否按合同约定来修理标的。

◆ 不得妨碍承揽人的正常工作

虽然定作人拥有监督检验权，但在行使这一权利的过程中，不得影响承揽人的正常工作或给承揽人带来不合理的负担。在合同中，如果双方约定了监督检验的时间，那么定作人就要按照约定时间进行监督检验；若没有在合同中约定监督检验的时间，那么定作人在行使监督检验权前，可以与承揽人就监督检验的方式、时间和内容进行协商，达成补充协议。如在本范本中就没有明确约定监督检验的方式、时间和内容。

在双方没有达成协议的情形下，定作人要行使监督检验权的，需提前通知承揽人检验的时间和内容，以便承揽人能够做好安排。若定作人的监督检验行为妨碍了承揽人的正常工作，那么承揽人可以拒绝定作人进行监督检验。这一行为给承揽人造成损失的，定作人要承担赔偿责任。

在承揽合同中，定作人拥有监督检验的权利，对应的承揽人就有接受定作人监督检验的义务。这一点在范本“乙方权利和义务”条款中可以看到明确的约定。在范本第十条条款中，我们还可以看到关于承揽人独立完成主要工作的规定，具体内容如下图所示。

> 3.乙方应当亲自完成修缮修理项目的主要工作，擅自转委托给第三方的，甲方有权拒付报酬并有权解除合同。

上图内容中的“主要工作”是指对工作成果质量起决定性作用的工作，也可以指技术要求高的那部分工作。主要工作的完成结果将决定工作成果是否能符合定作人的要求，因此承揽人应亲自完成承揽的主要工作，否则会影响定作人订立合同的目的。

当然如果当事人约定或经定作人同意后，承揽人可以将承揽工作的主要部分交予第三人完成。但承揽人要对第三人的工作成果负责。若承揽人擅自将承揽工作交予第三人完成，则构成违约。此时，定作人可以要求承揽人按照以下方式承担违约责任。

◆ 解除合同

范本中约定的方式便是解除合同，若解除合同给定作人造成了损失，定作人可以要求承揽人承担赔偿责任。

◆ 要求承揽人对第三人完成的工作成果负责

如果定作人认为第三人完成的工作成果能够接受，那么也可以不解除合同，但承揽人要对第三人完成的工作成果负责。

这里的“负责”是指，当工作成果质量不符合约定时，定作人可以要求承揽人重做、修理、更换以及承担赔偿责任；当工作成果数量不符合约定时，定作人可以要求承揽人在合理期限内补齐，由此给定作人造成损失的，也要承担赔偿责任；当工作成果延迟交付时，定作人可以要求承揽人承担延迟交付的违约责任。

通过对上述内容的了解，可以知道承揽人必须亲自完成承揽的主要工作，那么对于辅助工作，承揽人是否可以将其交给第三人完成呢？

《合同法》第二百五十四条规定：承揽人可以将其承揽的辅助工作交由第三人完成。承揽人将其承揽的辅助工作交由第三人完成的，应当就该第三人完成的工作成果向定作人负责。

由此可见，承揽人将辅助工作交予第三人完成并不需要取得定作人同意，但同样要对辅助工作的完成结果负责。虽然合同法对辅助工作有上述规定，但当事人也可以根据自身情况对辅助工作的责任承担作出其他约定，在实践中具体有以下 3 种约定方式。

◆ 当事人约定承揽工作必须全部由承揽人亲自完成，承揽人不得将承揽工作全部或部分转移给第三人。此约定明确了辅助工作也不得交由第三人完成，若承揽人违反约定，则要承担违约责任和赔偿损失。

- ◆ 当事人约定承揽人可以将辅助工作交给第三人完成，承揽人将辅助工作交给第三人完成的，承揽人只对完成的主要工作负责，第三人对其完成的辅助工作负责。此约定使得承揽人和第三人各自进行责任承担。
- ◆ 当事人约定承揽人可以将辅助工作交给第三人完成，但承揽人与第三人要对由第三人完成的辅助工作向定作人承担连带责任。此约定明确了承揽人和第三人的连带责任。

如果承揽人和定作人没有上述约定，则根据《合同法》第二百五十四条的规定来进行约束。

11.3.4 检验测试合同

承揽人根据定作人的要求对特定事物进行检验测试，定作人支付报酬的合同就是检验测试合同，下面来看看检验测试合同的范本内容。

范本内容展示

◎资源下载 \Chapter11\ 检验测试合同 .doc

检验测试合同

定作人（甲方）：

注册地：

工商营业注册号：

法定代表（负责）人：

承揽人（乙方）：

注册地：

工商营业注册号：

法定代表（负责）人：

1. 总则

根据《中华人民共和国合同法》等法律法规，本着自愿、平等、诚实信用的原则，双方就检验测试项目事宜，协商一致，签订本合同。

2. 标的

2.1 检验测试项目名称：______________________________。

3. 检验测试内容

3.1 设备数量：______________________________。

3.2 设备及项目明细：（见附件）

4. 检验测试

4.1 检验测试标准或规程：____________________________。

4.2 其他约定：______________________________。

5. 价款及支付

5.1 价款：

小写：______________________（人民币）

大写：______________________（人民币）

本合同价款为（含税、不含税）价格，即税费由_________方承担。

5.2 价款构成：____________发票种类：____________。运杂费由____方承担。

5.3 价款及支付方式和时间：___________________________。

5.4 乙方开户行：______________________________

账号：______________________________

乙方对所提供的开户行、账号的准确性、真实性、安全性负责。

6. 交付

6.1 检验测试时间：自___________始___________至止。

6.2 交付时间：______________________________。

6.3 交付地点：______________________________。

6.4 交付形式：（EMS\当面交付）

6.5 交付内容：检验测试报告__________________________。

6.6 检验测试报告交付之日起_______日内甲方未提出异议，视为同意。

6.7 甲方对检测测试报告持有异议，双方同意提交_________进行鉴定。

7. 双方权力义务

7.1 甲方权利义务

7.1.1 甲方有权利监督乙方检验测试过程。

7.1.2 向乙方提供有关所检验测试设备的____________等方面的资料。

7.1.3 按约定支付价款。

7.1.4 按约定接受检验测试报告__________________________。

7.2 乙方权利义务

7.2.1 按约定取得价款。

7.2.2 乙方到甲方检验检测的，应当严格遵守甲方有关安全、环保等相关管理规定。

7.2.3 应当以自己的仪器、设备、技术和劳力，完成全部检验测试工作。

7.2.4 不损毁所检验测试的设备。

7.2.5 保证所检验测试设备的数据真实、准确、可靠。

7.2.6 按约定交付检验测试报告________________________。并返还甲方提供的__________________等方面的资料。

8. 保密

8.1 在合同履行期间，乙方所获得的一切资料及在检验测试过程中所取得的与履行合同有关的工作成果属甲方所有，乙方负有保密义务。未经甲方书面同意，乙方不得在以任何方式泄漏。

8.2 未经甲方书面同意，乙方不得把与合同有关的资料给出版社和新闻机构发表或学术引用，或者使用本合同项下内容进行促销和做广告宣传。

8.3 对于双方的商业秘密及约定的检验测试方法，双方互负责保密义务，未经对方书面同意，不得以任何方式泄漏。

8.4 本合同的终止，不影响保密条款的效力。

9. 合同变更及解除

9.1 双方协商一致，可变更或解除合同。变更或解释合同应采用书面形式。

9.2 发生下列情形之一的，一方可以解除合同：

9.2.1 因不可抗力，致使合同目的不能实现。

9.2.2 乙方未按合同期限给甲方交付检验测试报告的，经催告后日内仍未交付。

9.2.3 乙方未履行 7.2.5 条款，且未按甲方要求采取必要措施的，甲方有权解除合同。

9.2.4 甲方无正当理由拒绝接受检验测试报告的，乙方有权解除合同。

9.2.5 未能履行本合同项下的保密义务。

9.3 合同变更或解除，不能免除违约方应承担的违约责任，给对方造成损失的，还应承担赔偿责任。

10. 违约责任

10.1 甲方未按合同约定付款，每逾期一天，应向乙方支付延迟付款部分_____%的违约金。

10.2 甲方中途变更检验测试项目，应当赔偿乙方由此造成的损失。

10.3 乙方未按期交付检验测试报告的，每逾期一天，应向甲方支付合同价款总额____%的违约金，并赔偿损失。

10.4 乙方在检验测试过程中造成设备损毁的，应当赔偿甲方由此而造成的损失。

10.5 乙方擅自变更检验测试项目，应当赔偿甲方由此而造成的损失。

10.6 依据 6.7 条约定经__________________________鉴定的结果与乙方出具的检验测试报告相符，鉴定费由甲方承担。若不符，乙方承担鉴定费并应赔偿甲方因此而造成的损失。

10.7 一方违反合同第 8 条约定，应向对方承担赔偿责任。

10.8 发生其它违约情形，违约方应赔偿由此给对方造成的损失。如属双方过错，应各自承担相应责任。

11. 不可抗力

11.1 由于不可抗力，如火灾、地震、台风、洪水等自然灾害及其它不可预见、不可避免、不可克服的事件，导致不能完全或部分履行本合同义务，受不可抗力影响的一方或双方不承担违约责任，但应在不可抗力发生后____小时内通知对方，并在其后____日内向对方提供有效证明文件。

11.2 受不可抗力影响的签约一方或双方有义务采取措施，将因不可抗力造成的损失降低到最低程度。

12. 争议解决方式

12.1 因合同发生争议，双方应协商解决。

12.2 如协商不成，选择下列第_____种方式解决：

12.2.1 依法向________________人民法院提起公诉。

12.2.2 向_________________仲裁委员会申请仲裁。

13. 通知

定作人（甲方）：

通讯地址：

联系人：

电话：

承揽人（乙方）

通讯地址：

联系人：

电话：

14. 效力及其他

14.1 本合同经双方签字并盖章后生效。

14.2 本合同未尽事宜，双方可签订补充协议。

14.3 合同附件及补充协议是合同组成部分，具有与本合同同等的法效力。如附件与本文不一致，以本文为准；如补充协议与本文不一致，以补充协议为准。

14.4 本合同一式____份，甲方执____份，乙方执____份。

范本内容精讲

在上述检验测试合同范本中可以看到，在“价款及支付”条款中当事人约定了合同价款的支付金额、支付方式和时间等。按合同约定支付价款是承揽合同定作人的义务，但定作人支付价款的前提是承揽人交付的工作成果符合合同约定，如果承揽人提供的工作成果在质量和数量等方面不符合约定，定作人可以不支付报酬或相应减少报酬。

在实践中存在工作成果分批部分交付的情形，针对此种情况，当事人可以在合同中约定，在定作人验收该部分工作成果后，根据已交付部分的工作向承揽人支付报酬，或在合同中约定分批支付价款的时间和地点。针对定作人未按时支付价款的违约情形，范本有如下约定。

甲方未按合同约定付款，每逾期一天，应向乙方支付延迟付款部分________%的违约金。

从上述内容可以看出，若定作人没有按照约定支付合同价款，是需要支付违约金的。另外，《合同法》第二百六十四条规定：定作人未向承揽人支付报酬或者材料费等价款的，承揽人对完成的工作成果享有留置权，但当事人另有约定的除外。

上述规定是关于承揽人享有工作成果留置权的内容。承揽合同中，并不是任何情形下承揽人都可以行使留置权，承揽人行使留置权需要具备以下两个条件。

◆ 定作人无正当理由不履行支付报酬和材料费等费用

该条件是指只有在支付期限届满，定作人仍未支付报酬和材料费等费用时，定作人才能行使留置权。

◆ 承揽人合法占有本承揽合同的工作成果

该条件是指承揽人留置的工作成果须是根据承揽合同而合法占有的定作人的动产。如果承揽人已将工作成果交付给了定作人，此时该工作成果已由定作人占有，承揽人是无法行使留置权的。另外，如果承揽人承揽的标的是不动产，也无法行使留置权。

在承揽人与定作人签订了多个承揽合同的情形下，承揽人只能就未支付报酬合同的工作成果行使留置权。如果当事人在合同中约定了承揽人不能留置工作成果，那么即使定作人未按合同约定支付价款，承揽人也不得留置工作成果，只能要求定作人支付价款或承担约定的违约责任，如范本中约定的违约金。

在承揽合同中，如果定作人要求承揽人保守秘密的，那么承揽人就要履行保密义务，范本中对承揽人的保密义务有如下图所示的约定。

8. 保密

8.1 在合同履行期间，乙方所获得的一切资料及在检验测试过程中所取得的与履行合同有关的工作成果属甲方所有，乙方负有保密义务。未经甲方书面同意，乙方不得在以任何方式泄漏。

8.2 未经甲方书面同意，乙方不得把与合同有关的资料给出版社和新闻机构发表或学术引用，或者使用本合同项下内容进行促销和做广告宣传。

8.3 对于双方的商业秘密及约定的检验测试方法，双方互负责保密义务，未经对方书面同意，不得以任何方式泄漏。

8.4 本合同的终止，不影响保密条款的效力。

从上图内容可以看出，定作人要求承揽人保密的内容有承揽人获得的有关资料以及约定的检验测试方式。之所以承揽人要履行保密义务，是因为在承揽合同订立和履行过程中，承揽人会了解到定作人的许多商业秘密，如果这些商业秘密被泄露，可能会给定作人带来损害。

定作人的保密要求可以在订立合同时具体约定，也可以在承揽人履行合同的过程中要求承揽人履行保密义务。保密条款主要包括保密内容和保密期限两个方面，保密内容一般有技术秘密和商业秘密，如图纸、技术成果、相关资料以及定作人要求承揽人不能泄露的信息。

保密期限不仅仅指合同履行的期间，如范本约定了合同终止后保密条款仍有效，可见保密期限还可以是承揽合同终止后的一段时间内。

如果定作人因为履行保密义务而给定作人带来损失的，承揽人要承担赔偿责任。若定作人已公开了保密的相关内容，承揽人可以不再履行保密义务。但不代表承揽人可以不正当地利用已公开的保密内容。如定作人已将工作成果申请了专利，那么在没有定作人允许的情况下，承揽人也不得利用该工作成果。

在范本“违约责任”条款中，可以看到约定了“甲方中途变更检验测试项目，应当赔偿乙方由此造成的损失”该条款内容规定了定作人中途变更承揽工作内容的法律责任。

在承揽人和定作人签订承揽合同时，就已约定了承揽工作的内容，承揽人的主要义务就是按照合同约定的内容来完成承揽工作。但由于承揽工作的性质决定了承揽的目的是为了满足定作人的需求，因此如果在承揽人工作期间，定作人发现原工作要求不能满足自己的需求，那么定作人可以中途变更承揽工作要求。

这一变更与一般的合同变更有所不同，一般的合同变更需要取得双方当事人的同意，若另一方当事人不同意变更合同，则当事人要按原合同内容履行权利和义务。而在承揽合同中，定作人可以根据自己的需要，随时变更对合同的要求。如中途修改图纸和更换材料等，承揽人要按照定作人提出的新的要求来完成工作。

如果承揽人认为定作人提出的新要求不合理，可以提出异议，并及时通知定作人，定作人要在及时答复承揽人并提出修改意见。如果定作人不认可承揽人的异议，要求承揽人仍按新要求来进行承揽工作，此时很可能会导致承揽人的损失扩大，那么承揽人可以要求解除合同。

定作人中途变更工作要求常常会给承揽人带来损失，根据公平原则，定作人要承担这笔损失的赔偿责任。若中途变更工作要求提高了承揽工作的难度和质量，承揽人可以增加合同价款；若按照新要求完成工作需增加材料的，定作人要负担该笔新增材料费用。

第十二章

承包工程建设——建设工程合同

12.1 建设工程合同相关信息

■合同类型 ■招投标活动要求 ■发包、承包和分包的规定 ■重大合同的订立要求

建设工程合同是指承包人进行工程建设，发包人支付价款的合同。建设工程合同本质上仍属于承揽合同，但由于建设工程的重要性，《合同法》将其作为单独的有名合同进行规定。

12.1.1 建设工程合同的类型

建设工程合同主要有 3 种类型，包括建设工程勘察合同、建设工程设计合同和建设工程施工合同，下面就来分别认识这 3 种类型的建设工程合同。

◆ 建设工程勘察合同

建设工程勘察合同是指承包人与发包人就完成工程勘察工作，明确双方权利与义务而签订的合同，其标的是建设工程所需要的勘察成果，如地理和地质状况调查，地理环境特征研究。建设工程勘察合同的承包人须是具有法人资格，持有《勘察许可证》并经国家有关部门批准的单位。

◆ 建设工程设计合同

建设工程设计合同是指承包人与发包人就完成工程项目相关设计工作而签订的合同。建设工程设计合同实际上是由初步设计合同和施工设计合同共同组成的，在初步设计环节，承包人主要完成可行性资料设计工作；在施工设计环节，承包人主要完成施工设计工作。

建设工程设计合同的承包人须是具有法人资格，持有《设计许可证》并经国家有关部门批准的单位。

◆ 建设工程施工合同

建设工程施工合同是指承包人与发包人就完成商定的施工工程而签订的合同。建设工程施工合同主要包括建筑和安装两方面内容，是建设工程的主要合同，也是工程建设投资控制、建设控制和进度控制的主要依据。

12.1.2 建设工程的招标投标活动要求

招标投标是建设工程发包与承包时通常采用的竞争交易方式。建设工程的招标方（发包人）通过法定的程序和方式吸引投标方（承包单位）竞争，从而选择出符合条件的承包人，并与其签订建设工程合同。

利用招标投保方式进行建设工程的发包与承包有利于发包人选择出报价低、技术力量强以及具有良好信誉的承包人，也有利于防范建设工程发包与承包活动中的不正当竞争行为和行贿受贿等现象。在我国的《中华人民共和国建筑法》（简称《建筑法》）中对于发包有以下明确规定。

第十九条 建筑工程依法实行招标发包,对不适于招标发包的可以直接发包。

第二十条 建筑工程实行公开招标的，发包单位应当依照法定程序和方式，发布招标公告，提供载有招标工程的主要技术要求、主要的合同条款、评标的标准和方法以及开标、评标、定标的程序等内容的招标文件。

开标应当在招标文件规定的时间、地点公开进行。开标后应当按照招标文件规定的评标标准和程序对标书进行评价、比较，在具备相应资质条件的投标者中，择优选定中标者。

上述内容明确规定了建筑工程要依法实行招标发包，只有不适合招标发包的才可以直接发包。那么哪种情形可以不招标呢？根据《中华人民共和国招标投标法》（简称《招标投标法》）第六十六条规定：涉及国家安全、国家秘密、抢险救灾或者属于利用扶贫资金实行以工代赈、需要使用农民工等特殊情况，不适宜进行招标的项目，按照国家有关规定可以不进行招标。除上述特殊情况下，属于以下情形之一的，也可以不进行招标。

- 需要采用不可替代的专利或者专有技术。
- 采购人依法能够自行建设、生产或者提供。
- 已通过招标方式选定的特许经营项目投资人依法能够自行建设、生产或者提供。
- 需要向原中标人采购工程、货物或者服务，否则将影响施工或者功能配套要求。
- 国家规定的其他特殊情形。

既然相关法律法规明确了建设工程要依法招标发包，那么对于需要采取招标投标方式订立合同的建设工程项目就必须要采用招标投标的方式，当然对于法律法规没有规定的建设工程，也可以采取招标投标方式来订立合同。

发包人在进行建筑工程发包与承包的招标投标活动时，要遵循公开、公正和平等竞争的原则，择优选择承包单位。建设工程的招标方式主要有两种，包括公开招标和邀请招标，两者的含义如下所示。

- **公开招标**：是指招标人以招标公告的方式邀请不特定的法人或者其他组织投标。
- **邀请招标**：是指招标人以投标邀请书的方式邀请特定的法人或者其他组织投标。

其中，国有资金占控股或者主导地位的依法必须进行招标的项目，应当公开招标。有下列情形之一的，可以邀请招标。

- 技术复杂、有特殊要求或者受自然环境限制，只有少量潜在投标人可供选择。
- 采用公开招标方式的费用占项目合同金额的比例过大。

有上述第二项所列情形，属于《招标投标法实施条例》第七条规定的项目，由项目审批核准部门在审批核准项目时作出认定；其他项目由招标人申请有关行政监督部门作出认定。

建设工程实现公开招标的，一般会经历 4 个步骤，包括发标、开标、评标和定标。发标是指发包人发表招标公告；开标是指将收到的投标书启封打开，查阅其内容；评标是指开标后，对标书进行评价和比较；定标是指确定建设工程的承包人。

开标要按照招标文件规定的时间地点进行。投标人少于 3 个的，不得开标，招标人应当重新招标。在评标过程中，评标委员会成员有回避事由、擅离职守或者因健康等原因不能继续评标的，应当及时更换。被更换的评标委员会成员作出的评审结论无效，由更换后的评标委员会成员重新进行评审。

评标完成后，评标委员会向招标人提交书面评标报告和中标候选人名单。中标候选人应当不超过 3 个，并标明排序。投标人或者其他利害关系人对依法必须进行招标的项目的评标结果有异议的，应当在中标候选人公示期间提出。招标人应当自收到异议之日起 3 日内作出答复；作出答复前，应当暂停招标投标活动。

确定中标人后，招标人和中标人要按照《招标投标法》和《招标投标实施条例》的规定签订书面合同，合同的标的、价款、质量和履行期限等主要条款应当与招标文件和中标人的投标文件的内容一致。招标人和中标人不得再行订立背离合同实质性内容的其他协议。

12.1.3 发包、承包和分包的规定

发包是指发包人将建设工程的勘察、设计和施工工作交给承包单位完成。建筑工程若实行直接发包的，发包单位要将建筑工程发包给具有相应资质条件的承包单位。

建筑工程的发包单位可以将建筑工程的勘察、设计、施工和设备采购一并发包给一个工程总承包单位，也可以将建筑工程勘察、设计、施工和设备采购的一项或者多项发包给一个工程总承包单位。但是，不得将应当由一个承包单位完成的建筑工程肢解成若干部分发包给几个承包单位。

发包人将全部建筑工程发包给一个承包人，该承包方式即是建设工程任务的总承包。工程总承包与单项工程承包相对应，这两种方式构成直接承包。对于大型建筑工程或者结构复杂的建筑工程，可以由两个以上的承包单位联合共同承包。共同承包的各方对承包合同的履行承担连带责任。两个以上不同资质等级的单位实行联合共同承包的，应当按照资质等级低的单位的业务许可范围承揽工程。

分包是指承包人经发包人同意，将自己承包的部分工作交予第三人完成，关于建设工程分包，《建筑法》有以下规定。

第二十九条　建筑工程总承包单位可以将承包工程中的部分工程发包给具有相应资质条件的分包单位；但是，除总承包合同中约定的分包外，必须经建设单位认可。施工总承包的，建筑工程主体结构的施工必须由总承包单位自行完成。

建筑工程总承包单位按照总承包合同的约定对建设单位负责；分包单位按照分包合同的约定对总承包单位负责。总承包单位和分包单位就分包工程对建设单位承担连带责任。

禁止总承包单位将工程分包给不具备相应资质条件的单位。禁止分包单位将其承包的工程再分包。

另外，在建设工程中，还存在转包的情形。转包是指承包人将其承包的建设工程倒手转让给第三人，使第三人成为建设工程的实际承包人。转包与分包的区别在于，在转包中，原承包人不实际履行合同义务；在分包中，承包人仍然要履行合同全部义务并向发包人负责。

《建筑法》第二十八条规定：禁止承包单位将其承包的全部建筑工程转包给他人，禁止承包单位将其承包的全部建筑工程肢解以后以分包的名义分别转包给他人。

之所以《建筑法》会有上述禁止性规定，是因为承包人的转包行为具有很大的危害性，具体危害如下。

- 原承包人从中谋取不正当利益，将建设工程转包给不具备相应资质条件的承保单位，容易造成工程质量隐患。
- 承包人擅自变更合同违背了发包人的意愿，会损害发包人的利益，这种行为破坏了原合同关系。

12.1.4 重大建设工程合同的订立要求

《合同法》第二百七十三条规定：国家重大建设工程合同，应当按照国家规定的程序和国家批准的投资计划、可行性研究报告等文件订立。实践中，重大建设工程合同的订立都要经过一系列流程来执行，具体流程如下图所示。

第一步：进行可行性研究，投资规模和建设效益的论证。
第二步：根据研究和论证的结果编制可行性报告。
第三步：申请建筑工程项目立项。
第四步：立项批准后，根据立项制定投资计划并报有关部门批准。
第五步：投资计划批准后，根据规定的程序进行发包。
第六步：发包人与承包人订立重大建设工程合同。

订立国家重大建设工程合同必须实行公开招标发包，由于国家的重大建设工程一般都属于强制监理的建设工程，因此发包人要委托具有监理资质条件的单位对工程建设进行监理，并与其签订委托监理合同。

对于重大建设工程的认定，相关法律法规并没有明确的规定，一般来说，满足以下几个条件的，就属于国家重大建设工程。

- ◆ 列入了国家重点投资计划。
- ◆ 投资额巨大。
- ◆ 建设周期特别长。
- ◆ 由中央政府全部投资或者参与投资。

如我国的三峡水利工程、南水北调工程、高铁建设工程和西部大开发工程都属于国家重大建设工程。一些没有列入国家重点投资计划，投资额也不算巨大，但影响很大的建设工程，也属于国家重大建设工程。另外，也并不是国家政府投资的所有项目都属于国家重大建设工程。

12.2 建设工程合同争议处理和陷阱防范

■效力争议 ■黑白合同 ■竣工日期和价款

在建设工程合同纠纷中，合同效力纠纷、“黑白合同”不一致纠纷以及工程竣工日期纠纷都是常见的合同争议，下面就来认识这些常见的纠纷。

12.2.1 施工合同的效力争议

在工程建设中，表现发包人和承包人合同关系的凭证就是建设工程施工合同，建设工程施工合同要以书面形式来明确当事人的权利与义务。发包人与承包人签订施工合同后，不代表施工合同就是有效的合同。

许多施工合同常常会因为违反法律和行政法规的强制性规定而被认定无效合同，具有下列情形之一的，施工合同会被认定为无效。

◆ 承包人未取得建筑施工企业资质或者超越资质等级的。

◆ 没有资质的实际施工人借用有资质的建筑施工企业名义的。

◆ 建设工程必须进行招标而未招标或者中标无效的。

◆ 承包人违法分包的。

◆ 建设工程非法转包的。

建设工程有严格的准入限制，对于从事建筑活动的建筑施工企业、勘察单位、设计单位和工程监理单位，要求应当具备下列条件。

有符合国家规定的注册资本。

有与其从事的建筑活动相适应的具有法定执业资格的专业技术人员。

有从事相关建筑活动所应有的技术装备。

法律和行政法规规定的其他条件。

承包人只有在取得从业资格后，才能进入建设工程领域。另外，承包人会按照其拥有的注册资本、专业技术人员、技术装备和已完成的建筑工程业绩等资质条件，划分为不同的资质等级。

经资质审查合格，取得相应等级的资质证书后，才能在其资质等级许可的范围内从事建筑活动。因此，承包人若未取得建筑施工企业资质或者超越资质等级签订的施工合同是无效合同。

借用有资质的建筑施工企业名义就是指日常生活所说的“挂靠”，在建设工程领域，挂靠是比较常见的一种现象。挂靠会给建设工程项目的质量带来风险，因此司法解释认定在挂靠情形下签订的施工合同无效。在实践中，有以下情形之一的，可以被认定为挂靠。

◆ 转让或出借企业资质证书给他人。

◆ 以其他方式同意他人以本企业名义承包工程。

◆ 建设工程项目的负责人、质量管理人员以及安全管理人员等都不是本企业的员工。

前面我们已经知道了，相关法律法规规定的，必须招标的工程建设项目须以招投标方式来订立合同。因此建设工程必须进行招标而未招标的，所签订的合同为无效合同。那么哪些工程建设项目必须进行招标呢？具体有以下 3 种项目。

大型基础设施和公用事业等关系社会公共利益、公众安全的项目。

全部或者部分使用国有资金投资或者国家融资的项目。

使用国际组织或者外国政府贷款、援助资金的项目。

中标无效是指招标人最终作出的中标决定没有法律约束力，那么哪些情形属于中标无效情形呢？具体有以下几种情形。

- 招标代理机构违反《招标投标法》规定，泄露应当保密的与招标投标活动有关的情况和资料的，或者与招标人、投标人串通损害国家利益、社会公共利益或者他人合法权益而影响中标结果的。
- 依法必须进行招标的项目的招标人向他人透露已获取招标文件的潜在投标人的名称、数量或者有影响公平竞争的有关招标投标的其他情况的，以及泄露标底而影响中标结果的。
- 投标人相互串通投标或者与招标人串通投标的，投标人以向招标人或者评标委员会成员行贿的手段谋取中标的。
- 投标人以他人名义投标或者以其他方式弄虚作假，骗取中标的。
- 依法必须进行招标的项目，招标人违反《招标投标法》规定，与投标人就投标价格和投标方案等实质性内容进行谈判而影响中标结果的。
- 招标人在评标委员会依法推荐的中标候选人以外确定中标人的，依法必须进行招标的项目在所有投标被评标委员会否决后自行确定中标人的。

承包人非法转包和违法分包，与他人签订建设工程施工合同的行为也是无效的，对于分包和转包，前面已有讲解，这里就不再赘述。

12.2.2 建设工程“黑白合同”的处理

“黑白合同”又被称为“阴阳合同”，是指合同的当事人就同一事项订立了两份内容不同的合同。

在建设工程合同中，“白合同（阳合同）”是指对外的合同，即根据招投标文件签订的，并在管理部门备案的合同。“黑合同（阴合同）”是指对内的合同，即为规避政府管理，没有在有关部门备案或变更登记，当事人私下签订的合同。

对于“黑合同”的效力问题，司法解释并没有直接规定其为无效合同，但就“黑白合同”在涉及工程款结算时的争议问题，有以下明确规定。

第二十一条　当事人就同一建设工程另行订立的建设工程施工合同与经过备案的中标合同实质性内容不一致的，应当以备案的中标合同作为结算工程价款的根据。

由此可见，通过招投标方式订立的建设工程合同，因“黑白合同”问题发生工程价款结算纠纷时，要以备案合同作为结算依据。上述规定中的“实质性内容”通常指影响了当事人基本权利与义务的内容，如工程质量、投标报价以及技术要求等合同主要条款。

由于司法解释并没有直接否定“黑合同”的效力，因此对于《合同法》赋予的，当事人协商一致，可以变更合同的权利也没有排除和限制。在当事人协商一致的情形下，建设工程合同也可以发生变更。只是这里的变更要区分是属于与备案合同实质性内容不一致的“黑合同”，还是正常的合同变更。

禁止订立“黑合同”主要是根据《招标投标法》第四十六条的规定，即招标人和中标人应当自中标通知书发出之日起三十日内，按照招标文件和中标人的投标文件订立书面合同。招标人和中标人不得再行订立背离合同实质性内容的其他协议。

如果合同的变更不涉及实质性内容的变更，那么就不属于“黑合同”，对于涉及合同实质性内容的变更，也要根据合同履行的具体情况来认定是否属于“黑合同”。如在施工过程中因客观原因导致的技术核定的变更，以及施工期限的调整，这种原备案合同内容的变更就不属于“黑合同”，且应按变更后的合同来履行。由此可见，对于“黑合同”的认定要根据工程施工的具体情况来判断。

上述司法解释二十一条的规定只适用于中标有效，且依据招投标文件订立的“白合同”成立有效时，如果中标无效则不适用该条规定。

总之，当施工合同内容发生变更时，既要保证当事人的合同变更权利不被排除和限制，又要防范当事人之间的“黑白合同”不正当竞争行为。所以，通过招投标方式形成的建设工程合同，只要不违反《招标投标法》第四十六条和《合同法》第七十七条的规定，也可以进行实质性变更。

12.2.3 建设工程竣工日期的确立和价款支付

在实践中，承包人和发包人可能会就竣工日期产生争议。一般来说，发包人与承包人会在建设工程合同中约定竣工日期的确定方式。如果没有在合同中约定竣工日期，那么当事人可以按照以下情形分别处理。

- 建设工程经竣工验收合格的，以竣工验收合格之日为竣工日期。
- 承包人已经提交竣工验收报告，发包人拖延验收的，以承包人提交验收报告之日为竣工日期。
- 建设工程未经竣工验收，发包人擅自使用的，以转移占有建设工程之日为竣工日期。

在确定竣工日期后，才会进入工程款结算期。实践中，存在建设工程施工合同无效，但建设工程经竣工验收合格的情形，在这种情形下，承包人可以要求发包人支付价款吗？答案是肯定的。

《最高人民法院关于审理建设工程施工合同纠纷案件适用法律问题的解释》第二条规定：建设工程施工合同无效，但建设工程经竣工验收合格，承包人请求参照合同约定支付工程价款的，应予支持。

那么，在建设工程施工合同无效，且建设工程经竣工验收不合格的情形下，又应该如何处理呢？在这种情形下，要按照以下情况分别处理。

修复后的建设工程经竣工验收合格，发包人请求承包人承担修复费用的，应予支持。

修复后的建设工程经竣工验收不合格，承包人请求支付工程价款的，不予支持。

12.3 建设工程合同范本详讲

■建设工程勘察合同 ■建设工程设计合同 ■建设工程施工合同

通过前面的讲解，我们已经对建设工程合同有了比较清晰的认识，下面就具体来看看建设工程合同的范本。

12.3.1 建设工程勘察合同

为规范工程勘察市场秩序，维护工程勘察合同当事人的合法权益，住房城乡建设部和工商总局制定了《建设工程勘察合同（示范文本）》（GF—2016—0203)，该示范文本自2016年12月1日起执行。下面就来看看合同范本的具体内容。

范本内容展示

◎资源下载 \Chapter12\ 建设工程勘察合同 .doc

建设工程勘察合同

发包人（全称）：______________

勘察人（全称）：______________

根据《中华人民共和国合同法》、《中华人民共和国建筑法》、《中华人民共和国招标投标法》等相关法律法规的规定，遵循平等、自愿、公平和诚实信用的原则，双方就__________项目工程勘察有关事项协商一致，达成如下协议。

一、工程概况

1.工程名称：______________

2.工程地点：______________

3.工程规模、特征：______________

二、勘察范围和阶段、技术要求及工作量

1.勘察范围和阶段：______________

2.技术要求：______________

3.工作量：______________

三、合同工期

1.开工日期：______________

2.成果提交日期：______________

3.合同工期（总日历天数）__________天

四、质量标准

质量标准：______________

五、合同价款

1.合同价款金额：人民币（大写）__________（¥__________元）

2.合同价款形式：______________

六、合同文件构成

组成本合同的文件包括：

（1）合同协议书；

（2）专用合同条款及其附件；

（3）通用合同条款；

（4）中标通知书（如果有）；

（5）投标文件及其附件（如果有）；

（6）技术标准和要求；

（7）图纸；

（8）其他合同文件。

在合同履行过程中形成的与合同有关的文件构成合同文件组成部分。

七、承诺

1.发包人承诺按照法律规定履行项目审批手续，按照合同约定提供工程勘察条件和相关资料，并按照合同约定的期限和方式支付合同价款。

2.勘察人承诺按照法律法规和技术标准规定及合同约定提供勘察技术服务。

八、词语定义

本合同协议书中词语含义与合同第二部分《通用合同条款》中的词语含义相同。

九、签订时间

本合同于____年___月____日签订。

十、签订地点

本合同在_______________签订。

十一、合同生效

本合同自_______________生效。

十二、合同份数

本合同一式____份，具有同等法律效力，发包人执____份，勘察人执____份。

发包人：（印章）__________	勘察人：（印章）__________
法定代表人或其委托代理人：	法定代表人或其委托代理人：
（签字）	（签字）
统一社会信用代码：_______	统一社会信用代码：_______
地址：_______________	地址：_______________
邮政编码：_____________	邮政编码：_____________
电话：_______________	电话：_______________
传真：_______________	传真：_______________
电子邮箱：_____________	电子邮箱：_____________
开户银行：_____________	开户银行：_____________
账号：_______________	账号：_______________

范本内容精讲

上述建设工程勘察合同范本由合同协议书、通用合同条款和专用合同条款 3 部分组成，我们这里只展示了合同协议书的内容。从展示的范本内容可以看出，建设勘察合同协议书的内容主要由 12 条条款组成，主要内容有工程概况、勘察范围和阶段、技术要求及工作量、签订时间、签订地点和合同生效等，合同协议书主要约定了合同当事人基本的合同权利和义务，下面就其中的部分内容进行讲解。

1. 合同工期

在勘察合同中，当事人应约定工期，约定工期后勘察人就要按照合同约定的工期进行工程勘察工作，并接受发包人的监督和检查。工期包括开工日期、成果提交日期和工期的总天数。

开工日期即指合同当事人在合同中约定，勘察人开始工作的绝对或相对日期，若因发包人的原因导致不能按照合同约定的日期开工，那么发包人要以书面形式通知勘察人，推迟开工日期并相应顺延工期。

成果提交日期即指勘察人完成合同范围内工作并提交成果资料的绝对或相对日期，约定成果提交日期后，勘察人就要按照合同约定的日期提交成果资料。当事人双方也可以在合同中约定，同意按照顺延的工期提交成果资料。对于工期顺延的情形，双方可以协商约定。

成果资料的内容应包括成果质量、成果份数、成果交付和成果验收 4 部分内容，在具体订立勘察合同条款内容时，当事人可以依照范本通用条款的内容进行订立，具体内容如下图所示。

第 5 条 成果资料

5.1 成果质量

5.1.1 成果质量应符合相关技术标准和深度规定，且满足合同约定的质量要求。

5.1.2 双方对工程勘察成果质量有争议时，由双方同意的第三方机构鉴定，所需费用及因此造成的损失，由责任方承担；双方均有责任的，由双方根据其责任分别承担。

5.2 成果份数

勘察人应向发包人提交成果资料四份，发包人要求增加的份数，在专用合同条款中另行约定，发包人另行支付相应的费用。

5.3 成果交付

勘察人按照约定时间和地点向发包人交付成果资料，发包人应出具书面签收单，内容包括成果名称、成果组成、成果份数、提交和签收日期、提交人与接收人的亲笔签名等。

2. 合同价款

在实践中，存在招标工程和非招标工程两种，招标工程的合同价款按照中标价格在合同中载明，非招标工程的合同价款由当事人协商确定。在合同中约定合同价款后，当事人不得擅自更改，但合同条款约定的合同价款调整因素除外。

在范本中，可以看到合同价款约定了两方面内容，包括合同价款金额和价款形式。在具体约定合同价款内容时，当事人可从以下 3 种价款形式中选择一种形式来约定。

- **总价合同：**即在合同中约定价款总额，约定了价款总额后，还要约定合同价款包含的风险范围和风险费用的计算方法。
- **单价合同：**即以工作量来确定实际的合同价款，合同单价一般在确定后就不会调整，但也要在合同中约定合同单价调整因素和方法。

◆ **其他形式：**当事人可以在合同中约定其他合同价格形式。

在需要调整合同价款时，一方当事人要将调整原因和调整金额以书面形式通知另一方当事人，最后由双方共同确定增加或减少的价款金额。

12.3.2 建设工程设计合同

对于建设工程设计合同，住房城乡建设部和工商总局也制定了示范文本，包括《建设工程设计合同示范文本（房屋建筑工程）》（GF—2015—0209）和《建设工程设计合同示范文本（专业建设工程）》（GF—2015—0210），我们这里以房屋建筑工程为例。

范本内容展示

资源下载 \Chapter12\ 建设工程设计合同 .doc

建设工程设计合同

发包人（全称）：____________________

设计人（全称）：____________________

根据《中华人民共和国合同法》、《中华人民共和国建筑法》及有关法律规定，遵循平等、自愿、公平和诚实信用的原则，双方就____________________工程设计及有关事项协商一致，共同达成如下协议：

一、工程概况

1. 工程名称：____________________。

2. 工程地点：____________________。

3. 规划占地面积：________平方米，总建筑面积：_______平方米（其中地上约____平方米，地下约___平方米）；地上______层，地下____层；建筑高度_____米。

4. 建筑功能：______、______、________等。

5. 投资估算：约________元人民币。

二、工程设计范围、阶段与服务内容

1. 工程设计范围：____________________。

2. 工程设计阶段：____________________。

3. 工程设计服务内容：____________________。

工程设计范围、阶段与服务内容详见专用合同条款附件1。

三、工程设计周期

计划开始设计日期：________年_____月_____日。

计划完成设计日期：________年_____月_____日。

具体工程设计周期以专用合同条款及其附件的约定为准。

四、合同价格形式与签约合同价

1. 合同价格形式：____________________；

2. 签约合同价为：

人民币（大写）______________（¥__________元）。

五、发包人代表与设计人项目负责人

发包人代表：____________________。

设计人项目负责人：____________________。

六、合同文件构成

本协议书与下列文件一起构成合同文件：

（1）专用合同条款及其附件；

（2）通用合同条款；

（3）中标通知书（如果有）；

（4）投标函及其附录（如果有）；

（5）发包人要求；

（6）技术标准；

（7）发包人提供的上一阶段图纸（如果有）；

（8）其他合同文件。

在合同履行过程中形成的与合同有关的文件均构成合同文件组成部分。

上述各项合同文件包括合同当事人就该项合同文件所作出的补充和修改，属于同一类内容的文件，应以最新签署的为准。

七、承诺

1. 发包人承诺按照法律规定履行项目审批手续，按照合同约定提供设计依据，并按合同约定的期限和方式支付合同价款。

2. 设计人承诺按照法律和技术标准规定及合同约定提供工程设计服务。

八、词语含义

本协议书中词语含义与第二部分通用合同条款中赋予的含义相同。

九、签订地点

本合同在________________________________签订。

十、补充协议

合同未尽事宜，合同当事人另行签订补充协议，补充协议是合同的组成部分。

十一、合同生效

本合同自________________________________生效。

十二、合同份数

本合同正本一式____份、副本一式____份，均具有同等法律效力，发包人执正本____份、副本____份，设计人执正本____份、副本______份。

发包人：（盖章）	设计人：（盖章）
法定代表人或其委托代理人：（签字）	法定代表人或其委托代理人：（签字）
组织机构代码：____________	组织机构代码：____________
纳税人识别码：____________	纳税人识别码：____________
地　址：________________	地　址：________________
邮政编码：______________	邮政编码：______________
法定代表人：____________	法定代表人：____________
委托代理人：____________	委托代理人：____________
电　话：________________	电　话：________________
传　真：________________	传　真：________________
电子信箱：______________	电子信箱：______________
开户银行：______________	开户银行：______________
账　号：________________	账　号：________________
时　间：______年__月__日	时　间：______年__月__日

范本内容精讲

在上述建设工程设计合同范本中，展示的同样是合同协议书的内容，下面来看看其中的部分条款。

1. 工程设计范围、阶段与服务内容

在工程设计合同中，设计人的主要义务就是完成合同约定的建设工程设计内容，在合同协议书中，可以对工程设计的范围、阶段和服务内容进行初步约定，再使用合同附件约定详细内容。

在工程设计阶段中，主要会分为方案设计、初步设计、施工图设计和施工配合4个阶段。在不同阶段，设计人提供的服务内容都是不同的。在方案设计阶段，设计人要完成总体规划和方案设计以及提供相关咨询意见等；在初步设计阶段，设计人主要需要完成建筑、结构、给排水以及电气等初步设计文件；在施工图设计阶段，设计人需要完成总图、建筑和结构等施工图设计文件；在施工配合阶段，设计人需要帮助现场施工人员解决技术问题并解答有关施工图的问题。

在设计人进行工程设计前，发包人要提供相关的工程设计资料给设计人，以保证设计人能够很好地完成工程设计工作。由于实践中发包人提供给设计人的工程设计资料较多，因此在合同中可以用附表的形式来表示发包人需要提交的有关资料和文件，如下表所示。

序号	资料及文件名称	份数	提交日期	有关事宜
1	项目立项报告和审批文件	各 1	方案开始 3 天前	
2	发包人要求即设计任务书（含对建筑、结构、给水排水、暖通空调、建筑电气和总图等专业的具体要求）	1	方案开始 3 天前	
3	建筑红线图，建筑钉桩图	各 1	方案开始 3 天前	
4	当地规划部门的规划意见书	1	方案开始 3 天前	
5	工程勘察报告	2	方案设计开始前 3 天提供初步勘察报告；初步设计开始前 3 天提供详细勘察报告	

2. 工程设计周期

从范本内容可以看出，工程设计周期包括工程设计开始日期和完成日期，在工程设计开始前，发包人要向设计人发出开始工程设计工作的通知，这一通知通常要在工程设计开始日期的 7 天前发出，以工程设计开始日期起算设计周期。

在范本中可以看到，约定了“具体工程设计周期以专用合同条款及其附件的约定为准”。在专用合同条款中，示范文本约定了 3 部分内容，包括工程设计进度计划、工程设计进度延误和提前交付工程设计文件。

工程设计进度计划是控制工程设计进度的依据，当事人在编制工程设计进度计划时，要符合法律规定和一般工程设计实践惯例。在确定进度计划中的设计周期时，要明确各阶段设计任务的完成时间区间，并考虑在设计过程中双方当事人的交流时间。

设计人在完成设计工作的过程中，可能会因为各种原因，导致工程设计的实际进度与合同约定的进度安排不一致。此时，设计人就需要更改工程设计进度计划。设计人需要修改工程设计进度的，要向发包人提交修订的工程设计进度计划，并附有关措施和相关资料。发包人在收到设计人提交的修订的工程设计进度计划后，要在一定的时间内进行审核和批准或提出修改意见。

12.3.3 建筑工程施工合同

为了指导建设工程施工合同当事人的签约行为，住房城乡建设部和国家工商行政管理总局制定了《建设工程施工合同（示范文本）》（GF—2013—0201）（以下简称《示范文本》）。该示范文本同样由合同协议书、通用合同条款和专用合同条款 3 部分组成。合同协议书包含了建设工程施工合同所需的重要条款内容，下面就来看看该合同协议书的具体内容。

范本内容展示

资源下载 \Chapter12\ 建筑工程施工合同 .doc

建设工程施工合同

发包人（全称）：________________________

承包人（全称）：________________________

根据《中华人民共和国合同法》、《中华人民共和国建筑法》及有关法律规定，遵循平等、自愿、公平和诚实信用的原则，双方就__________________工程施工及有关事项协商一致，共同达成如下协议：

一、工程概况

1.工程名称：________________________。

2.工程地点：________________________。

3.工程立项批准文号：____________________。

4.资金来源：________________________。

5.工程内容：________________________。

群体工程应附《承包人承揽工程项目一览表》（附件 1）。

6.工程承包范围：

____

________________________________。

二、合同工期

计划开工日期：_______年_____月_____日。

计划竣工日期：_______年_____月_____日。

工期总日历天数：________天。工期总日历天数与根据前述计划开竣工日期计算的工期天数不一致的，以工期总日历天数为准。

三、质量标准

工程质量符合________________________标准。

四、签约合同价与合同价格形式

1.签约合同价为：

人民币（大写）____________（¥__________元）；

其中：

（1）安全文明施工费：

人民币（大写）____________（¥__________元）；

（2）材料和工程设备暂估价金额：

人民币（大写）____________（¥__________元）；

（3）专业工程暂估价金额：

人民币（大写）____________（¥__________元）；

（4）暂列金额：

人民币（大写）____________（¥__________元）。

2.合同价格形式：________________________。

五、项目经理

承包人项目经理：________________________。

六、合同文件构成

本协议书与下列文件一起构成合同文件：

（1）中标通知书（如果有）；

（2）投标函及其附录（如果有）；

（3）专用合同条款及其附件；

（4）通用合同条款；

（5）技术标准和要求；

（6）图纸；

（7）已标价工程量清单或预算书；

（8）其他合同文件。

在合同订立及履行过程中形成的与合同有关的文件均构成合同文件组成部分。

上述各项合同文件包括合同当事人就该项合同文件所作出的补充和修改，属于同一类内容的文件，应以最新签署的为准。专用合同条款及其附件须经合同当事人签字或盖章。

七、承诺

1.发包人承诺按照法律规定履行项目审批手续、筹集工程建设资金并按照合同约定的期限和方式支付合同价款。

2.承包人承诺按照法律规定及合同约定组织完成工程施工，确保工程质量和安全，不进行转包及违法分包，并在缺陷责任期及保修期内承担相应的工程维修责任。

3.发包人和承包人通过招投标形式签订合同的，双方理解并承诺不再就同一工程另行签订与合同实质性内容相背离的协议。

八、词语含义

本协议书中词语含义与第二部分通用合同条款中赋予的含义相同。

九、签订时间

本合同于________年____月____日签订。

十、签订地点

本合同在____________________________________签订。

十一、补充协议

合同未尽事宜，合同当事人另行签订补充协议，补充协议是合同的组成部分。

十二、合同生效

本合同自____________________________________生效。

十三、合同份数

本合同一式____份，均具有同等法律效力，发包人执____份，承包人执____份。

范本内容精讲

通过阅读上述建设工程施工合同范本，我们可以看出该合同主要包括了以下条款内容。

- **工程概况：**工程概况包含的内容有工程名称、工程地点和工程承包范围等，其中，工程范围是施工合同的必备条款。工程范围指施工的界区，是施工人进行施工的工作范围。
- **合同工期：**合同工期是指施工人完成施工任务的期限，工程的性质不同所需的工期也会不同，建设工期是否合理会影响工程质量的好坏。因此为保证工程质量，当事人要在合同中约定合理的工期。
- **质量标准：**质量标准即指工程质量的等级要求，是施工合同的核心内容。工程质量会通过设计图纸、施工说明书和施工技术标准来进行确定。
- **合同价：**合同价是指施工建设该工程所需的费用，如施工成本费和材料费等。在确定合同价款时要根据工程质量标准来合理确定。

除上述条款外，合同协议书还包括了合同文件构成、承诺、签订时间和签订地点等条款。示范文本中的通用合同条款和专用合同条款在这里没有展示，其中，通用合同条款是对合同当事人的权利义务作出的原则性约定，专用合同条款是对通用合同条款原则性约定的细化、完善、补充、修改或另行约定的条款。当事人可以根据建设工程的特点来约定相应的专用合同条款。

在示范文本通用合同条款中，对发包人和承包人的违约责任进行了约定，包括的内容有发包人和承包人违约的情形、发包人和承包人违约的责任以及因发包人和承包人违约可解除合同的情形。在实践中，发包人和承包人都可能因为自身原因导致解除合同。当承包人具有下列情形之一的，发包人可以请求解除建设工程施工合同。

◆ 明确表示或者以行为表明不履行合同主要义务的。

◆ 合同约定的期限内没有完工，且在发包人催告的合理期限内仍未完工的。

◆ 已经完成的建设工程质量不合格，并拒绝修复的。

◆ 将承包的建设工程非法转包、违法分包的。

当发包人具有下列情形之一，致使承包人无法施工，且在催告的合理期限内仍未履行相应义务，承包人可以请求解除建设工程施工合同。

◆ 未按约定支付工程价款的。

◆ 提供的主要建筑材料、建筑构配件和设备不符合强制性标准的。

◆ 不履行合同约定的协助义务的。

因一方违约导致合同解除的，违约方应当赔偿因此而给对方造成的损失，需要注意的是，在施工合同解除后，若已经完成的建设工程质量合格，发包人也要按照约定支付相应的工程价款。

第十三章

委托办理事务——委托合同

13.1 初识委托合同

■含义与特征 ■特别委托和概括委托

委托合同是有着悠久历史的合同，它的适用范围广，自然人之间、法人之间以及自然人与法人都可以签订委托合同。但需要注意，具有人身属性的法律行为或事实行为不适用于委托合同。

13.1.1 委托合同的含义与特征

委托合同是委托人和受托人约定，由受托人处理委托人事务的合同。在委托合同关系中，委托他人为自己处理事务的人被称为委托人，接受委托的人被称为受托人。委托合同具有以下几点特征。

◆ 合同标的是劳务

委托合同中的合同客体是受托人处理委托事务的行为，受托人与委托人订立合同的目的是为了通过受托人提供劳务来实现某一结果。

◆ 3种合同形式

委托合同是诺成、非要式和双务合同，委托合同要成立，不仅要有委托人委托的意思表示，还要有受托人接受委托的承诺，委托合同在委托人作出承诺时生效。在订立委托合同时，可以采用口头形式，也可以采用书面形式。当委托合同成立生效后，无论该合同是否有偿，委托人和受托人都要承担各自的义务。

◆ 可以是有偿和无偿合同

委托合同既可以是有偿合同，也可以是无偿合同。委托合同是否有偿应根据委托事务的性质和难易程度来协商确定。如果双方在委托合同中约定了报酬，那么委托合同就是有偿合同，反之为无偿合同。

◆ 委托人支付费用

受托人在履行委托合同的过程中，往往需要花费一定的费用，这笔费用应由委托人承担，且不论委托合同是有偿合同还是无偿合同，委托人都有义务支付处理委托事务的费用给受托人，若受托人处理委托事务时垫付了费用，那么委托人也要将这笔费用补偿给受托人。对于受托人处理委托事务的结果，由委托人承受。

13.1.2 特别委托和概括委托

根据受托人的权限范围，可以把委托分为特别委托和概括委托两种形式，下面来分别认识特别委托和概括委托。

1. 特别委托

特别委托是指委托人就指定的某一项或数项事务进行委托，当受托人在接受特别委托后，受托人就要对特定的受托事务进行处理。特别委托一般有以下几种情况。

- 不动产出售、出租或者就不动产设定抵押权。
- 赠与。赠与属于无偿行为，因此需要委托人特别授权。
- 和解。指发生纠纷后，当事人双方为处理和结束纠纷，请求有关人员进行处理以终止争议。
- 诉讼。指当事人就有关事宜向法院提起诉讼，请求法院依照法定程序进行审判的行为。
- 仲裁。指当事人将争议或协议交予仲裁机构进行判断。

2. 概括委托

概括委托是指双方当事人约定受托人为委托人处理一切事务，特别委托与概括委托的主要区别就在于委托范围不同，概括委托的范围大于特别委托的范围。

在实践中，区分特别委托和概括委托有重要的意义。通常情况下，如果当事人没有事先约定委托事务的范围和权限，那么就属于概括委托；如果当事人约定了委托事务包含的具体事项，那么就属于特别委托。

区分特别委托和概括委托的意义在于，可以让受托人明确自己从事的委托事项有哪些，也可以让第三人知晓受托人的身份和权限，避免因委托权限不明确而产生不必要的纠纷。

知识补充 委托事务的范围

委托人与受托人订立委托合同的目的在于让受托人帮其处理事务，只要能够产生民事权利义务关系的任何事务都可以委托受托人进行处理。如买卖事项、租赁事项和办理托运等事项。但需要注意，委托人不能委托受托人办理法律禁止的事项，或按照事务的性质不能委托他人办理的事务。

13.2 委托合同争议处理和陷阱防范

■委托事务 ■合同解除 ■风险防范 ■委托和代理

委托合同的订立是建立在委托人和受托人互信的基础上的，在现实生活中，基于互信基础订立的委托合同也会产生各种的纠纷，下面来看看委托合同常见的纠纷有哪些。

13.2.1 受托人未指示处理委托事务

在订立委托合同后，受托人就要按照委托人的指示处理委托事务，这是受托人的基本义务。一般情况下，受托人都不得变更委托人的指示，如果受托人在办理委托事务的过程中，需要变更委托人的指示，那么要经委托人的同意后才能变更，若委托人擅自变更委托指示，则容易产生纠纷。

但在实践中，可能因紧急情况导致受托人不能及时与委托人取得联系，在这种情形下，受托人应当妥善处理委托事务，但事后要将该情况及时报告委托人。受托人需要明确，只有在具备以下条件的情况下才可以不按委托人的指示处理委托事务。

- 因情况紧急，需要立即作出新的措施。
- 由于客观上的原因，难以和委托人取得联系。
- 依据情况这样办是为了委托人的利益所必须。

受托人因情况紧急，需要变更委托人的指示的情形在现实生活中也比较常见，如某委托人委托某股票经纪人帮其在某日出售股票，但该股票经纪人发现股票价格跌幅巨大，若等到委托人指示的当日再抛出股票会造成很大的损失，此时，该股票经纪人难以与委托人取得联系。在这种情况下，若该股票经纪人认为委托人在知晓该情况后，也会作出立即抛售股票的指示，那么该股票经纪人就有变更指示的权利，可以作出抛售股票的决定。

但是如果受托人在不应变更委托人指示的情况下，作出了变更，若该变更给委托人造成了损失，那么受托人就要承担损害赔偿责任。

在国外的相关法律法规中，也规定了受托人应当按照委托人的指示处理委托事务，但也允许其在特殊情况下变更委托人的指示。如德国民法典第六百六十五条规定：受托人受委托人的指示处理委托事务时，依情形认为委托人如知其情事亦能允许变更其指示者，得违反委托人的指示。

13.2.2 委托人解除合同，能否要求赔偿

委托人和受托人在履行委托合同的过程中，可能会出现委托人要解除合同的情况。那么委托人是否能单方面解除合同呢？当委托人解除合同时，受托人能否要求委托人赔偿呢？

《合同法》第四百一十条规定：委托人或者受托人可以随时解除委托合同。由此可见，法律赋予了委托人和受托人可以随时解除合同的权利（称为随时解除权）。委托人只要需要终止委托合同，那么是可以单方面解除合同的，且不须有任何的理由。

对于委托人解除委托合同是否需要承担赔偿责任，《合同法》规定：因解除合同给对方造成损失的，除不可归责于该当事人的事由以外，应当赔偿损失。

通过上述规定可以看出，如果委托人在解除合同时给受托人造成了损失，那么就可以要求委托人赔偿损失。如委托人在受托人未处理完成委托事项前就解除了合同，这就会使受托人因不能继续履行合同而少获得了报酬。

在这种情况下，委托人要给付受托人已履行的部分的报酬，在不可归责于受托人事由以外，因解除合同给委托人造成的报酬减少要承担赔偿责任。

从上述内容可知，只有在不可归责于受托人的情况下，委托人才会承担赔偿责任。若是因为受托人不履行合同义务或怠于处理委托事务，而使得委托人不得不解除合同。在这种情况下，虽然委托人解除合同同样会导致受托人报酬减少，但因解除合同的事由不可归责于委托人或完全归责于委托人。此时，因合同解除而使得受托人遭受了损失，委托人可以不予赔偿或者只赔偿其部分损失。

反之，受托人同样可以单方面解除委托合同，若解除合同给委托人造成了损失，在不可归责于受托人或完全归责于受托人的情形下，受托人可以不赔偿或赔偿部分给委托人造成的损失。

13.2.3 委托合同的法律风险如何防范

在委托合同中，受托人和委托人都可能面临法律风险，在面对不同的法律风险时正确处理是很重要的，下面就来看看如何处理委托合同中常见的法律风险。

◆ 受托人处理委托事务造成了损失

受托人在处理委托人委托的事务时，有可能会给自身带来损失。如果造成这种损失的事由是不可归责于受托人的，那么委托人就要承担赔偿责任。委托人为了避免此类情形给受托人带来损失，使自身承担赔偿责任。在委托受托人处理事务时，就要将处理委托事务可能给受托人带来损害的情形告知受托人，并明确防范措施，以避免受托人在处理委托事务时带来损失。

◆ 解除委托合同

前面我们已经知道了，委托人和受托人都拥有随时解除权，但如果解除合同的原因在于自身，且给对方造成了损失，那么就需要承担损害赔偿责任。为规避此种风险，当事人要在签订合同时就预测可能影响委托合同履行的各种事项，尽量避免提前解除合同。对于不可预知的因素造成的提前解除合同，需要做到尽量避免给对方造成损失。

◆ 共同处理委托事务

在委托合同关系中，可能存在有两个或两个以上受托人的情形，这种委托情形被称为共同委托。在共同委托下，存在受托人履行合同时给委托人造成了损失的情形。《合同法》第四百零九条规定：两个以上的受托人共同处理委托事务的，对委托人承担连带责任。

由此可见，即使是多个受托人中的一个受托人因其行使代理权而给委托人造成了损失，其他委托人也要承担连带责任。受托人为避免承担连带责任，可以在委托合同中约定按份责任，即约定各个受托人应承担的相应责任。

需要注意的是，共同委托的代理权必须是由数个受托人共同行使的，如果有两个及两个以上的受托人接受了同一委托人的委托，但各受托人之间不存在联系，是各自独立行使代理权，各自承担责任，存在多个委托合同，那么这种委托就不是共同委托。

13.2.4 区别对待委托和代理

在现实生活中，不少人会将委托关系和代理关系混淆。委托和代理之间存在联系，但也有区别。在委托合同关系中，受托人往往要以委托人的名义处理委托事务，有时会涉及第三人，委托人要承担受托人处理委托事务的结果，实质上形成了一种代理关系，这是两者之间的联系。

民事法律行为的委托代理，可以用书面形式，也可以用口头形式，而委托合同同样可以采取书面和口头形式，这是两者的相似之处，两者主要有以下区别。

◆ 适用范围不同

代理包括委托代理、法定代理和指定代理。委托代理按照被代理人的委托行使代理权，法定代理人依照法律的规定行使代理权，指定代理人按照人民法院或者指定单位的指定行使代理权。

而委托合同仅仅是委托代理关系产生的基础，不涉及法定代理和指定代理。在代理中，代理人可以在代理权限内实施民事法律行为。在委托合同中，委托人委托的既可以是民事法律行为，也可以是单纯的事实行为。

◆ 当事人处理事务的名义不同

在代理中，代理人要以被代理人的名义来进行民事法律行为，依照法律规定或者按照双方当事人约定，应当由本人实施的民事法律行为，不得代理。在委托中，受托人可以以委托人的名义办理委托事务，也可以以自己的名义办理委托事务。但受托人以自己的名义处理委托事务时，要注意委托人的授权范围。

◆ 合同成立条件不同

我们知道委托合同的成立有两个条件，即委托人的委托意思表示和受托人接受委托的承诺，而代理关系的成立属于单方面的法律行为，只要被代理人作出了意思表示，那么代理人即可获得代理权，代理人不必作出承诺。

◆ 涉及当事人不同

代理关系会涉及被代理人、代理人和第三人三方当事人，而委托合同只对委托人与受托人具有法律约束力，与第三人无关。在代理中，代理权是代理关系形成的基础，而在委托中，委托人可以不授予代理权给受托人，因为受托人也可以以自己的名义处理委托事务。但如果委托人委托的事务会涉及对外的法律行为，那么通常就会有代理权的授权。

13.3 委托合同范本详讲

■项目委托合同 ■商业设计委托合同 ■公司委托贷款合同

委托合同中，受托人处理委托事务的行为可以是法律行为也可以是事实行为，因此委托合同在现实生活中也是很常见的合同。通过前面知识的了解我们已经对委托合同有了一定的认识，下面就来看看常见的委托合同范本。

13.3.1 项目委托合同

根据委托项目的不同，项目委托合同有多种，如委托进行网站项目建设和委托进行项目实验等。这里我们以项目委托合同通用范本为例，来看看项目委托合同的具体条款内容。

范本内容展示

◎资源下载 \Chapter13\ 项目委托合同 .doc

项目委托合同

委托方：

受托方：

委托方委托受托方实施__________________________项目。在合法、平等、自愿的基础上，根据《中华人民共和国合同法》有关规定，经双方充分协商一致，就双方合意达成条款如下：

一、受托事项：

委托受托方实施________________________________项目。

二、委托方责任：

1. 提供受托方完成项目所必要的条件和环境。
2. 提供项目进行中所必须的资料和信息。
3. 按本合同约定的价款给受托方付款。
4. 未经双方协商一致，不得无故变更合同价款。
5. 不得委托受托方从事违法的委托事项。
6. 其他受托方应履行的义务。

三、受托方责任：

1. 在委托方统一管理下，负责委托项目的具体实施。
2. 严格按照委托方的要求做好该项目的保密工作。
3. 应按照合同约定方式和标准，交付项目实验成果。
4. 合同履行期间，不得违反合同约定，遵守项目履行时应遵守的相关法律、法规。
5. 承担合同价款取得的相关税费。
6. 承担本项目合同履行期间的设备材料及相关人员的人身伤害事故的全部法律责任。
7. 其他应由受托方承担的义务。

四、相关费用及付款方式：

1、双方约定本项目服务费用为______万元，项目完成经委托方验收合格后一次性付清。

五、违约责任：

1. 委托方应及时提供相应的条件和环境或项目所需资料、信息，由于委托方原因不能完成，委托方负责其后果。
2. 如因受托方疏忽出现商业机密泄露问题，受托方应承担其后果，并赔偿委托方相应的经济损失。
3. 受托方应按照进度安排执行项目实施计划，如果无故拖延或因能力不足无法完成的应承担其后果，并赔偿委托方经济损失。
4. 如果委托方不按合同约定方式付款，受托方有权解除合同。
5. 如对项目完成质量发生争议，应由双方共同认可的第三方评判。

六、合同纠纷的解决方式：

合同执行中如果发生争议，双方应首先通过友好协商解决。如果双方不能协商解决，由____________人民法院以诉讼方式解决。

七、其它：

1. 本合同自签订之日起生效，合同履行期间，双方均不得随意变更或解除合同。
2. 如有未尽事宜，双方本着诚实信用、公平友好的原则共同协商，以书面形式做出补充规定，补充规定与合同具有同等法律效力。

本合同壹式___份甲方执___份，乙方执___份，从正式签订之日起生效。

委托方：　　　　　　受托方：

日期：　　　　　　　日期：

范本内容精讲

上述项目委托合同范本的内容比较简单，约定了合同当事人的基本权利义务，在“受托方责任”条款中，约定了受托方“应按照合同约定方式和标准，交付项目实验成果”。

在委托合同终止时，向委托人报告项目委托的结果是受托人的义务。另外，在受托人办理委托事务的过程中，受托人也要根据委托人的要求，告知委托人项目处理的进度、情况以及存在的问题等，以便让委托人能够及时了解项目进展。

受托人在处理完委托人委托的项目，并经委托方验收合格后，委托人就要支付合同价款给受托人，若委托人拒不支付费用，那么就要承担违约责任，在范本中约定的违约责任为“如果委托方不按合同约定方式付款，受托方有权解除合同”。

在实践中，受托人处理委托事务过程中涉及的各项费用有可能是由委托人预付，也可能是由受托人垫付。《合同法》第三百九十八条规定：委托人应当预付处理委托事务的费用。受托人为处理委托事务垫付的必要费用，委托人应当偿还该费用及其利息。

由此可见，委托人有预付费用的义务。《合同法》之所以规定了委托人预付费用的义务，是因为委托合同的特点是受托人用委托人的费用处理委托事务，因此受托人没有垫付费用的义务。但如果费用是为了委托人的利益而要支付的必要支出，那么受托人仍要预付费用，如委托律师向法院提起诉讼，该受托人要预付诉讼费，该诉讼费与合同约定的报酬并不是一个概念。

对于委托人预先支付的预付款，受托人在处理完委托事务后，若还有剩余，那么应当将剩余的部分预付款归还给委托人。

委托人除有预付费用的义务，还有偿还受托人支出必要费用的义务，受托人支出的必要费用，是受托人垫付的，因此受托人可以请求委托人偿还这笔费用。必要费用指差旅费用、有关财产的运输费、仓储费和交通费等。

判断费用是否为必要费用，要根据委托事务的性质来判断，在判断时可以从以下 3 个方面来考虑。

- **直接性原则**：即指受托人支出的费用应与所处理的事务有直接联系。
- **有益性原则**：受托人支出必要费用的目的是使委托人受益，该费用支付应当有利于委托人。
- **经济性原则**：委托人支出必要费用时，应尽善良人的行为，尽量为委托人节省费用，采用更为恰当的方法处理事务。

从《合同法》第三百九十八条的规定可以看出，委托人还有偿还利息的义务，如果在委托合同中双方就它约定了利率，那么在计算利息时就按约定的利率来计算；如果利率没有约定或约定得不明确，那么应按法定利率来计算。

13.3.2 商业设计委托合同

良好的商业设计能为公司带来商业价值，因此不少公司都会委托他人为其进行商业设计规划，下面就来看看商业设计委托合同的范本内容。

范本内容展示

资源下载 \Chapter13\ 商业设计委托合同 .doc

商业设计委托合同

甲方（委托方）：

乙方（受托方）：

依据《中华人民共和国合同法》和有关法规的规定，乙方接受甲方的委托，就公司商业设计事项，双方经协商一致，签订本合同，信守执行：

一、委托之事项

画册设计　包装设计　广告设计　海报设计　网页设计　其他______________

二、委托设计费用

总价为：人民币____________元，（大写：____________________）

三、付款方式

1、甲方需在合同签订之日起两个工作日内将委托设计总费用的40%通过电汇或银行转账到乙方公司账户（乙方收到甲方的银行划账凭据后作为设计的开始时间）。

2、设计完成后，甲方需在三天内签名或盖章确认（以传真方式确认同样有效），确认后甲方应当即付设计费用的全部余款（总费用的60%）。

四、乙方设计作品的时间、交付方式

1、乙方需在______个工作日内设计出甲方__________设计（委托事项）初稿。设计完成的时间为______个工作日左右。

2、乙方以电子稿交付方式交付设计的作品，乙方在收到甲方余款结清后的有关凭据后一个工作日内通过网络或邮寄快递的方式把设计作品电子稿交予甲方（_______地区包送服务）。

五、知识产权约定

1、乙方对设计完成的作品享有著作权。甲方将委托设计的所有费用结算完毕后，乙方可将作品著作权转让给甲方。但乙方保留用于参展、评选的权利。

2、甲方在未付清所有委托设计费用之前，乙方设计的作品著作权归乙方，甲方对该作品不享有任何权利。

3、甲方在余款未付清之前擅自使用或者修改使用乙方设计的作品而导致的侵权，乙方有权依据《中华人民共和国著作权法》追究其法律责任。

六、双方的权利义务

甲方权利：

1、甲方有权对乙方的设计提出建议和思路，以使乙方设计的作品更符合甲方企业文化内涵。

2、甲方有权对乙方所设计的作品提出修改意见；

甲方义务：

1、甲方按照合同约定支付相关费用；

2、甲方有义务提供有关企业资料或其他有关资料给乙方；

乙方权利：

1、乙方有权要求甲方提供有关企业资料供乙方设计参考；

2、乙方有权要求甲方按照合同约定支付相应款项；

3、乙方对设计的作品享有著作权，有权要求甲方在未付清款项之前不得使用该设计作品；

乙方义务：

1、乙方需按照甲方的要求进行作品设计。

2、乙方需按照合同约定按时交付设计作品。

七、违约责任

1、甲方在设计作品初稿完成前终止合同，其预付的_____%费用无权要求退回；甲方在乙方作品初稿完成后终止合同的，应当支付全额的设计费用。

2、乙方如无正当理由提前终止合同，所收取的费用应当全部退回给甲方。

八、合同生效

本合同下载打印需由甲乙双方签字盖章，以双方最后签字日期为生效日。

本合同一式两份，甲乙双方各持对方签字（盖章）合同一份，均具有同等法律效力。

甲方（盖章）：	乙方（盖章）：
甲方代表签名：	乙方代表签名：
地址：	地址：
电话：	电话：
日期：	日期：
开户行：	户名：
账号：	账号：

范本内容精讲

上述商业设计委托合同的合同标的包括画册设计、包装设计和海报设计等，由于设计作品属于知识产权的一种，因此在范本中对知识产权进行了约定，具体内容如下图所示。

五、知识产权约定

1. 乙方对设计完成的作品享有著作权。甲方将委托设计的所有费用结算完毕后，乙方可将作品著作权转让给甲方。但乙方保留用于参展、评选的权利。

2. 甲方在未付清所有委托设计费用之前，乙方设计的作品著作权归乙方，甲方对该作品不享有任何权利。

3. 甲方在余款未付清之前擅自使用或者修改使用乙方设计的作品而导致的侵权，乙方有权依据《中华人民共和国著作权法》追究其法律责任。

从上述内容可以看出，在受托方完成作品设计后，委托方并不能马上获得著作权，双方约定了待所有费用结算完成后，受托方可以转让著作权。在商业设计中，著作权归属谁是很重要的。如果在合同中当事人没有明确约定著作权的归属，那么著作权属于受托人，因为《著作权法》第十七条明确规定：受委托创作的作品，著作权的归属由委托人和受托人通过合同约定。合同未作明确约定或者没有订立合同的，著作权属于受托人。

《著作权法》中所称的作品，包括以下列形式委托创作的文学、艺术和自然科学、社会科学、工程技术等作品。

- 文字作品。
- 口述作品。
- 音乐、戏剧、曲艺、舞蹈和杂技艺术作品。
- 美术和建筑作品。
- 摄影作品。
- 计算机软件。
- 电影作品和以类似摄制电影的方法创作的作品。
- 工程设计图、产品设计图、地图和示意图等图形作品和模型作品。
- 法律和行政法规规定的其他作品。

知识补充 著作权包括哪些权利

著作权包括发表权、署名权、修改权、保护作品完整权、复制权、发行权、出租权、展览权、表演权、放映权、广播权、信息网络传播权、摄制权、改编权、翻译权、汇编权以及应当由著作权人享有的其他权利。

13.3.3 公司委托贷款合同

在公司经营过程中，为进行资金周转会将合法资金转入委托银行，让其帮忙确定贷款对象、发放贷款并收回贷款。

委托贷款中的委托人可以是政府部门、企事业单位和个人，受托银行只负责办理相关贷款手续，贷款风险由委托人承担。下面就来看看公司委托贷款合同的范本内容。

范本内容展示

资源下载 \Chapter13\ 公司委托贷款合同 .doc

方之权利、义务，经三方协商一致，特订立本合同，以便共同遵守。

第一章 定义

第 1 条 公司委托贷款（以下简称“委托贷款”）——指由政府部门、企事业单位等委托人提供资金，由贷款人（即受托人）根据委托人确定的贷款对象、用途、金额、期限、利率等而代理发放、监督使用并协助收回的贷款，其贷款风险由委托人承担，贷款人（即受托人）只收取相应委托贷款手续费，不承担任何形式的贷款风险。

第二章 委托贷款事项

第 2 条 贷款币种、金额和期限

2.1 本合同项下的委托贷款的币种为：____，金额为（大写________）：（小写：________）。

2.2 本合同项下的委托贷款的贷款期限为：____年，自____年____月____日起至____年____月____日止。贷款实际发放日与上述贷款期限约定的起始日不同的，以贷款实际发放日为贷款期限的起始日，但上述约定的贷款期限不变，贷款到期日自动变更。贷款实际发放日以实际放款时的借据上载明的日期为准。

第 3 条 贷款用途

3.1 本合同项下的委托贷款，借款人的用途为用于：

____________________________________。

3.2 未经委托人事先书面同意，借款人不得改变本合同规定的贷款用途。

3.3 委托人应自行审核借款人的贷款用途的合规性，受托人不对借款人运用贷款的方式和用途承担任何责任。

第 4 条 贷款利率

4.1 本合同项下的委托贷款的年利率为：________________。

4.2 如果委托人或借款人依法要求调整利率且双方达成一致协议的，应提前 5 个对公营业日通知受托人，本合同项下贷款利率方可进行调整，但调整后的贷款利率应符合人民银行的相关规定。

4.3 如果借款人未按照本合同的约定偿还贷款本金，借款人须自该笔贷款逾期之日起按逾期罚息利率支付罚息，直至借款人清偿全部本息为止；逾期罚息利率为本合同第 4.1 条约定的贷款利率上浮____%。

4.4 如果借款人未按本合同规定的用途使用贷款的，借款人须自未按照合同规定用途使用贷款之日起按挪用罚息利率支付罚息，直至借款人清偿全部本息为止；挪用罚息利率为本合同第 4.1 条约定的贷款利率上浮____%。

4.5 对借款人未能按时支付的利息，受托人有权按照逾期罚息利率计收复利。

第三章 账户开立

第 5 条 在本合同签订之日起____日内，委托人应当在受托人处开立结算账户作为“委托贷款资金专户”（以下简称为“委托人账户”），用于发放委托贷款和收取贷款本息等；借款人应当在委托人开立贷款账户和存款账户（以下简称为“借款人账户”），用于办理提款和还本付息等。委托人账户内的资金不计利息。

第四章 委托贷款的发放

第 6 条 委托人应在本合同第 7 条、第 8 条规定的贷款发放日期之前至少提前____个对公营业日将委托贷款资金足额存入委托人账户，以用于发放委托贷款。

第 7 条 本合同及与本合同有关的保证合同、质押合同、抵押合同等文件正式生效并且受托人取得委托人签发的《委托贷款通知书》后，借款人方可办理提款。

第 8 条 本合同项下的委托贷款的发放方式为一次发放或分次发放，具体发放日期和金额以委托人《委托贷款通知书》通知内容为准。

第 9 条 借款人在办理提款时应向受托人提交借据，由受托人在相应的贷款发放日期当日将委托贷款金额从委托人账户划入借款人账户中。如果委托人账户中的金额小于贷款发放金额，则受托人划付的责任仅以委托人账户中的金额为限，受托人并不承担未能足额发放贷款的违约责任。

第 10 条 借款人应当按照本合同约定提取贷款，并按照本合同约定的贷款用途使用本合同项下之委托贷款。

第五章 委托贷款的偿还

第 11 条 本合同项下的委托贷款的还款来源是偿还方式为下列第_____项：

1.一年以下（含一年）的贷款，实行到期一次还本付息，利随本清；

2.一年以上的贷款，按____结息，利息支付日为____，利息共分____期支付，每期付息金额为____，到期结清本息；

3.其他：________________________。

第 12 条 借款人应按本合同约定按期偿还贷款本金并支付利息，并应按第 11 条的约定于本合同所约定的利息支付日或本息结清日将应付款项汇入借款人账户，由受托人划入委托人账户。如果借款人账户中的金额小于应付款项金额，则受托人划付的责任仅以借款人账户中的金额为限，受托人并不承担未能足额还款的违约责任。

第 13 条 借款人应在借款到期日向受托人按时足额归还本合同项下的贷款本息。

第 14 条 借款人如欲提前归还贷款，应提前 30 个对公营业日日向受托人提出书面申请，并征得委托人和受托人的同意后方可提前归还贷款。

第六章 委托贷款的担保

第 15 条 本合同项下委托贷款的担保方式为以下第____项：

15.1 受托人与担保人就具体担保事项签订相应的担保合同，作为本合同的从合同：

编号为____担保字第____号《保证合同》；

编号为____担抵字第____号《抵押合同》；

编号为____担质字第____号《质押合同》；

________________________。

15.2 委托人与担保人就具体担保事项另行签订相应的担保合同。

第六章 委托贷款的手续费

第 16 条 受托人按照本合同约定的委托贷款金额和委托贷款期限收取委托贷款手续费，手续费费率为______。

对于因借款人未按期还本付息的违约行为而向借款人加收的罚息，受托人按照罚息金额向委托人加收手续费，手续费费率为______。

第 17 条 委托贷款手续费由委托人承担，受托人收取委托贷款手续费的具体方式及时间，按下列第____项约定办理：

17.1 在本合同签订之日起 5 日内，由委托人向受托人一次性支付，或由受托人直接从委托人账户中一次性扣收；

17.2 在本合同签订之日起 5 日内，由借款人代委托人向受托人一次性支付，或由受托人直接从借款人账户中一次性扣收；

17.3 其他________________________。

第 18 条 受托人对于委托贷款手续费的收取不受委托贷款是否归还或提前归还的影响。

第七章 委托人的声明及保证

第 19 条 委托人自愿委托受托人，以受托人名义发放本合同项下的委托贷款，并自行承担该贷款可能产生的任何风险。委托人声明其已知悉并完全同意本合同项下的全部条款和内容。

第 20 条 委托人保证其提供的委托贷款资金是其拥有所有权和支配权的合法自有资金，其来源和用途符合国家法律、法规的规定。

第 21 条 委托人保证具有签订和履行本合同的合法资格与能力，并已办妥对委托人而言属于必要的批准、登记、备案手续；代表委托人签署本合同的签署人已获委托人的正式授权，有权代表委托人签署及递交本合同和/或其他相关文件，以使委托人受本合同的约束。

第 22 条 委托人签署、递交及履行本合同和其他有关文件，不违反任何委托人已经签署、递交或履行的其他合同或协议，且不违反委托人的任何义务或任何管辖委托人及其财产的法律法规的规定。委托人签署及履行本合同，亦不违反委托人的章程或其组织文件。

第 23 条 委托人在签署本合同时，不存在任何可能影响签署或履行本合同的情形。

第 24 条 委托人保证按照本合同的约定，向受托人支付委托贷款的手续费。

第 25 条 委托人保证所提供的一切书面文件均真实、完整、有效。

第 26 条 委托人保证按照本合同约定在委托贷款发放前将自有资金足额存入委托人账户，并保证该账户上的资金余额能够满足本合同所规定的贷款发放金额。

第 27 条 委托人声明：本合同项下委托贷款的借款人系委托人指定，委托贷款金额、用途、利率、贷款期限等均经委托人确认。

第 28 条 委托人承诺：其签署和履行本合同是自愿的，其在本合同项下的全部意思表示真实；本合同项下贷款损失的风险由委托人自行承担，受托人不承担贷款损失的任何风险。

第八章 借款人的声明及保证

第 29 条 借款人是一家依照中国法律设立并有效存续的法人实体/其他经济组织，具有独立的民事行为能力，并享有充分的权力、授权及权利以其全部资产承担民事责任并从事经营活动。

第 30 条 借款人保证其具有签订和履行本合同的合法资格与能力，并已办妥对借款人而言属于必要的批准、登记、备案手续；代表借款人签署本合同的签署人已获借款人的正式授权，有权代表借款人签署及递交本合同和/或其他相关文件，以使借款人受本合同的约束。

第 31 条 借款人签署、递交及履行本合同和其他有关文件，不违反任何借款人已经签署、递交或履行的其他合同或协议，且不违反借款人的任何义务或任何管辖借款人及其财产的法律法规的规定，借款人签署和履行本合同，亦不违反借款人的章程或其组织文件。

第 32 条 就本合同有关的所有重要事项，以及其他足以影响到委托人或/及受托人判断本合同项下的风险或决定是否签署本合同、是否发放本合同项下贷款、是否采取本合同项下的任何其他行动之所有重要方面，借款人都已尽其所能向委托人和受托人均提供了充分的、真实的、合法的、有效的和完整的文件资料、陈述、说明、解释和其他信息；借款人保证所提供的一切书面文件均真实、完整、有效。

第 33 条 截至签署本合同时为止，不存在任何可能影响签署本合同的或履行本合同义务或责任的、任何针对借款人的诉讼、仲裁、强制执行、行政处罚、强制措施或其他法律程序，并且借款人基于善意和诚信原则已合理预期直至贷款发放日都不会出现上述情形。借款人未隐瞒任何业已发生或即将发生的可能使委托人不同意发放本合同项下委托贷款的事件。

第 34 条 借款人声明：签署和履行本合同是自愿的，其在本合同项下的全部意思表示真实；借款人已知悉并完全同意本合同项下的全部条款和内容。

第八章 受托人的声明及保证

第 35 条 受托人是一家依照中国法律设立并有效存续的银行金融机构，具有委托贷款经营资格。

第 36 条 已发放的委托贷款尚未到期或到期后尚未收回的，委托人不得要求受托人归还部分或全部委托贷款，受托人不承担委托贷款的任何风险。

第 37 条 受托人保证按照本合同约定，按时足额向借款人提供贷款。对于借款人在付息日支付的利息，受托人应于到账后 5 日内划至委托人账户。若借款人在合同到期时支付了其应付的本金和利息，受托人应于到账后 5 日内划至委托人账户。

第 38 条 受托人在向委托人划付利息收入时，应依法履行为委托人代扣代缴相关税费的义务，受托人实际划付给委托人的利息应为依照国家有关法律、法规缴纳相关税费后的余额。

第九章 各方的权利和义务

第 39 条 委托人的权利和义务

39.1 委托人有权委托受托人协助其催收贷款，但委托人应承担催收费用；

39.2 委托人有权要求受托人按本合同之约定及时划付借款人按期偿还的委托贷款本息；

39.3 委托人有义务依照本合同约定，向受托人支付委托贷款手续费；

39.4 委托人有义务承担本合同项下委托贷款的风险；

39.5 委托人有义务在受托人处开立账户，用于办理交付委托贷款的本金和收取借款人偿还的委托贷款的本息。

第 40 条 借款人的权利和义务

40.1 借款人有权按照本合同的约定取得并使用委托贷款。

40.2 借款人在使用委托贷款前有义务按照本合同约定的贷款发放计划，向受托人一次或分次订立借款借据；

40.3 借款人有义务在受托人处开立账户，用于办理提款、还款、付息等手续；

40.4 借款人有义务按照本合同约定支付利息并偿还本合同项下贷款本金；

40.5 借款人有义务按照本合同约定贷款用途使用贷款，并保证贷款用途符合国家有关法律、法规的规定；

40.6 借款人在贷款期间如发生借款人名称和法定代表人变更、法定地址变更等重大事项，应提前三十个对公营业日书面通知委托人和受托人；

40.7 借款人在清偿其在本合同项下的全部债务之前如进行承包租赁、股份制改造、联营、合并、兼并、分立、合资、资产转让、停业整顿、解散、破产以及其他对其履行本合同项下还款义务构成重大威胁的事件，应提前三十个对公营业日书面通知委托人和受托人，并经委托人书面同意，同时落实债务清偿责任或者提前清偿，否则不得进行上述行为；

40.8 借款人如发生除上款所述事件外的对其正常经营构成危险或对其履行本合同项下还款义务产生重大不理影响的其他任何事件，应立即书面通知委托人和受托人；

40.9 如借款人发生隶属关系变更、董事会成员变动、公司章程修改的，须得到委托人的书面同意，借款人发生总经理或副总经理职位变动的，借款人须在变动后十个对公营业日内书面通知委托人和受托人；

40.10 在贷款期限内，借款人有义务接受委托人、受托人对其使用贷款情况和有关生产经营、财务活动进行监督。

第 41 条 受托人的权利和义务

41.1 受托人根据委托人的委托提供委托贷款服务，根据委托人的委托负责办理委托人委托之贷款的发放及催收等手续；

41.2 受托人有权按照本合同约定，向委托人收取委托贷款手续费；

41.3 受托人有义务按照本合同规定按时足额向借款人发放委托贷款；

41.4 因借款人破产或其他原因无法收回的委托贷款，受托人可根据委托人的书面通知，终止履行本合同规定的责任和义务。如受托人未收到委托人书面通知，则在委托贷款逾期满 1 年后，受托人有权将该笔委托贷款注销，受托人不再履行委托贷款合同规定的责任和义务，一切责任由委托人自行承担。

第十章 委托贷款风险的承担

第 42 条 根据我国有关委托贷款的法律规定，委托人、受托人明确约定，本合同项下委托贷款的风险由委托人承担。若借款人在贷款到期时未能清偿归还贷款本金及利息等债务，受托人对委托人的损失不承担任何赔偿或担保责任，委托人无权要求受托人返还部分或全部委托贷款。

第 43 条 委托贷款到期后借款人不能偿还的，如需要通过司法程序进行追索，受托人无义务为委托人的利益主动提起诉讼。经委托人的要求并经受托人同意由受托人向借款人提起诉讼的，委托人应承担受托人为此产生的一切支出和费用。

第十一章 违约责任

第 44 条 本合同生效后，各方均应履行本合同所约定的义务。任何一方不履行或不完全履行本合同所约定之义务，应当承担相应的违约责任，并赔偿由此给对方造成的损失。

第 45 条 下述任一事件，均构成借款人在本合同项下的违约：

1、借款人未按本合同规定期限支付利息或归还本金；

2、借款人未按本合同规定用途使用贷款；

3、借款人在本合同项下作出的声明与保证被证明是不真实的，或是具有误导性的；

4、借款人提供虚假或隐瞒重要事实的财务报表，或者拒绝接受对其使用贷款情况和有关生产经营、财务活动进行监督的；

5、发生本合同第 40.7 条之情形，未能做出令委托人满意的偿还安排的；

6、借款人经营、财务状况严重恶化的；

7、借款人破产、被解散、关闭或撤销的；

8、借款人其他影响或可能影响本合同项下债权安全的行为。

第 46 条 发生上述任何借款人违约事件后，受托人根据委托人的申请有权采取以下任何一项或多项措施：

1、按照本合同第 4.3 条规定向借款人收取逾期罚息；

2、按照本合同第 4.4 条规定收取挪用罚息；

3、限期要求借款人纠正违约行为；

4、停止使用或取消借款人尚未提取的贷款额度；

5、宣布所有已发放的贷款立即到期，并要求借款人立即偿还全部已发放的贷款本息、利息或其他应付款项。

第 47 条 下述任一事件，均构成委托人在本合同项下的违约：

1、未按本合同规定在委托人账户中存入足额贷款资金；

范本内容精讲

在上述公司委托贷款合同中，我们选取了中间部分的条款内容进行展示。通过阅读范本内容，可以看到公司委托贷款合同涉及的当事人有三方，包括委托人、受托人和借款人，这种委托贷款合同属于三方协议的委托贷款，在实践中还存在双方协议的委托贷款，即合同是由委托人（资金提供人）和受托人（银行）签订的委托合同与贷款人（银行）和借款人签订的借款合同共同组成。但不管是双方协议还是三方协议，委托贷款都存在两个合同关系。

范本第二章条款是关于“委托贷款事项”的内容，对贷款的币种、金额、期限、用途和利率进行了约定，合同中的这些贷款具体内容应由委托人来确定。要注意的是，委托人确定的贷款条件要符合国家有关政策的规定。

当委托贷款是由委托合同和借款合同共同组成时，受托人要按照委托人指示的贷款条件，以自己的名义来与借款人签订借款合同。

在实践中，可能存在借款人与受托人在订立借款合同时并不知晓受托人与委托人之间的代理关系的情形。在这种情形下，委托人可以行使介入权。介入权是指在受托人与第三人的合同关系中，委托人取代受托人的地位，介入到原本是受托人与第三人的合同关系中。

除此之外，当第三人不履行合同义务时，间接影响了委托人的利益，这时受托人应向委托人披露第三人，因受托人的披露，委托人也可以行使介入权。

在委托人行使介入权时，要通知受托人与第三人。第三人在接到通知后，除第三人与受托人订立合同时如果知道该委托人就不会订立合同的以外，委托人取代受托人的地位，该合同对委托人与第三人仍具有约束力。当然因受托人的披露，委托人也可以不行使介入权，仍由受托人处理第三人的违约责任情况。

在范本“委托人的声明及保证”条款中，我们可以看到以下约定。

第 19 条 委托人自愿委托受托人，以受托人名义发放本合同项下的委托贷款，并自行承担该贷款可能产生的任何风险。委托人声明其已知悉并完全同意本合同项下的全部条款和内容。

第 20 条 委托人保证其提供的委托贷款资金是其拥有所有权和支配权的合法

自有资金，其来源和用途符合国家法律、法规的规定。

上述约定明确了贷款资金来源和贷款风险均由委托人承担，表明了受托人的代理人身份。在范本的“受托人的权利和义务”条款中也可以看出受托人的主要义务只是发放和催收贷款，并没有约定受托人有负责追回贷款的义务。

在委托贷款合同关系中，委托人和受托人之间的委托代理关系适用于《合同法》第四百零二条的规定，即受托人以自己的名义，在委托人的授权范围内与第三人订立的合同，第三人在订立合同时知道受托人与委托人之间的代理关系的，该合同直接约束委托人和第三人，但有确切证据证明该合同只约束受托人和第三人的除外。该规定使得借款人与受托人之间订立的借贷关系可以直接约束委托人与借款人。

在委托贷款中，受托人的收益来自于委托人支付的手续费。委托贷款的手续费由受托人和委托人进行协商确定。范本中的手续费是按照委托贷款金额、委托贷款期限和手续费费率来确定的。

另外，如果借款人出现了未按期还本付息的违约行为，那么受托人还会根据约定的条款按比例来向委托人收取手续费。在订立委托贷款合同时，当事人要注意，委托贷款的金额不能超过委托人存入金融机构的委托贷款资金总额。

知识补充 公司办理委托贷款的流程

受托银行受理委托人申请→银行进行资金的合法性调查，签订委托贷款协议→委托资金存入受托人银行→银行进行基本的业务调查，并按程序审批→签订委托贷款合同，发放贷款→贷款管理与回收。

第十四章

其他常见的合同

14.1 委托人从事贸易活动——行纪合同

■认识行纪合同 ■陷阱防范 ■范本详讲

行纪合同是行纪人以自己的名义为委托人从事贸易活动，委托人支付报酬的合同，接受委托的一方为行纪人，而另一方则为委托人。

14.1.1 什么是行纪合同

行纪合同与委托合同有相似之处，合同的订立都是建立在当事人互相信任的基础上的，且都是以处理某一事务为目的。两者的区别在于适用性不同，行纪合同的适用范围更窄，行纪合同作为有名合同其具有以下特点。

- 行纪合同的合同标的是委托人委托的某一贸易活动，一般的民事活动不属于贸易活动。
- 行纪人只能以自己的名义为委托人从事贸易活动，行纪人并不需要告知第三人自己是受人之托，同时第三人也无须知晓行纪人的委托人是谁。
- 行纪合同是双务、有偿、非要式和诺成合同，行纪人为委托人处理事务并不是免费的，行纪人都会收取一定的费用。
- 行纪人的行纪行为具有局限性，仅限于代销和代购等贸易行为。
- 行纪合同对委托人并没有太多限制，可以是自然人、法人或其他组织，而对于行纪人却有着资格的限制，行纪人需要是具有经营行纪业务资格的自然人、法人或其他组织。

虽然行纪人要以自己的名义与第三人进行贸易活动，但其贸易行为产生的最终结果归属于委托人。行纪人进行贸易活动的过程中，要按照委托人的指示来进行，不能损害委托人的利益。

在行纪合同中，行纪人的主要义务是按委托人的指示来从事贸易活动，同时还具有妥善保管委托物等义务。而委托人的主要义务是支付报酬和受领委托物。行纪人在行纪合同中具有 4 项权利，包括请求报酬权、介入权、提存权和留置权。委托人的主要权利包括验收权和损害赔偿请求权。

14.1.2 行纪合同的陷阱防范

当事人在订立行纪合同时，要注意行纪合同中可能存在的陷阱，下面来看看如何防范这些陷阱。

◆ 保管责任

在订立行纪合同时，当事人应在合同中明确行纪人在进行贸易活动过程中的保管责任，特别是当商品是寄售货物时。因为寄售货物以积压商品和旧物品等居多，如果行纪人没有妥善保管，那么就容易导致货物损毁或灭失。为了让行纪人明确自身的保管义务，要在合同中约定行纪人的保管责任并明确赔偿责任。

◆ 违约责任

在行纪合同履行的过程中，行纪人和委托人都可能存在违约的情况，双方当事人应在合同中明确各自违反合同约定应承担的违约责任，以避免一方违约时出现合同纠纷，给双方都带来麻烦。

◆ 行纪人资格审查

委托人在与行纪人订立行纪合同时，首先要审查行纪人的资格，看其是否有特定的行纪营业资格。行纪业务有多种，如财产买卖、有价证券买卖和代收债权等，不同的行纪业务对行纪人的要求都有所不同。只有具备行纪能力的行纪人才能办理委托人委托的事务。

◆ 费用负担

在行纪合同中，行纪人在处理委托人委托的贸易活动的过程中所产生的费用，一般由行纪人负担，如交通费和差旅费等，这些费用也是行纪人处理委托事务的成本。

只有当行纪合同履行完成后，行纪人才可以要求委托人支付报酬，这里的报酬包括成本和利润。如果行纪人没有妥善办理委托人委托的事务，那么因处理委托事务所负担的成本要自己承担，这可以说是行纪人办理委托事务的风险。

但如果行纪人不想承担风险，那么也可以与委托人协商约定，无论委托事务处理的结果如何，委托人都要支付行纪人支出的费用。因此在订立合同时，双方当事人要明确约定费用的负担，委托人为维护自身利益最好约定“若行纪人没有处理好委托事务，支出的成本费用由其自己负担”。从这里也可以看出行纪合同与委托合同的区别，在委托合同中委托人应当预付处理委托事务的费用。

14.1.3 行纪合同范本详讲

只要行纪人和委托人双方协商一致，那么行纪合同即可成立，但订立行纪合同一般要以书面形式来确定，这样才能更好地明确各方的权利与义务，避免发生争议纠纷。

前面我们已经认识了行纪合同及其注意事项，下面就一起来看看行纪合同的具体条款内容。根据行纪业务类型的不同，行纪合同也有不同的类型，我们这里以一般的行纪合同为例来进行讲解。

范本内容展示

资源下载 \Chapter14\ 行纪合同 .doc

行纪合同

甲方（委托人）：
法定代表人：
住所地：
电话：
传真：
电子信箱：
通讯地址：
邮政编码：
开户银行：
账号：
开户银行地址：

乙方（行纪人）：
法定代表人：
住所地：
电话：
传真：
电子信箱：
通讯地址：
邮政编码：
开户银行：
账号：
开户银行地址：

甲乙双方根据《中华人民共和国合同法》及其他法律、法规的相关规定，在平等、自愿的基础上经共同协商，就甲方委托乙方从事贸易活动的相关事宜订立本合同，并由双方共同恪守。

1.甲方委托乙方的事项

1.1______________________________；

1.2______________________________；

1.3______________________________。

2.行纪期限

甲方委托乙方从事行纪活动的期限为____日，自______年___月___日起至______年___月___日止。

前款约定的期限届满，双方未就续延行纪期限另行达成协议，本合同自行终止，双方不再享有本合同约定的权利，也不再承担本合同约定的义务。

3.乙方从事行纪活动的具体要求

3.1 甲方委托乙方以自己的名义为甲方__________（提示：填写采购或者销售）以下委托物：

____。

（提示：若委托物较多，可另行制作清单为合同附件。）

3.2 甲方委托乙方以自己的名义为甲方从事其他贸易活动的具体要求：

3.2.1__________________________；

3.2.2__________________________。

4.转委托的约定

本合同约定的甲乙双方权利义务，一方在未征得对方书面同意之前，不得转让给任何第三人。本合同任何一方违约转让合同权利和义务的行为，均属无效。违约方应赔偿由此给对方造成的全部经济损失。

5.乙方的报酬及支付方式

5.1 双方约定，乙方完成本合同约定的全部义务，甲方向其支付的报酬为：人民币_______元（大写：_______元整）；乙方完成本合同约定的部分义务，乙方不得要求甲方支付报酬。

5.2 甲方在乙方完成本合同约定的全部行纪义务之日起____日内向乙方支付报酬。

5.3 乙方向甲方开具经甲方认可的相关收款凭证或票据之后，甲方按本合同约定向乙方支付报酬。

5.4 甲方的付款方式为：□现金\□支票\□汇款\□银行转账\□其他。

6.行纪费用及承担

6.1 乙方受托从事行纪活动的费用包含：乙方的差旅费、食宿费、通讯费、接待费、资料费等与委托事务有关的其他一切费用。

6.2 乙方应向甲方提交书面的从事行纪活动的方案和费用预算，甲方对乙方的方案和预算审核同意后，乙方才可开展行纪活动。

6.3 双方约定，行纪费用按下列__________的约定承担：（提示：6.3.1 条和 6.3.2 条任选其一）

6.3.1 乙方办理委托事务支出的费用，由乙方自行承担。

6.3.2 对于乙方从事行纪活动所支出的必要费用，在甲方确认的预算数额内，根据乙方实际发生的费用由甲方承担。乙方向甲方出具甲方认可的相关收费凭证或票据之后，甲方按本合同约定向乙方支付行纪费用。

6.3.3 甲方对行纪费用的付款方式为：□现金\□支票\□汇款\□银行转账\□其他。

7.甲方的权利义务

7.1 乙方按本合同约定买入委托物的，甲方应当及时受领。

7.2 乙方按本合同约定卖出委托物的，委托物不能卖出或者甲方撤回出卖，甲方应取回或自行处分委托物。

7.3 甲方应按本合同约定向乙方支付报酬或者费用。

7.4 甲方应当向乙方提供真实的相关资料，如实说明委托物存在的瑕疵。

7.5 甲方不得要求乙方在办理委托事务中从事违法活动。

7.6 甲方有权要求乙方按照自己的指令从事贸易活动。

7.7 乙方与第三人订立合同的，乙方对该合同直接享有权利、承担义务。第三人不履行义务致使甲方受到损害的，甲方有权要求乙方承担损害赔偿责任。

8.乙方的权利义务

8.1 乙方在受托办理委托事务时，应及时向甲方报告进展情况，服从甲方对其办理委托事务的指令和要求。

8.2 乙方占有委托物的，应当妥善保管委托物。

8.3 乙方低于甲方指定的价格卖出委托物或者高于甲方指定的价格买入委托物的，应当经甲方同意。乙方高于甲方指定的价格卖出委托物或者低于甲方指定的价格买入委托物的，该利益属于甲方。

8.4 委托物交付给乙方时有瑕疵或者容易腐烂、变质的，经甲方同意，乙方可以处分该物；乙方不能及时和甲方取得联系的，乙方可以合理处分。

8.5 乙方处理委托事务取得的财产，应当转交给甲方。

8.6 乙方卖出或者买入委托物属于市场定价的商品，除甲方有相反的意思表示的以外，乙方自己可以作为买受人或者出卖人，乙方仍然可以要求甲方支付报酬。

8.7 乙方不得与第三方串通，损害甲方的利益；乙方不得骗取和非法侵占甲方的款物。

8.8 未经甲方书面同意，乙方在任何情况下均不得留路委托物。

9.违约责任

9.1 甲方无正当理由不按本合同约定向乙方支付报酬或费用的，每逾期一日，甲方按本合同约定报酬总额的____%向乙方支付违约金。

9.2 乙方违反甲方指令或要求办理委托事务的，按本合同约定报酬总额的____%向甲方支付违约金，对甲方超出违约金部分的损失，乙方应承担赔偿责任。

9.3 乙方对其占有的委托物未尽妥善保管义务的，须对因此给甲方造成的损失承担赔偿责任。

9.4 乙方未将为甲方办理委托事务所取得的款物及时转交给甲方，每逾期一日，乙方按本合同约定报酬总额的______%向甲方支付违约金，对甲方超出违约金部分的损失，乙方应承担赔偿责任。

10.合同的变更与解除

10.1 本合同履行期间，经协商一致，甲乙双方可以变更本合同的相关条款。

10.2 出现以下情形之一，甲乙双方可以解除本合同：

10.2.1 双方协商一致。

10.2.2 法律规定或者本合同约定的其他可以解除合同的情形。

11.通知及送达

11.1 双方在履行本合同过程中发出的全部通知，均须采取书面形式，送达地址为双方在本合同上填写的地址。

范本内容精讲

通过上述行纪合同范本可以看出行纪合同的基本条款内容，包括合同主体、委托事项、报酬和违约责任等。下面就来看看其中的某些具体条款内容。

1. 委托人报酬支付义务

范本中 7.3 约定“甲方应按本合同约定向乙方支付报酬或者费用”，这一约定明确了委托人支付报酬的义务，同时也表明了行纪人有请求支付报酬的权利。合同报酬由委托人和行纪人协商确定，根据行纪人处理委托事务的结果的不同，行纪人请求委托人支付的报酬也会不同，具体有以下几种情形。

- 行纪人已按照委托人的指示和要求履行了全部合同义务，此时行纪人可以请求委托人支付全部报酬。
- 因委托人的过错导致了合同义务部分或者全部不能履行而使委托合同提前终止，此时，行纪人也可以请求委托人支付全部报酬。

◆ 行纪人只完成了部分委托事务，行纪人可以就已履行的部分委托事务的比例请求委托人支付报酬。

如果委托人违反了支付报酬的义务，那么行纪人可以要求委托人承担合同约定的违约责任。另外，行纪人也可以对其占有的委托物行使留置权，但如果在合同中约定了行纪人不得将委托物进行留置，那么行纪人就不能享有留置权。如范本 8.8 就约定了“未经甲方书面同意，乙方在任何情况下均不得留置委托物”

2. 行纪人按照委托人指定价格买卖

在范本的“乙方的权利义务”条款中，我们可以看到约定了“乙方低于甲方指定的价格卖出委托物或者高于甲方指定的价格买入委托物的，应当经甲方同意。乙方高于甲方指定的价格卖出委托物或者低于甲方指定的价格买入委托物的，该利益属于甲方”。

上述条款规定了行纪人要按照委托人制定的价格进行买卖。实践中，行纪人未按委托人指示的价格进行买卖的情况主要有两种。一种是低于指示价格卖出或者高于指示价格买入；另一种与之相反，即高于委托人的指定价格卖出或者以低于指定价格买入。

行纪人的前一种行为必然会损害委托人的利益，因此当行纪人以低于委托人指定的价格卖出或高于指定的价格买入时，要及时通知委托人。在没有征得委托人同意的情况下，行纪人擅自变更指示，给委托人带来了损失的，委托人可以拒绝承受，同时也可以要求行纪人承担赔偿责任。

行纪人可以采取补足差额部分的方式来补偿委托人的损失，对于行纪人的这种行为，委托人要接受，而不得以违反指示为由拒绝接受。

行纪人的后一种行为显然对委托人来说是有益的，因为使委托人增加了收入或减少了成本。行纪人为委托人带来的这一利益要归属于委托人，但行纪人可以要求委托人为其增加报酬。

3. 行纪人处置委托物义务

范本 8.4 约定“委托物交付给乙方时有瑕疵或者容易腐烂、变质的，经甲方同意，乙方可以处分该物；乙方不能及时和甲方取得联系的，乙方可以合理处分”。该条款明确了行纪人有处置委托物的义务。

一般情况下，行纪人都不能未经委托人指示就擅自处理委托物，但如果委托人交付给行纪人的委托物已存在瑕疵或是易腐烂变质的，行纪人在无法与委托人取得联系的情形下，可以进行合理处分。此时的处分并不会使委托人的利益受到损害，反之若不处分才会使委托人的利益遭受更大的损失。

合理处置委托物既然是经纪人的义务，那么如果行纪人发现了委托物有瑕疵或即将腐烂变质，却没有通知委托人或作出合理处理，就属于未尽到其应尽的义务，若行纪人未履行处置委托物的义务，导致委托人遭受了更大的损失，那么行纪人应当承担赔偿责任。

14.2 提供媒介服务——居间合同

■内容特征 ■合同要点 ■范本详讲

居间合同是居间人向委托人报告订立合同的机会或者提供订立合同的媒介服务，委托人支付报酬的合同。其中，接受委托报告订立合同的机会或提供媒介服务的一方为居间人，支付报酬的一方为委托人。

14.2.1 居间合同的内容和特征

居间服务是一种中介服务，因此居间合同又被称为中介合同或中介服务合同。居间合同中的委托人可以是自然人、法人或其他组织，而居间人须是经有关部门批准的，具备从事居间营业资格的白然人或法人。一般而言，居间合同具有以下几点法律特征。

◆ 合同目的

委托人订立居间合同的目的是为了让居间人帮助其寻觅和搜索信息，从而实现与第三人订立合同。而居间人订立合同的目的在于，通过提供居间服务获得委托人提供的报酬。

◆ 合同标的

居间合同的合同标的是居间人为委托人提供订约机会或媒介活动。订约机会即指订立合同的机会，媒介活动是指促成委托人与第三人订立合同所付出的努力。

◆ 居间人的地位

在居间合同中，居间人并不是委托人的代理人，其处于介绍人的地位。居间人只是按照委托人的指示，为委托人报告可以与委托人订立合同的第三人，并提供订约机会，起着介绍和协助的作用。

◆ 诺成性、双务性、不要式性和有偿性

居间合同是诺成、双务和不要式合同。在订立合同时，只要居间人和委托人意思表示一致，居间合同即可成立。合同订立的形式可以是口头合同，也可以是书面合同。居间人为委托人提供居间服务会收取居间人报酬，这体现了居间合同的有偿性。但需要注意的是，只有在有居间结果时，居间人才可以向委托人请求报酬。

在实践中，签订居间合同都是有一定的步骤的，如下图所示为一般的房屋买卖居间合同订立程序。

第一步：居间人在买卖双方之间协商，并确定合同主要条款内容。

第二步：居间人将《居间合同》（房屋买卖居间合同一般为三方协议）交与买家签字，并收取买家的意向金。同时，居间人要向买家开具意向金收据。

第三步：居间人将买家已签订的《居间合同》交与卖家签字，若卖家没有要求居间人为其保管定金，那么居间人要将定金交给卖家，卖家则要开具定金收据。

第四步：居间人将定金收据交给买家，买家同时将意向金收据交给居间人。

14.2.2 签订居间合同的要点把握

在现实生活中，房产中介居间合同、房屋出租居间合同以及借款居间合同等，都是比较常见的居间合同，那么在订立居间合同时需要注意哪些要点呢？具体内容如下。

◆ 居间人的资质

在订立居间合同时，委托人要仔细审查居间人的资质。因为在现实生活中存在居间人卷款而逃的案例。另外，还存在居间人利用媒体发布虚假信息的现象。与第三人串通骗取居间人预付款、定金及跑腿费等费用的居间人，在实际生活中也比较多见，委托人要注意防范此类居间人。为避免遇到不可靠的居间人，委托人要查询居间人的营业执照信息，看其是否是真实存在的，以及是否是合法经营。

◆ 认真阅读合同条款

合同漏洞也是居间合同常见的陷阱，因此在订立合同时，委托人要认真约定合同条款，不要相信居间人的一面之词。因为合同约定的内容可能和居间人表达的意思或自己的真实意思有出入，若不约定合同就轻信居间人的一己之言，则容易造成经济纠纷。

◆ 明确报酬费用

在居间合同中，应明确注明中介费的金额、构成、支付时间点、支付条件和支付方等。因为在居间合同中，中介费的支付方可能是委托人，也可能是第三人，为避免发生争议，明确中介费的各项内容是很有必要的。

◆ 谨慎违约责任

对于中介方设计的违约责任条款一定要详细阅读，因为违约责任条款中常常会出现不利于委托人的条款，如约定委托人解除买卖合同后与第三人协议解除合同，居间人除可收取中介报酬外，还可以收取违约金。对于此类条款，委托人要仔细审查，并可以向居间人提出异议。

14.2.3 居间合同范本详讲

在实际生活中，委托人会委托居间人为其提供各种中介服务，但由于中介市场的不规范性，使得居间合同的订立存在诸多问题，下面就来看看居间合同的具体内容，以帮助当事人进一步了解居间合同。

范本内容展示

◎资源下载 \Chapter14\ 居间合同 .doc

居间合同

合同编号：________________

委托人：______________________（以下简称“甲方”）

居间人：______________________（以下简称“乙方”）

甲乙双方经平等协商，以互惠互利为原则，就乙方作为甲方居间人事宜订立协议如下：

第一条 委托事项及居间业务

乙方接受甲方委托，为甲方________________介绍客户，促成甲方与客户间就前述委托事项签订合同。

第二条 服务区域和排他性

1.乙方居间服务的区域为________________地区。乙方若需增加区域，须提前书面通知甲方并得到甲方书面同意。如有违反，甲方有权随时取消本合同。

2.乙方所介绍之客户经甲方书面确认后，甲方亦不得以直接方式绕过乙方就委托事项签订合同，除非乙方同意或乙方已放弃该客户。

3.未经甲方书面同意，乙方在合同期限内不得推荐、介绍、代表、制造或销售与第一条同类或相似的委托事项给甲方以外的任何第三方。

第三条 服务内容

1.乙方推荐委托事项和介绍客户给甲方，甲方视乙方要求协助接触洽谈。

2.乙方对其介绍之客户提供

（1）售前委托事项解说；

（2）合同达成签署流程指引。

3.甲方向乙方提供的任何资料属于甲方的财产，乙方不得为非履行本合同目的而使用。本合同终止时，乙方应主动归还剩余资料给甲方。

第四条 委托事项瑕疵

1.由甲方交付之委托事项若有瑕疵，由甲方自行对客户负责，与乙方无关。

2.乙方介绍客户之委托事项若有瑕疵，由乙方对其承担连带担保责任。

第五条 付款

1.经乙方介绍成交的，甲方于合同成立并完成交易后_____日内支付乙方佣金________元。

2.乙方履行本合同及居间活动所需要的一切费用，由乙方自行承担。

第六条 违约责任

1.乙方就其介绍客户的合同履行向甲方承担连带责任，其中任一方对甲方的违约均视为乙方及其介绍客户的共同违约，甲方有权任意选择一方或几方进行追偿。

2.乙方履行本合同过程中（包括签订本合同前）所获得的甲方任何经营或技术信息均属甲方商业秘密。一旦乙方泄密，应向甲方赔偿违约金人民币_____万元，另甲方保留进一步索赔的权利。

3.无论何种情况下，乙方均不是甲方的代表或员工，与甲方不存在劳动关系；乙方在履行本居间合同过程中应当明确告知相关客户，否则，乙方应承担一切由此造成的损失。

第七条 合同期限

1.本合同有效期限自_______年_______月______日起至_______年______月_______日止。

2.合同期满前_______个月内双方均无终止合同书表示时，且期满后双方均继续实际履行本合同事宜的，本合同自动顺延。

3.正常情况下，若任一方有特殊原因，欲提前终止本合同时，应于_______个月前，以书面形式通知对方，并在得到对方书面同意后，终止本合同。

第八条 争议的解决

本合同各方当事人对本合同有关条款的解释或履行发生争议时，应通过友好协商的方式予以解决。当和解或调解不成时，选择下列第_______种方式解决：

（1）将争议提交_______仲裁委员会仲裁；

（2）依法向_______人民法院提起诉讼。

第九条 条款独立性

如本合同包含的某一条款或某些条款无论在任何方面由于任何原因被认为无效、非法或不可执行，则这种无效性、非法性或不可执行性将不影响本合同中任何其它条款及整个合同的有效性。法律另有明确规定的除外。

第十条 变更与补充

1.本合同中如有未尽事宜，由双方当事人共同协商一致，签订书面补充协议，书面补充协议与本合同具有同等法律效力。

2.除法律本身有明确规定外，后继立法（本合同生效后的立法）或法律变更对本合同不应构成影响。各方应根据后继立法或法律变更，经协商一致对本合同进行修改或补充，但应采取书面形式。

第十一条 通知

1.本合同要求或允许的通知或通讯，不论以何种方式传递均自被通知一方实际收到时生效。

2.前款中的“实际收到”是指通知或通讯内容到达被通讯人（在本合同中列明的住所）的法定地址或住所或指定的通讯地址范围。

3.一方变更通知或通讯地址，应自变更之日起______日内，将变更后的地址通知另一方，否则变更方应对此造成的一切后果承担法律责任。

第十二条 不可抗力

1.在本合同履行过程中，如因不可抗力导致活动终止或带来损失，甲乙双方各自承担自己损失，互不承担违约责任。

2.任何一方因遇到不可抗力致使全部或部分不能履行或迟延履行本合同的，应自不可抗力事件发生之日起_______日内，将不可抗力情况以书面形式通知另一方，并自不可抗力发生之日起_______日内，向另一方提交导致其全部或部分不能履行或迟延履行的证明。

第十三条 合同附件

1.本合同附件包括但不限于：

（1）各方签署的与履行本合同有关的修改、补充、变更合同；

（2）甲乙双方的营业执照、身份证复印件及相关的各种法律文件。

2.任何一方违反本合同附件的有关规定，应按照本合同的违约责任条款承担法律责任。

第十四条 合同生效

1.本合同经甲、乙双方签字盖章后生效。

2.本合同一式_______份，甲乙双方各持_______份，具同等法律效力。

3.本合同于_______年_______月_______日在_______省_______市_______区（县）签订。

甲方（盖章）：	乙方（盖章）：
授权代理人（签字）：	授权代理人（签字）：
单位地址：	单位地址：
邮政编码：	邮政编码：
联系电话：	联系电话：
传真：	传真：
电子信箱：	电子信箱：
开户银行：	开户银行：
账号：	账号：

范本内容精讲

上述居间合同范本属于通用居间合同，合同约定的内容有委托事项及居间业务、服务内容、委托事项瑕疵以及付款等，下面就范本中的部分条款内容进行讲解。

1. 报酬支付

在范本“付款”条款中，可以看到双方约定了“经乙方介绍成交的，甲方于合同成立并完成交易后____日内支付乙方佣金_____元”。该内容明确了委托人支付报酬的义务，但委托人履行支付报酬的义务是有前提条件的，具体有以下两个条件。

- 所介绍的合同，必须成立。
- 合同的成立，与居间人的介绍有因果关系。

只有当上述两个条件同时成立时，居间人才能获得报酬。这里的合同成立是指合同是合法有效成立的。如果居间人促成委托人与第三人订立的合同是无效的或是可撤销的，那么不能被视为合同成立。

实践中存在委托人为逃避报酬支付的义务，故意拒绝与居间人介绍的第三人签订合同，在终止居间合同后，再与第三人取得联系，与其签订合同的情形。在这种情况下，委托人是不能逃避自身的报酬支付义务的，居间人仍可以行使报酬请求权。这是因为委托人履行报酬支付义务的前提为委托人与第三人订立的合同成立，而不是以该合同是否履行为条件。

委托人和居间人应在合同中约定报酬支付的数额，若当事人没有在合同中约定报酬数额或报酬数额约定不明确，那么可以按照《合同法》第六十一条的规定来确定，若依照《合同法》第六十一条的规定仍不能确定的，则要根据居间人的劳务合理确定。这里的合理劳务是指考虑居间人所付出的时间、精力、财力以及人力等因素来确定。

在居间合同中，根据居间事务的不同，其报酬的支付标准也会不同。对报告居间合同来说，居间人提供的仅仅是订约机会，因此应由委托人支付居间人的报酬，而媒介居间合同则不同。媒介居间的居间人不仅要提供订约机会，还要促成第三人与委托人订立合同，在这种情形下，委托人和第三人都是受益人，因此媒介居间可由委托人和第三人共同负担居间人的报酬。

2. 居间活动费用

在范本中，对于居间活动费用约定了“乙方履行本合同及居间活动所需要的一切费用，由乙方自行承担”。该约定明确了居间活动费用由居间人负担，这是因为居间活动费用已作为成本，计算在了报酬中，因此居间人不能再要求委托人支付额外的居间费用。

那么，如果居间人没有促成第三人与委托人订立合同，是否可以要求委托人负担居间费用呢？根据《合同法》第四百二十七条规定：居间人未促成合同成立的，不得要求支付报酬，但可以要求委托人支付从事居间活动支出的必要费用。

由此可见，在合同未促成的情况下，居间人虽然不能请求委托人支付报酬，但可以请求委托人支付从事居间活动支出的必要费用，如交通费。

14.3 互约出资，共同经营——合伙合同

■合伙企业 ■注意事项 ■合伙合同

合伙合同是指有两个以上的人互相约定出资以共同经营事业的合同，合伙人要设立合伙企业都需要订立合伙合同，在订立合同时要由全体合伙人协商一致并以书面形式订立。

14.3.1 认识合伙企业

合伙企业的类型主要有两种，包括普通合伙企业和有限合伙企业，合伙人要设立合伙企业，都需要具备一定的条件，《中华人民共和国合伙企业法》（简称《合伙企业法》）规定，设立合伙企业，应当具备下列条件。

- 有两个以上合伙人。合伙人为自然人的，应当具有完全民事行为能力。
- 有书面合伙协议。
- 有合伙人认缴或者实际缴付的出资。
- 有合伙企业的名称和生产经营场所。

◆ 法律和行政法规规定的其他条件。

需要注意的是，普通合伙企业的企业名称中要标明“普通合伙”字样，有限合伙企业的企业名称中应当标明“有限合伙”字样。有限合伙企业由两个以上五十个以下合伙人设立，但法律另有规定的除外。有限合伙企业至少应当有一个普通合伙人。

合伙人可以用货币、实物、知识产权、土地使用权或者其他财产权利出资，也可以用劳务出资。

以实物、知识产权、城镇土地使用权或者其他财产权利出资需要评估作价的，可以由全体合伙人协商确定，也可以由全体合伙人委托法定评估机构评估。以劳务出资的，其评估办法由全体合伙人协商确定，并在合伙合同中载明。

在合伙协议中约定了出资方式、数额和缴付期限等内容后，合伙人就要按照约定的事项履行各自的义务。合伙人申请设立合伙企业，要向企业登记机关提交登记申请书、合伙协议（合同）书以及合伙人身份证明等文件。

14.3.2 签订合伙合同要注意哪些地方

签订合伙合同时，合伙人要按照自愿、平等、公平和诚实信用的原则来订立。在《合伙企业法》中也规定了合伙合同应载明的事项，因此在订立合同具体条款时就要包含以下内容。

◆ 合伙企业的名称和主要经营场所的地点。

◆ 合伙目的和合伙经营范围。

◆ 合伙人的姓名或者名称和住所。

◆ 合伙人的出资方式、数额和缴付期限。

◆ 利润分配和亏损分担方式。

◆ 合伙事务的执行。

◆ 入伙与退伙。

◆ 争议解决办法。

◆ 合伙企业的解散与清算。

◆ 违约责任。

对于有限合伙企业来说，合伙合同中除要包含上述条款内容外，还要包含以下内容。

◆ 普通合伙人和有限合伙人的姓名或者名称和住所。

◆ 执行事务合伙人应具备的条件和选择程序。

◆ 执行事务合伙人权限与违约处理办法。

◆ 执行事务合伙人的除名条件和更换程序。

◆ 有限合伙人入伙、退伙的条件、程序以及相关责任。

◆ 有限合伙人和普通合伙人相互转变程序。

在清楚了合伙合同应包含的内容外，在具体签订合同时，合伙人还要注意审查各合伙人的主体资格，包括合伙人的资产情况、家庭情况以及个人能力等。

另外，还需要注意的是，国有独资公司、国有企业上市公司以及公益性的事业单位和社会团体不得成为普通合伙人。合伙人为自然人的，应当具有完全民事行为能力。

在合伙合同中，若合伙人对某些重要事项没有约定或约定不明确，合伙人可以协商决定，若是无法协商，则要根据有关法律和行政法规的规定进行处理。为避免就合伙事项产生争议，合伙人最好在合伙合同中明确约定各事项。

对于修改或者补充的合伙协议，都要经全体合伙人一致同意，但如果合伙合同中另有约定的除外。

14.3.3 合伙合同范本详讲

前面我们已经知道了合伙合同应包含的条款内容，接下来就通过范本来看看合伙合同的具体条款内容。

范本内容展示

资源下载 \Chapter14\ 合伙合同 .doc

合伙合同

甲方：

身份证号：

住址：

乙方：

身份证号：

住址：

丙方：

身份证号：

住址：

为维护合伙企业、合伙人的合法权益，顺利开展合伙事务，甲乙丙三方经平等协商，达成以下合伙合同：

第一条 合伙企业基本情况

名称：

住址：

出资额：

类型：

经营范围：

第二条 合伙期限______年，自工商部门核发营业执照之日起开始计算。

第三条 各合伙人出资额、出资方式、缴付期限如下：

姓名______出资额(单位：万元)______比例______出资方式____________

姓名______出资额(单位：万元)______比例______出资方式____________

姓名______出资额(单位：万元)______比例______出资方式____________

各合伙人的出资，于____年____月____日以前交齐。

合伙人经全体合伙人决定，可以增加或者减少对合伙企业的出资，并于全体合伙人决定之日起十五日内办理变更登记。

第四条 合伙企业应当于每一会计年度结束后计算该年度企业利润，所获利润优先用于各合伙人回收出资成本，利润分配方式如下：

（一）合伙人投资成本全部回收以前，各合伙人依照出资比例对合伙企业利润进行分配；

（二）合伙人投资的成本全部回收以后，合伙企业的利润由各合伙人平均分配，即各合伙人各自享有三分之一的利润分配额。

第五条 合伙企业的亏损及债务承担方式如下：

（一）合伙人投资成本全部回收以前形成合伙企业债务及亏损，由各合伙人按出资比例分担。

（二）合伙人投资成本全部回收以后形成合伙企业债务及亏损，由各合伙人平均分担，即各自承担三分之一的债务额度。合伙企业不能清偿到期债务的，合伙人承担无限连带责任，清偿数额超过本协议规定其亏损分担比例的，有权向其他合伙人追偿。各合伙人任何一方对外偿还后，其余各方应当按比例在10日内向相关合伙人清偿自己应负担的部分。

第六条 委托合伙人______对外代表合伙企业执行合伙事务，其执行合伙事务所产生的收益归合伙企业，所产生的费用和亏损由合伙企业承担，其他合伙人不再执行合伙事务。执行事务合伙人每季/半年/年向其他合伙人报告事务执行情况以及合伙企业的经营和财务状况。

不执行合伙企业事务的合伙人有权监督执行事务合伙人执行合伙事务的情况，有权查阅合伙企业会计账簿等财务资料，受委托执行合伙事务的合伙人不按照合伙协议或者全体合伙人的决定执行事务的，其他合伙人可以决定撤销该委托。

第七条 合伙人对合伙企业有关事项作出决议，实行合伙人一人一票并经全体合伙人过半数通过的表决办法，本协议对合伙企业的表决办法另有规定的，从其规定。

第八条 合伙企业的下列事项应当经全体合伙人一致同意：

（一）改变合伙企业的名称；

（二）改变合伙企业的经营范围、主要经营场所的地点；

（三）处分合伙企业的不动产；

（四）转让或者处分合伙企业的知识产权和其他财产权利；

（五）以合伙企业名义为他人提供担保；

（六）聘任合伙人以外的人担任合伙企业的经营管理人员。

第九条 合伙人不得从事损害本合伙企业利益的活动。除经全体合伙人同意外，合伙人不得同本合伙企业进行交易。合伙人不得自营或者同他人合作经营与本合伙企业相竞争的业务。合伙人以其在合伙企业中的财产份额出质的，须经其他合伙人一致同意；未经其他合伙人一致同意，其行为无效，由此给善意第三人造成损失的，由行为人依法承担赔偿责任。

第十条 合伙人的出资、以合伙企业名义取得的收益和依法取得的其他财产，均为合伙企业的财产。除本协议另有规定外，合伙人在合伙企业清算前，不得请求分割合伙企业的财产。

合伙人向合伙人以外的人转让其在合伙企业中的全部或者部分财产份额时，须经其他合伙人一致同意，同等条件下，其他合伙人有优先购买权；合伙人之间转让在合伙企业中的全部或者部分财产份额时，应当通知其他合伙人。

人民法院强制执行合伙人在合伙企业中的财产份额时，执行合伙事务的合伙人应当通知全体合伙人，其他合伙人有优先购买权；其他合伙人未购买，又不同意将该财产份额转让给他人的，应当为该合伙人办理退伙结算，或者办理削减该合伙人相应财产份额的结算。

第十一条 新合伙人入伙，应当经全体合伙人一致同意，并依法订立书面入伙协议。入伙的新合伙人与原合伙人享有同等权利，承担同等责任。新合伙人对入伙前合伙企业的债务承担无限连带责任，订立入伙协议时，原合伙人应当向新合伙人如实告知原合伙企业的经营状况和财务状况。

第十二条 在合伙企业存续期间，有下列情形之一的，合伙人可以退伙：

（一）经全体合伙人一致同意；

（二）发生合伙人难以继续参加合伙的事由；

（三）其他合伙人严重违反合伙协议约定的义务。

第十三条 合伙人在不给合伙企业事务执行造成不利影响的情况下，可以退伙，但应当提前三十日通知其他合伙人。

第十四条 合伙人违反本协议第十二条、第十三条的规定退伙的，应当赔偿由此给合伙企业造成的损失。

第十五条 合伙人有下列情形之一的，当然退伙：

（一）合伙人死亡或者被依法宣告死亡；

（二）个人丧失偿债能力；

（三）合伙人在合伙企业中的全部财产份额被人民法院强制执行。

合伙人被依法认定为无民事行为能力人或者限制民事行为能力人的，经其他合伙人一致同意，可以依法转为有限合伙人。其他合伙人未能一致同意的，该无民事行为能力或者限制民事行为能力的合伙人退伙。

第十六条 合伙人有下列情形之一的，经其他合伙人一致同意，可以决议将其除名：

（一）未履行出资义务；

（二）因故意或者重大过失给合伙企业造成损失；

（三）执行合伙事务时有不正当行为；

对合伙人的除名决议应当书面通知被除名人。被除名人接到除名通知之日，除名生效，被除名人退伙。

被除名人对除名决议有异议的，可以自接到除名通知之日起三十日内，向人民法院起诉。

第十七条 合伙人死亡或者被依法宣告死亡的，对该合伙人在合伙企业中的财产份额享有合法继承权的继承人，经其他合伙人一致同意，从继承开始之日起，取得该合伙企业的合伙人资格。

有下列情形之一的，合伙企业应当向合伙人的继承人退还被继承合伙人的财产份额：

（一）继承人不愿意成为合伙人；

（二）合伙协议约定不能成为合伙人的其他情形。

合伙人的继承人为无民事行为能力人或者限制民事行为能力人的，经其他合伙人一致同意，可以依法成为有限合伙人。其他合伙人未能一致同意的，合伙企业应当将被继承合伙人的财产份额退还该继承人。

第十八条 合伙人退伙，其他合伙人应当与该退伙人按照退伙时的合伙企业财产状况进行结算，退还退伙人的财产份额。退伙人对给合伙企业造成的损失负有赔偿责任的，相应扣减其应当赔偿的数额。退伙时有未了结的合伙企业事务的，待该事务了结后进行结算。退伙人在合伙企业中财产份额的退还办法，由合伙协议约定或者由全体合伙人决定，可以退还货币，也可以退还实物。

第十九条 退伙人对基于其退伙前的原因发生的合伙企业债务，承担无限连带责任。合伙人退伙时，合伙企业财产少于合伙企业债务的，退伙人应当按照实缴出资比例分配、分担。

第二十条 合伙企业经营期间，如因修路、市政改造规划调整、拆迁、征地、军队国防建设等不可抗拒因素，致使合伙企业不能继续经营的，合伙企业解散。

因上述拆迁所获得的相关经济补偿，计入当年度合伙企业收入。

第二十一条 合伙企业有下列情形之一的，应当解散：

（一）合伙期限届满，合伙人决定不再经营；

（二）合伙协议约定的解散事由出现；

（三）全体合伙人决定解散；

（四）合伙人已不具备法定人数满三十天；

（五）合伙协议约定的合伙目的已经实现或者无法实现；

（六）依法被吊销营业执照、责令关闭或者被撤销；

（七）法律、行政法规规定的其他原因。

第二十二条 合伙企业解散，应当由清算人进行清算。清算人可以全体合伙人担任；经全体合伙人过半数同意，也可以自合伙企业解散事由出现后十五日内指定一个或者数个合伙人，或者委托第三人，担任清算人。清算人自被确定之日起十日内将合伙企业解散事项通知债权人，并于六十日内在报纸上公告。清算人在清算期间执行下列事务：

（一）清理合伙企业财产，分别编制资产负债表和财产清单；

（二）处理与清算有关的合伙企业未了结事务；

（三）清缴所欠税款；

（四）清理债权、债务；

（五）处理合伙企业清偿债务后的剩余财产；

（六）代表合伙企业参加诉讼或者仲裁活动。

清算期间，合伙企业不得开展与清算无关的经营活动。合伙企业财产在支付清算费用和职工工资、社会保险费用、法定补偿金以及缴纳所欠税款、清偿债务后的剩余财产，由合伙人按照实缴出资比例分配、分担；清算结束，清算人应当编制清算报告，经全体合伙人签名、盖章后，在十五日内向企业登记机关报送清算报告，申请办理合伙企业注销登记。合伙企业注销后，合伙人对合伙企业存续期间的债务仍应承担无限连带责任。

第二十三条 合伙企业清算资产的分配：

（一）合伙企业清算时，合伙人尚未收回投资成本的，各合伙人按照出资份额分配合伙企业清算资产。

（二）合伙企业清算时，合伙人已经收回投资成本的，各合伙人平均分配合伙企业清算资产。

第二十四条 合伙人对合伙协议约定必须经全体合伙人一致同意始得执行的事务擅自处理，给合伙企业或者其他合伙人造成损失的，依法承担赔偿责任。

第二十五条 合伙人执行合伙事务，或者合伙企业从业人员利用职务上的便利，将应当归合伙企业的利益据为己有的，或者采取其他手段侵占合伙企业财产的，应当将该利益和财产退还合伙企业；给合伙企业或者其他合伙人造成损失的，依法承担赔偿责任。合伙企业登记事项发生变更，执行合伙事务的合伙人未按期申请办理变更登记的，应当赔偿由此给合伙企业、其他合伙人或者善意第三人造成的损失。

第二十六条 不具有事务执行权的合伙人擅自执行合伙事务，给合伙企业或者其他合伙人造成损失的，依法承担赔偿责任。

第二十七条 合伙人违反合伙协议的约定，从事与本合伙企业相竞争的业务或者与本合伙企业进行交易的，该收益归合伙企业所有；给合伙企业或者其他合伙人造成损失的，依法承担赔偿责任。

第二十八条 清算人未依照《合伙企业法》的规定向企业登记机关报送清算报告，或者报送清算报告隐瞒重要事实，或者有重大遗漏的，由此产生的费用和损失，由清算人承担和赔偿。

第二十九条 合同争议解决方式。

凡因本协议或与本协议有关的一切争议，合伙人之间共同协商，如协商不成，提交合伙企业所在地人民法院处理。

第三十条 其他

（一）经全体合伙人协商一致，合伙人可以修改本协议或对未尽事宜进行补充；补充、修改内容与本协议相冲突的，以补充、修改后的内容为准。

（二）本协议书一式六份，甲乙丙各执一份，其余三份用合伙企业登记备案之用。

（三）本协议书经全体合伙人签字后生效。

甲方：

______年______月______日

乙方：

______年______月______日

丙方：

______年______月______日

范本内容精讲

在上述合伙合同范本第四条和第五条条款中，约定了合伙企业的利润分配和亏损分担。如果在合同中没有约定利润分配和亏损分担，或约定不明确，合伙人可以协商决定。那么在协商不成的情况下又该如何处理呢？此时，应由合伙人按照实缴出资比例分配和分担，若无法确定出资比例，则由合伙人平均分配和分担。

合伙企业在设立以后，会出现新合伙人入伙和原合伙人退伙的情况。针对此种情况，范本在第十一条至第十九条条款中进行了约定。在范本中，还可以看到约定了合伙人当然退伙的情形，当然退伙是指发生了某种客观情况而导致的退伙。除范本约定的 3 种当然退伙情形外，以下两种情形也属于当然退伙。

- 作为合伙人的法人或者其他组织依法被吊销营业执照、责令关闭和撤销，或者被宣告破产。
- 法律规定或者合伙合同约定合伙人必须具有相关资格而丧失该资格。

当合伙人退伙时，其退伙事由实际发生之日为退伙生效日。

合伙企业在设立后，可能会出现要解除合同并解散合伙企业的情况。合伙企业解散的原因有多种，范本说明了 6 种合伙企业应当解散的情形。合伙企业在解散后要进行清算。

范本约定了“清算人自被确定之日起十日内将合伙企业解散事项通知债权人，并于六十日内在报纸上公告”。合伙企业的清算必然会对债权人产生影响，对债权人来说，其应当自接到通知书之日起三十日内，未接到通知书的自公告之日起四十五日内，向清算人申报债权。债权人申报债权，应当说明债权的有关事项，并提供证明材料，清算人应当对债权进行登记。

作为合伙企业的清算人，要严格执行清算事务，向企业登记机关报送清算报告，如果清算人未依照《合伙企业法》的规定向企业登记机关报送清算报告，或者报送清算报告隐瞒重要事实，或者有重大遗漏的，那么根据范本第二十八条的约定，清算人要承担赔偿责任。另外，清算人的以下行为也要承担赔偿责任。

◆ 清算人执行清算事务，牟取非法收入或者侵占合伙企业财产的，应当将该收入和侵占的财产退还合伙企业；给合伙企业或者其他合伙人造成损失的，依法承担赔偿责任。

◆ 清算人违反《合伙企业法》规定，隐匿或转移合伙企业财产，对资产负债表或者财产清单作虚假记载，或者在未清偿债务前分配财产，损害债权人利益的，依法承担赔偿责任。

读 者 意 见 反 馈 表

亲爱的读者：

感谢您对中国铁道出版社的支持，您的建议是我们不断改进工作的信息来源，您的需求是我们不断开拓创新的基础。为了更好地服务读者，出版更多的精品图书，希望您能在百忙之中抽出时间填写这份意见反馈表发给我们。随书纸制表格请在填好后剪下寄到：北京市西城区右安门西街8号中国铁道出版社综合编辑部 张亚慧 收（邮编：100054）。或者采用传真（010-63549458）方式发送。此外，读者也可以直接通过电子邮件把意见反馈给我们，E-mail地址是：lampard@vip.163.com。我们将选出意见中肯的热心读者，赠送本社的其他图书作为奖励。同时，我们将充分考虑您的意见和建议，并尽可能地给您满意的答复。谢谢！

- -

所购书名：________________________

个人资料：

姓名：__________性别：________年龄：________文化程度：______________

职业：________________电话：______________E-mail：________________

通信地址：______________________________邮编：______________

- -

您是如何得知本书的：

□书店宣传 □网络宣传 □展会促销 □出版社图书目录 □老师指定 □杂志、报纸等的介绍 □别人推荐

□其他（请指明）________________________________

您从何处得到本书的：

□书店 □邮购 □商场、超市等卖场 □图书销售的网站 □培训学校 □其他

影响您购买本书的因素（可多选）：

□内容实用 □价格合理 □装帧设计精美 □优惠促销 □书评广告 □出版社知名度

□作者名气 □工作、生活和学习的需要 □其他

您对本书封面设计的满意程度：

□很满意 □比较满意 □一般 □不满意 □改进建议

您对本书的总体满意程度：

从文字的角度 □很满意 □比较满意 □一般 □不满意

从技术的角度 □很满意 □比较满意 □一般 □不满意

您希望书中图的比例是多少：

□少量的图片辅以大量的文字 □图文比例相当 □大量的图片辅以少量的文字

您希望本书的定价是多少：

本书最令您满意的是：

1.

2.

您在使用本书时遇到哪些困难：

1.

2.

您希望本书在哪些方面进行改进：

1.

2.

您需要购买哪些方面的图书？对我社现有图书有什么好的建议？

您更喜欢阅读哪些类型和层次的经管类书籍（可多选）？

□入门类 □精通类 □综合类 □问答类 □图解类 □查询手册类

您在学习计算机的过程中有什么困难？

您的其他要求：